# 区域数字鸿沟：定义与测度

薛伟贤 著

国家自然科学基金项目（项目编号：70673080）
中国博士后科学基金资助项目（项目编号：20040350681）
陕西省教育厅科研计划项目（人文社科专项）（项目编号：04JK264）

科学出版社
北　京

## 内 容 简 介

20世纪90年代以来，随着经济全球化与社会信息化的不断发展，国与国之间、国家内部各地区之间的数字鸿沟日益凸显，数字鸿沟问题越来越受到人们的关注。本书在对国内外数字鸿沟相关研究进行总结和深入分析的基础上，从表现、本质、效应及形成机理四个方面对区域数字鸿沟进行全面的系统分析，构建区域数字鸿沟测度模型，对中国31个省区市，中国东、中、西部，中国、美国、加拿大，陕西省10个地级市及关中、陕南、陕北的数字鸿沟进行测度，提出弥合我国区域数字鸿沟的战略、路径及对策。

本书可以作为管理学、经济学、系统工程与信息学、社会学等专业的高等院校师生及研究人员探析区域信息化发展的参考书，也可以作为政府部门和有关机构制定弥合区域数字鸿沟策略的智库资料。

**图书在版编目(CIP)数据**

区域数字鸿沟：定义与测度/薛伟贤著.—北京：科学出版社，2019.9
ISBN 978-7-03-061012-6

I. ①区… II. ①薛… III. ①信息技术－影响－区域经济发展－研究－中国②信息技术－影响－社会发展－研究－中国 IV. ①F127-39

中国版本图书馆CIP数据核字(2019)第069103号

责任编辑：郝　悦／责任校对：贾娜娜
责任印制：张　伟／封面设计：无极书装

科学出版社 出版
北京东黄城根北街16号
邮政编码：100717
http://www.sciencep.com

北京科印技术咨询服务有限公司数码印刷分部印刷
科学出版社发行　各地新华书店经销
＊

2019年9月第 一 版　开本：720×1000　1/16
2020年1月第二次印刷　印张：22 1/4
字数：450 000

**定价：178.00元**
(如有印装质量问题，我社负责调换)

# 前　言

纵观人类发展的历史进程，信息占有不平衡一直是阻碍人类社会公平、和谐发展的一个重要问题，也是导致人类社会贫与富、弱与强、落后与先进的差距的一个重要因素。18世纪下半叶，第一次工业革命使人类社会的发展速度有了跳跃性的提高。20世纪中期，信息通信技术（information and communication technology, ICT）的发明与传播是人类历史上一个新的标志性事件。20世纪后期，数字化、信息化技术促使社会的主导资源逐步转变为知识、信息、技术等，这大大提高了知识商品化的能力，但各个国家、地区的信息技术发展和人们的信息应用能力存在很大差距，由此而产生的数字鸿沟现象引起学术界、产业界和政府的极大关注。而要弥合区域数字鸿沟，首先要明晰什么是数字鸿沟，其是如何形成的，对经济社会发展又会产生何种影响；其次要考虑区域数字鸿沟的测度问题，即区域数字鸿沟到底有多大，因为只有对区域数字鸿沟进行量化，才能对各地区在信息接入和利用方面的差异程度做出准确判断，为各级政府制定弥合区域数字鸿沟的战略、路径提供科学指导。

在信息技术出现的早期，人们乐观地预期信息技术将意味着实现平等、公正的政治、经济和文化交流。但是，实践证明，这种理想化预期并没有摆脱乌托邦式构想的窠臼。区域数字鸿沟问题就表现出了信息通信技术在不同国家、地区间不均衡分布的事实。但区域数字鸿沟不是一个单纯的技术问题，其背后还有深刻的政治、经济、社会、文化方面的内涵。如何理性认识区域数字鸿沟带来的机遇与挑战，积极地从技术、经济、社会、政治形态及制度背景上思考应对区域数字鸿沟的思路与对策，具有非常重要的理论意义和现实意义。

对区域数字鸿沟的定义与测度模型进行研究主要有以下两个方面的理论意义：①扩展数字鸿沟研究理论体系的广度。数字鸿沟主要表现在以互联网为代表的信息通信技术在不同国家、地区和人群间的不平衡分布，这些技术应用和普及水平的不同，进一步影响了知识和信息的传播，会对社会经济产生深远影响。因此，面对新兴理论的发展与变革，研究工作者需要科学审视区域数字鸿沟问题，对区域数字鸿沟相关理论进行探索和研究，包括科学地界定区域数字鸿沟的系统边界，研究该现象的效应、形成机理、测度指标体系、测度方法等。本书的研究内容涉及管理学、经济学、社会学、信息学等多个学科范畴，是数字鸿沟理论研究探讨的前沿问题之一。②挖掘数字鸿沟研究理论体系的深度。数字鸿沟虽然是一种普遍存在的现象,但是对现象的研究不能只停留在对事物表面的简单描述上,更要透过现象看本质,寻找现象发生的理论根源。在信息经济时代,信息通信技术已经成为经济与社会发展的强大引擎,成为加速经济增长与提高生产率的重要工具。然而,区域数字鸿沟的存在和扩大,必然会产生强者更强、弱者更弱的马太效应,导致一部分人群被边缘化、外围化,处于孤立状态。因此,区域数字鸿沟的本质是什么,以及它到底有多大,已成为全球范围内迫切需要解决的难题之一。这就要求研究工作者通过分析区域数字鸿沟问题,对区域间的数字鸿沟大小进行定量研究,透过现象剖析其本质,以加深人们对区域数字鸿沟问题的认识,最终找到弥合区域数字鸿沟的路径和对策。

从全世界范围来看,发达国家与发展中国家之间的数字鸿沟已经成为全人类不得不面对的一大难题;从我国国内来看,不同省区市、地区之间的数字鸿沟已成为构建和谐社会的障碍。因此,对数字鸿沟的研究,尤其是对作为关键性问题的区域数字鸿沟定义与测度的研究,具有重要的现实意义:①有助于世界各国制定弥合数字鸿沟的战略与对策。缩小区域数字鸿沟是人类共同发展的必然要求,也是世界各国政府普遍关心的问题。可以说,区域数字鸿沟的存在具有经济不平等性和社会不平等性根源。从全球范围来看,区域数字鸿沟问题的解决对于缩小南北差距、实现各国和平发展有着重要作用。而要想在全球范围内缩小区域数字鸿沟,就有必要深入研究区域数字鸿沟的定义与测度问题。只有了解数字鸿沟是什么,不同区域间的鸿沟有多大,才能正确地提出消除区域数字鸿沟、减少社会经济不平等、缩小贫富差距的方案、对策和措施。②有助于减少我国信息化建设中数字鸿沟带来的危害。发展中国家在尚未完成第一次现代化的情况下开始了第二次现代化,两次现代化的重合使发展中国家处于极其复杂的境地。我国作为世界上最大的发展中国家,经过几十年的发展,在由传统农业社会向工业化和现代化社会迈进的进程中取得了巨大的成就,为继续推进现代化打下了基础。但在第二次现代化进程中,我国的数字鸿沟越来越明显,不仅表现在与发达国家间的差距上,而且表现在内部省区市间的差距上。正如经济发展的不平衡逐渐加大一样,我国信息化建设的不平衡也越发凸显,落后地区在信息化建设潮流中的被动和不利地位,导致其经济发展、投资和经营环境受到诸多限制,这一现象会严重阻碍地区间的协调发展,不利于社会稳定。因此,只有正确理解和科学测度我国的区域数字鸿沟,才能对症下药,以减少我国信息化建设中数字鸿沟带来的危害,促使我国化数字鸿沟为数字机遇,为我国缩小与发达国家之间的经济差距,实现经济与社会的跨越式发展提供帮助。③有助于我国构建社会主义和谐社会。数字鸿沟的存在及其扩大,进一步加速了贫富分化,使马太效应在信息社会中呈指数级放大。信息与知识贫困已成为21世纪的新型贫困,这是人类进入信息时代后面临的巨大挑战。如何构建健康和谐的数字生态系统来弥合数字鸿沟,回应数字化信息网络发展背后的社会分化、地区分隔和贫富悬殊等问题，是构建社会主义和谐社会的关键。在我国，数字鸿沟正成为构建和谐社会的障碍，要建立和谐社会就必须消除进一步加剧贫富分化的数字鸿沟。

20世纪90年代中后期，美国国家远程通信和信息管理局（National Tlecommunications and Information Administration，NTIA）发布了"在网络中落伍"的系列报告——1995年的《在网络中落伍：一项对美国城乡信息穷人的调查》（*Falling Through the Net: A Survey of the "Have Nots" in Rural and Urban America*）、1998年的《在网络中落伍：数字鸿沟的新数据》（*Falling Through the Net: New Data on the Digital Divide*）、1999年的《在网络中落伍：定义数字鸿沟》（*Falling Through the Net: Defining the Digital Divide*）、2000年的《在网络中落伍：走向数字化》（*Falling Through the Net: Toward Digital Inclusion*），从而使数字鸿沟问题引起了世界范围内的媒体、国际组织的高度关注。2000年7月，世界经济论坛组织（World Economic Forum，WEF）向八国集团首脑会议提交专题报告《从全球数字鸿沟到全球数字机遇》，使数字鸿沟成为世界瞩目的焦点问题。另外，自2002年开始，WEF已连续17年发布《全球信息技术报告》，该报告采用网络就绪指数（networked readiness index，NRI）对全球主要经济体利用信息通信技术推动经济发展及提高竞争力的成效进行打分和排名，为各国明晰信息化建设的优劣因素，弥合数字鸿沟提供科学指引。经济合作与发展组织（Organization for Economic Co-operation and Development，OECD）先后发布两个与数字鸿沟相关的报告：《理解数字鸿沟》（OECD，2001）从信息通信技术和互联网的角度分析了数字鸿沟的定义、成因等；《跨越数字鸿沟：OECD国家的问题与对策》（OECD，2002）重点关注国家内部而不是国家间的数字鸿沟。美国商务部也相继发布报告：《美国在线：美国人如何扩展他们的网络》（U.S. Department of Commerce，2002）说明当时美国的互联网使用情况，以及数字鸿沟在美国依然存在；《美国在线：进入宽带时代》（U.S. Department of Commerce，2004）说明美国互联网用户数快速增长，但是人们在应用互联网方面还存在差异。2003年，在信息社会世界峰会上，国际电信联盟（International Telecommunications Union，ITU）在其《世界电信发展报告》中推出了一个新的、全面的数字接入指数（digital access index，DAI）；2005年12月，ITU发布的《缩小数字鸿沟》报告重点提出了一项新的数字鸿沟评估方法——数字机遇指数（digital opportunity index，DOI）；2007年12月，ITU再次做出决定，统一各个指数，形成单一的测度指数——由信息通信技术接入、应用和技能三个方面指标构成的信息通信技术发展指数（ICT development index，IDI）；此后到2018年，ITU每年发布一期《衡量信息社会报告》，该报告对世界各国的IDI进行测度和排名，探讨国家间的信息化发展差距。2004年，联合国开发计划署（The United Nations Development Programme，UNDP）通过援助项目为马来西亚提供了一份名为《缩小数字鸿沟国家战略框架》的报告，该报告测度了马来西亚的数字鸿沟现状，对现有缩小数字鸿沟的政策策略进行评估，分析了现有缩小数字鸿沟的计划和项目对目标群体的影响。联合国宽带可持续发展委员会从 2011 年开始，每年发布一期《宽带状况报告》，这是唯一一份描述全球 160 多个经济体的宽带接入和价格可承受性排名情况的报告，同时其还根据联合国宽带可持续发展委员会 2011 年制定的关键倡议指标，对比国别宽带接入数据，以研究国家间的宽带接入差距。2017 年联合国宽带可持续发展委员会发布的《宽带状况报告——宽带促进可持续发展》指出，尽管全球现在已有 48%的人可以用上网络，但由于发达国家和发展中国家之间的数字差距还在不断扩大，仍有 39 亿人无法访问互联网。

关于数字鸿沟的定义及本质，目前的提法很多，具有代表性的有：美国商务部（U.S. Department of Commerce, 2002）认为，在所有国家，总有一部分人拥有社会提供的最好的信息技术，另外一部分人出于各种原因不能接入最新或最好的计算机，这两部分人之间的差别就是数字鸿沟；OECD（2001）认为数字鸿沟是个体、家庭、商业组织、地区和国家之间接触并获取信息通信技术的机会，特别是在广泛的活动中使用互联网方面存在的差距；ITU 认为数字鸿沟是由于贫穷、教育设施中缺乏现代化技术、文盲而形成的贫穷国家与富裕发达国家之间、城乡之间及年轻一代与老一代之间在获取信息通信技术方面的不平等；美国哈佛大学教授 Norris（2001）认为"数字鸿沟"主要体现在以下方面：全球鸿沟指发达国家和发展中国家在接入网络方面的差距，社会鸿沟涉及每个国家中信息富足者和信息贫困者之间的差距。

在中国，数字鸿沟概念一经引入，立即受到关注。例如，金兼斌（2003）、杨琳和李明志（2002）、陈艳红（2007）、张勇（2012）、邬晓鸥等（2014）对数字鸿沟概念和成因的研究；胡鞍钢和周少杰（2002b）、刘芸（2007）、薛伟贤和刘俊（2008b）、侯艳辉和郝敏（2013）采用多元线性回归、解释结构模型、评价实验法等分析区域数字鸿沟的影响要素；薛伟贤和王涛峰（2006b）、邱娟和汪明峰（2010）、茶洪旺和左鹏飞（2016）分别分层次用不同指标分析比较我国省区市间的数字鸿沟；张维迎（2001）认为要跨越数字鸿沟首先应该填平制度鸿沟；杨剑（2013）提出新兴大国的群体性崛起及其在技术链中的特殊地位和发展经验可为消除国际数字鸿沟做出重大贡献。

目前世界各国对数字鸿沟的研究尚处于初级阶段，特别是对区域数字鸿沟的测度研究更是处于起步阶段。就现有研究来看，主要存在以下不足。

（1）在理论研究方面，现有文献主要集中于概念、影响因素、形成原因等方面，论述稍显空洞，缺少系统性。首先，对数字鸿沟本质的认识都是基于技术层面、经济层面、知识层面等单一维度，一方面缺少对数字鸿沟社会层面的解析，另一方面忽视了数字鸿沟是包含信息资源拥有差距、经济发展不平衡、知识获取与利用差异等方面的综合性问题。其次，数字鸿沟效应的研究视角过于狭隘，其中，对经济效应的研究大多从消费者、企业等单一层面考察，缺乏全面系统的分析；对社会效应的研究只描述了数字鸿沟对社会产生的影响，即只回答了数字鸿沟社会效应"是什么"，却没有回答"为什么"；对政治效应的研究大多是从法学或技术视角展开探讨，很少从网络本身及其他相关学科进行剖析。最后，以往对区域数字鸿沟形成机理的考察大多从单个要素出发，缺乏将推动区域数字鸿沟形成的众多要素作为一个系统进行的研究。

（2）在测度研究方面，现有文献还处于摸索阶段，并没有十分成熟的研究。首先，测度指标局限于互联网上网人数比例和上网计算机数等，没有从经济社会发展角度来考虑指标的设定，所以现有研究的测度指标不完整，不能真正体现出数字鸿沟与经济、社会、文化、政治等领域的密切联系。其次，各国各机构的测度指标体系相差较大，再加上统计口径差异大，导致不同区域间的测度结果不具有可比性，测度模型的通用性较低。最后，测度方法单一，仅限于指数法、算术平均法等，忽略了不同因子的贡献大小，同时测度结果往往是无量纲的相对量，随基准点选取的不同而不同，对同一地区的测度往往得出不同的结果。

根据研究问题的特点，本书综合运用了管理学、经济学、统计学、系统工程与信息学等学科的知识，主要采取以下研究方法：①规范分析与实证分析相结合。在规范分析数字鸿沟的本质、形成机理的基础上，构建区域数字鸿沟测度模型，并采用因子分析法实证检验测度模型的普适性。②定性分析与定量分析相结合。定性分析数字鸿沟的本质、效应、形成原因及影响因素等，以构建数字鸿沟评价指标体系，基于此，选用因子分析法和聚类分析法定量刻画我国国内的数字鸿沟及我国与发达国家之间的数字鸿沟；定性探讨弥合我国区域数字鸿沟的战略内容，采用熵值法定量测度我国 31 个省区市[①]的战略水平。③静态分析与动态分析相结合。既注重研究静止状态下的区域数字鸿沟形成原因，也注重引进时间因素，从区域数字鸿沟形成与演变的角度来研究数字鸿沟在一定时间内所发生的动态变化，如形成途径、形成阶段、形成的动力机制研究。④系统分析与因素分析相结合。区域数字鸿沟的形成机理是社会经济领域中的重要现象，涉及经济学、管理学、社会学等多个学科，具有综合性和系统性的特点。区域数字鸿沟形成的影响因素众多，且与经济、社会、政治、文化都有关联。本书以系统科学的思想为指导，确定了各影响因素的相互关系，并应用解释结构模型来分析影响因素的关系结构。

---

① 本书所选取的数据不包含港、澳、台地区的数据，故本书中所提到的"31 个省区市""各省区市"均不包含港、澳、台地区。

本书主要分三个部分进行系统研究：第一，数字鸿沟的理论分析。研究数字鸿沟的表现、本质，揭示数字鸿沟到底是什么；探析数字鸿沟的经济、社会、政治效应，明晰数字鸿沟所产生的影响是怎样的；挖掘区域数字鸿沟的形成机理，解释区域数字鸿沟这一现象是如何形成的。第二，在上述理论研究的基础上开展实证研究。通过区域数字鸿沟测度指标体系的设计和测度方法的选择，构建区域数字鸿沟测度模型；选取我国31个省区市，我国东、中、西部，中国、美国、加拿大，陕西省四组样本进行实证分析，定量刻画我国与发达国家之间及我国国内不同地区之间的数字鸿沟大小；利用情景分析法设定惯性演变和受调控演变两种情景，分析我国区域数字鸿沟的演变趋势。第三，针对我国的实际情况，运用战略管理的理论和方法，提出弥合我国区域数字鸿沟的战略、路径及保障对策，为缩小区域数字鸿沟提供理论指导和决策依据。具体章节分布及研究工作如下。

（1）在阐述数字鸿沟来历的基础上，从信息接入、信息应用及信息化建设环境三个层面探讨发达国家与发展中国家间及中国各省区市间数字鸿沟的表现。

第一，发达国家与发展中国家间数字鸿沟的表现：①在信息接入方面，选取电话主线拥有量和宽带接入率进行深入探讨，发现虽然大部分发达国家的电话主线拥有量呈逐年下降趋势，而发展中国家在缓慢增长，但二者的差距依然明显；另外，2014年发达国家中基本30%以上的家庭接入了宽带，而卢旺达、柬埔寨等一些发展中国家中超过99%的家庭没有接入宽带。②在信息应用方面，选取互联网普及率展开分析，发现随着全球信息化发展的潮流，世界各国的互联网普及率均实现了一定程度的增长，2014年发达国家达到70%以上，而一些发展中国家仍不足10%。③在信息化建设环境方面，选取信息技术研发投入强度［用信息技术研发支出占国内生产总值（gross domestic product，GDP）比重来衡量］加以反映，发现2007~2015年发达国家的信息技术研发投入强度基本在2%以上，而一些发展中国家如吉尔吉斯斯坦、哈萨克斯坦、蒙古国等不足0.2%。

第二，中国各省区市间数字鸿沟的表现：①在信息接入方面，选取移动电话拥有量、家用电脑拥有量、网民IPv4（internet protocol version 4，网际协议版本4）人均拥有量、域名拥有量进行探讨，发现四者的区域差异分别大致呈现先增大后减小、逐年增大、先增大后减小、波动变化的态势。②在信息应用方面，选取互联网普及率、电商企业数量展开讨论，发现我国互联网普及率的区域差异呈现先增大后缓慢减小的趋势，同时受限于地区资源禀赋不同，我国东、中、西部三大地区间的电商企业分布越来越不均衡，东部地区拥有全国65%以上的电商企业。③在信息化建设环境方面，选取信息技术研发投入强度深入分析，发现受到经济大环境影响，其区域差异大致呈现缓慢增长态势。

（2）基于Straubhaar等（2014）提出的"技术—倾向""技术—场""技术—资本"概念，从经济、技术、知识、社会四个层面解析数字鸿沟的本质。其中，在经济层面上，它是国际、国内经济不平等和贫富差距在信息时代的延续，反映了信息时代经济发展进程中出现的经济鸿沟；在技术层面上，它是不同主体在接入新兴信息技术方面存在的差距，反映了新兴信息技术普及过程中出现的技术鸿沟；在知识层面上，它是不同群体使用新兴信息技术获取和利用信息资源方面的差距，反映了信息主体获取和利用信息资源过程中出现的知识鸿沟；在社会层面上，它反映了信息社会分化现象，是信息社会不均衡发展导致的社会鸿沟。

（3）在对数字鸿沟效应的作用过程进行解析的基础上，从定义、形成机理、表现形式和产生原因四个方面分别探析数字鸿沟的经济效应、社会效应和政治效应。

第一，采用拓扑动力系统理论，构建数字鸿沟效应拓扑结构系统，通过模型中输入量矩阵、输出量矩阵、特征系数矩阵的拓扑数学变换解析数字鸿沟效应的作用过程。研究发现，数字鸿沟效应的作用过程有两条路径：①不同地区或群体所对应的输入量不同经由特征系数矩阵最终造成了输出量的不同；②即使对不同地区输入相同的社会经济资源，但不同地区或群体自身的社会经济系统不同，最终也会导致出现不同的社会信息化结果，从而导致不同地区之间或群体之间在信息化过程中产生一系列差距。

第二，从微观、宏观两个层面解析数字鸿沟的经济效应，微观方面探讨数字鸿沟对个体参与经济活动的影响，包括消费者鸿沟、企业鸿沟和市场鸿沟；宏观方面分析数字鸿沟对整个国民经济产生的影响，包括收入鸿沟、增长鸿沟和结构鸿沟。其中，①在消费者鸿沟中，线上消费者拥有更多的信息资源和掌握较高的网络应用技能，使线下与线上消费者购物的主动性、便捷性和选择范围存在差距；②在企业鸿沟中，企业间管理者的信息化意识、信息化人才拥有存在差距，导致企业间的成本、产品及收益不同；③在市场鸿沟中，市场间的交易成本存在差距，使市场间的交易环节及运作方式不同；④在收入鸿沟中，不同群体占有和利用信息资源的差距导致居民间的工资性收入、经营性收入、财产性收入不同；⑤在增长鸿沟中，地区间人力资本和信息技术应用水平不同，使区域间信息产业发展不均衡、传统产业的运行效率存在差异；⑥在结构鸿沟中，地区间信息消费不同，使产业结构合理化、高度化程度存在差异。

第三，针对目前中国经济社会发展的实际情况，如教育受到广泛关注、农民利益要求得到保障、女性不断追求性别平等，选择教育、城乡、性别三个主要方面对数字鸿沟的社会效应进行解析。其中，①数字鸿沟对教育公平的影响主要体现在教育起点、教育过程、教育结果三个方面，具体表现为教育资源配置失衡、教学模式存在差异、学生能力表现不同，主要原因在于区域间信息化教育观念存在差异、教育经费投入失衡；②数字鸿沟通过扩大城乡居民间的信息资源拥有量、信息认知及信息技术应用效果三个方面的差距来阻碍城乡差距的缩小，具体表现为城乡居民的劳动方式不同、休闲方式不同、享受的社会福利保障不同，主要原因在于城乡居民的信息需求不同、传媒大众对城乡信息的供给不同；③数字鸿沟从技术角度通过"数字性别化"形成性别鸿沟，具体表现为信息技术行业中男女比例失衡、信息技术行业中男女从事的职位存在差异、网络游戏中女性参与度低、网络新闻报道中存在女性形象失真现象，主要原因在于两性使用信息技术的意愿不同、传统性别观念的制约。

第四，以网络政治学为基础，从个人、社会和国家维度探讨数字鸿沟给不同主体造成的权利鸿沟和安全鸿沟问题。其中，①在现有网络模式下，数字鸿沟导致拥有和使用信息技术水平低的人受到身份歧视的可能增加，后果就是形成公民之间的权利鸿沟；②随着数字鸿沟的扩大，"信息强国"和"信息穷国"之间的综合实力差距越来越大，无论政治、经济、文化还是军事等方面都表现出了强者越强、弱者更弱的马太效应，甚至威胁国家安全。

（4）从形成原因、形成过程、形成动力机制三个层面解析区域数字鸿沟的形成机理。

第一，运用弗里曼的创新扩散理论分析区域数字鸿沟形成的直接原因和间接原因。其中，①信息通信技术应用的内部基础是直接原因，它决定信息主体应用信息通信技术的主观能动性，包括信息拥有和信息使用两个方面。信息拥有指用户所拥有的信息资源数量、质量及信息结构等；信息使用指信息使用技能及信息使用范围等。②信息通信技术应用的外部条件是间接原因，它决定信息主体应用信息通信技术的客观环境，包括信息化建设的经济基础、政策环境和社会文化环境三个方面。信息化建设的经济基础指信息主体的购买力、消费水平等；政策环境指政府针对信息化建设所制定的政策措施和法律法规；社会文化环境是对社会群体施加广泛影响的各种文化现象和文化活动的总称。

第二，通过研究区域数字鸿沟的形成阶段和形成影响因素探析其形成过程。其中，①在形成阶段研究中，首先采用非线性积分方程模型，对区域数字鸿沟形成阶段的连续性进行说明；其次构建信息通信技术扩散传染模型，推导出信息通信技术扩散的时间路径函数，进一步比较两地区时间路径函数差异的演化规律，将区域数字鸿沟的形成过程划分为逐渐扩大、稳定、逐渐缩小三个阶段。②在形成影响因素研究中，采用文献计量法和解释结构模型（interpretive structural model，ISM）确定个人计算机拥有量、年龄、性别、职业、信息技术引进水平、地理位置、城市化水平为区域数字鸿沟形成的表层影响因素，个人信息意识、信息技术使用资费、信息人才为区域数字鸿沟形成的中层影响因素，政策法规为区域数字鸿沟形成的深层影响因素。

第三，采用系统动力学方法，通过剖析区域数字鸿沟形成的结构体系和运行规则解析其形成的动力机制。其中，①在结构体系研究中，从系统论思维出发，提出信息化动力系统、教育动力系统、经济动力系统、政府政策动力系统及它们之间的作用关系构成了区域数字鸿沟形成动力机制的结构体系。②在运行规则研究中，依据系统动力学（system dynamic，SD）模型，找出区域数字鸿沟形成动力系统内的六条反馈回路：信息化动力系统—经济动力系统正反馈回路、信息化动力系统—经济动力系统负反馈回路、教育动力系统—信息化动力系统负反馈回路、经济动力系统—信息化动力系统正反馈回路、经济动力系统—信息化动力系统负反馈回路、政府政策动力系统—经济动力系统正反馈回路。进一步分析各个反馈回路对动力系统起作用的方式，找到区域数字鸿沟形成动力机制的运行规则：在逐渐扩大阶段，三条正反馈回路起主导作用，四个动力系统所产生的动力耦合为正，使区域数字鸿沟不断扩大；在稳定阶段，三条正反馈回路所起的作用与三条负反馈回路所起的作用相互抵消，四个动力系统所产生的动力耦合为零，使区域数字鸿沟无扩大或缩小变化；在逐渐缩小阶段，三条负反馈回路起主导作用，四个动力系统所产生的动力耦合为负，使区域数字鸿沟不断缩小。

（5）通过区域数字鸿沟测度指标体系的设计和测度方法的选择，构建区域数字鸿沟测度模型。

第一，结合层次分析法的思想，根据测度目标、数字鸿沟的本质及其形成机理，构建一个由目标层、标准层、指标层组成的测度指标体系，具体包括经济层面、技术层面、知识层面和社会层面共 21 项指标。其中，①经济层面包含人均 GDP，第三产业占 GDP 比重，固定资产投资占 GDP 比重，社会消费品零售总额占 GDP 比重，交通运输、仓储和邮政业产值占 GDP 比重。②技术层面包含网民占总人口比例、每百人拥有网站数、人均网页字节数、网络用户每百人域名数、信息技术科研开发支出额占全地区 GDP 的百分比。③知识层面包含交通邮电通信从业人员占总从业人员比重、每千人拥有大学毕业生人数、每千人拥有科技活动人员数、每万人年批准专利数、教育经费占 GDP 比重、每百万人拥有图书馆个数。④社会层面包含每百人拥有移动电话数、电视人口覆盖率、广播人口覆盖率、网民 IPv4 拥有率、信息指数。

第二，对因子分析法、指数法、综合评分法、数据包络分析法进行相互比较与评价，发现因子分析法在测度区域数字鸿沟时会更加适用，其具有四个方面的优势：①基于降维的思想，由变量相关矩阵内部的依赖关系出发，可以把一些具有错综复杂关系的变量归结为少数几个综合因子，在损失很少信息的前提下，解决指标间的相关性问题；②以指标间的相关性为依据进行综合加权，不存在人为的主观赋权问题，因此在权重的确定上比较客观；③无量纲化处理采用统一的标准化方法，不存在不同的标准化处理问题；④由于有成熟的统计分析软件，计算过程比较简便。

（6）选取中国 31 个省区市，中国东、中、西部，中国、美国、加拿大，陕西省10个地级市及关中、陕南、陕北作为样本，考察2007年、2013年/2014年不同区域间数字鸿沟的大小，然后基于评估结果，探讨区域数字鸿沟的演变趋势，以明确未来时期弥合我国区域数字鸿沟的目标和定位。

第一，2007年、2014年中国31个省区市的数字鸿沟测度结果：①2007年，上海与北京的数字鸿沟处于"不显著"层级；天津、辽宁、广东、江苏、福建、浙江、湖北与北京的数字鸿沟处于"显著"层级；吉林、内蒙古、山西、重庆、河北、陕西、黑龙江、山东、海南、宁夏、湖南、安徽、四川、河南、江西、青海、广西、甘肃、新疆、云南、贵州、西藏与北京的数字鸿沟处于"极显著"层级。另外，对2007年四个主因子进行聚类分析，将我国31个省区市分为五类，第一类为北京；第二类为天津、河北、山西、辽宁、吉林、黑龙江、江苏、安徽、福建、江西、山东、河南、湖北、湖南、广西、海南、重庆、四川、贵州、云南、陕西、甘肃、宁夏、新疆；第三类为内蒙古、青海；第四类为上海、浙江、广东；第五类为西藏。②2014年，上海、广东、浙江、天津、江苏、山东、辽宁、福建、黑龙江、湖北、重庆、吉林、山西、陕西、内蒙古、河北、四川与北京的数字鸿沟处于"显著"层级；海南、河南、安徽、湖南、宁夏、广西、江西、甘肃、新疆、云南、青海、贵州、西藏与北京的数字鸿沟处于"极显著"层级。另外，对2014年四个主因子进行聚类分析，将我国31个省区市分为五类，第一类为北京；第二类为天津、上海、江苏、浙江、福建、广东；第三类为河北、山西、辽宁、吉林、黑龙江、安徽、江西、山东、河南、湖北、湖南、广西、重庆、四川、云南、陕西、甘肃；第四类为内蒙古、海南、贵州、青海、宁夏、新疆；第五类为西藏。

第二，2007年、2014年中国东、中、西部的数字鸿沟测度结果：①2007年，西部与东部的数字鸿沟处于"显著"层级，中部与东部的数字鸿沟处于"显著"层级，西部与中部的数字鸿沟处于"不显著"层级。②2014年，西部与东部的数字鸿沟处于"显著"层级，中部与东部的数字鸿沟处于"不显著"层级，西部与中部的数字鸿沟处于"不显著"层级。

第三，2007年、2013年中国、美国、加拿大的数字鸿沟测度结果：①2007年，中国与美国的数字鸿沟处于"极显著"层级，中国与加拿大的数字鸿沟处于"显著"层级，加拿大与美国的数字鸿沟处于"不显著"层级。②2013年，中国与美国的数字鸿沟处于"显著"层级，中国与加拿大的数字鸿沟处于"显著"层级，加拿大与美国的数字鸿沟处于"不显著"层级。

第四，2007年、2013年陕西省的数字鸿沟测度结果：①2007年，宝鸡、咸阳、渭南、汉中、延安、铜川、商洛、榆林与西安的数字鸿沟处于"显著"层级，安康与西安的数字鸿沟处于"极显著"层级；陕南与关中、陕北与关中、陕南与陕北之间的数字鸿沟均处于"不显著"层级。②2013年测度结果与2007年一致。

第五，设定惯性演变和受调控演变两种情景模式对我国区域数字鸿沟的演变趋势进行分析，结果表明：如果政府不进一步采取调控措施，区域数字鸿沟将不断扩大，这势必对社会的就业结构、经济的均衡发展等产生负面影响，不利于社会的全面可持续发展；如果政府采取科学的调控措施，到21世纪中叶，我国31个省区市，我国东、中、西部，我国与发达国家数字鸿沟的最大差距量将分别减少60%、46%、69%，区域数字鸿沟的不断缩小有利于各地区共享信息资源，推动欠发达地区利用信息技术实现跨越式发展。

（7）针对我国的实际情况，分析弥合我国区域数字鸿沟的战略目标、战略环境和战略内容，在此基础上制定弥合区域数字鸿沟的路径及保障对策。

第一，以战略管理理论为指导，分析弥合我国区域数字鸿沟的战略目标、战略环境、战略内容。其中，①结合区域数字鸿沟的演变趋势及我国的客观实际情况，确立弥合区域数字鸿沟的近期目标为：到2020年，我国31个省区市之间的数字鸿沟差距量不断缩小，力争部分省区市之间的差距量由"极显著"层级转变到"显著"层级；我国东、西部之间的数字鸿沟差距量由"显著"层级转变到"不显著"层级；我国与部分发达国家之间的数字鸿沟差距量由"显著"层级转变到"不显著"层级。中期目标为：到2030年，力争我国31个省区市之间的数字鸿沟最大差距量由"极显著"层级缩小至"显著"层级；我国东、中、西部之间的数字鸿沟保持"不显著"层级，东、中、西部的数字鸿沟最大差距量要缩小至0.8以内；我国与发达国家之间的数字鸿沟最大差距量由"显著"层级缩小至"不显著"层级。远期目标为：到21世纪中叶，争取我国31个省区市之间的数字鸿沟最大差距量缩小至"不显著"层级；我国东、中、西部数字鸿沟的最大差距量缩小至0.5以内；我国与发达国家数字鸿沟的最大差距量缩小至0.8以内。②基于PEST分析法①，提出弥合区域数字鸿沟的战略环境包括：国际社会普遍关注数字鸿沟问题、经济全球化背景下南北经济差距不断拉大、发达国家与发展中国家教育水平差距不断扩大、发展中国家的信息通信技术远远落后于发达国家。③围绕战略目标，提出在弥合区域数字鸿沟的顶层设计中，政府应充分考虑五方面内容，即信息化全面建设、区域经济协调发展、教育均衡发展、社会公平化和法律法规同步推进。

第二，借鉴波士顿矩阵思想，从数字鸿沟的大小、战略水平的高低两个维度出发构建二维象限矩阵，根据划分的四种情景设计对应的弥合路径，然后以我国31个省区市作为样本，采用熵值法对31个省区市的战略水平进行评价，结合省域的数字鸿沟大小对其情景模式进行判定，据此确定各个省区市的弥合路径。结

---

① PEST分析法是战略环境分析的基本工具，其中P是政治（politics），E是经济（economy），S是社会（society），T是技术（technology）。

果表明：①探索发展路径（立足优势，创立新高）对应数字鸿沟小、战略水平高的情景，自主带动路径（夯实基础，自我挖掘）对应数字鸿沟小、战略水平低的情景；均衡调整路径（调动资源，弥补不足）对应数字鸿沟大、战略水平高的情景，全面扶植路径（多元发展，寻求突破）对应数字鸿沟大、战略水平低的情景；②北京、上海、江苏、浙江、福建、山东、湖北、广东、重庆应走探索发展路径，天津、辽宁、黑龙江应走自主带动路径，河北、湖南、海南、四川、陕西、青海应走均衡调整路径，山西、内蒙古、吉林、安徽、江西、河南、广西、贵州、云南、西藏、甘肃、宁夏、新疆应走全面扶植路径。

第三，依据战略内容及弥合路径，制定我国区域数字鸿沟的对策：加强落后地区的信息软件、硬件建设，推进信息技术自主创新，实施以信息产业为中心的经济发展政策，缩小东、中、西部经济差距，提高国民教育水平和信息素养，大力推进社会公平，建立健全相关法律法规。

# 目　录

1 数字鸿沟的表现 ·············································································· 1
　1.1 数字鸿沟的来历 ········································································· 1
　1.2 发达国家与发展中国家之间数字鸿沟的表现 ··································· 5
　1.3 中国区域数字鸿沟的表现 ·························································· 10
　1.4 本章小结 ················································································ 28
2 数字鸿沟的本质解析 ····································································· 30
　2.1 数字鸿沟本质研究进展 ····························································· 30
　2.2 数字鸿沟的概念内涵 ································································ 31
　2.3 数字鸿沟是信息时代经济发展进程中出现的经济鸿沟 ····················· 34
　2.4 数字鸿沟是新兴信息技术普及过程中出现的技术鸿沟 ····················· 36
　2.5 数字鸿沟是信息主体获取和利用信息资源过程中出现的知识鸿沟 ······ 38
　2.6 数字鸿沟是信息社会不均衡发展导致的社会鸿沟 ··························· 40
　2.7 本章小结 ················································································ 41
3 数字鸿沟的效应分析 ····································································· 43
　3.1 数字鸿沟效应的研究进展 ·························································· 43
　3.2 数字鸿沟效应作用机理 ····························································· 50
　3.3 数字鸿沟的经济效应 ································································ 66
　3.4 数字鸿沟的社会效应 ································································ 88
　3.5 数字鸿沟的政治效应 ······························································ 108
　3.6 本章小结 ·············································································· 118
4 区域数字鸿沟形成机理分析 ························································ 120
　4.1 数字鸿沟形成机理的研究进展 ·················································· 120
　4.2 区域数字鸿沟的形成原因 ························································ 133
　4.3 区域数字鸿沟的形成过程分析 ·················································· 141
　4.4 区域数字鸿沟形成的动力机制分析 ············································ 164
　4.5 本章小结 ·············································································· 180
5 区域数字鸿沟测度模型构建 ························································ 182
　5.1 数字鸿沟测度研究进展 ··························································· 182
　5.2 区域数字鸿沟测度指标体系设计 ··············································· 202

  5.3 区域数字鸿沟测度方法分析与选择 ………………………………… 210
  5.4 本章小结 …………………………………………………………… 217
6 中国数字鸿沟评估 ……………………………………………………… 219
  6.1 样本选取 …………………………………………………………… 219
  6.2 中国 31 个省区市数字鸿沟测度 …………………………………… 220
  6.3 中国东、中、西部数字鸿沟测度 ………………………………… 248
  6.4 中国、美国、加拿大数字鸿沟测度 ……………………………… 258
  6.5 陕西省数字鸿沟测度 ……………………………………………… 268
  6.6 我国区域数字鸿沟演变趋势分析 ………………………………… 283
  6.7 本章小结 …………………………………………………………… 284
7 弥合我国区域数字鸿沟的战略及路径 ………………………………… 287
  7.1 弥合我国区域数字鸿沟的战略目标 ……………………………… 287
  7.2 弥合我国区域数字鸿沟的战略环境 ……………………………… 288
  7.3 弥合我国区域数字鸿沟的战略选择 ……………………………… 295
  7.4 弥合我国区域数字鸿沟的路径 …………………………………… 300
  7.5 弥合我国区域数字鸿沟的对策 …………………………………… 311
  7.6 本章小结 …………………………………………………………… 321
参考文献 …………………………………………………………………… 323
后记 ………………………………………………………………………… 338

# 1 数字鸿沟的表现

## 1.1 数字鸿沟的来历

20世纪90年代以来，国际互联网商业化使信息技术跨越式发展，发达国家纷纷提出加速国际互联网普及的国家战略，并把国际互联网普及视为21世纪强化国家竞争力的关键因素。在技术、市场和全球化力量的推动下，国际互联网以前所未有的速度在全球范围内迅速扩张（胡鞍钢和周绍杰，2000）。然而，随着全球网络化、数字化、信息化的蓬勃发展，数字鸿沟问题日益凸显。

在媒体、学界的推动下，数字鸿沟成为各国政府、国际组织及其他社会力量所关注的重要问题，其中，WEF、OECD、亚太经济合作组织（Asia-Pacific Economic Cooperation，APEC）、ITU、联合国（United Nations，UN）对其开展了系统性研究；日本、美国、韩国等为弥合国内数字鸿沟，亦推出相应的发展规划。

2000年7月，WEF向八国集团首脑会议提交专题报告《从全球数字鸿沟到全球数字机遇》，使数字鸿沟成为世界瞩目的焦点问题。2001年，WEF与哈佛大学联合发布的网络就绪指数衡量了"一个国家或社区参与信息通信技术发展并从中获益的准备程度"。自2002年开始，WEF每年发布一期《全球信息技术报告》，至今已发布17年，该报告采用网络就绪指数对全球主要经济体利用信息通信技术推动经济发展及提高竞争力的成效进行打分和排名，为各国明晰信息化建设的优劣因素，弥合数字鸿沟提供了科学指引。

OECD先后发布两个与数字鸿沟相关的报告：《理解数字鸿沟》（OECD，2001）从信息通信技术和互联网的角度分析了数字鸿沟的定义、成因等；《跨越数字鸿沟：OECD国家的问题与对策》（OECD，2002）重点关注国家内部而不是国家间的数字鸿沟。美国商务部也相继发布报告：《美国在线：美国人如何扩展他们的网络》（U.S. Department of Commerce，2002）说明当时美国的互联网使用情况，以及数字鸿沟在美国依然存在；《美国在线：进入宽带时代》（U.S. Department of Commerce，2004）说明美国互联网用户数快速增长，但是人们在应用互联网方面还存在差异。

2001年10月，上海APEC年会的部长级会议通过了《数字APEC战略》，其明确指出各成员方要采取具体和联合的行动来实施数字战略，并充分利用信息与通信技术革命，缩小数字鸿沟，迎接新经济带来的机遇。2002年，APEC发布

《东亚亚太经济合作组织成员电子商务准备度：确定人力资源开发需求和能力建设的前奏》，报告给出了一个电子商务准备程度评价指标体系，用来评估 APEC 的东亚成员方在新经济下的竞争能力，并阐述了促进这些经济体电子商务发展的人力资源建设建议。

2000 年，ITU 亚洲电信展在中国香港举行，主题为"超越边界"，旨在利用先进的信息通信技术消除地区之间的发展不平衡，跨越数字鸿沟。2002 年 3 月，ITU 在伊斯坦布尔召开第三届世界电信发展大会，以数字鸿沟为主要议题，制订了一个旨在填平数字鸿沟的战略计划——《伊斯坦布尔宣言》。2003 年，在信息社会世界峰会上，ITU 在其《世界电信发展报告》中推出了一个新的、全面的数字接入指数。2005 年 12 月，ITU 发布《缩小数字鸿沟》报告，该报告重点提出了一项新的数字鸿沟评估方法——数字机遇指数。2007 年 12 月，ITU 又提出由信息通信技术接入、应用和技能三个方面指标构成的 IDI。此后，其每年发布一期《衡量信息社会报告》，至今已发布到 2018 年，该报告对世界各国的 IDI 进行测度和排名，探讨国家间的信息化发展差距。2014 年 10 月，ITU 第 19 届全权代表大会通过《连接 2020：全球电信/信通技术发展议程》，号召各国政府、私营部门、民间社会、国际组织、技术和学术界及所有其他利益攸关方在缩小数字差距并实现面向全民的宽带提供方面做出努力。

2001 年 11 月，联合国成立解决数字鸿沟顾问委员会与联合国信息和通信技术工作组，在全球推广新的科学技术，使信息技术革命的成果得以促进和发展。2001 年 12 月，联合国大会通过决议，欢迎 ITU 的倡议，决定举办信息社会世界峰会，并首次采取两阶段举行的方式。2003 年 12 月，第一阶段会议通过《日内瓦行动计划》，呼吁促进研究和开发，以方便所有人，包括社会经济地位低下的群体、边缘化群体和弱势群体，获取信息通信技术。2005 年 11 月，第二阶段会议通过《突尼斯承诺》，强调必须消除在弥合数字鸿沟方面遇到的障碍，特别是那些阻碍各国，尤其是发展中国家的障碍。2004 年，联合国开发计划署通过援助项目为马来西亚提供了一份报告——《缩小数字鸿沟国家战略框架》，该报告测度了马来西亚的数字鸿沟现状，对现有缩小数字鸿沟的政策策略进行评估，分析了现有缩小数字鸿沟的计划和项目对目标群体的影响。2005 年，联合国教育、科学及文化组织（United Nations Educational, Scientific and Cultural Organization，UNESCO）在《从信息社会迈向知识社会》报告中指出，数字鸿沟会导致未来的知识社会走向分离，而不是面向所有人知识共享，呼吁各国政府制订解决数字鸿沟的战略规划。2011 年，联合国数字发展宽带委员会提出全球宽带发展目标：到 2015 年全球发展中国家一半以上的人口、40%以上的家庭能够使用宽带；宽带互联网服务的价格应该让所有国家的用户都能够承受；并且从当年开始，该委员会每年发布一期《宽带状况报告》，这是唯一一份描述全球 160 多个经济体的宽带接入和价格可承受性排名情况的报告，同时其还根据该委员会2011年制定的关键倡议指标，对比国别宽带接入数据，以研究国家间的宽带接入差距。

NTIA自1995年开始发布"在网络中落伍"系列报告，对美国的数字鸿沟问题进行持续性研究；2015年，美国总统奥巴马宣布了一个名为"连接家庭"（Connect Home）的提案，旨在向低收入家庭推广宽带服务。2007年底，日本召开的"消除数字鸿沟战略会议"部署了2008~2010年的信息通信发展规划，即通过政府发放补贴将光纤铺设至人口稀少的地区，连村落也不例外，到2010年90%以上的家庭实现高速上网目标。2009年，日本推出"i-Japan战略"，旨在到2015年实现以人为本、安心且充满活力的数字化社会，让数字信息技术如同空气和水一般融入每一个角落。韩国政府于2000年实施"1000万人信息技术教育计划"，培训了包括教师、学生、居民、农民、家庭主妇、残疾人、老人等在内的1380万人；2011年6月，首尔市政府发布"智慧首尔2015"（Smart Seoul 2015）计划，提出支援弱势群体的信息化，消除智能信息鸿沟。

在我国，数字鸿沟问题也受到政府的广泛关注。2000年9月6日，江泽民同志在联合国千年首脑会议上指出："日益拉大的'数字鸿沟'表明，发达国家与发展中国家在科技水平上存在极大差距，这必然致使南北贫富差距进一步拉大。"①同年11月16日，江泽民同志在APEC第八次领导人非正式会议上再次强调："'数字鸿沟'的出现和不断扩大，使得南北发展差距有增无减，世界经济有可能因此而出现新的失衡。"②进入21世纪以来，随着我国信息化进程的加快，数字鸿沟越来越凸显，已经成为我国构建社会主义和谐社会的一大障碍。国家信息中心从2005年起组织"中国数字鸿沟研究"课题组，每年发布《中国数字鸿沟报告》，该报告结合国内外最新研究进展，对上一年度中国主要信息技术产品扩散状况和数字鸿沟演变情况进行测算和分析，重点考察城乡数字鸿沟、地区数字鸿沟，并以此为基础进行数字鸿沟总水平测评。2010年，工业和信息化部、农业部、科学技术部、商务部、文化部联合制定发布了《农业农村信息化行动计划（2010—2012年）》，提出"农业农村信息化是实现以工促农、以城带乡，缩小城乡数字鸿沟、形成城乡经济社会发展一体化新格局的现实选择"③。2015年10月，国务院常务会议上决定加大中央财政投入，并且引导民间资本参与农村宽带建设，2016~2020年预计总投入超过1400亿元，以解决宽带收费成本高、农民支付能力不足的问题。2016年4月，在全国网络安全和信息化工作座谈会上，习近平强调，网信事业发展必须"贯彻以人民为中心的发展思想""让亿万人民在共享互

---

① 在联合国千年首脑会议上的讲话. http://www.people.com.cn/GB/paper39/1397/221443.html[2019-07-08].
② 在亚太经合组织第八次领导人非正式会议上的讲话. http://www.gov.cn/gongbao/content/2001/content_61065.htm[2019-07-08].
③ http://finance.sina.com.cn/roll/20100919/08568682584.shtml[2019-07-08].

联网发展成果上有更多获得感"[①]。

数字鸿沟是一个中文译名，在大多数英文文献中统称为"digital divide"，也有一些英文文献称之为"digital gap"或者"digital division"。在我国内地（大陆）最早是由新华社将其翻译为数字鸿沟的，而在香港、澳门、台湾地区则被译为"数位落差""数码沟""数位隔离"。在数字鸿沟一词出现以前，已经有一些类似的提法在相关文献中出现。如20世纪70年代出现的"知识沟假说"（knowledge gap hypothesis）。Tichenor等（1970）对"知识沟假说"进行了研究，认为随着大众传媒向社会传播的信息越来越多，社会经济状况较好的人将会比社会经济状况较差的人以更快的速度获取信息。因此，大众传媒传送的信息越多，这两类人之间的知识沟也就越大。Childers和Post（1975）提出了"信息穷人"（information poor）概念，并对其进行了深入分析。20世纪80年代，信息资源分配不均、获取信息的能力不平等、信息贫困等问题逐渐引起学术界的关注。美国学者托夫勒（1996）在其著作《力量的转移》中提出了"电子鸿沟"的概念，并明确指出必须高度警惕日益扩大的"信息鸿沟"和"电子鸿沟"问题。

既然数字鸿沟的渊源可以追溯到20世纪70年代以来出现的"知识鸿沟""信息鸿沟""电子鸿沟"，那么"digital divide"这个词究竟是由谁首创？对于此问题国内外学术界主要存在着两种说法。一是在Hoffman和Novak（1999）出版的《数字鸿沟的演变》（*The Evolution of the Digital Divide*）中，有这样一段话："互联网在经济上可能是不公平的，从而导致如Markle基金会的名誉总裁Lloyd Morrisett所说的在信息的'有'和'无'之间的数字鸿沟。"因此，Hoffman和Novak（1999）认为，"digital divide"最早应该是由Lloyd Morrisett提出来的，但是他们并没有指出Lloyd Morrisett提出该词的具体时间。国内赞成此说法的学者较多，以薛伟贤和王涛峰（2006a）、戴维民（2002）、姜奇平（2001）等为代表。二是Conhaim（2000）认为最早正式提出"digital divide"的是美国前副总统戈尔，他在1996年5月白宫举行的颁奖典礼演讲中首次提到了该词。我国学者曹湘荣（2001）赞成这一说法。

目前虽然对于"digital divide"一词的首创者仍然没有定论，但是可以肯定的是，"digital divide"引起全世界的广泛关注主要是因为NTIA发布的"在网络中落伍"系列报告：《在网络中落伍：一项对美国城乡信息穷人的调查》（1995年），《在网络中落伍：数字鸿沟的新数据》（1998年），《在网络中落伍：定义数字鸿沟》（1999年），《在网络中落伍：走向数字化》（2000年）。

随着研究的深入，数字鸿沟的内涵不断扩展和细化，越来越多的学者认为

---

[①] 人民日报新论：消除互联网发展的数字鸿沟. http://opinion.people.com.cn/n1/2016/0425/c1003-28300388.html[2019-07-08].

数字鸿沟是一个包含"信息接入""信息应用""信息化建设环境"差距的复杂问题。

## 1.2 发达国家与发展中国家之间数字鸿沟的表现

随着"互联网+"技术的不断演进与创新,以电子化、数字化为特征的信息化浪潮在世界各地不断涌现,信息化已成为推动社会变革与产业升级的主要驱动力,其在决定一个国家综合竞争力的消长方面起着不可替代的作用。然而受限于各国的经济基础、科技实力、教育水平等的不同,国家间的信息化发展水平具有明显的区域不平衡特征,尤其表现在发达国家与发展中国家间,其中,发达国家利用所掌握的不对称技术优势,垄断了全世界网络软硬件核心产品的生产,而发展中国家无论是信息产品的制造还是信息基础设施的建设都十分落后,远不能满足其现代化建设的需求。

### 1.2.1 信息接入差距

#### 1.2.1.1 电话主线拥有量

2007~2014 年,大部分发达国家每千人电话主线数基本呈下降趋势,发展中国家则表现比较平稳,有些国家甚至出现了增长趋势,如卢旺达、老挝(表 1-1)。这主要是因为经济比较发达的国家首先接受使用固定电话进行信息沟通与交流,而一些发展中国家起步较晚,随着移动电话的出现,发达国家居民逐渐选择使用移动电话代替固定电话,因而电话主线数开始下降,而发展中国家由于经济发展水平低,对信息设备的更换速度不及发达国家。虽然近年来发达国家在电话主线的拥有量上出现下降,但发展中国家与其差距依旧很大。2007 年,德国每千人电话主线数为 653.35 条,卢旺达、赞比亚、孟加拉国等每千人电话主线数不足 10 条,相差很大;2014 年,德国每千人电话主线数为 568.90 条,一些发展中国家仍不足 10 条,差距依然很大。

表 1-1　2007~2014 年发达国家与发展中国家每千人电话主线数　　单位:条

| 分类 | 国家 | 2007 年 | 2008 年 | 2009 年 | 2010 年 | 2011 年 | 2012 年 | 2013 年 | 2014 年 |
|---|---|---|---|---|---|---|---|---|---|
| 发展中国家 | 卢旺达 | 2.38 | 1.64 | 3.18 | 3.66 | 3.49 | 3.87 | 3.85 | 4.10 |
| | 柬埔寨 | — | 1.19 | 3.83 | 24.98 | 36.29 | 39.32 | 27.81 | 23.43 |
| | 乍得 | — | 4.08 | 5.12 | 4.37 | 2.64 | 2.24 | 2.44 | 1.78 |
| | 赞比亚 | 7.70 | 7.27 | 7.04 | 8.96 | 6.29 | 5.86 | 7.96 | 7.62 |

续表

| 分类 | 国家 | 2007年 | 2008年 | 2009年 | 2010年 | 2011年 | 2012年 | 2013年 | 2014年 |
|---|---|---|---|---|---|---|---|---|---|
| 发展中国家 | 孟加拉国 | 7.49 | 9.09 | 8.26 | 8.47 | 6.40 | 6.22 | 7.27 | 6.15 |
| | 索马里 | 11.50 | 10.94 | 10.66 | 10.38 | 9.08 | 6.87 | 6.10 | 5.29 |
| | 老挝 | 16.18 | 20.82 | 15.99 | 16.12 | 16.51 | 67.71 | 100.25 | 133.56 |
| | 尼泊尔 | 24.94 | 30.67 | 30.61 | 31.35 | 31.14 | 30.27 | 30.62 | 29.77 |
| | 印度 | 35.04 | 32.26 | 31.14 | 29.11 | 26.77 | 24.89 | 23.08 | 21.30 |
| | 南非 | 97.01 | 96.98 | 95.66 | 94.48 | 93.44 | 92.52 | 91.63 | 68.65 |
| | 中国 | 277.35 | 253.48 | 232.18 | 216.49 | 208.35 | 201.99 | 192.69 | 178.96 |
| | 乌克兰 | 276.47 | 283.61 | 281.54 | 281.03 | 276.86 | 267.56 | 261.52 | 246.40 |
| 发达国家 | 美国 | 540.98 | 530.77 | 493.95 | 479.27 | 455.11 | 434.87 | 422.25 | 398.33 |
| | 澳大利亚 | 464.43 | 432.89 | 485.95 | 474.24 | 464.94 | 454.26 | 443.40 | 388.91 |
| | 德国 | 653.35 | 603.27 | 645.57 | 637.22 | 620.08 | 605.07 | 588.69 | 568.90 |
| | 芬兰 | 329.00 | 310.25 | 267.59 | 232.87 | 200.41 | 164.46 | 138.62 | 117.35 |
| | 日本 | 400.97 | 380.36 | 524.48 | 515.25 | 509.26 | 505.09 | 503.85 | 500.87 |
| | 荷兰 | 447.72 | 443.35 | 438.13 | 435.26 | 427.99 | 429.70 | 425.17 | 413.39 |
| | 以色列 | — | 453.65 | 455.88 | 459.28 | 464.05 | 470.18 | 448.07 | 370.74 |
| | 英国 | 552.15 | 557.48 | 543.04 | 538.28 | 532.66 | 528.76 | 528.76 | 523.52 |
| | 法国 | 563.95 | 561.13 | 650.90 | 642.44 | 634.93 | 620.52 | 607.84 | 600.31 |
| | 瑞士 | 652.38 | 630.84 | 662.79 | 626.75 | 618.91 | 590.44 | 578.98 | 536.25 |
| | 冰岛 | 600.22 | 644.82 | 606.00 | 608.77 | 593.44 | 552.38 | 509.88 | 514.91 |
| 世界 | | 195.97 | 186.03 | 183.65 | 177.92 | 171.80 | 166.66 | 161.55 | 150.93 |

资料来源：《中国信息年鉴》（2008~2016年）

#### 1.2.1.2 宽带接入率

宽带接入率反映全社会网络的普及程度。2007~2014年，世界每千人宽带用户数呈现逐年递增的发展趋势，各国也显露出加速增长的态势，但从横向比较来看，发展中国家与发达国家之间的差异依旧较为明显（表1-2）。2007年，印度每千人宽带用户数仅为2.70户，而芬兰达到306.40户，相差112.5倍，而一些其他发展中国家如中国，宽带接入率也较低，每千人中只有50户。2014年，这种差异依旧没有缩小，瑞士每千人宽带用户数达424.73户，超过40%的家庭实现了宽带的接入，而卢旺达、柬埔寨、赞比亚、老挝、尼泊尔等发展中国家每千人宽带用户数不足 10 户,超过 99% 的家庭没有实现宽带接入。宽带接入普及率的差异一方面与一个国家的经济发展水平密切相关,另一方面也与国家政府对宽带建设的重视程度相关,如美国 1993 年克林顿政府提出"国家信息基础设施建设"计划,2009 年安排了 72 亿美元用于宽带补贴和借贷计划建设;芬兰更首倡"宽带权",是全球首个通过立法的形式将宽带接入定为公民权利的国家。而一些发展中国家在宽带建设上投入不足,政府不够重视,导致宽带接入率偏低。

表 1-2  2007~2014 年发达国家与发展中国家每千人宽带用户数  单位:户

| 分类 | 国家 | 2007年 | 2008年 | 2009年 | 2010年 | 2011年 | 2012年 | 2013年 | 2014年 |
|---|---|---|---|---|---|---|---|---|---|
| 发展中国家 | 卢旺达 | — | 0.11 | 0.21 | 0.24 | 0.45 | 0.24 | 0.24 | 0.24 |
| | 柬埔寨 | — | 1.19 | 2.12 | 2.48 | 1.51 | 2.00 | 2.16 | 4.29 |
| | 赞比亚 | — | 0.46 | 0.83 | 0.78 | 1.17 | 1.05 | 0.75 | 1.42 |
| | 孟加拉国 | — | 0.34 | 2.12 | 2.74 | 3.07 | 3.88 | 6.32 | 19.51 |
| | 老挝 | — | 0.47 | 0.69 | 0.88 | 0.97 | 1.14 | 1.33 | 1.64 |
| | 尼泊尔 | — | 0.46 | 0.59 | 2.18 | 3.49 | 6.23 | 7.51 | 8.91 |
| | 印度 | 2.70 | 4.49 | 6.51 | 9.12 | 10.93 | 12.11 | 11.61 | 12.43 |
| | 南非 | 7.80 | 8.47 | 9.45 | 14.44 | 17.46 | 21.14 | 30.60 | 32.11 |
| | 中国 | 50.00 | 61.72 | 76.95 | 92.91 | 114.35 | 127.21 | 136.34 | 143.84 |
| | 乌克兰 | — | 34.44 | 41.21 | 64.16 | 69.20 | 80.02 | 88.31 | 92.94 |
| 发达国家 | 美国 | 229.50 | 246.88 | 253.15 | 265.04 | 274.51 | 284.53 | 285.40 | 310.59 |
| | 澳大利亚 | 232.90 | 237.93 | 231.06 | 239.91 | 237.99 | 243.42 | 250.14 | 276.60 |
| | 德国 | 237.30 | 271.57 | 299.24 | 314.27 | 327.96 | 337.04 | 345.76 | 357.80 |
| | 芬兰 | 306.40 | 299.33 | 287.02 | 285.54 | 294.80 | 303.75 | 308.96 | 323.05 |
| | 日本 | 221.00 | 236.55 | 257.96 | 267.69 | 273.83 | 283.76 | 288.37 | 293.11 |
| | 荷兰 | 335.40 | 351.73 | 370.08 | 380.92 | 389.89 | 398.11 | 400.79 | 407.74 |
| | 以色列 | 220.60 | 236.96 | 236.88 | 237.45 | 249.13 | 253.40 | 256.69 | 272.43 |
| | 英国 | 256.80 | 281.64 | 289.44 | 308.28 | 329.23 | 344.34 | 357.31 | 373.76 |
| | 法国 | 252.20 | 285.04 | 315.67 | 337.45 | 357.79 | 374.98 | 387.92 | 401.74 |
| | 瑞士 | 316.30 | 334.01 | 353.77 | 371.81 | 388.67 | 401.46 | 430.09 | 424.73 |
| | 冰岛 | 325.40 | 335.16 | 333.87 | 336.47 | 341.59 | 342.61 | 351.48 | 359.15 |
| 世界 | | 53.00 | 60.98 | 69.49 | 77.75 | 88.84 | 90.92 | 94.89 | 105.58 |

资料来源:《中国信息年鉴》(2008~2016 年)

### 1.2.2 信息应用差距

互联网普及率反映互联网的使用状况。Facebook 于 2016 年 2 月发布的《网络连接》报告显示,2015 年底,全球互联网用户达 32 亿人,比上年增加 3.1 亿人;互联网普及率达 43.4%,比上年增加 3.42 个百分点。虽然互联网在一定程度上实现了快速式的发展,但仍有 41 亿人未能与网络世界接轨,而这些人几乎全部在发展中国家,可见发展中国家与发达国家在互联网的普及上存在很大差距(表 1-3)。2007 年,芬兰每千人互联网用户数达 788.2 户,超出世界平均水平 570.6 户,而柬埔寨、孟加拉国每千人互联网用户数不足 5 户,分别与芬兰相差 159.9 倍、245.3 倍。到 2014 年,随着全球信息化发展的潮流,世界各国的互联网普及率均实现了一定程度的增长,但国家之间的差异依旧存在。2014 年,冰岛每千人互联网用户数达 981.6 户,而柬埔寨、孟加拉国虽实现了增长,但互联网普及率仍不足 10%,与美国、日本、芬兰等发达国家的差距依旧很大。由于互联网的使用对技术能力的要求较高,各国互联网普及率存在差异一定程度上与居民的受教育程度相关。世界银行数据库显示,2015 年芬兰、美国、澳大利亚的高等院校入学率分别为 87.29%、87.88%、90.31%,而诸如卢旺达、柬埔寨、老挝一些发展中国家的高等教育入学率均低于 20%,三者分别为 7.90%、13.09%、16.91%,印度、中国才达到 26.87%、43.39%,可见发展中国家居民受教育程度普遍偏低,这极大地限制了居民对互联网的使用。

表 1-3 2007~2014 年发达国家与发展中国家每千人互联网用户数 单位:户

| 分类 | 国家 | 2007 年 | 2008 年 | 2009 年 | 2010 年 | 2011 年 | 2012 年 | 2013 年 | 2014 年 |
| --- | --- | --- | --- | --- | --- | --- | --- | --- | --- |
| 发展中国家 | 卢旺达 | 30.9 | 77.0 | 80.0 | 70.0 | 80.2 | 87.0 | 77.0 | 106.0 |
| | 柬埔寨 | 4.9 | 5.1 | 5.3 | 12.6 | 31.0 | 49.4 | 60.0 | 90.0 |
| | 赞比亚 | 42.0 | 55.5 | 63.1 | 100.0 | 115.0 | 134.7 | 154.0 | 173.4 |
| | 孟加拉国 | 3.2 | 3.5 | 31.0 | 37.0 | 50.0 | 57.5 | 65.0 | 96.0 |
| | 老挝 | 17.1 | 85.0 | 60.0 | 70.0 | 90.0 | 107.5 | 125.0 | 142.6 |
| | 尼泊尔 | 14.1 | 17.3 | 19.7 | 79.3 | 90.0 | 111.5 | 133.0 | 154.4 |
| | 印度 | 72.0 | 45.4 | 51.2 | 75.0 | 100.7 | 125.8 | 151.0 | 180.0 |
| | 南非 | 82.9 | 86.0 | 100.0 | 240.0 | 339.7 | 410.0 | 489.0 | 490.0 |
| | 中国 | 161.3 | 225.0 | 289.0 | 343.0 | 383.0 | 423.0 | 458.0 | 493.0 |
| | 乌克兰 | 215.0 | 105.4 | 179.0 | 233.0 | 287.1 | 352.7 | 418.0 | 434.0 |
| 发达国家 | 美国 | 735.1 | 758.5 | 710.0 | 716.9 | 697.3 | 793.0 | 842.0 | 873.6 |
| | 澳大利亚 | 681.1 | 707.8 | 742.5 | 760.0 | 794.9 | 790.0 | 830.0 | 845.6 |

续表

| 分类 | 国家 | 2007年 | 2008年 | 2009年 | 2010年 | 2011年 | 2012年 | 2013年 | 2014年 |
|---|---|---|---|---|---|---|---|---|---|
| 发达国家 | 德国 | 722.9 | 754.8 | 790.0 | 820.0 | 812.7 | 823.5 | 839.6 | 861.9 |
| | 芬兰 | 788.2 | 824.8 | 824.9 | 868.9 | 887.1 | 898.8 | 915.1 | 923.8 |
| | 日本 | 689.6 | 751.6 | 780.0 | 782.1 | 790.5 | 862.5 | 862.5 | 905.8 |
| | 荷兰 | 841.9 | 869.8 | 896.3 | 907.2 | 914.2 | 928.6 | 939.6 | 931.7 |
| | 以色列 | 278.6 | 478.9 | 631.2 | 675.0 | 688.7 | 708.0 | 708.0 | 714.5 |
| | 英国 | 717.3 | 760.2 | 835.6 | 850.0 | 853.8 | 874.8 | 898.4 | 916.1 |
| | 法国 | 511.6 | 679.5 | 715.8 | 772.8 | 778.2 | 814.4 | 819.2 | 837.5 |
| | 瑞士 | 763.3 | 759.3 | 813.0 | 839.0 | 851.9 | 852.0 | 867.0 | 870.0 |
| | 冰岛 | 650.4 | 900.0 | 930.0 | 933.9 | 948.2 | 962.1 | 965.5 | 981.6 |
| 世界 | | 217.6 | 232.7 | 258.5 | 293.5 | 320.2 | 355.8 | 381.3 | 406.9 |

资料来源：《中国信息年鉴》（2008～2016年）

### 1.2.3 信息化建设环境差距

信息技术研发投入强度反映一国信息化建设的外部环境，可用信息技术研发支出占GDP比重来衡量。创新作为引领发展的第一动力，被列为五大发展理念之首，而网络信息技术作为全球研发投入最集中、创新最活跃、应用最广泛、辐射带动作用最大的技术创新领域，是全球技术创新的竞争高地。近年来，世界各国都积极顺应这一趋势。2007～2015年，信息技术研发投入强度在大部分国家基本呈现上升的态势（表1-4）。但从横向比较来看，由于发达国家与发展中国家的经济实力悬殊，二者的信息技术研发投入强度存在明显差异。2007年，哈萨克斯坦信息技术研发投入强度仅为0.21%，而芬兰达到3.35%，相差14.95倍，一些其他发展中国家如马其顿王国的信息技术研发投入强度更低，仅为0.17%。2015年，这种差异依旧没有缩小，以色列信息技术研发投入强度为4.27%，而吉尔吉斯斯坦、哈萨克斯坦等发展中国家不足0.2%。互联网核心技术是一国掌握互联网发展主动权、保障互联网安全和国家安全的利器，而发展中国家信息技术研发投入强度低将极大制约其信息化发展前景，阻碍其参与国际竞争。

表1-4 2007～2015年发达国家与发展中国家信息技术研发投入强度

| 分类 | 国家 | 2007年 | 2008年 | 2009年 | 2010年 | 2011年 | 2012年 | 2013年 | 2014年 | 2015年 |
|---|---|---|---|---|---|---|---|---|---|---|
| 发展中国家 | 马其顿王国 | 0.17% | 0.22% | 0.20% | 0.22% | 0.22% | 0.33% | 0.44% | 0.52% | 0.44% |
| | 吉尔吉斯斯坦 | 0.23% | 0.19% | 0.16% | 0.16% | 0.16% | 0.17% | 0.15% | 0.13% | 0.12% |
| | 哈萨克斯坦 | 0.21% | 0.22% | 0.23% | 0.15% | 0.16% | 0.17% | 0.17% | 0.17% | 0.17% |

续表

| 分类 | 国家 | 2007年 | 2008年 | 2009年 | 2010年 | 2011年 | 2012年 | 2013年 | 2014年 | 2015年 |
|---|---|---|---|---|---|---|---|---|---|---|
| 发展中国家 | 罗马尼亚 | 0.52% | 0.57% | 0.46% | 0.45% | 0.49% | 0.48% | 0.39% | 0.38% | 0.49% |
| | 摩尔多瓦 | 0.55% | 0.53% | 0.53% | 0.44% | 0.40% | 0.42% | 0.35% | 0.37% | 0.37% |
| | 马耳他 | 0.58% | 0.56% | 0.54% | 0.68% | 0.71% | 0.89% | 0.88% | 0.75% | 0.77% |
| | 立陶宛 | 0.80% | 0.79% | 0.83% | 0.78% | 0.90% | 0.90% | 0.95% | 1.03% | 1.04% |
| | 蒙古国 | 0.24% | 0.34% | 0.30% | 0.24% | 0.23% | 0.24% | 0.23% | 0.22% | 0.16% |
| | 乌克兰 | 0.85% | 0.85% | 0.85% | 0.85% | 0.85% | 0.85% | 0.85% | 0.65% | 0.62% |
| | 中国 | 1.38% | 1.46% | 1.68% | 1.73% | 1.79% | 1.93% | 2.01% | 2.02% | 2.07% |
| 发达国家 | 美国 | 2.63% | 2.77% | 2.82% | 2.74% | 2.76% | 2.70% | 2.73% | 2.75% | 2.79% |
| | 澳大利亚 | — | 2.40% | — | 2.38% | 2.25% | — | 2.20% | — | — |
| | 德国 | 2.45% | 2.60% | 2.73% | 2.71% | 2.80% | 2.87% | 2.83% | 2.89% | 2.88% |
| | 芬兰 | 3.35% | 3.55% | 3.75% | 3.73% | 3.64% | 3.42% | 3.30% | 3.18% | 2.90% |
| | 日本 | 3.46% | 3.47% | 3.36% | 3.25% | 3.38% | 3.34% | 3.47% | 3.40% | 3.28% |
| | 荷兰 | 1.69% | 1.64% | 1.69% | 1.72% | 1.90% | 1.94% | 1.96% | 2.00% | 2.01% |
| | 以色列 | 4.41% | 4.33% | 4.12% | 3.93% | 4.01% | 4.13% | 4.09% | 4.29% | 4.27% |
| | 英国 | 1.68% | 1.69% | 1.74% | 1.69% | 1.69% | 1.62% | 1.66% | 1.68% | 1.70% |
| | 法国 | 2.02% | 2.06% | 2.21% | 2.18% | 2.19% | 2.23% | 2.24% | 2.24% | 2.23% |
| | 冰岛 | 2.58% | 2.54% | 2.66% | — | 2.49% | — | 1.87% | 2.03% | 2.21% |
| | 世界 | 1.97% | 2.03% | 2.06% | 2.06% | 2.05% | 2.13% | 2.12% | 2.15% | 2.23% |

资料来源：世界银行数据库. https://data.worldbank.org.cn/indicator/GB.XPD.RSDV.GD.ZS?view=chart[2018-07-25]

## 1.3 中国区域数字鸿沟的表现

信息化是人类经济发展及社会进步的重要推动力量，是地区现代化发展程度的重要标志，但由于信息化在不同的发展阶段对地域条件的要求不同，集聚与分散两股力量对信息产业和信息技术作用的强度也不同，信息化在空间上的发展呈现不平衡特征。具体到我国内部来看，由于我国改革开放的推行和强有力的政策引导，北京、上海、天津、浙江、广东等东部省市在自身条件优越及经济快速发展的状况下，信息化发展快、水平高，而广大中、西部地区信息化建设水平有待加强，区域间的数字鸿沟表现突出。

## 1.3.1 信息接入差距

### 1.3.1.1 移动电话拥有量

移动电话作为一种新兴信息产品,其进入和扩展到人们生活中的速度比固定电话更快,渗透面比固定电话更广。工业和信息化部 2017 年 1 月公布的《2016 年通信运营业统计公报》显示,截至 2016 年底,我国移动电话用户净增 5054 万户,总数达 13.2 亿户,并且移动电话用户总数是固定电话用户总数的 6.38 倍。但我国居民对高科技信息通信工具的接受是有一个过程的,特别是一些经济欠发达地区(表 1-5)。

表 1-5  2007~2016 年全国各省区市居民每百人移动电话拥有量    单位:部

| 地区 | 2007 年 | 2008 年 | 2009 年 | 2010 年 | 2011 年 | 2012 年 | 2013 年 | 2014 年 | 2015 年 | 2016 年 |
| --- | --- | --- | --- | --- | --- | --- | --- | --- | --- | --- |
| 北京 | 97.88 | 95.36 | 104.02 | 121.36 | 131.29 | 156.90 | 159.53 | 189.46 | 181.73 | 178.06 |
| 天津 | 66.22 | 73.55 | 80.81 | 88.75 | 95.12 | 97.80 | 89.88 | 89.12 | 88.54 | 96.01 |
| 河北 | 40.54 | 45.99 | 53.78 | 61.89 | 70.82 | 76.10 | 81.91 | 84.36 | 82.63 | 95.33 |
| 山西 | 41.86 | 49.80 | 56.96 | 64.35 | 68.46 | 76.90 | 85.55 | 91.35 | 88.46 | 91.42 |
| 内蒙古 | 43.53 | 55.70 | 66.72 | 83.98 | 93.70 | 102.70 | 107.73 | 105.18 | 94.66 | 98.04 |
| 辽宁 | 45.58 | 56.12 | 66.73 | 77.37 | 87.69 | 97.90 | 104.41 | 103.29 | 97.89 | 101.13 |
| 吉林 | 48.03 | 49.85 | 57.46 | 65.89 | 72.96 | 82.10 | 86.22 | 94.91 | 91.22 | 97.14 |
| 黑龙江 | 37.90 | 43.04 | 48.77 | 54.16 | 62.00 | 69.50 | 78.76 | 90.21 | 87.36 | 90.69 |
| 上海 | 95.61 | 99.60 | 110.01 | 122.93 | 113.79 | 128.20 | 132.52 | 135.74 | 129.69 | 130.44 |
| 江苏 | 43.45 | 51.54 | 63.95 | 76.67 | 84.95 | 94.60 | 100.03 | 101.39 | 100.21 | 102.50 |
| 浙江 | 69.75 | 77.67 | 86.03 | 97.44 | 105.67 | 117.90 | 128.62 | 133.82 | 131.50 | 129.27 |
| 安徽 | 23.05 | 27.96 | 35.14 | 45.65 | 54.72 | 60.50 | 65.65 | 69.31 | 68.17 | 70.10 |
| 福建 | 50.51 | 65.71 | 72.76 | 83.31 | 96.21 | 108.80 | 114.02 | 112.37 | 108.20 | 107.36 |
| 江西 | 27.07 | 29.03 | 34.93 | 40.87 | 52.04 | 57.30 | 62.07 | 64.69 | 66.37 | 68.39 |
| 山东 | 39.91 | 49.14 | 56.33 | 65.37 | 74.24 | 78.70 | 85.62 | 88.50 | 92.30 | 96.46 |
| 河南 | 31.14 | 37.13 | 42.03 | 46.40 | 53.82 | 61.60 | 76.49 | 81.74 | 79.51 | 82.76 |
| 湖北 | 34.05 | 44.28 | 54.84 | 60.40 | 69.02 | 79.10 | 76.16 | 79.21 | 77.42 | 79.59 |
| 湖南 | 28.29 | 35.11 | 42.97 | 50.84 | 57.06 | 64.60 | 68.30 | 70.15 | 69.17 | 73.20 |
| 广东 | 82.99 | 87.97 | 92.58 | 99.86 | 103.37 | 118.70 | 138.16 | 139.35 | 133.47 | 130.46 |
| 广西 | 29.03 | 33.72 | 40.36 | 45.60 | 54.94 | 62.10 | 62.20 | 74.75 | 74.96 | 78.01 |

续表

| 地区 | 2007年 | 2008年 | 2009年 | 2010年 | 2011年 | 2012年 | 2013年 | 2014年 | 2015年 | 2016年 |
|---|---|---|---|---|---|---|---|---|---|---|
| 海南 | 38.44 | 46.58 | 57.45 | 68.79 | 77.29 | 88.40 | 95.87 | 100.44 | 98.16 | 102.75 |
| 重庆 | 41.79 | 45.15 | 50.40 | 58.22 | 62.43 | 70.90 | 80.16 | 86.58 | 90.76 | 94.48 |
| 四川 | 29.54 | 35.05 | 42.36 | 50.78 | 59.89 | 68.30 | 77.50 | 81.18 | 82.87 | 88.29 |
| 贵州 | 22.17 | 31.09 | 38.27 | 47.41 | 58.76 | 66.90 | 76.03 | 82.25 | 83.34 | 86.71 |
| 云南 | 29.83 | 36.01 | 42.36 | 49.10 | 56.27 | 62.50 | 72.46 | 79.52 | 78.87 | 82.65 |
| 西藏 | 25.95 | 30.31 | 42.75 | 54.36 | 65.25 | 77.70 | 85.13 | 91.90 | 82.93 | 85.90 |
| 陕西 | 43.03 | 50.83 | 61.97 | 66.76 | 77.84 | 87.20 | 93.32 | 95.55 | 94.04 | 100.02 |
| 甘肃 | 26.23 | 34.07 | 45.33 | 52.75 | 63.07 | 68.80 | 76.53 | 79.46 | 80.99 | 84.44 |
| 青海 | 40.16 | 44.60 | 54.01 | 71.42 | 82.32 | 94.60 | 93.88 | 93.24 | 87.88 | 90.95 |
| 宁夏 | 44.23 | 52.34 | 61.23 | 69.97 | 82.22 | 92.50 | 95.87 | 104.04 | 95.32 | 106.15 |
| 新疆 | 38.58 | 49.34 | 51.56 | 62.99 | 76.47 | 91.00 | 94.24 | 90.38 | 85.96 | 88.91 |
| 东部 | 60.99 | 68.11 | 76.77 | 87.61 | 94.59 | 105.82 | 111.87 | 116.17 | 113.12 | 110.94 |
| 中部 | 33.92 | 39.53 | 46.64 | 53.57 | 61.26 | 68.95 | 74.90 | 80.20 | 78.46 | 83.48 |
| 西部 | 34.51 | 41.52 | 49.78 | 59.45 | 69.43 | 78.77 | 84.59 | 88.67 | 86.05 | 90.45 |
| 全国 | 41.64 | 48.53 | 56.27 | 64.36 | 73.55 | 82.50 | 90.33 | 94.03 | 92.49 | 95.60 |

资料来源：31个省区市及全国数据直接来自《中国统计年鉴》（2008～2017年）；东、中、西部数据按照所包含的省区市进行加总平均获得，其中东部包括北京、天津、河北、辽宁、上海、江苏、浙江、福建、山东、广东、海南11个省市；中部包括山西、吉林、黑龙江、安徽、江西、河南、湖北、湖南8个省；西部包括重庆、四川、贵州、云南、西藏、陕西、甘肃、青海、宁夏、新疆、内蒙古、广西12个省区市

从省际层面来看，2007~2016年我国各省区市居民每百人移动电话拥有量的总体差异大致呈现先增大后减小的趋势（图1-1）。在移动电话兴起阶段，由于经济欠发达地区基数太小，而且增长速度慢，省区市之间的差距不断增大；但伴随着技术进步，手机价格大幅度下降，不仅发达地区实现饱和，经济欠发达地区也在全面普及中，省区市之间的差距在逐步缩小。实际上，由于移动电话功能的多样化、携带的便捷性，越来越多的居民选择使用移动电话代替固定电话，表现为我国各省区市居民每百人移动电话拥有量均有所增加。2007年排名第一的为北京，每百人移动电话拥有量为97.88部，到2016年，已经达到178.06部，增长近一倍，仍排名第一。2007年排名最后的为贵州，每百人移动电话拥有量仅为22.17部，到2016年排名最后的为江西，每百人移动电话拥有量达到了68.39部，虽然与北京的差距仍然较大，但其拥有量比2007年的最后一名增长了约两倍。

图 1-1　2007~2016 年我国省区市每百人移动电话拥有量的标准差

从区域层面来看，2007~2016 年我国东、中、西部三大地区之间移动电话拥有量呈现出"西部紧追东部，中部略微落后"的态势（图 1-2）。东部地区凭借着良好的经济基础，创造了大量的信息需求，表现为居民移动电话拥有量稳步攀升，十年间增长近一倍；西部地区依靠向西开放战略，充分把握后发优势，在东部地区新兴信息市场迅速扩大的过程中，其与东部地区的差距则呈缩小态势，由 2007 年的 26.48 部降低到 2016 年的 20.49 部；而 2007~2015 年，中部地区与东部地区移动电话拥有量差距呈现逐年增大趋势，由 2007 年的 27.07 部拉开到 2015 年的 34.66 部，差距扩大了 28.04%，直到 2016 年这种差距扩大的态势才有所放缓。

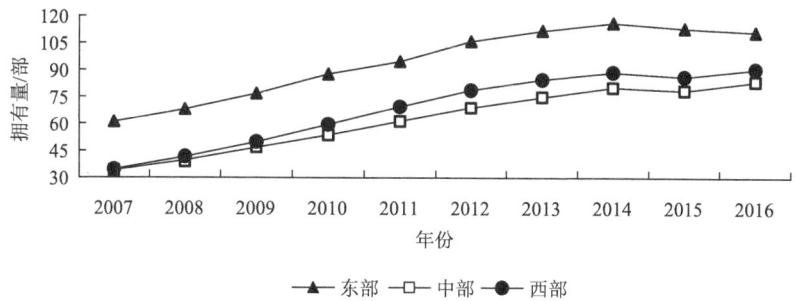

图 1-2　2007~2016 年我国东、中、西部每百人移动电话拥有量

### 1.3.1.2　家用电脑拥有量

随着信息产业的发展，人们的生活理念不断提高，电脑作为居民参与网络活动的基本工具，开始从办公室走进百姓家，并从各方面影响人们的行为和思维方式。但电脑作为一种科技含量高的新兴信息工具，不仅价格昂贵，而且对技术能力的要求高。在发达地区，随着信息社会的快速发展，电脑逐渐被人们接受，用于处理更为复杂的信息，进行更方便的交流。而在一些经济欠发达地区，很多居民受教育程度偏低，而电脑科技含量高，即便是有能力购买，但不会操作，电脑形同虚设，因此大多居民缺乏购买欲望，导致我国各地区在居民家用电脑的拥有量上存在较大差距（表 1-6）。

表 1-6　2005～2016 年全国各省区市居民每百户家用电脑拥有量　　单位：台

| 地区 | 2005年 | 2006年 | 2007年 | 2008年 | 2009年 | 2010年 | 2011年 | 2012年 | 2015年 | 2016年 |
|---|---|---|---|---|---|---|---|---|---|---|
| 北京 | 59.52 | 65.92 | 66.55 | 65.77 | 74.62 | 81.63 | 83.19 | 89.42 | 101.9 | 99.8 |
| 天津 | 28.57 | 33.85 | 38.39 | 40.92 | 46.01 | 52.93 | 66.20 | 71.20 | 68.1 | 73.3 |
| 河北 | 19.42 | 22.35 | 26.26 | 29.67 | 31.68 | 35.51 | 50.16 | 52.97 | 57.5 | 58.6 |
| 山西 | 15.37 | 18.31 | 21.27 | 25.37 | 27.86 | 31.40 | 46.75 | 50.87 | 53.7 | 54.6 |
| 内蒙古 | 11.73 | 13.68 | 16.36 | 19.13 | 22.57 | 25.23 | 34.71 | 36.91 | 43.5 | 46.3 |
| 辽宁 | 17.74 | 19.08 | 23.43 | 27.61 | 33.45 | 38.84 | 44.17 | 48.95 | 53.8 | 59.3 |
| 吉林 | 15.13 | 17.53 | 20.89 | 24.00 | 27.60 | 31.00 | 41.99 | 47.73 | 53.3 | 52.6 |
| 黑龙江 | 13.33 | 14.90 | 18.51 | 21.21 | 25.04 | 29.30 | 35.34 | 39.88 | 44.5 | 46.7 |
| 上海 | 56.55 | 64.29 | 73.62 | 77.89 | 88.79 | 94.01 | 93.98 | 96.77 | 117.3 | 131.2 |
| 江苏 | 24.62 | 31.79 | 37.93 | 37.41 | 41.98 | 46.17 | 67.25 | 72.64 | 73.4 | 76.6 |
| 浙江 | 35.33 | 40.38 | 47.18 | 52.56 | 57.80 | 64.13 | 73.35 | 77.12 | 77.6 | 77.8 |
| 安徽 | 13.37 | 17.53 | 21.40 | 27.00 | 30.21 | 35.87 | 42.22 | 46.72 | 45.3 | 45.0 |
| 福建 | 29.89 | 35.33 | 39.76 | 47.41 | 53.51 | 59.19 | 66.98 | 72.63 | 67.6 | 67.7 |
| 江西 | 17.02 | 19.22 | 23.29 | 26.28 | 29.13 | 32.57 | 42.24 | 45.74 | 50.4 | 48.4 |
| 山东 | 23.97 | 27.57 | 31.20 | 34.49 | 40.85 | 46.95 | 55.55 | 60.21 | 59.2 | 61.5 |
| 河南 | 16.20 | 18.01 | 21.24 | 24.67 | 27.88 | 32.24 | 43.80 | 47.31 | 48.1 | 51.1 |
| 湖北 | 21.76 | 24.82 | 27.07 | 27.45 | 31.37 | 32.96 | 45.54 | 50.82 | 52.4 | 53.2 |
| 湖南 | 17.95 | 20.20 | 22.70 | 22.45 | 25.39 | 28.54 | 38.33 | 43.36 | 47.3 | 48.9 |
| 广东 | 39.80 | 42.34 | 45.63 | 48.75 | 53.88 | 58.17 | 66.83 | 72.79 | 70.9 | 73.9 |
| 广西 | 23.60 | 23.89 | 27.34 | 34.51 | 37.42 | 41.74 | 50.65 | 55.09 | 50.2 | 52.4 |
| 海南 | 13.87 | 17.28 | 20.07 | 24.53 | 25.77 | 27.41 | 36.12 | 36.99 | 42.4 | 47.4 |
| 重庆 | 25.75 | 35.22 | 32.09 | 29.66 | 31.93 | 36.55 | 44.01 | 46.73 | 49.3 | 52.7 |
| 四川 | 16.45 | 19.41 | 23.75 | 25.65 | 29.66 | 33.10 | 38.37 | 42.10 | 35.4 | 39.2 |
| 贵州 | 12.22 | 15.24 | 20.72 | 22.22 | 26.73 | 29.22 | 34.00 | 38.05 | 31.7 | 33.6 |
| 云南 | 15.08 | 16.39 | 18.16 | 20.51 | 23.87 | 28.01 | 33.80 | 38.01 | 30.7 | 33.1 |
| 西藏 | 9.71 | 4.88 | 9.30 | 12.59 | 17.66 | 19.65 | 29.59 | 31.83 | 18.7 | 20.4 |
| 陕西 | 14.21 | 17.80 | 21.86 | 29.17 | 33.45 | 37.38 | 49.49 | 51.37 | 45.9 | 47.3 |
| 甘肃 | 11.64 | 14.56 | 17.13 | 18.56 | 20.48 | 23.66 | 32.57 | 37.29 | 36.7 | 39.9 |
| 青海 | 11.38 | 15.37 | 16.97 | 18.16 | 18.59 | 20.97 | 28.91 | 32.23 | 39.0 | 38.0 |
| 宁夏 | 11.66 | 13.29 | 15.12 | 19.70 | 26.24 | 29.25 | 35.57 | 39.66 | 47.3 | 50.1 |
| 新疆 | 10.38 | 14.48 | 17.55 | 21.21 | 23.44 | 25.29 | 35.15 | 39.10 | 39.8 | 42.4 |

续表

| 地区 | 2005年 | 2006年 | 2007年 | 2008年 | 2009年 | 2010年 | 2011年 | 2012年 | 2015年 | 2016年 |
|---|---|---|---|---|---|---|---|---|---|---|
| 东部 | 31.75 | 36.38 | 40.91 | 44.27 | 49.85 | 54.99 | 63.98 | 68.34 | 68.40 | 75.19 |
| 中部 | 16.27 | 18.82 | 22.05 | 24.80 | 28.06 | 31.74 | 42.03 | 46.55 | 48.72 | 50.06 |
| 西部 | 14.48 | 17.02 | 19.70 | 22.59 | 26.00 | 29.17 | 37.24 | 40.70 | 36.13 | 41.28 |
| 全国 | 21.80 | 25.00 | 28.80 | 32.40 | 36.60 | 40.80 | 50.00 | 54.20 | 55.5 | 57.5 |

注：2005~2012年31个省区市及全国数据根据城镇居民每百户家用电脑拥有量和农村居民每百户家用电脑拥有量简单平均计算得出，城镇居民每百户家用电脑拥有量和农村居民每百户家用电脑拥有量来自《中国统计年鉴》（2006~2013年）；2015年、2016年31个省区市及全国数据直接来自《中国统计年鉴》（2016~2017年）；东、中、西部数据按照所包含的省区市进行加总平均获得；2013年、2014年数据暂无官方统计，故缺失

从省际层面来看，受家庭收入、教育水平等多种因素影响，2005~2016年我国各省区市居民每百户家用电脑拥有量的总体差异大致呈现逐年增大的趋势（图1-3）。2005年，排名第一的北京每百户家用电脑拥有量为59.52台，排名最后的西藏每百户家用电脑拥有量仅为9.71台，二者相差49.81台。2016年，排名第一的上海每百户家用电脑拥有量为131.2台，排名最后的西藏仅为20.4台，二者相差110.8台。可见经济欠发达地区随着居民教育水平的提高，家用电脑拥有量虽有所上升，但与发达地区的差距仍然存在，并呈现不断扩大趋势。

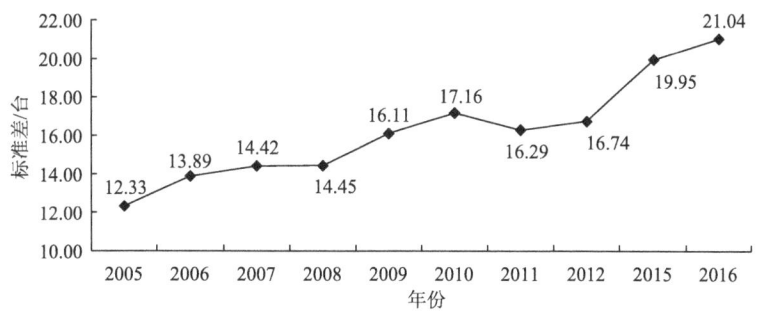

图1-3 2005~2016年我国各省区市每百户家用电脑拥有量的标准差

从区域层面来看，2005~2016年，东、中、西部三大地区的每百户家用电脑拥有量均呈现逐年上升趋势，其中东部地区每百户家用电脑拥有量从31.75台增加到75.19台，增长了1.37倍；中部地区从16.27台增加到50.06台，增长了2.08倍；西部地区从14.48台增加到41.28台，增长了1.85倍，中部地区增速最快。在绝对差距上，东部与西部、东部与中部差距均呈现持续拉大的发展态势，其中东部与西部每百户家用电脑拥有量的差距从2005年的17.27台上升到2016年的33.91台（图1-4），但是这种差距拉大的速度正逐年减小；同期东部与中部地区每百户家用电脑拥有量的差距从15.48台上升到了25.13台。

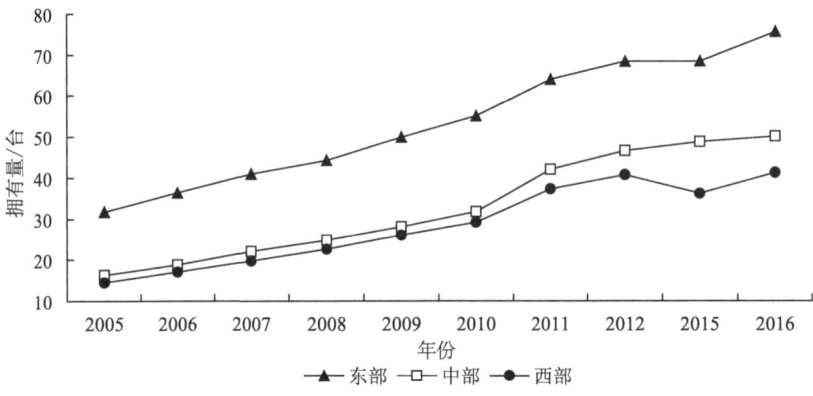

图 1-4 2005~2016 年我国东、中、西部每百户家用电脑拥有量

### 1.3.1.3 网民 IPv4 人均拥有量

IP（Internet protocol，互联网协议）地址是网络和网络中特定主机的全球唯一标识，作为网络身份证，它是整个互联网的基础。中国的 IP 地址分配是以电信运营商为推进主体，而发达地区往往是运营商业务收入的主要来源区域，当地政府、企业更容易从运营商总公司争取到资源支持，所以我国 IPv4 的分配存在一定的马太效应：北京、上海、广东等经济和互联网发达地区的网民 IPv4 人均拥有量明显高于欠发达地区（表 1-7）。

表 1-7　2007~2016 年全国各省区市网民 IPv4 人均拥有量　　单位：个

| 地区 | 2007年 | 2008年 | 2009年 | 2010年 | 2011年 | 2012年 | 2013年 | 2014年 | 2015年 | 2016年 |
|---|---|---|---|---|---|---|---|---|---|---|
| 北京 | 3.56 | 4.40 | 4.66 | 5.20 | 6.13 | 5.81 | 5.44 | 5.35 | 5.20 | 5.10 |
| 天津 | 1.04 | 0.60 | 0.56 | 0.51 | 0.51 | 0.44 | 0.40 | 0.39 | 0.37 | 0.36 |
| 河北 | 0.51 | 0.42 | 0.37 | 0.40 | 0.37 | 0.32 | 0.28 | 0.27 | 0.26 | 0.24 |
| 山西 | 0.33 | 0.24 | 0.26 | 0.29 | 0.31 | 0.27 | 0.24 | 0.23 | 0.22 | 0.21 |
| 内蒙古 | 0.50 | 0.38 | 0.32 | 0.33 | 0.31 | 0.27 | 0.24 | 0.23 | 0.21 | 0.20 |
| 辽宁 | 0.62 | 0.68 | 0.43 | 0.46 | 0.54 | 0.51 | 0.46 | 0.43 | 0.41 | 0.41 |
| 吉林 | 0.59 | 0.59 | 0.46 | 0.38 | 0.41 | 0.38 | 0.35 | 0.33 | 0.31 | 0.29 |
| 黑龙江 | 0.60 | 0.58 | 0.40 | 0.32 | 0.33 | 0.31 | 0.27 | 0.25 | 0.24 | 0.22 |
| 上海 | 1.04 | 0.96 | 0.98 | 1.03 | 0.98 | 0.92 | 0.88 | 0.87 | 0.85 | 0.85 |
| 江苏 | 0.55 | 0.54 | 0.46 | 0.45 | 0.43 | 0.40 | 0.39 | 0.37 | 0.36 | 0.36 |
| 浙江 | 0.61 | 0.59 | 0.55 | 0.51 | 0.57 | 0.54 | 0.53 | 0.52 | 0.60 | 0.60 |
| 安徽 | 0.48 | 0.50 | 0.36 | 0.32 | 0.35 | 0.30 | 0.26 | 0.25 | 0.23 | 0.21 |

续表

| 地区 | 2007年 | 2008年 | 2009年 | 2010年 | 2011年 | 2012年 | 2013年 | 2014年 | 2015年 | 2016年 |
| --- | --- | --- | --- | --- | --- | --- | --- | --- | --- | --- |
| 福建 | 0.39 | 0.30 | 0.30 | 0.32 | 0.31 | 0.28 | 0.27 | 0.26 | 0.25 | 0.24 |
| 江西 | 0.48 | 0.48 | 0.39 | 0.47 | 0.55 | 0.46 | 0.40 | 0.38 | 0.33 | 0.29 |
| 山东 | 0.52 | 0.43 | 0.35 | 0.38 | 0.45 | 0.42 | 0.38 | 0.36 | 0.35 | 0.32 |
| 河南 | 0.55 | 0.48 | 0.27 | 0.30 | 0.35 | 0.31 | 0.27 | 0.26 | 0.24 | 0.22 |
| 湖北 | 0.56 | 0.45 | 0.37 | 0.35 | 0.37 | 0.35 | 0.32 | 0.31 | 0.30 | 0.27 |
| 湖南 | 0.45 | 0.40 | 0.33 | 0.33 | 0.41 | 0.36 | 0.33 | 0.31 | 0.30 | 0.27 |
| 广东 | 0.40 | 0.45 | 0.48 | 0.54 | 0.50 | 0.48 | 0.45 | 0.44 | 0.41 | 0.40 |
| 广西 | 0.53 | 0.47 | 0.35 | 0.32 | 0.34 | 0.29 | 0.26 | 0.25 | 0.23 | 0.21 |
| 海南 | 0.85 | 0.67 | 0.54 | 0.46 | 0.49 | 0.41 | 0.39 | 0.38 | 0.35 | 0.34 |
| 重庆 | 0.72 | 0.55 | 0.42 | 0.45 | 0.53 | 0.47 | 0.44 | 0.42 | 0.39 | 0.37 |
| 四川 | 0.59 | 0.43 | 0.30 | 0.36 | 0.42 | 0.36 | 0.33 | 0.31 | 0.29 | 0.26 |
| 贵州 | 0.42 | 0.25 | 0.19 | 0.18 | 0.16 | 0.15 | 0.13 | 0.12 | 0.11 | 0.10 |
| 云南 | 0.58 | 0.30 | 0.23 | 0.27 | 0.29 | 0.25 | 0.21 | 0.20 | 0.19 | 0.18 |
| 西藏 | 0.38 | 0.77 | 0.57 | 0.34 | 0.37 | 0.43 | 0.37 | 0.35 | 0.31 | 0.29 |
| 陕西 | 0.68 | 0.57 | 0.40 | 0.39 | 0.39 | 0.35 | 0.32 | 0.31 | 0.29 | 0.28 |
| 甘肃 | 0.37 | 0.28 | 0.14 | 0.17 | 0.24 | 0.20 | 0.18 | 0.17 | 0.16 | 0.15 |
| 青海 | 0.45 | 0.28 | 0.24 | 0.30 | 0.32 | 0.25 | 0.22 | 0.21 | 0.19 | 0.19 |
| 宁夏 | 0.67 | 0.36 | 0.36 | 0.48 | 0.32 | 0.31 | 0.28 | 0.27 | 0.25 | 0.28 |
| 新疆 | 0.30 | 0.20 | 0.24 | 0.24 | 0.22 | 0.21 | 0.19 | 0.18 | 0.16 | 0.16 |
| 东部 | 0.92 | 0.91 | 0.88 | 0.93 | 1.03 | 0.96 | 0.90 | 0.88 | 0.77 | 0.75 |
| 中部 | 0.51 | 0.47 | 0.36 | 0.35 | 0.39 | 0.34 | 0.31 | 0.29 | 0.26 | 0.24 |
| 西部 | 0.52 | 0.40 | 0.31 | 0.32 | 0.33 | 0.30 | 0.26 | 0.25 | 0.22 | 0.21 |
| 全国 | 0.65 | 0.59 | 0.52 | 0.53 | 0.58 | 0.53 | 0.49 | 0.47 | 0.46 | 0.45 |

注：网民IPv4人均拥有量=IPv4地址数量/网民总数，其中31个省区市及全国的IPv4地址数量和网民总数来自《中国互联网络发展状况统计报告》（第21次～第39次）。东、中、西部数据按照所包含的省区市进行加总平均获得

从省际层面来看，2007~2016年我国各省区市网民IPv4人均拥有量的总体差异呈现先增大后减小的态势（图1-5）。这主要是由于全世界IPv4地址数即将耗尽，各省区市已基本实现饱和，省际差异实现稳定甚至减小的趋势。2007年北京网民IPv4人均拥有量为3.56个，远超第二名天津、上海，到2016年，北京仍排

名第一，网民 IPv4 人均拥有量达到 5.10 个，仍远超第二名上海。这主要是因为各个运营商的总部大多坐落在北京，与此同时，北京也是中国的互联网发展中心城市，因而在 IPv4 的分配上，北京更具有地域优势。

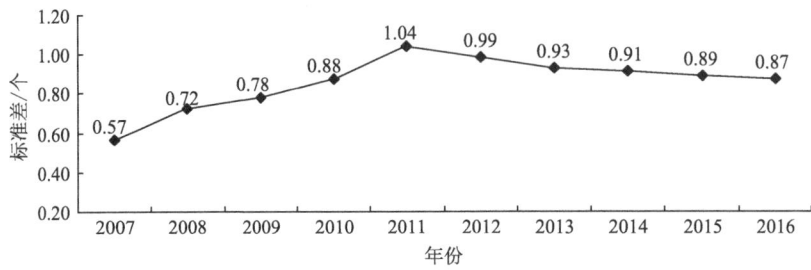

图 1-5　2007～2016 年我国省区市网民 IPv4 人均拥有量的标准差

从区域层面来看，2007～2016 年我国东部地区网民 IPv4 人均拥有量基本呈现先增大后减小的态势，而中部和西部地区发展态势比较一致，虽然在 2011 年出现小幅增长，但从整体来看，呈现出缓慢下降的趋势（图 1-6）。网民 IPv4 人均拥有量在空间格局上呈现出自东向西逐渐减少的经济地理特征，其中东部地区的水平最高，网民 IPv4 人均拥有量维持在 0.75 个及以上，而中、西部地区一度降到 0.3 以下，不及东部地区的三分之一。这主要是因为东部地区作为互联网活跃地区，无论是在用户端一方，还是在互联网公司一方，都更容易产生一些访问和地址应用的峰值，进而给地方运营商创造更多的向上一级 IP 地址分配机构争取资源的机会。同时，我国东、中、西部的差异在时间序列上的变化态势与省际差异一致，也呈现先增大后减小的趋势，2011 年三大地区差异达到最大，其中东、中部差距达到 0.64 个，东、西部差距达到 0.70 个，随后出现下降。

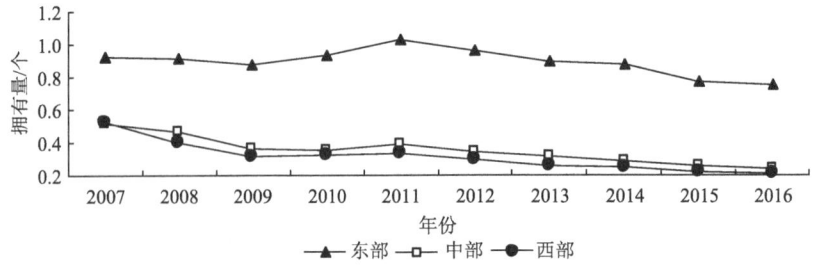

图 1-6　2007～2016 年我国东、中、西部网民 IPv4 人均拥有量

#### 1.3.1.4　域名拥有量

域名是由用点分隔的数字、字母和连字符组成的互联网上某一台计算机或计算机组的名称，是与 IP 地址相对应的层次结构式互联网地址标识。域名作为网站

的标识,目前已成为互联网品牌、网上商标保护必备的产品之一。截至 2016 年 12 月,我国域名总数增至 4227.6 万个,其中".CN"域名总数为 2061 万个,2015 年 12 月年增长 25.9%,占中国域名总数的 48.7%;".中国"域名总数为 47.4 万个,2015 年 12 月年增长 34.4%。虽然我国域名总量近年来不断上涨,但我国各地区在域名的拥有量上存在较大差距(表 1-8)。

表 1-8 2007~2016 年全国各省区市域名拥有量  单位:万个

| 地区 | 2007年 | 2008年 | 2009年 | 2010年 | 2011年 | 2012年 | 2013年 | 2014年 | 2015年 | 2016年 |
|---|---|---|---|---|---|---|---|---|---|---|
| 北京 | 209.9 | 360.1 | 296.1 | 153.6 | 106.1 | 125.6 | 185.7 | 265.5 | 485.7 | 645.7 |
| 天津 | 11.4 | 12.8 | 14.6 | 9.6 | 8.3 | 11.7 | 11.5 | 15.4 | 34.9 | 35.4 |
| 河北 | 21.6 | 26.1 | 31.7 | 26.0 | 21.7 | 27.3 | 25.3 | 36.0 | 60.4 | 74.9 |
| 山西 | 7.9 | 12.9 | 10.5 | 6.3 | 5.7 | 7.1 | 8.2 | 13.2 | 21.5 | 23.9 |
| 内蒙古 | 4.9 | 6.8 | 5.3 | 3.6 | 2.9 | 3.9 | 4.6 | 6.3 | 8.7 | 10.8 |
| 辽宁 | 28.0 | 36.4 | 26.3 | 16.1 | 14.3 | 22.9 | 22.3 | 30.3 | 48.2 | 59.3 |
| 吉林 | 8.7 | 10.5 | 10.9 | 5.8 | 5.1 | 6.7 | 7.6 | 10.7 | 14.7 | 20.5 |
| 黑龙江 | 11.2 | 17.6 | 19.2 | 9.1 | 6.8 | 7.3 | 85.7 | 79.1 | 72.1 | 23.7 |
| 上海 | 186.1 | 108.9 | 145.1 | 76.0 | 68.1 | 84.4 | 78.3 | 102.3 | 204.8 | 263.2 |
| 江苏 | 57.7 | 73.7 | 66.2 | 44.3 | 40.7 | 52.2 | 64.9 | 83.6 | 130.3 | 173.2 |
| 浙江 | 80.7 | 108.9 | 158.7 | 106.4 | 87.5 | 343.0 | 69.1 | 91.2 | 208.8 | 336.2 |
| 安徽 | 14.9 | 19.8 | 17.1 | 9.8 | 9.4 | 11.9 | 21.2 | 35.6 | 48.9 | 74.5 |
| 福建 | 82.7 | 90.3 | 119.2 | 66.2 | 52.8 | 81.6 | 66.1 | 90.2 | 200.6 | 509.6 |
| 江西 | 13.1 | 15.0 | 24.7 | 7.6 | 6.1 | 7.7 | 9.6 | 18.0 | 35.6 | 38.5 |
| 山东 | 59.7 | 69.1 | 118.1 | 40.5 | 38.3 | 46.9 | 432.4 | 304.2 | 199.3 | 172.1 |
| 河南 | 25.3 | 32.5 | 27.7 | 22.7 | 19.8 | 22.8 | 36.8 | 63.3 | 103.2 | 117.7 |
| 湖北 | 23.4 | 38.3 | 36.0 | 19.2 | 14.2 | 15.7 | 21.0 | 35.5 | 133.2 | 102.0 |
| 湖南 | 26.3 | 50.8 | 43.0 | 16.6 | 12.4 | 14.3 | 18.0 | 32.5 | 58.6 | 137.2 |
| 广东 | 142.2 | 189.5 | 164.0 | 110.5 | 140.2 | 281.6 | 355.4 | 390.5 | 497.1 | 556.6 |
| 广西 | 14.2 | 15.5 | 14.0 | 6.2 | 5.1 | 7.0 | 9.2 | 26.4 | 37.6 | 52.2 |
| 海南 | 3.8 | 8.0 | 7.5 | 4.6 | 3.6 | 4.3 | 13.6 | 19.6 | 26.7 | 14.7 |
| 重庆 | 13.5 | 18.9 | 16.3 | 10.9 | 9.1 | 10.9 | 14.0 | 22.8 | 33.5 | 52.8 |
| 四川 | 45.8 | 52.9 | 36.0 | 27.2 | 23.7 | 26.1 | 34.0 | 67.1 | 104.4 | 138.1 |
| 贵州 | 5.2 | 9.0 | 8.4 | 3.2 | 2.4 | 3.3 | 4.3 | 8.6 | 13.5 | 18.8 |
| 云南 | 8.8 | 9.3 | 7.2 | 4.5 | 4.1 | 6.1 | 8.4 | 11.2 | 17.0 | 27.5 |

续表

| 地区 | 2007年 | 2008年 | 2009年 | 2010年 | 2011年 | 2012年 | 2013年 | 2014年 | 2015年 | 2016年 |
|---|---|---|---|---|---|---|---|---|---|---|
| 西藏 | 1.1 | 1.4 | 1.1 | 0.8 | 0.4 | 0.5 | 0.5 | 0.9 | 1.1 | 1.0 |
| 陕西 | 11.7 | 15.4 | 54.9 | 9.6 | 9.3 | 11.3 | 13.2 | 20.2 | 32.5 | 43.1 |
| 甘肃 | 3.8 | 4.1 | 3.5 | 1.9 | 1.6 | 2.4 | 2.9 | 4.8 | 13.7 | 11.1 |
| 青海 | 1.0 | 1.5 | 1.7 | 1.3 | 1.1 | 1.2 | 1.1 | 1.6 | 2.6 | 4.6 |
| 宁夏 | 4.4 | 2.8 | 2.3 | 2.0 | 1.4 | 1.5 | 1.6 | 2.3 | 3.8 | 4.3 |
| 新疆 | 4.3 | 1.4 | 1.1 | 2.7 | 2.5 | 3.2 | 4.1 | 5.7 | 8.7 | 13.4 |
| 东部 | 883.8 | 1083.8 | 1147.5 | 653.4 | 581.6 | 1081.5 | 1324.6 | 1428.8 | 2167.9 | 2945.9 |
| 中部 | 130.8 | 197.4 | 189.1 | 97.1 | 79.5 | 93.5 | 208.1 | 287.9 | 402.5 | 548.8 |
| 西部 | 118.7 | 139.0 | 151.8 | 73.9 | 63.6 | 77.4 | 97.9 | 177.9 | 198.4 | 261.9 |
| 其他 | 59.5 | 262.1 | 193.1 | 40.9 | 49.7 | 88.8 | 213.0 | 165.0 | 239.6 | 471.0 |
| 全国 | 1192.8 | 1682.3 | 1681.5 | 865.3 | 774.5 | 1341.2 | 1843.6 | 2059.6 | 3101.4 | 4227.6 |

资料来源：《中国互联网络发展状况统计报告》（第21次～第39次）；东、中、西部数据按照所包含的省区市进行加总平均获得

从省际层面来看，域名拥有量差异表现为增大—减少—增大的波动发展态势（图1-7）。虽然差距变化有所波动，但省际差异一直存在。2007年，域名拥有量超过100万个以上的仅有三个省市，分别为北京209.9万个、上海186.1万个、广东142.2万个；其余省区市域名拥有量均小于100万个，最低的青海仅拥有1.0万个，与北京相差208.9倍。2016年，域名拥有量排名第一的北京为645.7万个，排名最低的西藏为1.0万个，与北京相差644.7倍。

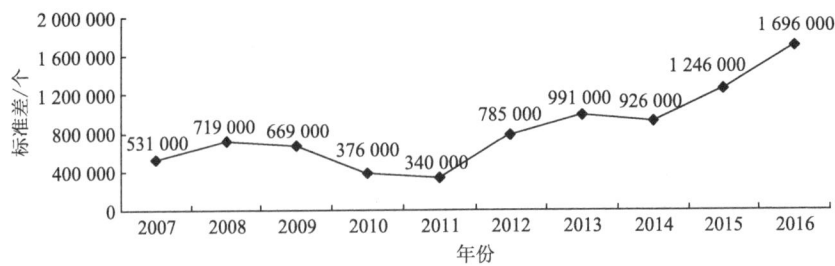

图1-7 2007～2016年我国省区市域名拥有量的标准差

从区域层面来看，我国东、中、西部域名拥有量的变化态势具有一致性，2007～2009年域名数缓慢上升，2009～2011年出现下降，2011～2016年再次上升（图1-8）。这主要是因为国家在2009年对域名实行全面清查，并对域名注册实行逐步审核，我国域名总量严重缩水，在2011年降到最低。在空间格局分布

上，域名数量也呈现出自东向西逐渐减少的经济地理特征，但这种区域差异与区际域名总量的变化态势一致，呈现增大—减小—增大的波动变化的态势。2011 年区域差异降为最低，其中，东、中部差距为 502.1 万个，东、西部差距为 518.0 万个，但随着东部地区信息化投资力度增大，而中、西部进程缓慢，区域差距又出现扩大趋势。

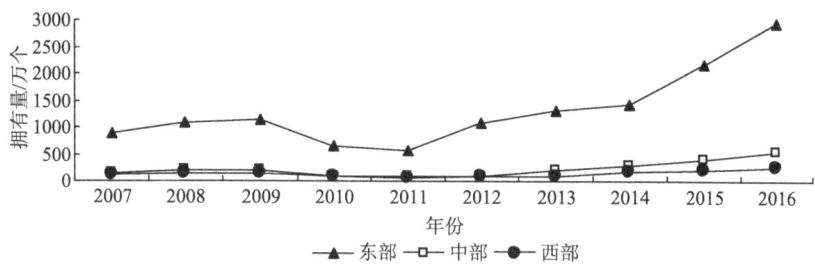

图 1-8　2007～2016 年我国东、中、西部域名拥有量

### 1.3.2　信息应用差距

#### 1.3.2.1　互联网普及率

中国互联网络信息中心（China Internet Network Information Center，CNNIC）发布的第 39 次《中国互联网络发展状况统计报告》显示，截至 2016 年底，中国网民规模达 7.31 亿人，网民规模全球第一，互联网普及率为 53.2%，较 2015 年提升了 2.9 个百分点。但由于各省区市经济发展水平、教育水平、互联网基础设施建设方面存在差异，互联网普及率参差不齐，数字鸿沟现象依然存在（表 1-9）。

表 1-9　2007～2016 年全国各省区市互联网普及率

| 地区 | 2007 年 | 2008 年 | 2009 年 | 2010 年 | 2011 年 | 2012 年 | 2013 年 | 2014 年 | 2015 年 | 2016 年 |
| --- | --- | --- | --- | --- | --- | --- | --- | --- | --- | --- |
| 北京 | 46.6% | 60.0% | 65.1% | 69.4% | 70.3% | 72.2% | 75.2% | 75.3% | 76.5% | 77.8% |
| 天津 | 26.7% | 43.5% | 48.0% | 52.7% | 55.6% | 58.5% | 61.3% | 61.4% | 63.0% | 64.6% |
| 河北 | 11.1% | 19.2% | 26.4% | 31.2% | 36.1% | 41.5% | 46.5% | 49.1% | 50.5% | 53.3% |
| 山西 | 15.9% | 24.1% | 31.2% | 36.5% | 39.3% | 44.2% | 48.6% | 50.6% | 54.2% | 55.5% |
| 内蒙古 | 13.4% | 16.0% | 23.8% | 30.8% | 34.6% | 38.9% | 43.9% | 45.7% | 50.3% | 52.2% |
| 辽宁 | 18.3% | 26.5% | 37.0% | 44.4% | 47.8% | 50.2% | 55.9% | 58.8% | 62.2% | 62.6% |
| 吉林 | 15.9% | 19.0% | 26.6% | 32.2% | 35.2% | 38.6% | 42.3% | 45.2% | 47.7% | 50.9% |
| 黑龙江 | 12.5% | 16.2% | 23.9% | 29.5% | 31.5% | 34.7% | 39.5% | 41.7% | 44.5% | 48.1% |
| 上海 | 45.8% | 59.7% | 62.0% | 64.5% | 66.2% | 63.1% | 70.7% | 71.1% | 73.1% | 74.1% |
| 江苏 | 23.3% | 27.3% | 36.0% | 42.8% | 46.8% | 50.0% | 51.7% | 53.8% | 55.5% | 56.6% |

续表

| 地区 | 2007年 | 2008年 | 2009年 | 2010年 | 2011年 | 2012年 | 2013年 | 2014年 | 2015年 | 2016年 |
|---|---|---|---|---|---|---|---|---|---|---|
| 浙江 | 30.3% | 41.7% | 47.9% | 53.8% | 56.1% | 59.0% | 60.8% | 62.9% | 65.3% | 65.6% |
| 安徽 | 9.6% | 11.8% | 17.4% | 22.7% | 26.6% | 31.3% | 35.9% | 36.9% | 39.4% | 44.3% |
| 福建 | 24.3% | 38.5% | 45.2% | 50.9% | 57.0% | 61.3% | 64.1% | 65.5% | 69.6% | 69.7% |
| 江西 | 11.8% | 14.0% | 18.0% | 21.4% | 24.4% | 28.5% | 32.6% | 34.1% | 38.7% | 44.6% |
| 山东 | 13.5% | 21.2% | 29.4% | 35.2% | 37.8% | 40.1% | 44.7% | 47.6% | 48.9% | 52.9% |
| 河南 | 10.2% | 13.7% | 21.3% | 25.5% | 27.5% | 30.4% | 34.9% | 36.9% | 39.2% | 43.4% |
| 湖北 | 12.4% | 18.4% | 25.7% | 33.3% | 37.2% | 40.1% | 43.1% | 45.3% | 46.8% | 51.4% |
| 湖南 | 10.9% | 15.7% | 22.0% | 27.3% | 29.5% | 33.3% | 36.3% | 38.6% | 39.9% | 44.4% |
| 广东 | 35.9% | 48.2% | 50.9% | 55.3% | 60.4% | 63.1% | 66.0% | 68.5% | 72.4% | 74.0% |
| 广西 | 11.9% | 15.4% | 21.4% | 25.2% | 29.4% | 34.2% | 37.9% | 39.2% | 42.8% | 46.1% |
| 海南 | 17.2% | 25.6% | 28.6% | 35.1% | 38.9% | 43.7% | 46.4% | 47.0% | 51.6% | 51.6% |
| 重庆 | 12.7% | 21.2% | 28.3% | 34.6% | 37.0% | 40.9% | 43.9% | 45.7% | 48.3% | 51.6% |
| 四川 | 9.9% | 13.6% | 20.1% | 24.4% | 27.7% | 31.8% | 35.1% | 37.3% | 40.0% | 43.6% |
| 贵州 | 6.0% | 11.5% | 15.1% | 19.8% | 24.2% | 28.6% | 32.9% | 34.9% | 38.4% | 43.2% |
| 云南 | 6.8% | 12.1% | 18.6% | 22.3% | 24.8% | 28.5% | 32.8% | 35.1% | 37.4% | 39.9% |
| 西藏 | 12.7% | 16.4% | 18.6% | 27.9% | 29.9% | 33.3% | 37.4% | 39.4% | 44.6% | 46.1% |
| 陕西 | 13.9% | 21.1% | 26.5% | 34.3% | 38.3% | 41.5% | 45.0% | 46.4% | 50.0% | 52.4% |
| 甘肃 | 8.4% | 12.5% | 20.4% | 24.8% | 27.4% | 31.0% | 34.7% | 36.8% | 38.8% | 42.4% |
| 青海 | 11.0% | 23.6% | 27.7% | 33.6% | 36.9% | 41.9% | 47.8% | 50 | 54.5% | 54.5% |
| 宁夏 | 10.1% | 16.6% | 22.8% | 28.0% | 32.8% | 40.3% | 43.7% | 45.1% | 49.3% | 50.7% |
| 新疆 | 17.7% | 27.1% | 27.5% | 37.9% | 40.4% | 43.6% | 49.0% | 50.3% | 54.9% | 54.9% |
| 东部 | 26.6% | 37.4% | 43.3% | 48.7% | 52.1% | 54.8% | 58.5% | 60.1% | 62.6% | 61.58% |
| 中部 | 12.4% | 16.6% | 23.3% | 28.6% | 31.4% | 35.1% | 39.2% | 41.2% | 43.8% | 48.31% |
| 西部 | 11.2% | 17.3% | 22.6% | 28.6% | 32.0% | 36.2% | 40.3% | 42.2% | 45.8% | 47.52% |
| 全国 | 16.0% | 22.6% | 28.9% | 34.3% | 38.3% | 42.1% | 45.8% | 47.9% | 50.3% | 53.2% |

资料来源：各省区市及全国数据直接来自《中国统计年鉴》（2008～2017年）；东、中、西部数据按照所包含的省区市进行加总平均获得

从省际层面来看，2007～2016年我国省区市互联网普及率差异呈现先增大后缓慢减小的态势（图1-9）。这主要是由于在发达地区，网民的扩散已经基本实现饱和，而随着经济欠发达地区居民的收入水平及教育水平提高，网民人数逐年增

多,其增长率要远远高于发达地区,省际差异呈现收敛态势。虽然省际差异有所缩小,但在绝对量上不同省区市之间的差距依然较大。2016年,在全国31个省区市中,只有12个省区市的互联网普及率超过全国水平53.2%,其中普及率超过60%的有7个省市,分别为北京77.8%、天津64.6%、辽宁62.6%、上海74.1%、浙江65.6%、福建69.7%、广东74.0%,互联网普及率最低的为云南,仅达39.9%,与第一名北京相差近1倍。

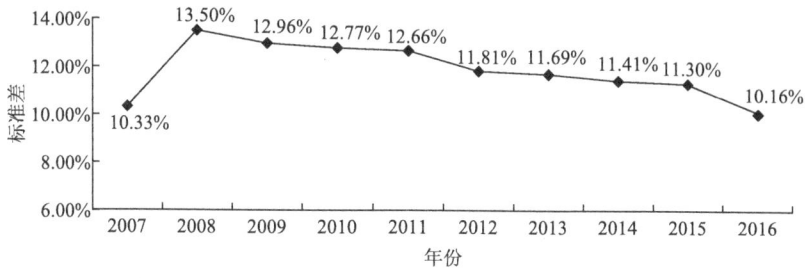

图 1-9  2007~2016 年我国省区市互联网普及率的标准差

从区域层面来看,2007~2016年我国东、中、西部的互联网普及率均实现了大幅上涨。其中东部地区增长了131.50%,中部地区增长了289.60%,西部地区增长了324.29%,西部地区增速最快(图1-10)。从区域差距来看,西部地区得益于西部大开发的优势,近年来互联网发展成效显著,2010年互联网普及率与中部持平,之后到2015年,一直领先于中部地区,仅在2016年略低于中部地区。而中部地区与东部地区的差距量在2008年达到顶峰,二者相差20.8个百分点,之后与东部的差距也大致呈现逐年缩小的趋势。可见,随着移动上网设备的不断普及、"宽带中国"战略的逐步实施,我国区域之间的互联网普及率差异正逐步缩小。

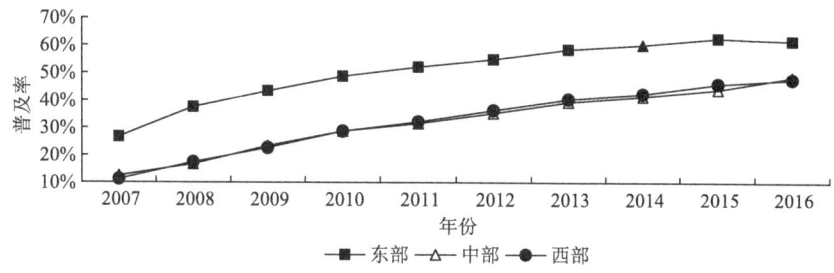

图 1-10  2007~2016 年我国东、中、西部互联网普及率

#### 1.3.2.2 电商企业数量

电子商务作为互联网时代的产物,它使网上购物跨越了空间维度,在全球范

围内形成了以信息为纽带、以网络为载体的"无国界"大市场,这不仅为中小企业创造了更多的发展空间,而且在带动传统产业升级、促进区域发展等方面发挥着日益重要的作用。根据电子商务研究中心的统计数据,2016年我国电子商务交易额为22.97万亿元,同比增长约25.5%,高于同期社会消费品零售总额增速15.2个百分点。虽然我国电商企业在总量上增长迅速,但区域发展极不均衡,大多电商企业分布在经济较为发达的地区,其中以珠江三角洲和长江三角洲最为集中,这主要跟经济发达地区对电子商务扶持力度大、环境承载能力强、电子商务配套设施较为完善等因素有关。

从省际层面来看,电商企业分布不均衡,呈现两头小、中间大的空间格局(表1-10)。2013年,电商企业数量占全国电商企业数量的比例达到10%以上的仅有三个省份,分别为浙江、广东、江苏,其中浙江排名第一,电商企业数量为8713个,占比接近20%。电商企业数量占全国电商企业数量的比例不足1%的有13个,其中宁夏、青海、西藏的占比不足0.3%,占比最低的西藏的电商企业数量仅为18个,与第一名浙江相差483.06倍。2016年,电商企业数量占全国电商企业数量的比例达到10%以上的省份减少为两个,分别为浙江、广东,而江苏电商企业数量的增长幅度不及全国平均水平,占比出现下降。电商企业数量占全国电商企业数量的比例不足1%的有9个,其中西藏的电商企业数量虽然出现小幅增长,达到109个,但仍然排名最后,与第一名浙江相差111.29倍。

表1-10 2013~2016年我国电商企业地区分布状况

| 地区 | 2013年 | | 2014年 | | 2015年 | | 2016年 | |
| --- | --- | --- | --- | --- | --- | --- | --- | --- |
| | 数量/个 | 占比 | 数量/个 | 占比 | 数量/个 | 占比 | 数量/个 | 占比 |
| 北京 | 2 576 | 5.82% | 4 361 | 6.72% | 5 350 | 6.12% | 5 661 | 5.51% |
| 天津 | 924 | 2.09% | 1 275 | 1.97% | 1 655 | 1.89% | 1 575 | 1.53% |
| 河北 | 682 | 1.54% | 1 250 | 1.93% | 1 888 | 2.16% | 2 473 | 2.41% |
| 山西 | 233 | 0.53% | 521 | 0.80% | 840 | 0.96% | 1 110 | 1.08% |
| 内蒙古 | 205 | 0.46% | 373 | 0.58% | 611 | 0.70% | 861 | 0.84% |
| 辽宁 | 766 | 1.73% | 1 061 | 1.64% | 1 599 | 1.83% | 1 453 | 1.41% |
| 吉林 | 195 | 0.44% | 265 | 0.41% | 544 | 0.62% | 807 | 0.79% |
| 黑龙江 | 173 | 0.39% | 344 | 0.53% | 480 | 0.55% | 618 | 0.60% |
| 上海 | 1 959 | 4.42% | 3 115 | 4.80% | 4 231 | 4.84% | 3 979 | 3.87% |
| 江苏 | 5 848 | 13.20% | 9 013 | 13.90% | 11 257 | 12.87% | 10 008 | 9.74% |
| 浙江 | 8 713 | 19.67% | 9 667 | 14.90% | 10 707 | 12.25% | 12 240 | 11.91% |
| 安徽 | 1 506 | 3.40% | 3 123 | 4.81% | 4 573 | 5.23% | 5 001 | 4.87% |

续表

| 地区 | 2013年 数量/个 | 占比 | 2014年 数量/个 | 占比 | 2015年 数量/个 | 占比 | 2016年 数量/个 | 占比 |
|---|---|---|---|---|---|---|---|---|
| 福建 | 1 937 | 4.37% | 2 928 | 4.51% | 4 070 | 4.65% | 5 158 | 5.02% |
| 江西 | 494 | 1.12% | 896 | 1.38% | 1 848 | 2.11% | 1 637 | 1.59% |
| 山东 | 3 685 | 8.32% | 4 570 | 7.05% | 5 550 | 6.35% | 8 358 | 8.13% |
| 河南 | 1 193 | 2.69% | 1 965 | 3.03% | 2 928 | 3.35% | 4 011 | 3.90% |
| 湖北 | 1 228 | 2.77% | 2 146 | 3.31% | 3 361 | 3.84% | 4 359 | 4.24% |
| 湖南 | 1 151 | 2.60% | 1 854 | 2.86% | 2 467 | 2.82% | 3 603 | 3.51% |
| 广东 | 6 787 | 15.32% | 8 222 | 12.68% | 10 774 | 12.32% | 11 542 | 11.23% |
| 广西 | 489 | 1.10% | 894 | 1.38% | 1 202 | 1.37% | 1 660 | 1.62% |
| 海南 | 131 | 0.30% | 327 | 0.50% | 439 | 0.50% | 521 | 0.51% |
| 重庆 | 640 | 1.45% | 1 227 | 1.89% | 1 901 | 2.17% | 2 716 | 2.64% |
| 四川 | 1 171 | 2.64% | 2 198 | 3.39% | 3 574 | 4.09% | 5 120 | 4.98% |
| 贵州 | 295 | 0.67% | 559 | 0.86% | 1 902 | 2.18% | 1 767 | 1.72% |
| 云南 | 407 | 0.92% | 785 | 1.21% | 1 313 | 1.50% | 1 996 | 1.94% |
| 西藏 | 18 | 0.04% | 49 | 0.08% | 76 | 0.09% | 109 | 0.11% |
| 陕西 | 354 | 0.80% | 821 | 1.27% | 1 413 | 1.62% | 2 300 | 2.24% |
| 甘肃 | 203 | 0.46% | 380 | 0.59% | 627 | 0.72% | 886 | 0.86% |
| 青海 | 41 | 0.09% | 79 | 0.12% | 164 | 0.19% | 233 | 0.23% |
| 宁夏 | 109 | 0.25% | 222 | 0.34% | 331 | 0.38% | 371 | 0.36% |
| 新疆 | 176 | 0.40% | 373 | 0.58% | 571 | 0.65% | 628 | 0.61% |
| 东部 | 34 008 | 76.78% | 45 789 | 70.60% | 57 520 | 65.78% | 62 968 | 61.27% |
| 中部 | 6 173 | 13.94% | 11 114 | 17.13% | 17 041 | 19.48% | 21 146 | 20.58% |
| 西部 | 4 108 | 9.28% | 7 960 | 12.29% | 13 685 | 15.66% | 18 647 | 18.15% |
| 全国 | 44 289 | 100.00% | 64 863 | 100.00% | 88 246 | 100.00% | 102 761 | 100.00% |

资料来源：《中国统计年鉴》（2014～2017年）

从区域层面来看，2013～2016年我国东、中、西部的电商企业数量均实现大幅增长，但区域差异依然明显（图1-11）。2013年，东部地区电商企业数量占全国电商企业数量的比例达到76.78%，而中、西部地区加起来不足25%。到2016年，虽然中、西部地区电商企业数量占比有所提升，但与东部地区的差距依然较大，其中东部地区的电商企业数量是中部地区的2.98倍，西部地区的3.38倍，我国区域间电商企业的分布越来越不均衡,这主要是由地区间的资源禀赋差异所决定的。东部地区作为我国中小企业和民营经济的集聚地,得益于良好的地理位置,大部分企业抓住了信息化发展的机遇。另外,电商企业作为以新型信息技术为支撑的新型企业,其发展需要资金、技术和专业人才支撑,而东部发达地区在这方面具有极大的优势;相反,一些中、西部地区交通不便利,远离经济发达地区,极大限制了电商企业的发展。

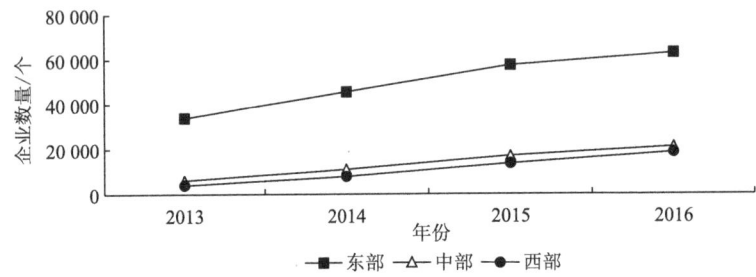

图 1-11　2013～2016 年我国东、中、西部电商企业数量

### 1.3.3　信息化建设环境差距

信息技术研发投入强度被视为衡量一个区域信息投入水平最为重要的指标。2006 年国务院推出《国家中长期科学和技术发展规划纲要(2006—2020 年)》后,信息技术研发投入的增幅有所提高。然而,受 2008 年国际金融危机和中国经济增速放缓的影响,2007～2015 年我国信息技术研发投入强度维持在 1.38%～2.05%,呈现缓慢增长的态势。同时,受社会、经济、历史、文化等因素的影响,我国信息技术研发投入强度呈现与区域经济发展水平相似的不平衡性(表 1-11)。

表 1-11　2007～2015 年全国各省区市信息技术研发投入强度

| 地区 | 2007 年 | 2008 年 | 2009 年 | 2010 年 | 2011 年 | 2012 年 | 2013 年 | 2014 年 | 2015 年 |
| --- | --- | --- | --- | --- | --- | --- | --- | --- | --- |
| 北京 | 5.13% | 4.95% | 5.50% | 5.82% | 5.76% | 5.95% | 5.98% | 5.95% | 6.01% |
| 天津 | 2.18% | 2.32% | 2.37% | 2.49% | 2.63% | 2.80% | 2.96% | 2.96% | 3.08% |
| 河北 | 0.66% | 0.68% | 0.78% | 0.76% | 0.82% | 0.92% | 0.99% | 1.06% | 1.18% |
| 山西 | 0.82% | 0.86% | 1.10% | 0.98% | 1.01% | 1.09% | 1.22% | 1.19% | 1.04% |
| 内蒙古 | 0.38% | 0.40% | 0.53% | 0.55% | 0.59% | 0.64% | 0.69% | 0.69% | 0.76% |
| 辽宁 | 1.48% | 1.39% | 1.53% | 1.56% | 1.64% | 1.57% | 1.64% | 1.52% | 1.27% |
| 吉林 | 0.96% | 0.82% | 1.12% | 0.87% | 0.84% | 0.92% | 0.92% | 0.95% | 1.01% |
| 黑龙江 | 0.93% | 1.04% | 1.27% | 1.19% | 1.02% | 1.07% | 1.14% | 1.07% | 1.05% |
| 上海 | 2.46% | 2.53% | 2.81% | 2.81% | 3.11% | 3.37% | 3.56% | 3.66% | 3.73% |

续表

| 地区 | 2007年 | 2008年 | 2009年 | 2010年 | 2011年 | 2012年 | 2013年 | 2014年 | 2015年 |
|---|---|---|---|---|---|---|---|---|---|
| 江苏 | 1.65% | 1.88% | 2.04% | 2.07% | 2.17% | 2.38% | 2.49% | 2.54% | 2.57% |
| 浙江 | 1.50% | 1.61% | 1.73% | 1.78% | 1.85% | 2.08% | 2.16% | 2.26% | 2.36% |
| 安徽 | 0.98% | 1.11% | 1.35% | 1.32% | 1.40% | 1.64% | 1.83% | 1.89% | 1.96% |
| 福建 | 0.89% | 0.94% | 1.11% | 1.16% | 1.26% | 1.38% | 1.44% | 1.48% | 1.51% |
| 江西 | 0.84% | 0.91% | 0.99% | 0.92% | 0.83% | 0.88% | 0.94% | 0.97% | 1.04% |
| 山东 | 1.21% | 1.40% | 1.53% | 1.72% | 1.86% | 2.04% | 2.13% | 2.19% | 2.27% |
| 河南 | 0.67% | 0.68% | 0.90% | 0.91% | 0.98% | 1.05% | 1.10% | 1.14% | 1.18% |
| 湖北 | 1.19% | 1.32% | 1.65% | 1.65% | 1.65% | 1.73% | 1.80% | 1.87% | 1.90% |
| 湖南 | 0.78% | 0.98% | 1.18% | 1.16% | 1.19% | 1.30% | 1.33% | 1.36% | 1.43% |
| 广东 | 1.27% | 1.37% | 1.65% | 1.76% | 1.96% | 2.17% | 2.31% | 2.37% | 2.47% |
| 广西 | 0.38% | 0.47% | 0.61% | 0.66% | 0.69% | 0.75% | 0.75% | 0.71% | 0.63% |
| 海南 | 0.21% | 0.22% | 0.35% | 0.34% | 0.41% | 0.48% | 0.47% | 0.48% | 0.46% |
| 重庆 | 1.00% | 1.04% | 1.22% | 1.27% | 1.28% | 1.40% | 1.38% | 1.42% | 1.57% |
| 四川 | 1.32% | 1.27% | 1.52% | 1.54% | 1.40% | 1.47% | 1.52% | 1.57% | 1.67% |
| 贵州 | 0.48% | 0.53% | 0.68% | 0.65% | 0.64% | 0.61% | 0.58% | 0.60% | 0.59% |
| 云南 | 0.54% | 0.54% | 0.60% | 0.61% | 0.63% | 0.67% | 0.67% | 0.67% | 0.80% |
| 西藏 | 0.20% | 0.31% | 0.33% | 0.29% | 0.19% | 0.25% | 0.28% | 0.26% | 0.30% |
| 陕西 | 2.11% | 1.96% | 2.32% | 2.15% | 1.99% | 1.99% | 2.12% | 2.07% | 2.18% |
| 甘肃 | 0.95% | 1.00% | 1.10% | 1.02% | 0.97% | 1.07% | 1.06% | 1.12% | 1.22% |
| 青海 | 0.48% | 0.38% | 0.70% | 0.74% | 0.75% | 0.69% | 0.65% | 0.62% | 0.48% |
| 宁夏 | 0.81% | 0.63% | 0.77% | 0.68% | 0.73% | 0.78% | 0.81% | 0.87% | 0.88% |
| 新疆 | 0.28% | 0.38% | 0.51% | 0.49% | 0.50% | 0.53% | 0.54% | 0.53% | 0.56% |
| 东部 | 18.64% | 19.29% | 21.4% | 22.27% | 23.47% | 25.14% | 26.13% | 26.47% | 29.11% |
| 中部 | 7.93% | 8.59% | 10.7% | 10.21% | 10.2% | 11.07% | 11.72% | 11.84% | 11.37% |
| 西部 | 7.17% | 7.00% | 8.53% | 8.17% | 7.80% | 8.06% | 8.23% | 8.31% | 8.68% |
| 全国 | 1.38% | 1.46% | 1.68% | 1.73% | 1.79% | 1.93% | 2.01% | 2.05% | 1.59% |

资料来源：《中国科技统计年鉴》（2008~2016年）

从省际层面来看，2007~2015年我国信息技术研发投入强度的差异大致呈现缓慢增长的态势（图1-12）。这主要是因为，受经济大环境影响，中国的信息技术研发投入强度进入一个比较平缓的增长阶段，各省区市的增速均较低，最终使省际差异维持在稳定范围。具体来看，虽然区域间的差异变化不大，但一直存在。2015 年，北京信息技术研发投入强度达到 6.01%，高居榜首，上海以 3.73%紧随其后，天津达到 3.08%，作为城市经济体，这三个城市的信息技术研发投入强度已经可以与发达国家水平媲美，此外，江苏和广东达到 2.50%左右。相比之下，有 9 个省区的信息技术研发强度低于 1%，最低的为西藏，仅为 0.30%。

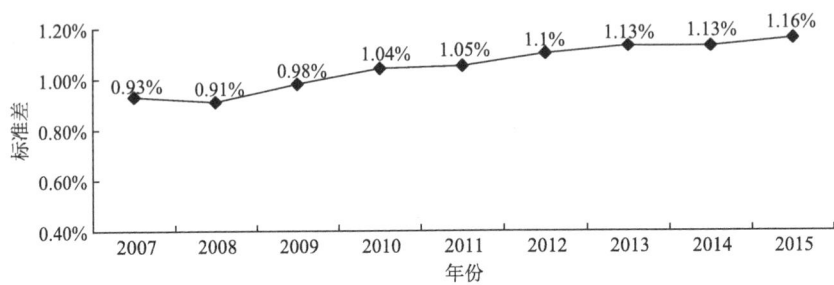

图 1-12　2007～2015 年我国省区市信息技术研发投入强度的标准差

从区域层面来看，2007～2015 年我国三大地区的信息技术研发投入强度均实现了上涨。其中，东部地区增速最快，增长了 56.17%，其次中部地区增长了 43.38%，最后西部地区仅增长 21.06%（图 1-13）。同时，从绝对水平来看，我国的信息技术研发强度也呈现出东高西低的地区特征，阶梯分布态势明显，这与各地区的经济发展阶段、经济结构有关。

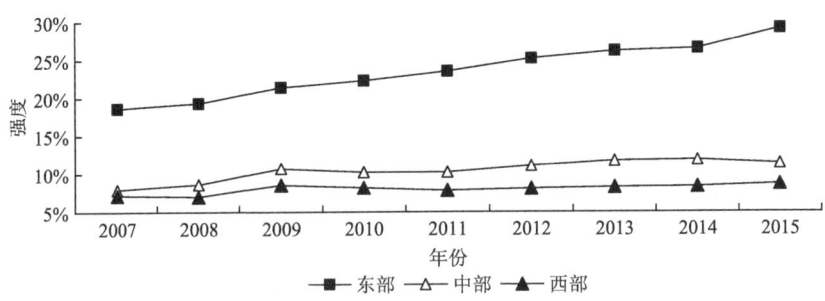

图 1-13　2007～2015 年我国东、中、西部信息技术研发投入强度

## 1.4　本章小结

本章分析了数字鸿沟的来历，并深入探讨了发达国家与发展中国家间及中国各省区市间数字鸿沟的外在表现。主要研究内容包括以下几点。

第一，梳理数字鸿沟的来历。在媒体、学界的推动下，数字鸿沟已成为各国政府、国际组织及其他社会力量所关注的重要问题，近年来，在我国也引起广泛的探讨，其来历可追溯到 20 世纪 70 年代以来出现的"知识鸿沟""信息鸿沟"

"电子鸿沟"。

第二,探析发达国家与发展中国家之间数字鸿沟的表现。①在信息接入方面,选取电话主线拥有量和宽带接入率深入探讨,发现虽然大部分发达国家的电话主线拥有量呈逐年下降趋势,而发展中国家在缓慢增长,但二者的差距依然明显;另外,2014年发达国家中基本30%以上的家庭接入了宽带,而卢旺达、柬埔寨等一些发展中国家,超过99%的家庭没有接入宽带。②在信息应用方面,选取互联网普及率展开分析,发现随着全球信息化发展的潮流,世界各国的互联网普及率均实现了一定程度的增长,2014年发达国家达到70%以上,而一些发展中国家仍不足10%。③在信息化建设环境方面,选取信息技术研发投入强度加以反映,发现2007~2015年发达国家的信息技术研发投入强度基本在2%以上,而一些发展中国家如吉尔吉斯斯坦、哈萨克斯坦、蒙古国等不足0.2%。

第三,分析中国各省区市间数字鸿沟的表现。①在信息接入方面,选取移动电话拥有量、家用电脑拥有量、网民IPv4人均拥有量、域名拥有量进行探讨,发现四者的区域差异分别大致呈现先增大后减小、逐年增大、先增大后减小、波动变化的态势。②在信息应用方面,选取互联网普及率、电商企业数量展开论述,发现我国互联网普及率的区域差异呈现先增大后缓慢减小的趋势,同时受限于地区资源禀赋不同,我国东、中、西部三大地区间的电商企业分布越来越不均衡,东部地区拥有全国65%以上的电商企业。③在信息化建设环境方面,选取信息技术研发投入强度深入分析,发现受到经济大环境影响,其区域差异大致呈现缓慢增长态势。

## 2　数字鸿沟的本质解析

通过研究数字鸿沟的本质，可以把握数字鸿沟的定义及其内涵，以揭示数字鸿沟现象到底是什么。

### 2.1　数字鸿沟本质研究进展

纵观国内外相关文献，鲜见对数字鸿沟本质进行的专门研究，但有部分文献提及了该问题。这些文献的观点大致可分为三种。

第一种观点认为数字鸿沟是技术鸿沟。James（2007）通过分析2004年发达国家与发展中国家的互联网普及率和移动电话普及率，认为数字鸿沟和20世纪发达国家与发展中国家的电视普及率差距相似，其本质就是二者之间的技术鸿沟。Klecun（2008）指出，数字鸿沟实际上是技术鸿沟，即信息通信技术普及方面的巨大差距，应当通过技术方式来解决。胡鞍钢和周绍杰（2002a）也认为数字鸿沟的本质就是以国际互联网为代表的新兴信息通信技术在普及和应用方面的不平衡现象，这种不平衡不仅体现在不同地理区域、不同发展水平的国家之间，同时也体现在一个国家内部不同地区、不同人群之间。谢俊贵（2003）从信息社会学角度对数字鸿沟问题进行系统研究，将数字鸿沟创造性地定义为信息分化，包括存在状态和变化过程，也就是在当代社会信息化发展过程中，信息技术的迅速发展与有效应用导致的不同信息活动主体之间的信息差距及其不断扩大的社会分化现象。Abu-Shanab和Al-Jamal（2015）认为数字鸿沟指公民对信息通信技术的获取不平等，以及应用这些技术所需的技能和经验的不平等。Blank（2016）认为数字鸿沟是当代信息技术开发和使用领域的差距，尤其是互联网络技术导致的差距，其实质是人类社会在信息化再生产过程中产生的新社会不平等。Gonzales（2016）认为数字不平等是社会不平等一种新的表现方式，是信息通信技术在接入和使用上不平等。

第二种观点认为数字鸿沟是经济鸿沟。ITU在《世界电信发展报告2002》中通过对各国的人均GDP与互联网普及率进行回归分析，论述了数字鸿沟是经济鸿沟。Kyem和LeMaire（2006）通过面板数据方法研究非洲国家移动电话普及情况与经济发展水平的关系，指出数字鸿沟本质上是一个经济发展问题。胡鞍钢等（2016）认为数字鸿沟的本质是社会个体或群体在购买、更新信息通信技术设备方面支付能力的差距。Mitrovic（2015）从公共政策和经济转型视角分析了信息通信技术在拥有者和不拥有者之间存在的明显"沟壑"，认为只要解决物质条件和素养水平，即可实现这两个相对立的社会群体之间的数字平等。

第三种观点认为数字鸿沟是知识鸿沟。van Dijk（2006）提出，数字鸿沟本质上是知识鸿沟，随着互联网等新兴大众传媒的出现，不同人群之间的"使用鸿沟"（usage gap）将越来越大，最终导致获取知识的差距变大。Warren（2007）指出，数字鸿沟其实是知识鸿沟，反映了不同国家之间和不同人群之间创造知识能力的差距。戴维民（2002）认为数字鸿沟实际上就是网络社会的知识沟现象。胡小明（2004）认为，从表象上看数字鸿沟反映了基础设施的缺乏和使用水平的差异，然而，从本质上看数字鸿沟实际是知识的差距。这一本质反映在国家、地区及企业的层次上，并随着许多因素如种族、年龄、性别、受教育程度而扩展。陈艳红（2007）指出数字鸿沟是知识鸿沟，这一观点可以追溯到1970年Tichenor等提出的"知识沟假说"，其通过分析知识与信息的关系，认为知识是信息的一个子集，即数字鸿沟的本质是知识的差距。Fallis（2004）从哲学的社会认识论角度来研究数字鸿沟问题，认为数字鸿沟是指信息技术接入上的不平等，信息接入上的缺乏使"信息穷人"处在严重的经济和社会劣势中，但知识只有在分配不均的情况下才能实现效用最大化。Huang和Cox（2016）从理论上探索接入鸿沟与知识鸿沟、使用鸿沟与知识鸿沟之间的关系，寻求将数字鸿沟理论与知识沟理论进行贯通的方法和模式，研究结论认为，数字技术的分布和使用不公，在一定程度上带来了不利于社会的消极影响，知识沟的负面影响程度更深。

可以看出，以往学者对数字鸿沟本质的认识都是基于单一层面，或技术层面，或经济层面，或知识层面，一方面缺少对数字鸿沟社会层面的解析，另一方面没有将数字鸿沟所表现出来的技术、经济、知识等方面的差距联系在一起，以系统的观点加以分析。

## 2.2 数字鸿沟的概念内涵

虽然数字鸿沟这一名词频频出现在各种场合，包括各种学术性文章中，但事实上，大多数关注互联网的学者对诸如数字鸿沟这样的概念使用都很混乱。有些学者把数字鸿沟理解为不同社会群体上网比例的差异，还有一些学者将数字鸿沟和不同地区的信息基础设施发展差距等同起来。人人都假设其他人在使用同一概念时，所指的含义和他使用时所赋予的含义相同。实际上，并没有这样的共识。

胡鞍钢和周绍杰（2002a）认为数字鸿沟的本质是快速发展的信息通信技术（如互联网）在我国不同地区应用中所产生的不均衡情况。信息通信技术利用的这种差别能以很多方式表现出来，如在不同地理区域之间、不同国家之间、不同人群之间，而且有可能随着技术的发展进一步加深。张勇（2012）提出了"软"鸿沟和"硬"鸿沟的概念，并指出相对于信息通信工具拥有数量上的"硬"鸿沟，获取信息能力的差距属于"软"鸿沟，"软"鸿沟相对于"硬"鸿沟的表现更为内在，但这种内在差距的影响更严重。正如 Sen（1999）的观点，收入低下只是贫困问题的表面现象，贫困的深层原因是人发展能力的缺乏，具体到数字鸿沟问题上，通信基础设施落后只是造成数字鸿沟的原因之一，深层次原因是信息通信工具使用者能力上的差距。Choudrie（2016）认为信息通信技术带来的技术扩散导致不同社会群体在接受和使用新的信息通信技术上存在差距，这种差距被称为数字鸿沟。Katz 和 Gonzalez（2016）认为数字鸿沟主要包括自主使用、使用范围、支持网络和个人技能的差异。目前学术界对于数字鸿沟的定义并不统一，很多组织和学者都对其概念进行了界定，因此从不同的角度看，数字鸿沟有不同的定义。通过分析可以看出，这些定义大致体现了数字鸿沟的四个层面：经济层面、技术层面、知识层面及社会层面（表 2-1）。

表 2-1　一些重要组织或学者对数字鸿沟的定义及其所体现的层面

| 文献 | 数字鸿沟的定义 | 体现的层面 |
| --- | --- | --- |
| NTIA（1999） | 数字鸿沟指新兴信息技术拥有者和不拥有者之间存在的差距 | 技术 |
| Norris（2001） | 数字鸿沟是一种包含三方面典型特征的现象：一是全球鸿沟，指发达社会和发展中社会之间在接入网络方面的差距；二是社会鸿沟，涉及每个国家中信息富足者和信息贫困者之间的差别；三是民主鸿沟，指那些使用和不使用数字资源去从事、动员或参与公共生活的人们之间的差别 | 技术、经济、社会 |
| OECD（2001） | 数字鸿沟指处于不同社会经济水平的个人、家庭、企业和地区之间在接触信息通信技术和利用互联网进行各种活动的机会差距 | 技术、经济、社会 |
| ITU（2002） | 由于贫穷、教育设施中缺乏现代化技术、文盲而形成的贫穷国家与富裕发达国家之间、城乡之间及年轻一代与老一代之间在获取信息通信技术方面的不平等 | 技术、经济、知识 |
| 胡鞍钢和周绍杰（2002a） | 互联网在全球范围内的普及是一种极不平衡的扩张，出现了国家之间及一个国家内部不同地区的普及差距，即数字鸿沟 | 技术、经济 |
| 胡延平（2002a） | 在全球数字化进程中，不同国家、地区、行业、企业、人群之间对信息、网络技术发展、应用程度的不同及创新能力的差别造成的"信息落差""知识分隔""贫富分化"现象 | 技术、知识、社会 |

续表

| 文献 | 数字鸿沟的定义 | 体现的层面 |
|---|---|---|
| 邬晓鸥等（2014） | 不同国家、地区或社会群体在信息技术接入与利用环境，信息技术与信息资源的利用水平，以及影响信息技术与信息资源利用的信息主体意识、知识与能力方面所存在的差距 | 技术、知识 |

上述各种定义都体现了数字鸿沟所包含的一个或几个层面。NTIA（1999）的定义虽然体现了数字鸿沟的技术层面，但是过于狭隘，仅仅注重信息技术使用问题，而没有体现经济、知识与社会层面，这种定义会导致对数字鸿沟内涵的简单化理解。美国学者 Norris（2001）从技术普及状况、社会发展状况、信息资源状况及信息社会参与状况来界定数字鸿沟，体现了数字鸿沟的技术、经济和社会层面，超越了以往人们对数字鸿沟的看法，使数字鸿沟的概念更为丰富、合理。OECD（2001）对数字鸿沟的定义比较抽象，它是从接触和使用信息通信技术进行各种活动方面的差距来界定数字鸿沟，也体现了技术、经济和社会层面。相比之下，ITU（2002）的定义比较具体形象，其内涵包括了数字鸿沟的技术、经济、知识层面。国内学者中，胡鞍钢和周绍杰（2002a）的定义包含了技术和经济层面。胡延平（2002a）的定义较为丰富，对位于鸿沟两边的主体界定较为全面，涵盖了国家、地区、行业、企业、人群，同时从信息网络技术的拥有和应用等差别入手，将数字鸿沟具体化为"信息落差""知识分隔""贫富分化"现象。邬晓鸥等（2014）认为我国不同地区和群体在数字化进程中表现出明显的不平衡状态，并且从信息获取与利用环境、信息利用水平、信息意识与能力三个方面界定数字鸿沟的内涵。

Straubhaar 等（2014）基于资本、领域、习性理论（布迪厄和华康德，1998），提出"技术—倾向""技术—场""技术—资本"的概念。此处的技术指信息通信技术；"技术—倾向"指对信息通信技术的观念、态度、意识、评价等；"技术—场"指主体进行技术活动的结构化空间；"技术—资本"指用于投资信息通信技术的经济资源。本书将此分析框架运用到数字鸿沟的概念解析中，认为信息通信技术所带来的生产力会扩大拥有技术的主体之间的差距，即技术鸿沟；具备良好教育水平和信息素养的主体往往拥有较高的信息技术使用技能，他们可以更好地利用手中的计算机等信息硬件获取、利用所需信息，而处于数字鸿沟另一端的主体将处于信息社会的边缘化位置，即知识鸿沟；在信息技术的使用中，主体要与其他社会力量，如政治、经济、文化、教育等发生联系，构成特定的生存关系，而信息社会的分化限制了"信息穷人"的受教育机会、就业机会、民主参与机会等，即社会鸿沟；经济资源丰富的主体将有更多的资金投入到信息化建设中去，但经济资源匮乏的主体无法获取同等的信息通信服务水平，即经济鸿沟。

根据以上分析可知，数字鸿沟的内涵相当丰富，它不是一个简单的信息技术普及问题,而是一个复杂的社会问题,涉及整个社会的信息资源拥有差距、知识获取与利用差异、社会分化及经济发展不平衡等。因此,本书将数字鸿沟定义为:在全球信息化背景下,工业社会向信息社会转变过程中,不同主体(国家、地区、行业、企业、人群)之间在互联网等新兴信息技术接入和使用方面存在差距,从而引起的技术普及不平衡、经济发展不平等、知识配置不均匀及社会分化等一系列现象。从技术层面上看,它是不同主体在接入新兴信息技术方面存在的差距;从经济层面上看,它是经济不平等和贫富差距在信息时代的延续;从知识层面上看,它是使用新兴信息技术获取和利用信息资源方面的差距;从社会层面上看,它是信息社会的分化现象。

## 2.3 数字鸿沟是信息时代经济发展进程中出现的经济鸿沟

在经济层面上,数字鸿沟反映了国际、国内经济不平等和贫富差距在信息时代的延续,它是信息时代经济发展进程中出现的经济鸿沟。

1)数字鸿沟反映不同国家、地区之间的经济不平等

从全球范围来看,数字上的贫富差距是经济上贫富差距的反映。各地区建设骨干网、通信基站等信息硬件设施离不开一定的物质条件,此外,建成丰富的信息软件资源也需要大量的财力、物力投入,这些硬件和软件资源建设投资的多少与该地区的经济发展水平密切相关。人口仅占世界总人口 9.59% 的高收入国家,其 GDP 所占比例高达 47.07%,同时,其移动用户所占比例、互联网用户所占比例、宽带用户所占比例也遥遥领先,分别达到了 43.80%、61.10%、41.34%;而占世界总人口 3.81% 的低收入国家的 GDP 所占比例却仅为 0.40%,其移动用户所占比例、互联网用户所占比例、宽带用户所占比例分别为 21.00%、9.16%、0.18%,两者的差距巨大(表 2-2)。

表 2-2　2016 年国家收入差距与信息通信技术普及差距

| 国家类别 | 人口所占比例 | GDP所占比例 | 移动用户所占比例 | 互联网用户所占比例 | 宽带用户所占比例 |
| --- | --- | --- | --- | --- | --- |
| 高收入国家 | 9.59% | 47.07% | 43.80% | 60.10% | 41.34% |
| 中等收入国家 | 86.60% | 52.53% | 35.20% | 30.74% | 58.48% |
| 低收入国家 | 3.81% | 0.40% | 21.00% | 9.16% | 0.18% |

资料来源:《国际统计年鉴》(2017 年)

2)数字鸿沟反映一国内部不同群体之间的贫富差距

就个人而言,要使用互联网等信息技术,必须要有足够的经济能力购买计算

机等接入设备和支付接入费用,这样就会在富人与穷人之间形成新的信息技术接入差距,进而造成信息分配不均,引起数字财富差距。2001~2016 年,我国城乡居民收入差距不断扩大,而与此相对应的是城乡居民家用电脑普及率差值仍然较大(表 2-3),这样就会造成城乡居民之间的数字鸿沟。许多外国学者也发现,群体的收入等级与电脑普及率、互联网普及率有很强的正相关性(U.S. Department of Commerce,2002;Dwivede and Lal,2007;Liu et al.,2006)。

表 2-3  2001~2016 年我国城乡居民收入差距与家用电脑普及率差距

| 年份 | 城乡居民收入之差/元 | 城镇居民家用电脑普及率/(台/百户) | 农村居民家用电脑普及率/(台/百户) | 城乡居民家用电脑普及率之差/(台/百户) |
| --- | --- | --- | --- | --- |
| 2001 | 4 493 | 13.30 | 0.70 | 12.60 |
| 2002 | 5 527 | 20.60 | 1.10 | 19.50 |
| 2003 | 5 850 | 27.80 | 1.40 | 26.40 |
| 2004 | 6 485 | 33.10 | 1.90 | 31.20 |
| 2005 | 7 238 | 41.50 | 2.10 | 39.40 |
| 2006 | 8172 | 47.20 | 2.73 | 44.47 |
| 2007 | 9 645 | 53.77 | 3.68 | 50.09 |
| 2008 | 11 020 | 59.26 | 5.36 | 53.90 |
| 2009 | 12 022 | 65.74 | 7.46 | 58.28 |
| 2010 | 13 190 | 71.16 | 10.37 | 60.79 |
| 2011 | 14 303 | 81.88 | 17.96 | 63.92 |
| 2012 | 16 648 | 87.03 | 21.36 | 65.67 |
| 2013 | 18 059 | 71.50 | 20.00 | 51.50 |
| 2014 | 19 489 | 76.20 | 23.50 | 52.70 |
| 2015 | 20 900 | 75.67 | 28.14 | 47.53 |
| 2016 | 21 253 | 72.60 | 27.40 | 45.20 |

资料来源:《中国统计年鉴》(2002~2017 年)

数字鸿沟反映出信息时代物质财富差距延伸到数字财富差距,是南北差距和贫富差距的新表现。国际、国内经济发展不平衡和贫富差距的现象由来已久,但是到了 21 世纪的信息时代,由于全球信息化进程的加快,这种不平衡和差距现象将更加凸显。

经济鸿沟的形成因素主要包括技术成本、市场发展度、经济发展水平、城市化水平这个四方面。其中技术成本包括软硬件成本、网络连接成本,甚至还包括电信服务价格等;市场发展度指市场的发达程度,尤其是信息通信技术及相关服务的市场竞争程度、市场结构等;经济发展水平指各国、各地区的经济发展水平、社会经济发展等；城市化水平指一国经济发展水平的独特指标，即一国或地区信息基础设施的发达程度和社群的各类素养水平。

## 2.4 数字鸿沟是新兴信息技术普及过程中出现的技术鸿沟

在技术层面上，数字鸿沟反映了不同主体在接入新兴信息技术方面存在的差距，它是新兴信息技术普及过程中出现的技术鸿沟。

既然是数字鸿沟，就应体现"数字"的技术特性，即移动电话、计算机、互联网、宽带等现代信息通信技术，这些技术作为21世纪强有力的社会经济发展动力，理应有助于促进全球经济普遍增长、缩小知识差距、减少社会分化。然而，事实并未像人们所期待的那样。在新兴信息技术普及的过程中，不同主体在接入移动电话、计算机、互联网、宽带等方面存在着巨大差距，从而反映出技术鸿沟。

1）数字鸿沟反映不同国家、地区之间的技术鸿沟

目前，发展中国家的信息通信技术接入水平远远低于发达国家，发达国家与发展中国家之间的数字鸿沟明显存在。《国际统计年鉴》显示，到2016年，发达国家每千人拥有1259.1部移动电话，而发展中国家仅为601.6部。另外，2008年以来，信息化程度综合得分排名前25位的都是发达国家（地区），发展中国家远远落在了后面，2015年新加坡得分最高，排在第一位（表2-4）。

表2-4 2008~2015年信息化程度排名前25位的国家（地区）

| 排名 | 2008年 | | 2010年 | | 2012年 | | 2014年 | | 2015年 | |
| --- | --- | --- | --- | --- | --- | --- | --- | --- | --- | --- |
| | 国家（地区） | 得分 | 国家（地区） | 得分 | 国家（地区） | 得分 | 国家（地区） | 得分 | 国家（地区） | 得分 |
| 1 | 韩国 | 15.92 | 瑞典 | 5.60 | 芬兰 | 5.98 | 新加坡 | 6.00 | 新加坡 | 6.00 |
| 2 | 日本 | 15.05 | 新加坡 | 5.59 | 新加坡 | 5.96 | 芬兰 | 6.00 | 芬兰 | 6.00 |
| 3 | 芬兰 | 12.20 | 芬兰 | 5.43 | 瑞典 | 5.91 | 瑞典 | 5.80 | 瑞典 | 5.80 |
| 4 | 荷兰 | 11.77 | 瑞士 | 5.33 | 荷兰 | 5.81 | 荷兰 | 5.80 | 挪威 | 5.80 |
| 5 | 法国 | 11.59 | 美国 | 5.33 | 挪威 | 5.66 | 挪威 | 5.80 | 美国 | 5.80 |
| 6 | 瑞典 | 11.53 | 中国台湾 | 5.30 | 瑞士 | 5.66 | 瑞士 | 5.70 | 荷兰 | 5.80 |
| 7 | 丹麦 | 11.44 | 丹麦 | 5.29 | 英国 | 5.64 | 美国 | 5.60 | 瑞士 | 5.80 |
| 8 | 冰岛 | 11.20 | 加拿大 | 5.21 | 丹麦 | 5.58 | 英国 | 5.60 | 英国 | 5.70 |

续表

| 排名 | 2008年 | | 2010年 | | 2012年 | | 2014年 | | 2015年 | |
|---|---|---|---|---|---|---|---|---|---|---|
| | 国家（地区） | 得分 | 国家（地区） | 得分 | 国家（地区） | 得分 | 国家（地区） | 得分 | 国家（地区） | 得分 |
| 9 | 挪威 | 11.05 | 挪威 | 5.21 | 美国 | 5.57 | 卢森堡 | 5.60 | 卢森堡 | 5.70 |
| 10 | 瑞士 | 10.78 | 韩国 | 5.19 | 中国台湾 | 5.47 | 日本 | 5.60 | 日本 | 5.60 |
| 11 | 加拿大 | 10.61 | 荷兰 | 5.19 | 韩国 | 5.46 | 加拿大 | 5.50 | 丹麦 | 5.60 |
| 12 | 澳大利亚 | 10.53 | 中国香港 | 5.19 | 加拿大 | 5.44 | 韩国 | 5.50 | 中国香港 | 5.60 |
| 13 | 英国 | 10.30 | 德国 | 5.14 | 德国 | 5.43 | 德国 | 5.50 | 韩国 | 5.60 |
| 14 | 卢森堡 | 10.25 | 卢森堡 | 5.14 | 中国香港 | 5.40 | 中国香港 | 5.50 | 加拿大 | 5.60 |
| 15 | 美国 | 10.25 | 英国 | 5.12 | 以色列 | 5.39 | 丹麦 | 5.50 | 德国 | 5.60 |
| 16 | 德国 | 10.17 | 冰岛 | 5.07 | 卢森堡 | 5.37 | 澳大利亚 | 5.50 | 冰岛 | 5.50 |
| 17 | 比利时 | 10.17 | 澳大利亚 | 5.06 | 冰岛 | 5.31 | 新西兰 | 5.50 | 新西兰 | 5.50 |
| 18 | 葡萄牙 | 10.15 | 新西兰 | 5.03 | 澳大利亚 | 5.26 | 中国台湾 | 5.50 | 澳大利亚 | 5.50 |
| 19 | 新西兰 | 9.68 | 日本 | 4.95 | 奥地利 | 5.25 | 冰岛 | 5.40 | 中国台湾 | 5.50 |
| 20 | 西班牙 | 9.68 | 法国 | 4.92 | 新西兰 | 5.25 | 奥地利 | 5.40 | 奥地利 | 5.40 |
| 21 | 意大利 | 9.54 | 奥地利 | 4.90 | 日本 | 5.24 | 以色列 | 5.40 | 以色列 | 5.40 |
| 22 | 奥地利 | 9.37 | 以色列 | 4.81 | 爱沙尼亚 | 5.12 | 爱沙尼亚 | 5.30 | 爱沙尼亚 | 5.40 |
| 23 | 爱尔兰 | 9.01 | 比利时 | 4.80 | 卡塔尔 | 5.10 | 阿拉伯联合酋长国 | 5.30 | 比利时 | 5.40 |
| 24 | 希腊 | 8.26 | 阿拉伯 | 4.80 | 比利时 | 5.10 | 比利时 | 5.30 | 法国 | 5.30 |
| 25 | 匈牙利 | 8.22 | 卡塔尔 | 4.79 | 阿拉伯 | 5.07 | 爱尔兰 | 5.20 | 爱尔兰 | 5.30 |

资料来源：《中国信息年鉴》（2008~2016年）

2）数字鸿沟反映一国内部不同群体之间的技术鸿沟

数字鸿沟所反映的技术鸿沟不仅存在于国家、地区之间，也存在于一国内部不同群体之间。如在我国，不同职业类型的群体之间，技术鸿沟十分明显。第41次《中国互联网络发展状况统计报告》显示，截至2017年底，中国互联网普及率达到55.8%，较2016年提升2.6个百分点。虽然我国互联网的渗透程度逐年提高，但我国网民的构成群体存在极大的不均衡，2017年我国网民构成中，学生群体占比最高，为25.4%；其次为个体户/自由职业者，所占比例为21.3%；企业/公司一般职员占比合计达到2.2%，这三类人群的占比相对较高（图2-1）。

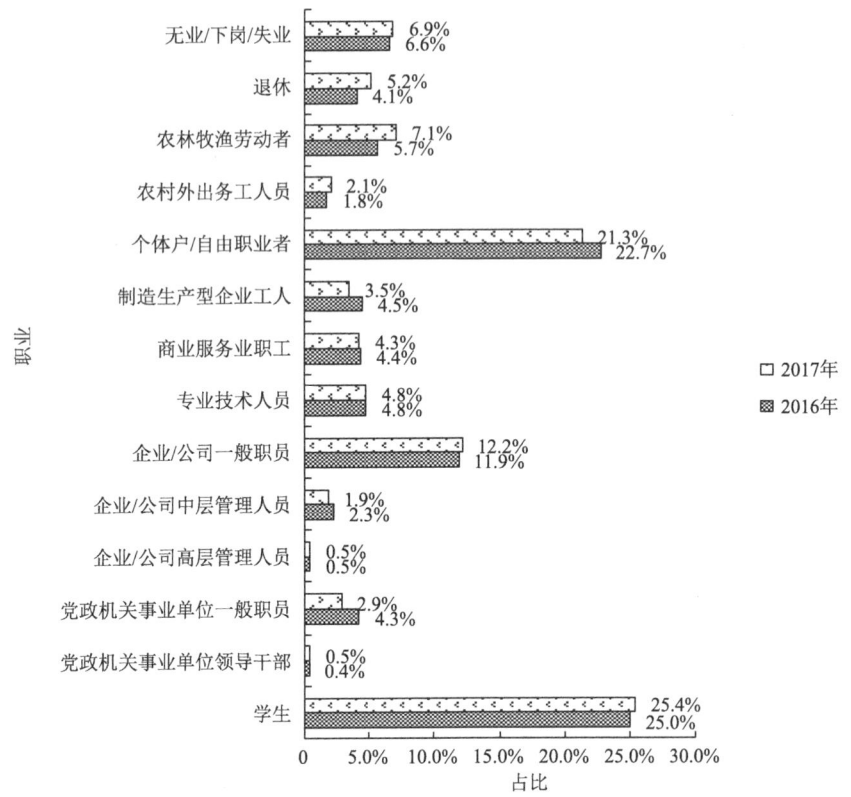

图 2-1 2016 年和 2017 年中国网民职业结构
资料来源:《中国互联网络发展状况统计报告》(第 41 次)

## 2.5 数字鸿沟是信息主体获取和利用信息资源过程中出现的知识鸿沟

在知识层面上,数字鸿沟反映了不同群体使用新兴信息技术获取和利用信息资源方面的差距,它是信息主体获取和利用信息资源过程中出现的知识鸿沟。

从表象上看,数字鸿沟反映了基础设施的缺乏和使用水平的差异,然而从本质上看,数字鸿沟实际是知识的差距(van Dijk, 2006)。从现代信息通信技术本身的特点看,其使用不仅需要有软硬件的接入,还需要具备一定的教育水平和信息素养。具备良好教育水平和信息素养的人往往都有较高的信息技术使用技能,他们可以更好地利用手中的计算机等信息硬件,通过互联网网站等信息软件,获取并利用所需的信息。而处于数字鸿沟另一端的人群必将成为信息社会的边缘化人群,这样就会使信息资源配置不均匀。例如,如今互联网上大部分是英文网页,如果个人的教育水平不高的话，就很有可能在浏览互联网时出现语言障碍；再如，如果个人的信息素养较低，就有可能不会使用较复杂的操作系统、文字处理软件、互联网浏览器等，这样就会在获取和利用信息方面出现差距。

根据 CNNIC 2018 年 1 月发布的第 41 次《中国互联网络发展状况统计报告》，网民中具备中等教育程度的群体规模最大，截至 2017 年 12 月，初中、高中/中专/技校学历的网民占比分别为 37.9%、25.4%（表 2-5）。与 2016 年底相比，小学及以下学历人群占比提升了 0.3 个百分点，中国网民继续向低学历人群扩散。另据 CNNIC 发布的历次统计结果，我国非网民不上网的原因大多都是"不懂电脑或上网"。这些都说明教育水平和信息素养对个人是否能够使用互联网有着重要影响。Huang 和 Russell（2006）就曾通过统计分析证明了教育水平越高使用信息技术的可能性越大。

表 2-5　2000～2017 年我国各学历网民所占比重

| 年份 | 小学及以下 | 初中 | 高中/中专/技校 | 大专 | 大学本科及以上 |
| --- | --- | --- | --- | --- | --- |
| 2000 | — | — | 23.5% | 29.0% | 41.1% |
| 2001 | — | — | 30.0% | 26.9% | 32.9% |
| 2002 | — | — | 30.9% | 26.1% | 30.4% |
| 2003 | — | — | 29.3% | 27.4% | 29.8% |
| 2004 | — | — | 29.3% | 27.0% | 30.7% |
| 2005 | — | — | 30.2% | 24.4% | 29.2% |
| 2006 | — | — | 31.1% | 23.3% | 28.5% |
| 2007 | 6.7% | 21.1% | 36.0% | 18.7% | 17.5% |
| 2008 | 8.8% | 26.8% | 39.4% | 13.9% | 13.2% |
| 2009 | 12.1% | 12.2% | 40.2% | 26.8% | 8.8% |
| 2010 | 8.4% | 32.8% | 35.7% | 11.8% | 11.4% |
| 2011 | 8.5% | 35.7% | 33.3% | 10.5% | 11.9% |
| 2012 | 10.9% | 35.6% | 32.3% | 9.8% | 11.3% |
| 2013 | 11.9% | 36.0% | 31.2% | 10.1% | 10.8% |
| 2014 | 11.1% | 36.8% | 30.6% | 10.4% | 10.4% |
| 2015 | 13.7% | 37.4% | 29.2% | 8.4% | 11.2% |
| 2016 | 15.9% | 37.3% | 26.2% | 9.1% | 11.5% |
| 2017 | 16.2% | 37.9% | 25.4% | 9.2% | 11.2% |

资料来源：《中国互联网络发展状况统计报告》（第 7 次～第 41 次）

在信息经济时代，信息本身已经成为一种资源，而使用现代信息技术获取与利用信息资源已经成为一种必需的知识和技能。因此，信息技术使用知识和技能的掌握与否及掌握的程度已经成为人们能否获益的重要因素。也就是说，如果个人缺乏这种知识和技能，就有可能在获取与利用信息过程中处于劣势。信息主体的教育水平和信息素养的差距造成的信息资源接受、消化、吸收及创新上的差距就反映出了知识鸿沟。

一般来说，教育水平越高，信息素养越好，就越有可能使用互联网等现代信息技术获取和利用信息。这主要是因为高学历群体比低学历群体更有能力利用信息技术手段来获取信息，从而把握更多的发展机遇及创造更多的物质财富。例如，学历高的人会更容易想到使用网络求职，参加网络培训、网络教育等；而低学历群体往往不能使用网络进行这些活动，导致其信息相对匮乏，从而使两个群体之间的信息资源差距日渐拉大。

## 2.6 数字鸿沟是信息社会不均衡发展导致的社会鸿沟

在社会层面上，数字鸿沟反映了信息社会分化现象，它是信息社会不均衡发展导致的社会鸿沟。

互联网等新兴信息技术在全球范围内的扩散，必将会引起一系列的社会变革。正如 OECD（2001）的报告所说，计算机、互联网的应用会使人们在社会生活中的机会产生差别。例如，有的人会利用互联网发布交易信息、寻找工作岗位、参与政府的公共管理事务等，他们更有机会通过网络获得利益，提高个人的社会地位。上网的人获得的机会要比不上网的人多得多，在社会竞争中处于强势地位。过去，在社会竞争中遵从的是"大鱼吃小鱼"的原则，而在网络时代，用我国著名经济学家钟朋荣的话说，遵循的是"上网的鱼吃不上网的鱼"的原则（曾祥正，2002）。

在信息社会，信息已经成为一种有价的商品，因此信息的获取、传输、交流都是有偿的（王守宁和冯严，2008）。而正是信息的商品化、有偿化的不断实现才使贫困群体无力支付获取和交流信息的费用，于是这部分贫困群体就蒙受了信息损失。相比之下，那些具备良好经济条件和知识技能的群体往往可以更好地获取和交流信息，这样一来就出现了信息分化。数字鸿沟是传统社会分化现象在新时代下的延续，即信息分化现象。

数字鸿沟也从互联网使用差距上反映出了这样的群体分化状况（表2-6）。2008年，我国网民中企业/公司一般职员、党政机关事业单位工作者、专业技术人员、个体户等占比较高，对信息技术的需求普遍较高；而占中国人口比重最大的农村外出务工人员、农业劳动者、产业/服务业工人在网民中所占比重较低，均不到3%。到2017年，网民中个体户、企业/公司一般职员占比仍较高；农村外出务工人员、产业/服务业工人占比依旧较低，党政机关事业单位工作者和专业技术人员占比有所降低,均不足5%。这是由于我国网民规模的扩张较为迅速,而从事党政机关事业单位工作者和专业技术人员这两类职业的人数增长较为缓慢。但从群体内部来看,随着电子政务的开展,党政机关事业单位工作者可熟练使用互联网;专业技术人员需采用计算机收集、处理数据,大多也是网民。

表2-6 2008~2017年我国网民的社会群体结构

| 年份 | 党政机关事业单位工作者 | 专业技术人员 | 企业/公司一般职员 | 个体户 | 产业/服务业工人 | 农业劳动者 | 农村外出务工人员 | 无业、下岗、失业 | 其他 |
|---|---|---|---|---|---|---|---|---|---|
| 2008 | 10.3% | 8.7% | 15.0% | 7.3% | 2.0% | 2.3% | 2.6% | 5.5% | 46.3% |
| 2009 | 7.5% | 10.4% | 15% | 13% | 4.4% | 2.8% | 2.4% | 9.8% | 34.7% |
| 2010 | 5.8% | 8.7% | 16.2% | 14.9% | 2.9% | 6.0% | 3.5% | 4.9% | 37.1% |
| 2011 | 5.7% | 8.3% | 9.9% | 16.0% | 7% | 4.0% | 3.0% | 8.6% | 37.5% |
| 2012 | 4.7% | 8.1% | 10.1% | 18.1% | 7.9% | 5.5% | 3.5% | 9.8% | 32.3% |
| 2013 | 4.8% | 6.6% | 11.4% | 18.6% | 7.3% | 6.6% | 4.0% | 10.2% | 30.5% |
| 2014 | 3.9% | 5.8% | 14.2% | 22.3% | 7.6% | 6.3% | 2.3% | 7.7% | 29.9% |
| 2015 | 4.1% | 5.6% | 13.5% | 22.3% | 8.4% | 5.2% | 2.7% | 7.7% | 30.5% |
| 2016 | 4.7% | 4.8% | 11.9% | 22.7% | 4.4% | 7.5% | 1.8% | 6.6% | 35.6% |
| 2017 | 3.4% | 4.8% | 12.2% | 21.3% | 4.3% | 7.1% | 2.1% | 6.9% | 37.9% |

资料来源:《中国互联网络发展状况统计报告》(第7次~第41次)

现代信息技术使用的不平等会剥夺"信息穷人"获取信息的权利,从而形成新的社会排挤效应,以致形成新的社会分化效应(Zheng and Walsham, 2008)。数字鸿沟限制了一部分人的受教育机会、就业机会、民主参与机会,最终表现为社会鸿沟。

社会鸿沟的形成因素主要包括文化因素、教育水平这两个方面。文化因素指上层社会对一些处于社会中下层社群的软环境和社会认知方面存在的不公平甚至是"偏见"的评价;教育水平不仅指个人受教育的程度,也指社会和国家对教育的重视程度和体现出来的整体教育文化水平。

## 2.7 本章小结

本章在对数字鸿沟概念内涵理解的基础上,从经济、技术、知识、社会四个层面系统解析数字鸿沟的本质。

第一,梳理数字鸿沟本质的研究进展。从技术、经济、知识三个层面对关于数字鸿沟本质的现有研究进行归纳总结,发现以往学者对数字鸿沟本质的认识都是基于单一层面,一方面缺少对数字鸿沟社会层面的解析,另一方面没有将数字鸿沟所表现出来的技术、经济、知识等方面的差距联系在一起,以系统的观点加以分析。

第二,解析数字鸿沟的概念内涵。基于 Straubhaar 等(2014)提出的"技术—倾向""技术—场""技术—资本"的概念,将数字鸿沟定义为:在全球信息化背景下,工业社会向信息社会转变过程中,不同主体(国家、地区、行业、企业、人群)之间在互联网等新兴信息技术接入和使用方面存在差距,从而引起的技术普及不平衡、经济发展不平等、知识配置不均匀及社会分化等一系列现象。

第三,从经济、技术、知识、社会四个层面系统探析数字鸿沟的本质。在经济层面上,它反映了国际、国内经济不平等和贫富差距在信息时代的延续,是信息时代经济发展进程中出现的经济鸿沟;在技术层面上,它反映了不同主体在接入新兴信息技术方面存在的差距,是新兴信息技术普及过程中出现的技术鸿沟;在知识层面上,它反映了不同群体使用新兴信息技术获取和利用信息资源方面的差距,是信息主体获取和利用信息资源过程中出现的知识鸿沟;在社会层面上,它反映了信息社会分化现象,是信息社会不均衡发展导致的社会鸿沟。结果表明,数字鸿沟本质上是一个由经济、技术、知识和社会四个层面构成的综合性的差距。

# 3 数字鸿沟的效应分析

数字鸿沟的本质解析揭示了数字鸿沟现象到底是什么,而数字鸿沟的效应分析揭示了数字鸿沟对经济、社会、政治各领域所产生的影响,进一步说明了这种现象。

## 3.1 数字鸿沟效应的研究进展

数字鸿沟体现了当代信息技术领域中存在的差距现象,这种差距既存在于信息技术的开发领域,也存在于信息技术的应用领域。另外,数字鸿沟源于信息资源分配不平等的同时,又通过加速少数人对信息的垄断和信息不成比例的分配,强化现存的不平等,对经济、社会、政治等方面造成的负面影响日益严峻。目前,国内外对数字鸿沟所产生的效应研究主要是基于信息通信技术的普及和应用,多数是通过经验研究验证全球背景下信息技术的扩散,分析数字鸿沟对经济、社会及政治领域的影响。

### 3.1.1 数字鸿沟经济效应研究

从数字鸿沟在不同经济层面所产生的影响来看,学者主要研究了数字鸿沟对消费者行为变革、企业竞争力增强、居民收入增加、产业结构优化、经济总量提升等方面的阻碍效应,具体如下。

(1)在消费者行为方面,学者大多认为线下消费者和线上消费者的信息获取渠道不同,从而造成消费者在选择商品的品牌时存在差异。Alba 等(1997)指出,相较于线下消费者,线上消费者有能力搜集到更多有关产品价格的信息,他们对价格越敏感,越能迅速地选择满足自己需求的商品。吴蓉等(2007)认为线下和线上消费者信息获取的差异性会影响产品的营销组合在消费者心中的权重,从而对消费者的品牌选择产生影响。

(2)在企业竞争力方面,学者认为信息通信技术可以通过提升企业生产效率、降低企业市场协调成本等来促使企业生产绩效增加,若企业信息化应用水平不高,其生产力的提升必然受阻。Forman(2005)认为具有优越信息通信工作场所的企业能够为工人提供更为先进的生产技术,这样就能不断削减产品的成本,所以处于数字鸿沟两端的企业将会有产品收益方面的差距。Labrianidis 和 Kalogeressis

（2006）对欧洲 10 个地区的 996 家企业进行了调查分析，发现数字鸿沟的存在会导致不同行业之间信息通信技术应用程度出现差距，应用程度较高的行业（如贸易、商业服务）在信息获取方面比应用程度较低的行业（如运输、建筑）更具有优势。在信息时代，这些具有优势的行业将能够保持较高的长期平均收益。黄曼慧（2006）分析了中国企业间数字鸿沟的现状、表现及形成原因，认为企业间数字鸿沟问题严重影响了电子商务的开展。彭赓等（2008）选择中国企业信息化 500 强中的上市公司为样本，研究发现企业信息化水平之间的差距造成了企业竞争力之间的差距，信息化水平高的企业竞争能力高于信息化水平低的企业。Higon（2012）使用英国 2500 家中小企业数据研究发现，信息通信技术应用能促进产品创新，企业的信息通信技术投资不同会造成产品创新能力不同。

（3）在居民收入方面，学者认为信息作为一种重要的经济资源对群体的收入分配起着关键作用，拥有较多的信息意味着获取收入的机会较多，而缺乏信息则意味着获取收入的机会较少。Cooper（2002）通过对 1997 年至 2001 年美国互联网普及率与个人年收入数据进行回归分析，发现这两个变量之间高度相关，其研究结论是：由于互联网可以提高工作效率，互联网使用者比非使用者的工作效率更高，其收入也就更高，使用者与非使用者群体之间的数字鸿沟最终导致他们的收入差距进一步拉大。Martin（2003）也证明了互联网普及率与个人年收入相关性较强，他在对美国商务部报告——《美国在线：美国人如何扩展他们的网络》中的数据重新进行分析后发现，计算机和互联网在穷人中的普及速度远远不如在富人中的普及速度，这样形成的数字鸿沟会在穷人和富人间引起更大的收入差距。Husing 和 Selhofer（2004）通过分析 1990 年至 2002 年 10 个发达国家的基尼系数和收入差距，认为在信息社会中，知识与信息是重要的生产条件，一个人获得知识与信息的手段与途径的多寡，直接影响其在社会中获得机遇与财富的多寡，进而影响到人们的收入分配。Chakraborty 和 Bosman（2005）应用福利经济学中的洛伦兹曲线和基尼系数，对美国 50 个州的收入水平、个人电脑拥有量、互联网普及率等数据进行分析，认为数字鸿沟会影响社会的收入分配。Brandtzag 等（2011）运用挪威、瑞典、澳大利亚、英国、西班牙 2009 年的数据，分析了数字鸿沟对居民收入差距的影响，发现数字鸿沟每扩大一倍，洛伦兹曲线的斜率将减小 7%，最高收入群体与最低收入群体之间的收入差距将增大 11%，同时总体福利将减小 3%。唐斯斯（2012）指出信息均享程度下降导致的"信息差别"将信息富有者和信息贫困者日益分离。赫大海和王磊（2014）运用多层次模型分析了数字鸿沟不仅是地区之间信息资源分布的不平等，在更深的层次上，是处于不同社会经济地位的人群之间的差距。例如，对个人收入和职业地位处于劣势的人群来说，网络本来应该是他们学习知识技能、增进个人发展、缩小现实不平等的一次机遇，然而由于动力和素养等的缺乏，这些原本处于劣势地位的人们未能充分利用这次机遇，反而扩大了与处于社会经济优势地位的人群的差距，其后果必然导致不同社会地位人群之间的经济不平等程度进一步扩大。刘骏（2017）认为农村地区的信息技术接入水平和使用水平较低，极大制约了农民收入的增加，使城乡收入差距不断扩大。

（4）在产业结构方面，学者认为信息化发展良好的地区，其产业结构优化程度普遍较高，信息化发展滞后的地区则相反。齐亚伟和刘丹（2014）利用灰色关联模型融合方法测算了电子信息产业发展与产业结构高度化的关联程度，结果表明，二者在东部地区关联性较高，而在中、西部地区关联性较差，这主要是由于中、西部地区处于电子信息产业发展阶段，借助信息产业促进区域产业结构高度化的优势不明显。焦勇和杨蕙馨（2017）运用 2003~2014 年中国 31 个省区市的面板数据，实证检验了信息化、工业化融合在产业结构变迁中的作用，发现信息化、工业化融合对产业结构高度化的影响效果不同，不同区域存在显著的异质性。

（5）在经济总量方面，学者认为信息通信技术投入对不同国家（地区）经济增长的贡献存在差异。Sabherwa 和 King（1991）以博茨瓦纳的网络经济增长速度为例分析了南北数字鸿沟造成的经济效应，发现由于数字鸿沟的存在，发展中国家网络经济增长速度仅为发达国家平均水平的 1/20，严重影响了其整体经济增长速度，其与发达国家的经济差距日益扩大。Peters（2001）根据美国与非洲 1995 年至 1999 年的人均 GDP 和互联网普及率统计数据，采用线性回归方法分析了数字鸿沟与南北经济差距的关系，结果发现，随着美国和非洲互联网普及率差距的增大，两者的经济差距也在日渐拉大。Dewan 等（2005）也根据 ITU 发布的统计数据，运用普通最小二乘法（ordinary least squares，OLS）回归分析研究了 1985 年至 2001 年 40 个国家的互联网渗透率与人均投资额、人均贸易额的关系，结果表明随着全球一体化和网络化进程的加快，数字鸿沟会拉大发达国家与发展中国家的经济差距。Omahony 和 Vecchi（2005）运用动态面板数据模型对比了美国、英国的信息通信技术产出弹性，发现信息通信技术对美国的经济产出有较大推动作用，而在英国则表现不显著。Seo 等（2009）分析了 29 个国家信息通信技术投资与经济增长的关系，发现信息通信技术投资对发达国家经济增长的影响较为显著，对发展中国家的作用则不显著。Andres 等（2010）运用 214 个国家 1990~2004 年的面板数据，分析了全球互联网扩散的进程，发现低收入和高收入国家的互联网扩散特征表现为不同弧度的"S"形曲线，低收入国家以十分缓慢的速度向高收入国家靠近。亚洲生产力组织（Asian Productivity Organization，APO）2014 年采用增长核算框架测算了信息通信技术资本对亚洲各国经济增长的贡献，从测算结果来看，1970~1985 年，除了日本、新加坡，所有亚洲国家的信息通信技术资本对经济增长的贡献都不足 5%；在 2000 年，除了孟加拉国、印度、伊朗、巴基斯坦、斯里兰卡和印度尼西亚外，其他亚洲国家的信息通信技术资本对经济增长的贡献上升到5%以上。闫海洲（2012）认为信息技术的外溢作用，将影响资源配置效率，提高全要素生产率，对经济产生间接作用，同时其利用2001~2005年的面板数据进行经验分析，发现东部地区的全要素生产率水平比中、西部地区高。

国内外学者在数字鸿沟经济效应的研究方面取得了一定的进展，但仍然存在以下不足：一是大多研究从单一维度考察数字鸿沟对经济领域的影响，往往只能见到经济效应的"冰山一角"，缺乏全面系统的分析；二是学者大多只是分析了经济效应的外在表现，未探究其是如何形成的，产生的原因是什么，也就不能从根本上消除数字鸿沟给经济发展带来的负面影响。未来可从微观、宏观两个层面系统解析数字鸿沟经济效应的表现、形成过程及产生原因，其中微观方面可以探讨数字鸿沟对个体参与经济活动的影响，如消费者鸿沟、企业鸿沟、市场鸿沟等；宏观方面可以分析数字鸿沟对整个国民经济造成的影响，如收入鸿沟、增长鸿沟、结构鸿沟等。

### 3.1.2 数字鸿沟社会效应研究

目前，国内外文献主要是从性别、教育、不同群体、城乡及综合性视角对数字鸿沟的社会效应展开研究。

（1）数字鸿沟对性别的影响。早期的研究主要关注男女接入网络不平等引发的社会问题，如Pinkett（2000）分析了男女在接入互联网方面的差距所导致的性别鸿沟。近年来，随着互联网男女普及差距的快速缩小，越来越多的学者认为男女数字鸿沟不仅是"接入"的问题，更多的是"使用能力"的问题。Servon（2002）和Warschauer（2002）就认为，在美国，虽然男女都可以方便地接入信息网络，但男女之间的信息通信技术的使用能力并不是平等分配的。Jung等（2001）提出男女在网络使用能力方面的差距影响了其职场中提升机会的大小。

（2）数字鸿沟对教育的影响。国外学者大多认为数字鸿沟会对教育的公平性产生负面影响。Losh（2003）对美国教育领域的数字鸿沟进行了分析，认为数字鸿沟会造成新的信息时代的教育不公平，"信息富人"获得的教育机会比"信息穷人"多得多。Mossberger等（2003）研究了信息通信技术扩散产生的影响，将数字鸿沟的影响归纳为信息差异和教育机会差异。Norris和Conceicao（2004）指出数字鸿沟使能与不能利用网上教育机会的人群之间产生了差距，没有上网机会的人群被排除于网络培训和教育之外。杜媛等（2006）认为数字鸿沟导致网络在美国各区、各学校中的应用发展极不平衡，主要体现在计算机、网络设备的分布不均上，例如，在教室联网方面，美国平均有74%的教室已经联网，但在最贫困的地区这一数字仅为39%。Hohlfeld等（2008）在2003~2007年持续四个学年对美国佛罗里达州公立中小学教育领域内的数字鸿沟开展研究和测量，发现信息技术教育应用中的不均衡和差异性主要产生在三个层面，首先是各类软硬件资源及接入互联网条件的差异，其次是师生应用信息技术能力的差异，最后则是体现在学生个人综合信息素养方面的差异。李葆萍（2012）对2001～2010年教育信息化指标进行整理和分析，发现区域间在教育信息化建设方面存在较大差距，这种现象有可能导致义务教育领域内新的不均衡。罗小茗（2013）以上海"二期课改"对信息技术的运用及实际形成的"技术学习领域"为例，探讨信息技术如何与学校教育相结合，结果发现，示范性高中的"技术学习领域"可以成为一架强劲有力的"机器"，随着信息技术更新的节奏，源源不断地复制和传递既有的技术知识，以便学生了解前沿资讯；而普通高中受到学校整体开发能力的限制，其开发的新课程远不如示范性高中那样丰富多样，而"技术学习领域"的实际开发状况又与相关规定相差甚远。

（3）数字鸿沟对不同群体的影响。在信息社会，数字鸿沟将引起不同群体在信息占有上的巨大差距，造成信息时代的社会发展不均衡。李升（2006）对日本社会数字鸿沟进行实证分析，发现在现今日本社会，男性、年轻人（尤其是20到30岁年龄段的人）、高学历（尤其是大学本科和本科以上）、高职位的群体，使用信息与信息技术（电子邮件、电脑和手机）的比率较高，其他群体与之相比存在着一定的差异。可以看出，信息、信息技术已经成为一种新的变量，与社会群体之间产生着密切的关系。徐小立和秦志希（2007）以分层随机抽样的方式，在岳阳市及其下辖各县市抽取样本进行问卷调查和深度访谈及参与式观察，结果发现，数字鸿沟与社会群体之间存在明显的相关关系，网络资源的拥有与使用在不同的社会群体中大不相同。Zheng 和 Walsham（2008）也指出，现代信息技术使用不平等会剥夺"信息穷人"获取信息的权利，从而形成新的社会排挤效应，以致形成新的社会分化效应。

（4）数字鸿沟对城乡的影响。Gabe 和 Abel（2002）分析了互联网、宽带等信息通信技术在美国乡村地区的扩散，认为数字鸿沟所引起的信息通信技术在美国城乡之间普及的不平衡已经对其乡村基础设施的现代化造成了不利影响。Donnermeyer 和 Hollifield（2003）应用多元回归方法分析了内布拉斯加州和威斯康星州四个乡村的471位受访者使用电子邮件和网页状况的调查数据，结果发现数字鸿沟会妨碍乡村居民思维方式和价值观念的文明进步。Warren（2007）通过研究互联网在英国乡村地区的普及过程，发现与城市地区的居民相比，乡村地区的居民更容易被数字社会所排斥和边缘化，从而拉大城乡社会差距。Kim 和 Lee（2010）认为韩国偏远渔村和山区的信息基础设施十分落后，导致这些地区与城市之间出现巨大数字鸿沟，农村地区难以连接互联网参与微博、微信、论坛等现代交际活动，难以实现文化生活的现代化。刘骏和薛伟贤（2013）认为城乡数字鸿沟通过三条途径来拉大城乡差距：一是城乡数字鸿沟通过阻碍生产和消费资料流动形成强化效应；二是通过阻碍现代生活方式渗透形成固化效应；三是通过阻碍农民进城务工和定居形成排斥效应。韩圣龙等（2017）认为受到城乡数字鸿沟的影响，农村居民的信息获取能力、条件、意识都相对薄弱，信息获取行为及效率较低。同时，不论是传统农业发展所需要的农业科技和市场信息，还是剩余劳动力转移所需要的劳动力市场供求信息，受到城乡数字鸿沟的影响，都不能有效地传达给农村居民，从而导致农村居民已经相对缺乏的发展机会进一步减少。

（5）数字鸿沟对社会发展的综合性影响。van Dijk（2003）结合各国的社会经济发展与数字化调研数据，提出了数字鸿沟所可能造成的多方面社会性影响，包括：逐步改变劳动力的就业模式和市场对劳动力的技能需求，影响不同群体的经济与社会参与度；重构传统社会中信息分享、传递及个体意愿或政见的表达方式，从而又影响了不同群体的文化、政治及机构参与度；数字化接入水平的不同也意味着不同的受教育条件，从而影响了不同群体对教育的参与度。邵艳丽等（2003）指出数字鸿沟有破坏社会结构，导致数字隔离、社会分裂和关系弱化等消极的影响。杜振华（2007）在对中国数字鸿沟分析的基础上提出了数字鸿沟的分化效应、挤压效应及加速效应。其中，分化效应是指通过生产条件的变化引起知识和信息富有者与贫困者之间的贫富分化、城乡分化和地区分化；挤压效应是指挤压那些无缘接触到信息通信技术及其应用者的生存空间；加速效应是指在网络的正反馈作用下，社会的分化出现加速的趋势。江峰（2013）分别阐述了新数字鸿沟对日常生活、教育资源、企业及个人发展、医疗健康信息的影响，认为对互联网熟悉程度的不同导致有一部分人享受其带来的种种生活便利，另一部分人却站在鸿沟的另一端，逐渐与社会脱离；信息素养比较高的人群更容易在网上找到各种各样的学习资料与在线课程等，他们更加擅长利用这种网上教育资源；信息生产较多的人更容易利用信息技术获得经济利益或在某一范围内取得一定的名声，而其余人则可能会因为很少发出自己的声音而更加不被人关注；信息素养比较高的人更容易从众多的网络信息中筛选出自己想要查找的医疗信息，由于网上的信息可靠度不高，不懂得查询筛选的人如果轻信网上的医疗信息则容易造成一些不好的后果。

通过对国内外文献的分析我们发现，现有研究只是描述了数字鸿沟对社会产生的影响，即回答了数字鸿沟社会效应"是什么"，却没有回答"为什么"，即数字鸿沟社会效应是如何产生的。另外，以往文献中只有少量的定量分析，且所用的方法过于单一（仅用了多元回归方法）。因此，未来可以研究的方向可能主要在于数字鸿沟社会效应的产生原因及其作用机理。

### 3.1.3 数字鸿沟政治效应研究

国内外学者对数字鸿沟政治效应的研究主要基于信息通信技术的接入和使用两个方面，从接入鸿沟、使用鸿沟及新旧媒体角度阐述了数字鸿沟对人们政治信息获取和政治参与的影响。某一特定媒体的接入方式对人们政治信息的获取及政治行为有着重要影响。Chaffee 和 Frank（1996）、Clark 和 Fredin（1978）认为与电视观众相比，报纸读者更倾向于获取和记忆更多的政治信息。并且，报纸相比电视更有利于人们辨别政治信息（Choi and Becker，1987；Wagner，1983）。Garramone 和 Atkin（1986）也持相同观点，提出尽管电视确实对人们获取时事政治信息的作用重大，但报纸却能保证人们更有效地获得最基本的政治信息。互联网作为新兴媒体的代表，使网民比报纸读者和电视观众更容易参与政治。Dutta-Bergman（2005）研究发现，有互联网接入的社区居民比没有互联网接入的或只通过报纸、电视获取政治信息的社区居民更容易参与政治。刘文富（2002）认为网络政治参与是在很大程度上摆脱了政治控制的全新的政治参与方式，提高了人们参与政治的兴趣。徐黎明和姜艳艳（2008）认为网络政治参与对保障公民的政治权利和利益及推动政治民主化具有积极意义。

与接入鸿沟相比，使用鸿沟对人们参政议政的影响更大。首先，新旧媒体的使用鸿沟严重影响人们获取政治信息的数量和速度。由于新媒体（尤其是互联网）比旧媒体能够提供更多信息交流的选择，新媒体的使用鸿沟比旧媒体的要大得多。例如，报纸只是在头版头条或是大标题中提供给读者当天要闻，电视则是通过事先录制一定时长的节目和重播的方式向观众传达新闻（Graber，1986）；而互联网则可以实时提供大量分类的在线信息（Tewksbury and Althaus，2000）。也就是说，旧媒体强调的或是特定的新闻（如报纸），或是特定的娱乐资讯（如电视）（Fallows，1996）；相反，互联网使不同社会经济地位或不同背景的人根据自己的兴趣选择性地接受信息（Scheufele and Nisbet，2002）。新旧媒体的使用鸿沟给人们的政治参与带来的影响主要表现在两个方面：其一，不同水平信息使用者之间的使用鸿沟造成了知识鸿沟。其二，使用新旧媒体的目的不同对政治关注度也不同。以获取政治信息为目的使用互联网的人参与政治的积极性高（Norris，1996；Kwak，1999），而以娱乐为目的使用互联网的人则较少甚至不参与政治活动（Scheufele and Nisbet，2002）。其次，居民的信息技术应用水平不同在一定程度上对其参政议政造成影响。袁勤俭（2007）认为伴随着商务、政务、教育、医疗等活动越来越多地在互联网上展开，数字鸿沟的存在使信息通信技术应用水平较高的群体可以充分参与这些活动，没有能力使用这些技术的群体不仅会丧失参加这些社会活动的权利，而且会失去为自己争取权利和谋取利益的机会。

还有学者从电子政务角度研究数字鸿沟的政治效应。Shelley 等（2006）随机抽取了美国艾奥瓦州、宾夕法尼亚州和科罗拉多州共 478 名受访者作为样本，选取了社会人口、投票、技术使用等六个变量进行研究，发现相对于信息技术发达的宾夕法尼亚州，信息技术较落后的艾奥瓦州和科罗拉多州居民较少在网上参政议政。Gorman（2006）认为数字鸿沟会导致信息弱势群体拥有更少的发展机会，如果不采取针对性的措施，到电子政府的阶段，这种不平等就会进一步加剧并可能上升到政治权利的不平等，将使许多人没有条件和能力参与到电子政务中，他们就会失去通过电子政府实现政治权利、取得一定政治利益的机会。Gamage 和 Halpin（2007）分析了数字鸿沟对美国电子政务发展的阻碍作用，并认为数字鸿沟造成了政治信息富有者和贫困者之间的分化，使相当一部分公众不能接受和参与电子政务，进而影响了美国的政治民主发展。Ryder（2007）采用问卷调查方式抽取了 100 名英国议会大选的选民，研究结果表明，英国有30%的选民不会网上投票，这些信息弱势群体无法通过电子政务实现自己的选举权。Mutula（2008）比较了发达国家与撒哈拉以南非洲国家的电子政务发展情况，认为数字鸿沟正威胁发展中国家的国家安全。网络上黑客、病毒泛滥，广大的发展中国家受到资金、技术和人才等方面的限制，无法采取和发达国家相同的措施来加强网络安全并保护国家机密，从而使发展中国家的安全受到威胁。刘学民（2010）认为网络时代公民有序的政治参与渐成为政治热点，但其实现过程中存在诸多障碍，应大力加强电子政务建设，建立有效的网络规范制衡机制，努力培育网络公民文化，实现政治参与的有序化。

目前鲜见对数字鸿沟政治效应进行系统而深入的研究，现有文献存在以下不足：第一，研究视角过于狭窄。大部分研究都是从法学或技术视角进行探讨，研究的内容存在局限性，且很少从网络本身及其他相关学科进行剖析。第二，研究结论不具有普遍适用性。西方学术前沿中对网络政治等问题的研究大多数是建立在第二次世界大战结束后，信息技术的迅速发展对西方国家政治生活的深刻影响的基础上，受到西方意识形态的强烈影响。虽然也有些涉及发展中国家网络政治的，但真正研究发展中国家网络政治的学术著作并不多，甚少涉及网络时代中发展中国家的数字鸿沟对政治影响的研究。

## 3.2 数字鸿沟效应作用机理

### 3.2.1 数字鸿沟效应的定义

由本书对数字鸿沟的定义及其本质解析可知，数字鸿沟是一个在全球信息化背景下工业社会向信息社会转变过程中出现的现实问题，它是一个内涵广阔的复杂的社会经济问题。因此，数字鸿沟必然会在经济、社会、政治等领域引起一系列相关的重大变化，并对经济、社会、政治、组织结构及人们生活的方方面面产生影响，而这些影响就属于数字鸿沟效应的范畴。

以互联网为代表的新兴信息通信技术对现代社会的影响是巨大而深远的，自从 20 世纪 90 年代数字鸿沟现象凸显以来，其在全世界范围内所产生的效应日渐凸显。为了科学、准确地定义数字鸿沟效应，我们必须明确以下两点：①从因果关系上看，数字鸿沟是原因，其产生的效应是结果，是数字鸿沟的出现才引起了社会、经济、政治各领域一系列相关的重大变化，因此，不是数字鸿沟所引起的事物变化不应属于数字鸿沟效应的范畴。②从时间顺序上看，数字鸿沟的出现在前，其产生的效应在后，因此，在数字鸿沟发端之前就已经存在的现象也不应属于数字鸿沟效应的范畴。

本书对数字鸿沟效应的定义是：所谓数字鸿沟效应，是指数字鸿沟在当今社会、经济、政治各领域产生的一系列重大影响，它是伴随着社会信息化、数字化进程而逐渐产生和显现出来的。数字鸿沟效应的内涵十分丰富，它包含了数字鸿沟在经济、社会、政治领域造成的方方面面影响。例如，在经济领域，数字鸿沟的存在对"信息富人"和"信息穷人"的收入分配产生影响，加速了收入分配的两极分化；数字鸿沟的存在对不同企业之间、不同消费者之间的网上销售、网上购物等新兴交易模式应用方面也产生了影响。在社会领域，数字鸿沟的存在对不同教育水平的群体之间拥有和使用信息通信技术方面产生了影响，还对男女之间、城市居民与农村居民之间认识和使用信息通信技术参与社会生活方面产生了影响。在政治领域，数字鸿沟对"信息富人"和"信息穷人"在公民权利尤其是选举权和被选举权方面造成了影响，另外，还对国家之间政治民主化与民主政治发展、国际地位和国家安全造成了很大影响。

## 3.2.2 基于拓扑理论的数字鸿沟效应模型

数字鸿沟效应主要反映为数字鸿沟对经济社会产生的影响和作用，即数字鸿沟在经济、社会或政治等领域产生的巨大影响和作用是数字鸿沟效应的关键方面。对数字鸿沟效应系统的描述是数字鸿沟效应作用过程分析的基础。本节尝试应用拓扑学理论及拓扑动力系统理论建立数字鸿沟效应拓扑结构系统，借助此系统对数字鸿沟效应的本质进行解析（薛伟贤，2004；薛伟贤和冯宗宪，2005）。

### 3.2.2.1 数字鸿沟效应拓扑结构系统的建立

根据拓扑学理论及拓扑动力系统理论（Huang and Russell，2006），假设数字鸿沟效应是一种包含经济、社会、政治等领域的十分复杂的拓扑结构系统，即将某一国家或地区的信息化社会抽象为一种具有拓扑结构的输入、输出系统，在该系统中每一个输出量都与所有的输入量有关，受所有输入量的影响。构成此输入、输出系统的要素之间复杂的相互作用，使该系统成为非线性系统，这样的系统分析过程极其复杂。为了分析数字鸿沟效应系统的复杂非线性结构，同时体现该输入、输出系统的主要特征，本书将此输入、输出系统作为一个整体来考虑，将其等效为一个具有 $N$ 个输入端口、$N$ 个输出端口的拓扑结构系统，则该系统中

每一个输出量与 $N$ 个输入量均有关系，受 $N$ 个输入量的影响。$N$ 端口系统输入量 $I_1, I_2, \cdots, I_N$ 与输出量 $O_1, O_2, \cdots, O_N$ 之间存在 $N$ 种拓扑关系。本书称此系统为数字鸿沟效应拓扑结构系统。

由上述分析可知，数字鸿沟效应拓扑结构系统是一个开放的输入、输出系统。在此，本书以具有四个端口的数字鸿沟效应拓扑结构系统为例来说明该系统是如何通过输入量、输出量来进行作用的。图 3-1 是一个描述四端口数字鸿沟效应拓扑结构系统的示意图，其输入量与输出量之间存在 16 种拓扑关系，它表示原有的四个输入变量 $I_1$、$I_2$、$I_3$、$I_4$，经过数字鸿沟效应系统作用之后分别变为输出量 $O_1$、$O_2$、$O_3$、$O_4$，因而输入量与输出量之间的拓扑矩阵变化过程就可表征该系统的作用过程。当节点层数分别为 3 和 4 时其拓扑关系将会更加复杂，对于 3 层结构体系，其输入量与输出量之间存在 $4^3$ 种拓扑关系；而对于 4 层结构体系，其输入量与输出量之间存在 $4^4$ 种拓扑关系；若为 $M$ 层结构，则输入量与输出量之间存在 $4^M$ 种拓扑关系。将之推广到 $N$ 端口、$M$ 层结构的系统，可得到其输入量 $I_1, I_2, \cdots, I_N$ 与输出量 $O_1, O_2, \cdots, O_N$ 之间存在的 $N^M$ 种拓扑关系。

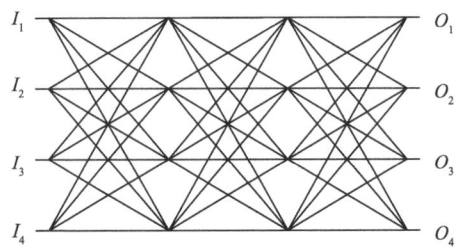

图 3-1 四端口数字鸿沟效应拓扑结构系统

数字鸿沟效应拓扑结构系统是一个开放的输入、输出系统，系统的开放性使它与外界不断发生人力、物力、资金和信息等的交流，实际上信息基础设施建设、信息软件资源建设、信息技术研发、信息人才培养、区域文化、政府行为等都是上面所说的输入量 $I_1, I_2, \cdots, I_N$。而人均 GDP、人均信息产业 GDP、每百人拥有网站数、每百人拥有移动电话数等都是上面所说的输出量 $O_1, O_2, \cdots, O_N$。下面对数字鸿沟效应拓扑结构系统的输入量和输出量分别进行描述。

#### 3.2.2.2 数字鸿沟效应拓扑结构系统的输入量

输入量的选取，主要是从数字鸿沟效应的系统结构出发，以信息化为理论依据，遵循科学性、代表性、可行性、可比性等原则，围绕信息基础设施方面、信息化的发展环境方面、互联网的普及和应用方面、其他方面来考虑的。相应输入量说明如下。

（1）信息基础设施。信息基础设施承担着信息的传输、处理和储存等重要工作，是居民应用信息技术的物质基础，其建设与发展水平已成为决定一个国家和地区信息化发展的关键。不同区域间信息基础设施建设水平的不同是数字鸿沟最直接、最客观的表现。

网络宽带建设：网络宽带建设一方面有利于建设并完善信息通信基础设施，另一方面也可以加强推广应用信息技术、开发利用信息资源。

移动通信建设：移动通信集交换、传输、无线、终端技术于一体，是发展信息社会的基础。

（2）信息化的发展环境。一个区域的信息化发展水平，与当地的信息消费能力、政府的政策及信息化人才、信息意识等都密切相关。信息化的发展环境，可以反映出当地信息化发展的潜力，继而反映出不同区域间因数字鸿沟的存在而产生的效应。

信息技术研发：信息技术研发对经济发展的推动作用集中体现在经济增长模式从劳动密集型、资本技术密集型向知识技术密集型转化，产业结构的重心向规模效益和增长质量较高的信息产业发展，奠定了数字经济发展的基础，并促进经济社会的全面信息化。

信息软件资源建设：信息软件技术的进步已成为推动高新科技发展的核心力量，信息软件产业已成为知识经济下国家经济实力的重要组成部分和数字经济一个新的增长点。

区域文化：作为一种非正式制度，区域文化包括价值取向、思想观念、宗教信仰、风俗习惯、道德准则等，它会直接影响一个地区居民的信息意识。

信息人才培养：信息产业的发展日新月异，高素质的信息人才是推动信息产业迅速发展的决定性因素。

教育水平：毋庸置疑，教育作为科技进步的主要推动力、人力资本投资的主要方式，对经济增长的推动作用表现得越来越明显。具有高等教育的人力资本是经济增长的主要原因，并且，高等教育发展对我国经济增长具有明显的正向作用，且长期效应大于短期效应。

（3）互联网的普及和应用。互联网的普及和应用是信息化的核心，是衡量一国或一地区数字鸿沟的主要方面。事实上，就互联网络技术本身而言，其是不同区域实现资源共享、加快发展的现代化工具。但是，互联网络普及差距和网络接入的马太效应，使不同区域之间的数字鸿沟凸显出来。所以，互联网的普及和应用最能体现不同区域间的数字鸿沟现状。为了说明数字鸿沟的社会和政治效应，本书主要从政府掌握和应用互联网的角度来选取具体输入量。

政府电子政务：政府电子政务建设对于加快政务职能转变、提高行政质量和效率、增强政府监管和服务能力、促进社会监督具有十分重要的意义。增加政府电子商务的投入，充分发挥人才、技术、资源、服务优势，为政府提供包括接入内部组网、系统构建、维护支撑等一揽子通信服务，是普及电子政务的重要手段。

政府信息公开：政府信息公开是指除法定特殊情形外，政府应主动公开或应公众请求公开其掌握的行政公共信息。信息是促进社会发展的一项重要资源，政府对其所掌握的信息应该迅速、及时、全面地向社会予以公布，这是从信息的性质和政府的性质方面分析得出的结论。政府部门对其所掌握的大量信息，除个别信息公开后会产生不良影响或危及国家安全而不能公开外或有条件部分公开外，其余信息都应及时、迅速予以公开，除了让公众了解到真实的状况外，还能让信息产生更高的价值。

信息政策与法规建设：国家信息政策与法规作为国家对信息活动进行宏观管理的重要手段，开展国家信息政策与法规的研究，增加国家信息政策与法规的投入对促进国家信息政策法规体系的建立和健全，以及全面推进社会信息化具有重要的意义。

（4）其他方面。其他方面的输入量指除了上述输入量之外的其他输入量。

具体的输入量如表 3-1 所示。

**表 3-1 数字鸿沟效应拓扑结构系统的输入量**

| 输入量 | 指标名称 |
|---|---|
| $I_1$ | 网络宽带建设 |
| $I_2$ | 移动通信建设 |
| $I_3$ | 信息技术研发 |
| $I_4$ | 信息软件资源建设 |
| $I_5$ | 区域文化 |
| $I_6$ | 信息人才培养 |
| $I_7$ | 教育水平 |
| $I_8$ | 政府电子政务 |
| $I_9$ | 政府信息公开 |
| $I_{10}$ | 信息政策与法规建设 |
| ⋮ | ⋮ |
| $I_N$ | 其他输入量 |

### 3.2.2.3 数字鸿沟效应拓扑结构系统的输出量

由前述已知数字鸿沟效应拓扑结构系统是一个具有 $N$ 端口输入、输出，$M$ 层结构的拓扑结构系统,因此,输入量经过其拓扑结构作用以后通过 $N$ 端口输出,对应上述数字鸿沟效应拓扑结构系统的输入量,本书给出数字鸿沟效应拓扑结构系统的输出量,具体如下。

(1) 经济领域:数字鸿沟对经济领域有很大影响,从而表现出数字鸿沟的经济效应。信息技术的发展离不开雄厚的经济基础的支持,不同地区经济发达与否会直接导致信息接入、技术应用、知识获取等一系列数字财富的差异,而数字财富差异影响到社会发展的方方面面,从而又会进一步拉大经济差异。贫富差距与数字鸿沟之间本来就是互为因果的。人均 GDP、人均年收入等可以反映地区经济发展水平;人均信息产业 GDP、企业信息化普及率直接反映数字化发展水平,进而反映经济发展水平。所以,经济领域的输出量是从反映地区经济发展水平、信息产业发展水平及个人收入角度考虑的。因此,本书给出的经济领域输出量有人均 GDP($O_1^E$)、人均年收入($O_2^E$)、人均信息产业 GDP($O_3^E$)、企业信息化普及率($O_N^E$)等。

(2) 社会领域:数字鸿沟对社会领域的影响和作用表现出数字鸿沟的社会效应。数字鸿沟反映到社会资源的分配状况上,会影响社会的公平与和谐。社会领域的输出量应能反映出社会信息富足者和信息贫困者之间的差距,反映信息资源分配状况与信息公平水平。主体信息财富拥有程度和政府投入力度等都能反映信息均衡与社会公平、影响社会稳定情况。所以,主体对于信息设施的拥有水平及政府的支持程度都能够反映社会领域情况,反映和谐发展水平。因此,本书给出的社会领域输出量为男女网民比例($O_1^S$)、城镇互联网普及率($O_2^S$)、农村互联网普及率($O_3^S$)、信息人才数量($O_N^S$)等。

(3) 政治领域:数字鸿沟对政治领域也有很大影响和作用,从而表现出数字鸿沟的政治效应。数字鸿沟对民主及公正性有着很大的影响,"信息穷人"同"信息富人"相比在参与政治生活和获取政治信息方面都处于劣势,这样一来就会增加社会的不公正性。一个国家或地区的电子政务普及率反映出该地区的人民通过信息通信技术获取政治权利的广泛程度。与互联网相关的法规数的多少直接影响着信息社会政治民主进程。政府网站信息日流量反映了一个地区的人通过网络参与政治的程度。因此,本书给出的政治领域输出量为与互联网相关的法规数($O_1^P$)、电子政务普及率($O_2^P$)、论坛发帖数($O_3^P$)、政府网站信息日流量($O_N^P$)等。

具体的输出量如表 3-2 所示。

表 3-2 数字鸿沟效应拓扑结构系统的输出量

| 维度 | 输出量 | 指标名称 |
| --- | --- | --- |
| 经济领域 | $O_1^E$ | 人均 GDP |
|  | $O_2^E$ | 人均年收入 |

续表

| 维度 | 输出量 | 指标名称 |
|---|---|---|
| 经济领域 | $O_3^E$ | 人均信息产业GDP |
|  | ⋮ | ⋮ |
|  | $O_N^E$ | 企业信息化普及率 |
| 社会领域 | $O_1^S$ | 男女网民比例 |
|  | $O_2^S$ | 城镇互联网普及率 |
|  | $O_3^S$ | 农村互联网普及率 |
|  | ⋮ | ⋮ |
|  | $O_N^S$ | 信息人才数量 |
| 政治领域 | $O_1^P$ | 与互联网相关的法规数 |
|  | $O_2^P$ | 电子政务普及率 |
|  | $O_3^P$ | 论坛发帖数 |
|  | ⋮ | ⋮ |
|  | $O_N^P$ | 政府网站信息日流量 |

#### 3.2.2.4 数字鸿沟效应的本质

根据上述数字鸿沟效应拓扑结构系统，考虑 $M$ 层输入、输出系统的具体结构，将其等效成一个 $N$ 端口输入、输出的拓扑结构系统，于是，数字鸿沟效应拓扑结构系统作用前后输入量、输出量之间的关系可表达为

$$\beta_{\text{out}} = L\alpha_{\text{in}} \tag{3-1}$$

$$\alpha_{\text{in}} = (I_1, I_2, \cdots, I_N)^{\text{T}} \tag{3-2}$$

$$\beta_{\text{out}} = (O_1, O_2, \cdots, O_N)^{\text{T}} \tag{3-3}$$

$$\begin{bmatrix} O_1 \\ O_2 \\ \vdots \\ O_N \end{bmatrix} = \begin{bmatrix} a_{11} & a_{12} & \cdots & a_{1N} \\ a_{21} & a_{22} & \cdots & a_{2N} \\ \vdots & \vdots & & \vdots \\ a_{N1} & a_{N2} & \cdots & a_{NN} \end{bmatrix} \begin{bmatrix} I_1 \\ I_2 \\ \vdots \\ I_N \end{bmatrix} \tag{3-4}$$

其中，$\alpha_{in}$ 为输入量矩阵；$\beta_{out}$ 为输出量矩阵。数字鸿沟效应拓扑结构系统的第 $i$ 个输出量可表示为

$$O_{ij} = a_{i1}I_{1j} + a_{i2}I_{2j} + a_{i3}I_{3j} + \cdots + a_{iN}I_{Nj} = \sum_{k=1}^{N} a_{ik}I_{kj},\ i,j = 1,2,\cdots,N \quad (3\text{-}5)$$

由式（3-1）~式（3-4）可知，

$$L = \begin{bmatrix} a_{11} & a_{12} & \cdots & a_{1N} \\ a_{21} & a_{22} & \cdots & a_{2N} \\ \vdots & \vdots & & \vdots \\ a_{N1} & a_{N2} & \cdots & a_{NN} \end{bmatrix} \quad (3\text{-}6)$$

根据上述数字鸿沟效应拓扑结构系统的输入量、输出量及其解析，本书认为，数字鸿沟效应可表示为不同地区输出量矩阵的差值。因此，数字鸿沟效应的本质可理解为：数字鸿沟的存在，使不同地区的社会信息化资源输入量有差距，进而引起不同地区或不同群体的输出量的差距。也就是说，数字鸿沟效应的本质就是由数字鸿沟引起的不同地区或不同群体在社会经济各领域的差距。

### 3.2.3 数字鸿沟效应的作用过程

因为数字鸿沟效应拓扑结构系统是一个具有 $N$ 端口输入、输出，$M$ 层结构的系统，所以本小节应用拓扑动力系统理论来分析数字鸿沟效应作用的过程，构建数字鸿沟效应作用过程的拓扑模型，通过模型中输入量矩阵、输出量矩阵、特征系数矩阵的拓扑数学变换来反映作用的过程。

#### 3.2.3.1 模型基本假设

由于数字鸿沟效应拓扑结构系统可以用式（3-1）~式（3-4）来表达，对式（3-1）~式（3-4）来说，在不影响合理性的情况下，为了构建数字鸿沟效应作用过程的拓扑模型，这里提出以下基本假设。

假设 3-1：$\alpha_{ini}(i=1,2,\cdots,N)$ 之间线性无关，即各输入量之间是相互独立的，不存在相互影响。

假设 3-2：$\beta_{outj}(j=1,2,\cdots,N)$ 之间线性无关，即输出量之间是相互独立的，不存在相互影响。

假设 3-3：输入量 $I_{ij}(i,j=1,2,\cdots,N)$ 的个数与输出量 $O_{ij}(i,j=1,2,\cdots,N)$ 的个数相同。

假设 3-4：$I_{ij}(i,j=1,2,\cdots,N)$ 全不为零，即输入量全不为零。

假设 3-5：$O_{ij}(i,j=1,2,\cdots,N)$ 全不为零，即输出量全不为零。

假设 3-6：$a_{ij}(i,j=1,2,\cdots,N\text{且}i=j)$ 不等于 1，即对角线上的特征系数不为 1。

### 3.2.3.2 模型的拓扑矩阵分析

由式（3-1）～式（3-4）式可知，当同时存在 $N$ 组输入量时，设 $N$ 组输入量所组成的矩阵为

$$B=[\alpha_{\text{in}1},\alpha_{\text{in}2},\cdots,\alpha_{\text{in}N}] \tag{3-7}$$

即 $N$ 组输入量组成的矩阵 $B$ 为

$$B=\begin{bmatrix} I_{11} & I_{12} & \cdots & I_{1N} \\ I_{21} & I_{22} & \cdots & I_{2N} \\ \vdots & \vdots & & \vdots \\ I_{N1} & I_{N2} & \cdots & I_{NN} \end{bmatrix} \tag{3-8}$$

其中，

$$\alpha_{\text{in}i}=(I_{1i},I_{2i},\cdots,I_{Ni})^{\text{T}}, \quad i=1,2,\cdots,N \tag{3-9}$$

$\alpha_{\text{in}i}$ 为第 $i$ 组输入量所组成的列向量。

对应于 $N$ 组输入量，设 $N$ 组输出量所组成的矩阵为

$$C=[\beta_{\text{out}1},\beta_{\text{out}2},\cdots,\beta_{\text{out}N}] \tag{3-10}$$

即 $N$ 组输出量所组成的矩阵 $C$ 为

$$C=\begin{bmatrix} O_{11} & O_{12} & \cdots & O_{1N} \\ O_{21} & O_{22} & \cdots & O_{2N} \\ \vdots & \vdots & & \vdots \\ O_{N1} & O_{N2} & \cdots & O_{NN} \end{bmatrix} \tag{3-11}$$

其中，

$$\beta_{\text{out}j}=(O_{1j},O_{2j},\cdots,O_{Nj})^{\text{T}}, \quad j=1,2,\cdots,N \tag{3-12}$$

$\beta_{\text{out}j}$ 为第 $j$ 组输出量所组成的列向量。

所以,可将 $N$ 组输入量和 $N$ 组输出量的数字鸿沟效应拓扑结构系统表示为如下形式:

$$\begin{bmatrix} O_{11} & O_{12} & \cdots & O_{1N} \\ O_{21} & O_{22} & \cdots & O_{2N} \\ \vdots & \vdots & & \vdots \\ O_{N1} & O_{N2} & \cdots & O_{NN} \end{bmatrix} = \begin{bmatrix} a_{11} & a_{12} & \cdots & a_{1N} \\ a_{21} & a_{22} & \cdots & a_{2N} \\ \vdots & \vdots & & \vdots \\ a_{N1} & a_{N2} & \cdots & a_{NN} \end{bmatrix} \begin{bmatrix} I_{11} & I_{12} & \cdots & I_{1N} \\ I_{21} & I_{22} & \cdots & I_{2N} \\ \vdots & \vdots & & \vdots \\ I_{N1} & I_{N2} & \cdots & I_{NN} \end{bmatrix} \quad (3\text{-}13)$$

那么,式(3-13)即数字鸿沟效应作用过程的拓扑模型的拓扑矩阵表达式。

由假设 3-1、假设 3-2、假设 3-3、假设 3-6 可知,式(3-13)可以等价为如下式子:

$$[\beta_{\text{out}1},\beta_{\text{out}2},\cdots,\beta_{\text{out}N}] = \begin{bmatrix} a_{11} & a_{12} & \cdots & a_{1N} \\ a_{21} & a_{22} & \cdots & a_{2N} \\ \vdots & \vdots & & \vdots \\ a_{N1} & a_{N2} & \cdots & a_{NN} \end{bmatrix} [\alpha_{\text{in}1},\alpha_{\text{in}2},\cdots,\alpha_{\text{in}N}] \quad (3\text{-}14)$$

将式(3-7)、式(3-10)代入式(3-14)中可得 $C = LB$。

式(3-14)的等价形式 $C=LB$ 说明了输入量矩阵 $B$ 经过数字鸿沟效应拓扑结构系统作用后,转变为输出量矩阵 $C$。

根据拓扑学理论与高等代数理论(林金坤,2007),可将式(3-14)做线性变换,得

$$\begin{bmatrix} O_{11} & O_{12} & \cdots & O_{1N} \\ O_{21} & O_{22} & \cdots & O_{2N} \\ \vdots & \vdots & & \vdots \\ O_{N1} & O_{N2} & \cdots & O_{NN} \end{bmatrix}$$

$$= \begin{bmatrix} a_{11}I_{11}+a_{12}I_{21}+\cdots+a_{1N}I_{N1} & a_{11}I_{12}+a_{12}I_{22}+\cdots+a_{1N}I_{N2} & \cdots & a_{11}I_{1N}+a_{12}I_{2N}+\cdots+a_{1N}I_{NN} \\ a_{21}I_{11}+a_{22}I_{21}+\cdots+a_{1N}I_{N1} & a_{21}I_{12}+a_{22}I_{22}+\cdots+a_{2N}I_{N2} & \cdots & a_{21}I_{1N}+a_{22}I_{2N}+\cdots+a_{2N}I_{NN} \\ \vdots & \vdots & & \vdots \\ a_{N1}I_{11}+a_{N2}I_{21}+\cdots+a_{NN}I_{N1} & a_{N1}I_{12}+a_{N2}I_{22}+\cdots+a_{NN}I_{N2} & \cdots & a_{N1}I_{1N}+a_{N2}I_{2N}+\cdots+a_{NN}I_{NN} \end{bmatrix}$$

$$(3\text{-}15)$$

即

$$O_{ij} = a_{i1}I_{1j} + a_{i2}I_{2j} + \cdots + a_{iN}I_{Nj} = \sum_{k=1}^{N} a_{ik}I_{kj}, \quad i,j = 1,2,\cdots,N \quad (3\text{-}16)$$

通过式（3-16）可知，输出量 $O_{ij}$ 可由输入量 $I_{kj}$ 和数字鸿沟效应拓扑结构系统的特征系数 $a_{ik}$ 来表示。

又根据假设 3-1 和假设 3-2 可知，输入量矩阵 $B$ 和输出量矩阵 $C$ 为满秩矩阵，所以矩阵 $B$ 和矩阵 $C$ 可逆（高国土，2007）。根据式（3-14）的等价形式 $C = LB$，可将特征系数矩阵 $L$ 表示为 $L = CB^{-1}$，它可以等价变换为

$$\begin{bmatrix} a_{11} & a_{12} & \cdots & a_{1N} \\ a_{21} & a_{22} & \cdots & a_{2N} \\ \vdots & \vdots & & \vdots \\ a_{N1} & a_{N2} & \cdots & a_{NN} \end{bmatrix} = \begin{bmatrix} O_{11} & O_{12} & \cdots & O_{1N} \\ O_{21} & O_{22} & \cdots & O_{2N} \\ \vdots & \vdots & & \vdots \\ O_{N1} & O_{N2} & \cdots & O_{NN} \end{bmatrix} \begin{bmatrix} I_{11} & I_{12} & \cdots & I_{1N} \\ I_{21} & I_{22} & \cdots & I_{2N} \\ \vdots & \vdots & & \vdots \\ I_{N1} & I_{N2} & \cdots & I_{NN} \end{bmatrix}^{-1} \quad (3\text{-}17)$$

由假设 3-4～假设 3-6 可知，输入量矩阵 $B$ 为可逆矩阵，故存在伴随矩阵 $B^*$，即

$$B^* = \begin{bmatrix} B_{11}^* & B_{12}^* & \cdots & B_{1N}^* \\ B_{21}^* & B_{22}^* & \cdots & B_{2N}^* \\ \vdots & \vdots & & \vdots \\ B_{N1}^* & B_{N2}^* & \cdots & B_{NN}^* \end{bmatrix} \quad (3\text{-}18)$$

其中，$B_{ij}^*(i, j = 1, 2, \cdots, N)$ 为输入量矩阵 $B$ 的元素 $I_{ij}$ 的代数余子式，此伴随矩阵 $B^*$ 使

$$BB^* = |B|T \quad (3\text{-}19)$$

其中，$T$ 为单位矩阵，即

$$T = \begin{bmatrix} 1 & 0 & \cdots & 0 \\ 0 & 1 & \cdots & 0 \\ \vdots & \vdots & & \vdots \\ 0 & 0 & \cdots & 1 \end{bmatrix} \quad (3\text{-}20)$$

进而可求得输入量矩阵 $B$ 的可逆矩阵 $B^{-1}$，其中，

$$B^{-1} = \frac{1}{|B|} B^* \quad (3\text{-}21)$$

所以，可求得特征系数矩阵 $L$ 为

$$L = C \frac{1}{|B|} B^*  \qquad (3\text{-}22)$$

根据式（3-22），就可由具体的 $N$ 组输入量和输出量来求出系数矩阵 $L$，所以，对于某个区域或群体而言，在输入量矩阵、输出量矩阵已知的情况下，我们就可以对该区域或群体的数字鸿沟效应拓扑结构系统所对应的特征系数矩阵 $L$ 做定量分析，其值表征的是数字鸿沟效应拓扑结构系统的构成特性。

#### 3.2.3.3 基于模型的作用过程分析

对于不同地区或群体而言，$N$ 组输出量所组成的矩阵 $C$ 是不同的。因为效应用不同地区或群体的输出矩阵之差来表征，所以，不妨假设有两个地区 $\text{AREA}_{A1}$ 和 $\text{AREA}_{A2}$，其中，$\text{AREA}_{A1}$ 地区的输出矩阵为 $C_{A1}$，$\text{AREA}_{A2}$ 地区的输出矩阵为 $C_{A2}$，那么，两地区之间的数字鸿沟效应就可用 $\Delta C = C_{A1} - C_{A2}$ 来表征，即

$$\begin{aligned}\Delta C &= [\beta_{A1\text{out}1}, \beta_{A1\text{out}2}, \cdots, \beta_{A1\text{out}N}] - [\beta_{A2\text{out}1}, \beta_{A2\text{out}2}, \cdots \beta_{A2\text{out}N}] \\ &= \begin{bmatrix} O_{11A1} & O_{12A1} & \cdots & O_{1NA1} \\ O_{21A1} & O_{22A1} & \cdots & O_{2NA1} \\ \vdots & \vdots & & \vdots \\ O_{N1A1} & O_{N2A1} & \cdots & O_{NNA1} \end{bmatrix} - \begin{bmatrix} O_{11A2} & O_{12A2} & \cdots & O_{1NA2} \\ O_{21A2} & O_{22A2} & \cdots & O_{2NA2} \\ \vdots & \vdots & & \vdots \\ O_{N1A2} & O_{N2A2} & \cdots & O_{NNA2} \end{bmatrix}\end{aligned} \qquad (3\text{-}23)$$

不妨假设当 $\text{AREA}_{A1}$ 和 $\text{AREA}_{A2}$ 两个地区的特征系数相同时，即特征系数矩阵 $L$ 相等时，$\text{AREA}_{A1}$ 地区的输入量的向量 $\alpha_{A1\text{in}} = (I_{A11}, I_{A12}, \cdots, I_{A1N})^{\text{T}}$ 优于 $\text{AREA}_{A2}$ 地区的输入量的向量 $\alpha_{A2\text{in}} = (I_{A21}, I_{A22}, \cdots, I_{A2N})^{\text{T}}$。例如，$\text{AREA}_{A1}$ 地区的网络宽带建设更好，信息技术研发更多，教育水平更高，信息政策与法规建设更好，那么 $\text{AREA}_{A1}$ 地区的输入量经过特征系数矩阵 $L$ 的作用之后的输出量优于 $\text{AREA}_{A2}$ 地区的输出量，则有

$$\Delta C = [\beta_{A1\text{out}1}, \beta_{A1\text{out}2}, \cdots, \beta_{A1\text{out}N}] - [\beta_{A2\text{out}1}, \beta_{A2\text{out}2}, \cdots, \beta_{A2\text{out}N}] > 0 \qquad (3\text{-}24)$$

这表示两地区的数字鸿沟效应是由 $\text{AREA}_{A1}$ 地区的输入量优于 $\text{AREA}_{A2}$ 地区的输入量引起的。反之，若假设 $\text{AREA}_{A2}$ 地区的输入量的向量 $\alpha_{A2\text{in}} = (I_{A21}, I_{A22}, \cdots, I_{A2N})^{\text{T}}$ 优于 $\text{AREA}_{A1}$ 地区的输入量的向量 $\alpha_{A1\text{in}} = (I_{A11}, I_{A12}, \cdots, I_{A1N})^{\text{T}}$，那么有

$$\Delta C = [\beta_{A1\text{out}1}, \beta_{A1\text{out}2}, \cdots, \beta_{A1\text{out}N}] - [\beta_{A2\text{out}1}, \beta_{A2\text{out}2}, \cdots, \beta_{A2\text{out}N}] < 0 \qquad (3\text{-}25)$$

这表示两地区的数字鸿沟效应是由 $\text{AREA}_{A2}$ 地区的输入量优于 $\text{AREA}_{A1}$ 地区的输

入量引起的。

同理，如果考察对象不是两个地区，而是两个群体，即 $\text{AREA}_{A1}$ 群体与 $\text{AREA}_{A2}$ 群体，也可假设 $\text{AREA}_{A1}$ 群体的输出量矩阵为 $C_{A1}$，$\text{AREA}_{A2}$ 群体的输出量矩阵为 $C_{A2}$，那么，两群体之间的数字鸿沟效应就可用 $\Delta C = C_{A1} - C_{A2}$ 来表征。$\text{AREA}_{A1}$ 和 $\text{AREA}_{A2}$ 两个群体的输出量存在的差异，就导致了两群体的数字鸿沟效应，而两群体输出量的差异归根结底是由于两群体输入量的差异。不妨设 $\text{AREA}_{A1}$ 群体的输入量的向量 $\alpha_{A1in} = (I_{A11}, I_{A12}, \cdots, I_{A1N})^{\text{T}}$ 优于 $\text{AREA}_{A2}$ 群体的输入量的向量 $\alpha_{A2in} = (I_{A21}, I_{A22}, \cdots, I_{A2N})^{\text{T}}$，那么 $\text{AREA}_{A1}$ 群体的输入量经过特征系数矩阵 $L$ 的作用之后的输出量优于 $\text{AREA}_{A2}$ 群体的输出量，则有 $\Delta C > 0$，这表示两群体的数字鸿沟经济效应是由 $\text{AREA}_{A1}$ 群体的输入量优于 $\text{AREA}_{A2}$ 群体的输入量引起的。反之，若 $\Delta C < 0$，则表示两群体的数字鸿沟效应是由 $\text{AREA}_{A2}$ 群体的输入量优于 $\text{AREA}_{A1}$ 群体的输入量引起的。

再假设地区或群体 $\text{AREA}_{A1}$ 的特征系数优于 $\text{AREA}_{A2}$，即特征系数矩阵 $L_{A1} > L_{A2}$，对于相同的输入量矩阵 $B$，$\text{AREA}_{A1}$ 地区或群体的输出量矩阵为 $C_{A1} = L_{A1} \times B$，$\text{AREA}_{A2}$ 地区或群体的输出量矩阵为 $C_{A2} = L_{A2} \times B$，两地区或群体之间的数字鸿沟效应就可用 $\Delta C = C_{A1} - C_{A2}$ 来表征，即

$$\begin{aligned} \Delta C &= [\beta_{A1out1}, \beta_{A1out2}, \cdots, \beta_{A1outN}] - [\beta_{A2out1}, \beta_{A2out2}, \cdots, \beta_{A2outN}] \\ &= [L_{A1} \times B - L_{A2} \times B] \\ &= [(L_{A1} - L_{A2}) \times B] \end{aligned} \quad (3\text{-}26)$$

因为地区或群体 $\text{AREA}_{A1}$ 的特征系数优于 $\text{AREA}_{A2}$ 的特征系数，即特征系数矩阵 $L_{A1} > L_{A2}$，所以 $\Delta C = (L_{A1} - L_{A2}) \times B > 0$，这表示两地区或群体的数字鸿沟效应是由 $\text{AREA}_{A1}$ 地区或群体的特征系数优于 $\text{AREA}_{A2}$ 地区或群体的特征系数引起的。

特征系数矩阵 $L$ 的另一种特征值表达形式如下：

设矩阵 $D$ 为

$$D = \begin{bmatrix} O_{11A} - O_{11B} - \lambda & O_{12A} - O_{12B} & \cdots & O_{1NA} - O_{1NB} \\ O_{21A} - O_{21B} & O_{22A} - O_{22B} - \lambda & \cdots & O_{2NA} - O_{2NB} \\ \vdots & \vdots & & \vdots \\ O_{N1A} - O_{N1B} & O_{N2A} - O_{N2B} & \cdots & O_{NNA} - O_{NNB} - \lambda \end{bmatrix} \quad (3\text{-}27)$$

令 $|D| = 0$。

由假设 3-1、假设 3-3、假设 3-4、假设 3-5 可知，特征系数矩阵 $L$ 的特征值 $\lambda_i$ 就是特征方程的根，而且有 $N$ 个根。设

$$f(\lambda) = |D|$$

$$= \begin{vmatrix} O_{11A} - O_{11B} - \lambda & O_{12A} - O_{12B} & \cdots & O_{1NA} - O_{1NB} \\ O_{21A} - O_{21B} & O_{22A} - O_{22B} - \lambda & \cdots & O_{2NA} - O_{2NB} \\ \vdots & \vdots & & \vdots \\ O_{N1A} - O_{N1B} & O_{N2A} - O_{N2B} & \cdots & O_{NNA} - O_{NNB} - \lambda \end{vmatrix} \quad (3\text{-}28)$$

$$= \lambda_n + Q_1\lambda_{n-1} + Q_2\lambda_{n-2} + \cdots + Q_{n-1}\lambda + Q_N$$

式（3-28）为特征系数矩阵的特征多项式。$\lambda_i$ 为 $\Delta C$ 的特征值特征系数；$Q_i$ 为不同 $\lambda_i$ 所对应的权重，主要反映不同特征系数 $\lambda_i$ 对数字鸿沟效应的影响程度。

为了化简式（3-28），可令

$$Q_{ijA} - Q_{ijB} = a_{ij}, \quad i,j = 1,2,\cdots,N \quad (3\text{-}29)$$

则特征值 $\lambda^{n-1}$ 的权重系数 $Q_1$ 可表示为

$$Q_1 = -(a_{11} + a_{22} + \cdots + a_{NN} - N) = N - \sum_{i=1}^{N} a_{ii} \quad (3\text{-}30)$$

其中，

$$\sum_{i=1}^{N} a_{ii} = \mathrm{tr}(\Delta C) \quad (3\text{-}31)$$

称为输出量矩阵 $C$ 的迹（孙克宽等，2002），它表示各个特征系数对输出量的影响的大小程度。

权重系数 $Q_N$ 可表示为 $Q_N = f(0) = (-1)^N |D|$。

又设式（3-31）的特征多项式有 $N$ 个根为 $\lambda_1, \lambda_2, \cdots, \lambda_N$，即有

$$f(\lambda) = |D|$$
$$= \lambda^N + Q_1\lambda^{N-1} + Q_2\lambda^{N-2} + \cdots + Q_{N-1}\lambda + Q_N = (\lambda - \lambda_1)(\lambda - \lambda_2)\cdots(\lambda - \lambda_N) \quad (3\text{-}32)$$

则根据根与系数的关系有 $\mathrm{tr}(\Delta C) = \sum_{i=1}^{N} a_{ii} = \sum_{i=1}^{N} \lambda_i$，并且有

$$|\Delta C| = \lambda_1\lambda_2\cdots\lambda_N = \prod \lambda_i \quad (3\text{-}33)$$

以下证明矩阵 $\Delta C$ 的特征根是 $f_1(\lambda)f_2(\lambda)\cdots f_N(\lambda) = 0$ 的根，其目的在于求出 $\lambda_1, \lambda_2, \cdots, \lambda_N$ 的值，以得到数字鸿沟效应拓扑结构系统的特征系数，说明系统的特征结构。

由式（3-27）可知，矩阵 $D$ 可表示为如下形式：

$$D = \begin{bmatrix} O_{11A} - O_{11B} - \lambda & O_{12A} - O_{12B} & \cdots & O_{1NA} - O_{1NB} \\ O_{21A} - O_{21B} & O_{22A} - O_{22B} - \lambda & \cdots & O_{2NA} - O_{2NB} \\ \vdots & \vdots & & \vdots \\ O_{N1A} - O_{N1B} & O_{N2A} - O_{N2B} & \cdots & O_{NNA} - O_{NNB} - \lambda \end{bmatrix}$$

其中，$O_{ijA} - O_{ijB} = a_{ij}$，根据假设 3-6 可知，至少有一个 $a_{i1} \neq 0\,(2 \leqslant i \leqslant n)$，则第 $i$ 行元素分别乘以 $-\dfrac{a_{11}-1-\lambda}{a_{i1}}, -\dfrac{a_{21}}{a_{i1}}, \cdots, -\dfrac{a_{i-1,1}}{a_{i1}}, -\dfrac{a_{i+1,1}}{a_{i1}}, \cdots, -\dfrac{a_{iN}}{a_{i1}}$，再分别加到第 1 行，第 2 行，$\cdots$，第 $i-1$ 行，第 $i+1$ 行，$\cdots$，第 $n$ 行上去，然后再交换第 $i$ 行和第 1 行，那么矩阵 $D$ 经过初等行变换之后变为如下形式：

$$D = \begin{bmatrix} -a_{i1} & -a_{i2} & \cdots & -a_{iN} \\ 0 & f_{22}(\lambda) & \cdots & f_{2N}(\lambda) \\ \vdots & \vdots & & \vdots \\ 0 & f_{N2}(\lambda) & \cdots & f_{NN}(\lambda) \end{bmatrix} \qquad (3\text{-}34)$$

再对 $D$ 进行初等行和列变换并令 $-a_{i1} = f_{11}(\lambda)$，可得到一个含有特征值 $\lambda$ 的矩阵 $G(\lambda)$，即

$$G(\lambda) = \begin{bmatrix} f_{11}(\lambda) & -a_{i2} & \cdots & -a_{iN} \\ 0 & f_{22}(\lambda) & \cdots & f_{2N}(\lambda) \\ \vdots & \vdots & & \vdots \\ 0 & f_{N2}(\lambda) & \cdots & f_{NN}(\lambda) \end{bmatrix} \qquad (3\text{-}35)$$

其中，$f_{ij}(\lambda)$ 为 $\lambda$ 的多项式。

对式（3-35），取第 1 列元素的次数最低的一个非零多项式，不妨设 $f_{i1}(\lambda)$，再对 $G(\lambda)$ 施行初等行变换，可使第 1 列的其余元素都化成零多项式或次数低于 $f_{i1}(\lambda)$ 的多项式，在这些次数低于 $f_{i1}(\lambda)$ 的 $\lambda$ 多项式中，再任取一个次数最低的非零多项式，继续施行初等行变换，由于 $f_{i1}(\lambda)$ 的次数有限，一系列的初等行变换可使 $G(\lambda)$ 最终化为 $H(\lambda)$，即

$$H(\lambda) = \begin{bmatrix} f_1(\lambda) & * \\ 0 & I(\lambda) \end{bmatrix} \qquad (3\text{-}36)$$

同理（王则柯等，2002），经过一系列的初等行变换，$I(\lambda)$ 又可化为

## 3 数字鸿沟的效应分析

$$I(\lambda) = \begin{bmatrix} f_1(\lambda) & * \\ 0 & J(\lambda) \end{bmatrix} \quad (3\text{-}37)$$

那么，直到最终经过一系列的初等行变换，$D$ 可化为上三角形矩阵 $A'(\lambda)$，即

$$A'(\lambda) = \begin{bmatrix} f_1(\lambda) & & & \\ 0 & f_2(\lambda) & & * \\ \vdots & \vdots & & \\ 0 & 0 & \cdots & f_N(\lambda) \end{bmatrix} \quad (3\text{-}38)$$

显然，$f_1(\lambda), f_2(\lambda), \cdots, f_N(\lambda)$ 都是 $\lambda$ 的多项式。

对式（3-34）进行初等变换，可以得到如下式子：

$$D = \begin{bmatrix} f_1(\lambda) & & & \\ 0 & f_2(\lambda) & & * \\ \vdots & \vdots & & \\ 0 & 0 & \cdots & f_N(\lambda) \end{bmatrix} \quad (3\text{-}39)$$

比较式（3-38）和式（3-49）可知，$|\Delta C|$ 与 $\begin{bmatrix} f_1(\lambda) & & & \\ 0 & f_2(\lambda) & & * \\ \vdots & \vdots & & \\ 0 & 0 & \cdots & f_N(\lambda) \end{bmatrix} =$
$f_1(\lambda)f_2(\lambda)\cdots f_N(\lambda)$ 同解，所以 $|\Delta C| = 0$ 与 $f_1(\lambda)f_2(\lambda)\cdots f_N(\lambda) = 0$ 是同解方程，故矩阵 $\Delta C$ 的特征根是 $f_1(\lambda)f_2(\lambda)\cdots f_N(\lambda) = 0$ 的根，进而可求出 $\lambda_1, \lambda_2, \cdots, \lambda_N$ 的值。也就是说，可以通过输入量矩阵和输出量矩阵最终求出特征系数矩阵中的各个元素的值，那么就可以通过输入量矩阵、输出量矩阵、特征系数矩阵来表现数字鸿沟效应的作用过程。

综上所述，数字鸿沟效应的作用过程就是对于不同的地区或群体 $AREA_{A1}$、$AREA_{A2}$，其输入量矩阵 $B_{A1}$、$B_{A2}$ 经过它们各自的特征系数矩阵 $L_{A1}$、$L_{A2}$ 后得到不同的输出量矩阵 $C_{A1}$、$C_{A2}$ 的过程。

数字鸿沟效应的作用过程包括以下两个方面。

（1）不同地区或群体所对应的输入量的不同（即输入量矩阵 $B$ 的不同）经由特征系数矩阵 $L$ 最终造成了输出量的不同（即输出量矩阵 $C$ 的不同）。对于不同的地区来说，输入量 $I_1, I_2, \cdots, I_N$ 存在差距，例如，网络宽带建设（$I_1$）、移动通信建设（$I_2$）、信息技术研发（$I_3$）、信息软件资源建设（$I_4$）、区域文化（$I_5$）、信息人才培养（$I_6$）、教育水平（$I_7$）、政府电子政务（$I_8$）、政府信息公开（$I_9$）、信息政策与法规建设（$I_{10}$）存在差距，经过不同地区各自的社会经济系统，最后

造成了经济领域输出量人均 GDP（$O_1^E$）、人均年收入（$O_2^E$）、人均信息产业 GDP（$O_3^E$）、企业信息化普及率（$O_N^E$）等的差距，社会领域输出量男女网民比例（$O_1^S$）、城镇互联网普及率（$O_2^S$）、农村互联网普及率（$O_3^S$）、信息人才数量（$O_N^S$）等的差距，政治领域输出量与互联网相关的法规数（$O_1^P$）、电子政务普及率（$O_2^P$）、论坛发帖数（$O_3^P$）、政府网站信息日流量（$O_N^P$）等的差距。

（2）因为不同地区或群体的数字鸿沟效应拓扑结构系统的特征系数矩阵 $L$ 不同，所以，即使不同地区或群体有着相同的输入量矩阵 $B$，经过它们各自的数字鸿沟效应拓扑结构系统，最终也会产生不同的输出量矩阵 $C$，也就是说，即使对不同地区或群体输入相同的社会经济资源，不同地区自身的社会经济系统不同，最终也会出现不同的社会信息化结果，从而导致不同地区之间或群体之间在信息化过程中产生一系列差距。

## 3.3 数字鸿沟的经济效应

改革开放 40 多年来，我国经济建设取得了举世瞩目的伟大成就。中国国家统计局的统计数据显示，我国 1978 年至 2017 年 GDP 年均增长率比同时期世界平均水平要高得多。尤其在进入 21 世纪后，以互联网为代表的信息通信技术迅速而广泛地渗入经济各个领域，其在降低居民生活成本、节约交易成本、提高管理绩效、优化产业结构等方面发挥越来越重要的作用，带动我国经济总量不断攀升。但由于信息资源在居民、企业、地区等经济主体上分布不均衡，富有者会随着信息化的发展获得更多经济收益，与贫乏者之间的经济差距进一步扩大，甚至出现强者更强、弱者更弱的马太效应，直接影响到我国区域经济协调发展、人民共同富裕乃至构建社会主义和谐社会的发展目标。在此形势下，深入探究数字鸿沟阻碍经济发展的传导机制、具体表现及产生原因，有助于明确经济新常态下的发展方向，为全面建成小康社会提供新思路。

数字鸿沟的经济效应指不同经济主体拥有和使用信息通信技术的不同造成的经济差距，即地区间或群体间数字鸿沟的存在对经济产生的一系列影响和作用，它可以表征为不同地区或群体的经济领域输出量矩阵之差。信息通信技术以信息和知识为主要标志，具有双重经济特征。首先，信息通信技术具有替代性。摩尔定律的存在使信息通信技术产品相对价格持续大幅下降，进而出现信息通信技术产品对其他投资的大规模替代（蔡跃洲和张钧南，2015），这在一定程度上有助于减少物质投入与能源的消耗，改变生产方式和消费行为，促进经济增长。其次，信息通信技术具有渗透性。知识、技术的获取和改进会渗透到资本、劳动等其他辅助性要素的投入和使用中，使原有生产要素的效率得以提高，表现为边际收益递增的产生。信息通信技术的渗透性已经覆盖到生产制造、产品设计、家庭生活、教育、交通等多个领域，促进了经济发展。获取知识和信息能力较强的主体正是依靠信息通信技术的替代性、渗透性特征获得市场先机，又通过网络外部性和正反馈机制保持或扩大这种优势，获取知识和信息能力较弱的主体则依然被锁定在信息与经济的贫困之中，最终导致强者更强、弱者更弱。目前国内外研究大多从单一维度考察数字鸿沟对经济领域的影响，且仅探讨经济效应的外在表现，研究不够系统、深入，本书突破现有研究的局限，从内涵、形成机理、表现形式、形成原因等方面深入探讨微观层面的消费者鸿沟、企业鸿沟、市场鸿沟和宏观层面的收入鸿沟、增长鸿沟、结构鸿沟。

### 3.3.1 消费者鸿沟

由于数字鸿沟的存在，不同消费者拥有和使用信息通信技术在购买商品过程中所表现出的差距是消费者鸿沟。信息通信技术的出现，大大拓展了全社会沟通活动的空间，极大地变革着人们的消费模式，其为消费者和商家搭建了一个快捷而实用的互动平台，使传统消费的时空限制趋于消失，形成了一种无边际消费模式（何明升，2002）。第 41 次《中国互联网络发展状况统计报告》显示，截至 2017 年 12 月，我国网络购物用户规模达 5.33 亿人，增长率为 14.3%，高于 2.6% 的网民增速，同年全国网络销售零售额达 7.1751 万亿元，同比增长 32.2%。随着网络支付手段的不断革新、智能化物流的出现等，网络购物已成为大多数网民的消费习惯，但是数字鸿沟的存在使部分人群仍采用传统的购物方式，这部分人群只能在有限的空间范围内寻找和甄选合适的商品，难以享受网上丰富的消费品。

#### 3.3.1.1 消费者鸿沟的形成机理

数字鸿沟影响了消费者的购买过程，包括购买前阶段（包括问题认知阶段、搜寻信息阶段、评估阶段）、购买阶段和购后评价阶段（程云行等，2010）。首先在购买前阶段，消费者的购买欲望、搜寻商品信息的渠道及商品信息的完全性都会影响消费者的购买选择。具体来讲，在问题认知阶段，消费者认识到自己需要某种商品，产生了购买欲望。传统消费者由于内在的生理活动和外界刺激产生消费需求，网络消费者则有可能在浏览网页时看到某种产品而产生购买需求。在搜寻信息阶段，传统消费者大多通过亲戚朋友、广告、推销员的介绍获取信息，而使用信息通信技术的消费者一般通过网络广告、网络媒体、其他网上消费者的消费体验等网络渠道获取信息。在评估阶段中，产品性能、价格是消费者评估商品价值的重要标准，其中，传统消费者一般是在实体店对商品质量进行鉴定并通过商家介绍或者明码标价知道商品价格，而网上消费者则通过网上商家的介绍及其他网上消费者的评论了解产品性能,还可以利用淘宝、京东等购物平台对比价格。其次在购买阶段,传统消费者只有在空闲时间才能去店里购买,而使用信息通信技术的消费者可以通过网上支付购买,节约了时间成本。最后在购后评价阶段,传统消费者的购后评价一般都只是口头传播,信息传播范围有限,使用信息通信技术的消费者可以在网上进行评价,将商品的实际情况上传到网上。另外,当消费者感觉消费体验好时,会进行重复购买;若觉得不满意时,将进行反面宣传,可见网上购后评价对消费者的影响更大。数字鸿沟对消费者购买前、购买中和购买后三个阶段的影响,造成了消费者鸿沟。

#### 3.3.1.2 消费者鸿沟的表现

随着网络经济的发展,消费者逐渐掌握充分的市场信息,主动选择商品的能力和选择范围大大拓展;同时,网络的普遍接入性和便捷性使消费者在购买商品时突破了时间和空间限制,降低了消费成本。然而数字鸿沟的存在将消费者分为线上和线下两类群体,信息通信技术在为线上消费者提供便利的同时,却使线下消费者难以通过网络获取更多收益。

1)主动性不同

网购平台的出现,不仅丰富了居民的消费种类、数量等,同时提升了居民的购物主动性。在网络消费中,居民依赖于自己的需求直接搜索与期望值相符的产品,并主动获取自己想要知道的各类商品信息,再通过对比分析择出最优商品,整个过程中受外界氛围干扰较少,掌握较为全面的主动权;然而在传统的消费行为中,消费者在选购过程中只能被动地根据商家所呈现的具体商品进行选择,并且在选购过程中还需要听到各个商家对商品的介绍,受到商场环境的影响较大,消费者多处于被动地位。《2014年中国网络购物市场研究报告》显示,我国网民的互联网感知和应用水平良好,其中对网上信息的信任程度表示完全信任和比较信任的比例达到54.5%,对互联网的依赖程度表示非常依赖和比较依赖的比例达到53.1%,对在互联网上发表评论的意愿程度表示非常喜欢和比较喜欢的比例达到43.8%,认为当前网络环境的安全程度为非常安全和比较安全的比例达到48.6%。网络消费者往往会主动通过各种可能的渠道获取与商品有关的信息并进行分析和比较,从中得到心理的平衡以减轻购买前的风险感或恐惧感,避免购买后产生后悔感,增加对产品的信任度和心理上预期的满足。伴随着网民对互联网感知情况的增强,消费者越来越熟知如何在网购过程中收集信息、规避风险等,网购的主动性逐步提升。

2)便捷性存在差距

网络购物的便捷性是吸引人们线上消费的重要因素,其不仅不受时间限制,同时又能突破地域局限,然而数字鸿沟的存在却使部分用户仍采用传统的消费模式,二者在便捷性上存在较大差距,主要表现在两个方面:一是时间上的便捷性存在差距。网上虚拟市场一年 365 天、一天 24 小时全天候提供销售服务,随时准备接待顾客,消费者可以选择任意时间进行网上购物。而在传统购物中,消费者需要在空闲时间才能去实体店购买,并且受到实体店营业时间的限制,购物时间有限。二是地域上的便捷性存在差距。线上购物的消费者可以足不出户"货比多家",大范围地选择品质最好、价格最便宜、各方面最适用的产品。如在购房过程中,互联网使房产信息透明化、购房便捷化。消费者通过互联网获取较多的房产信息,使大量新的相关场景得以呈现,如真实房源信息浏览、房源智能推荐、一键委托、一键约带看、实时沟通、智能估价等,节省了大量的时间成本。而传统消费者必须花费时间去各个楼盘实地查看相关信息,费时费力。

3)选择范围存在差距

网络购物平台可以使消费者快速、便捷地找到自己想要购买而传统商铺不容易找到的物品,扩大了消费者的选购范围,如个性化的私人定制、跨境商品、美味生鲜等,极大弥补了传统商店某些产品的短缺。首先,互联网使个性化私人定制成为可能。消费者通过互联网可以直接提出自身的个性化需求,并能够亲自参与到商品和服务的生产中,生产者则根据消费者对产品外形、性能等多方面的要求提供个性化商品。如在电商平台上,搜索"私人定制",出来五花八门的结果:印着自己照片的 T 恤和棒球衫,简约时尚、带着自己的徽标的手包和首饰,刻上自己名字的水杯和笔筒等。其次,互联网使消费者在网上购物的种类越来越多。近年来,随着出国旅游的人越来越多及人民币持续升值的带动,海外代购作为一种新型消费模式开始蓬勃兴起,消费者可以通过网络商店买到世界各地的商品,不仅价格低廉,而且质量较好。《2015 年中国网络购物市场研究报告》显示,化妆品及美容用品、奶粉及婴幼儿用品、服饰、保健品在海外网购用户中的购买比例均超过 34%,海外网购的人均消费金额达到 5630 元、人均消费次数为 8.6 次,较 2014 年增加 682 元、提升 0.6 次,表明海外网购逐渐受到网络消费者的青睐。另外,美味生鲜由于受到保存条件、物流速度等制约,消费者多选择线下购买,但随着冷链物流等的发展,生鲜电商正日益成为电商行业的突破性增长点。2017 年 8 月中旬,天猫超市已在生鲜领域推出精选商品 1 小时送达的快速物流,其明确表示要发力提升平台的生鲜物流速度,已联手菜鸟驿站和上海易果电子商务公司陆续在全国建造 56 个生鲜产地仓,为消费者提供更加新鲜的舌尖美味。如当季生鲜大闸蟹,消费者在天猫超市下单后,大闸蟹将直接从原产地被捞起来,"快马加鞭"送入上海安鲜达科技物流有限公司等的专业冷链仓储基地,最快 6 小时就会送到消费者手中。可见,随着电商行业的发展,消费者网购商品的品类不断扩大范围,逐渐向全覆盖消费需求方向发展,增加了网络消费者的个性化和多样化选择。如 CNNIC 发布的《2015 年中国网络购物市场研究报告》显示,2010～2015 年,单个线上消费者购买的品类从低价的日用百货、书籍音像制品向价格较高的电脑等通信设备、家用电器扩散;从外用的服装鞋帽到入口食用的食品及保健品渗透(表 3-3)。

表 3-3  2010～2015 年网络购物用户购买商品品类分布

| 品类 | 2010 年 | 2011 年 | 2012 年 | 2013 年 | 2014 年 | 2015 年 |
| --- | --- | --- | --- | --- | --- | --- |
| 服装鞋帽 | 70.1% | 68.1% | 81.8% | 75.6% | 75.3% | 79.7% |
| 电脑等通信设备 | 31.6% | 37.4% | 29.6% | 43.3% | 37.5% | 44.8% |
| 日用百货 | 18.0% | 39.3% | 31.6% | 45.1% | 34.4% | 63.2% |
| 充值卡等虚拟卡 | 27.7% | 38.6% | 16.6% | 34.9% | 33.1% | 35.8% |
| 家用电器 | 11.2% | 15.8% | 22.9% | 22.7% | 26.6% | 39.1% |
| 化妆品及美容产品 | 17.2% | 30.0% | 15.2% | 30.6% | 25.9% | 32.1% |
| 食品及保健品 | 11.5% | 20.8% | 14.5% | 22.4% | 25.4% | 33.7% |
| 手提包、箱包 | — | 27.7% | 12.8% | 32.7% | 24.9% | 34.4% |
| 书籍音像制品 | 31.4% | 32.6% | 18.4% | 25.7% | 24.1% | 51.0% |
| 机票、酒店预订 | — | — | — | 16.6% | 18.7% | 34.1% |
| 电影及演出票 | — | 13.1% | 8.5% | 12.9% | 16.8% | 33.2% |
| 餐饮美食服务 | — | 16.7% | 8.5% | 15.4% | 15.3% | 32.7% |
| 文体用品 | 9.0% | 17.2% | 6.8% | 18.0% | 14.5% | 29.9% |
| 母婴用品 | 6.1% | 12.8% | 6.9% | 16.3% | 12.7% | 29.1% |
| 珠宝配饰 | 7.8% | 12.5% | 6.7% | 12.2% | 7.3% | 23.7% |

资料来源:《中国网络购物市场研究报告》(2010～2015 年)

### 3.3.1.3　消费者鸿沟的形成原因

1)消费文化观念存在差距

消费文化观念是消费者进行或准备消费活动时对消费品、消费方式、消费过程、消费趋势的总体认知评价与价值判断,影响人们的消费行为(董雅丽等,2010)。部分消费者对网络购物这种新模式还未完全认识,担心上当受骗,更愿意选择在实体店购物。网络购物的匿名性、不确定性、时空分离性和信息不对称性等特征,使消费者的感知风险要比实体环境下大得多,同时,在网络购物中消费者对交易方了解很少,而中国人又有"信任自己人,不信任外人"的信任模式,这都使部分消费者对网购更加止步不前（陈艺妮和金晓彤，2013）。网络消费者的认知截然不同，他们大多认为网上购物性价比高，方便快捷，且现在的商家提供了很多对消费者有利的售前、售中、售后服务，增加了消费者对网上购物的信任感。

2）消费者搜集信息的来源不同

消费者信息获取的差异性影响了其信息量的占有，进而影响消费者决策（刘立，2002）。传统消费者的信息来源主要有内部信息来源和外部信息来源，内部信息来源主要指经验来源，指消费者自己头脑中已有的产品相关信息，如以往的购买经验和以前阅读的某些相关产品知识；外部信息来源主要指外界一切使消费者获得产品信息的来源，主要包括个人来源、专业或中立来源、营销来源（徐洁怡和马威，2005）。各种来源的信息对消费者决策都有相当大的影响。在传统渠道下，消费者搜集信息的成本较高，而且所得到的信息数量有限、信息质量不高，不利于做出购买决策。而网络消费者的信息搜集活动更多地在网上进行，其信息来源可概括为三个方面：一是企业引导的网络信息来源，主要指企业在新引进或新生产一种产品后在网上发布的信息。如今，网站作为企业在网络虚拟市场的门户，其详尽的产品和服务信息极大满足了客户及潜在客户的信息需求，有利于客户快速做出购买决策。二是消费者主导的网络信息来源，指由网络消费者社群自行发起的产品信息分享，即产品的相关口碑评论或者在线询问其他消费者产品信息等。这种信息收集渠道有利于客户了解产品的真实信息，增加客户对在线购物的信任感。三是网络公共来源，指网络上关于该产品的报道信息，包括影响力日益强大的网络媒体、行业信息网等。消费者可以通过搜索引擎发现相关产品和服务信息，能够方便、快速地定位所需信息。相较于传统的购物信息收集渠道，网络信息收集体现出更为方便、快捷、全面的特点，这一优势促使网络消费规模不断扩大，形成了消费者鸿沟。

## 3.3.2 企业鸿沟

由于数字鸿沟的存在，不同企业拥有和使用信息通信技术在生产经营活动过程中所表现出的竞争力差距为企业鸿沟。信息通信技术的快速发展，使企业的信息传递实现了即时化，企业内外部可以迅速联系，同时促使企业的生产成本、管理成本、交易成本降低，有利于企业创新能力和竞争力的增强（武星等，2009）。联想集团在 2000 年时就实现利润 8 亿多元，其中有近一半是靠企业信息化带来的创新成果和成本节约实现的；海尔集团平均每天开发 1.3 个新产品，接到近百万个海内外订单，如此快速的创新周期和巨大的业务量也多依靠信息化建设（董祺，2013）。同时，美国生产与库存管理学会的统计也表明，企业资源计划系统的有效使用可以提高企业运营绩效，使制造成本减少 12%、库存下降 30%～50%、停工待料现象减少 60%、延期交货现象减少 80%、采购提前期缩短 50%、生产能力提升 10%～15%、管理人数减少 10%等（黄京华等，2013），可见当今企业的竞争力很大程度上取决于其拥有的信息和知识。然而数字鸿沟的存在使部分企业无法依靠信息技术增进收益，其不仅要花费较高的生产成本、交易成本和管理费用等，而且产品缺乏差异性和创新性，进而导致企业在市场中所处的地位较低。

#### 3.3.2.1 企业鸿沟的形成机理

企业利用信息通信技术，通过信息资源的深入开发和广泛利用，可以实现企业生产过程的自动化、商务经营的电子化和管理方式的网络化，进而带动企业竞争力的提高（周静怡，2002）。而数字鸿沟使企业间的生产信息化、经营信息化、管理信息化水平存在差异，导致企业间的竞争力存在差距。首先，企业在生产过程中使用信息通信技术，提高了企业获取新技术、新工艺、新产品和新思想的效率，可以降低生产成本，缩短生产周期，提供有差别的产品和服务。而信息化水平较低的企业，在生产过程中由于信息不畅，无法与其他设计开发和生产销售的相关企业及时进行联系，浪费了时间成本。其次，企业在经营过程中使用信息通信技术，使企业商务经营电子化，实现了以物流为依据、信息流为核心、商流为主体的全新运作方式（姜红波和韩洁平，2013）。一方面，企业通过互联网及时获取市场信息，有助于决策生产和补充供给，减少库存；另一方面，企业通过使用信息通信技术减少了中间环节，使生产者和消费者的直接交易成为可能，从而在一定程度上改变了整个社会经济运行方式。而信息化水平较低的企业，在经营过程中由于存在较多中间环节，获得的信息不准确，成本较高，收益较低。最后，信息通信技术使企业原有的多等级、多层次等组织结构变革为扁平化的动态网络结构，加强了决策层和执行层的直接沟通，减少了管理层次，削弱了机构规模。而信息化水平较低的企业仍采用传统的组织机构，其存在多种弊端，如横向沟通困难、信息传递失真、缺乏活力、对外界变化反应迟缓等，这极大制约了企业绩效的提升。

#### 3.3.2.2 企业鸿沟的表现

1）成本存在差距

信息通信技术的应用改变了企业的成本结构，降低了企业的生产、管理、交易等成本，形成成本竞争优势，而数字鸿沟的存在导致不同企业间的成本存在差异。差异主要表现在三个方面：一是生产成本存在差异。信息通信技术在各个产业中的利用没有固定形式，从而能够使信息资源得到最大程度的整合，其作为一种新生产要素投入到生产过程中，可以与劳动力、资本和土地（原材料）等进行深度融合，使传统生产要素产生本质性的变化。如运用管理信息系统（management information system，MIS）、计算机集成制造系统（computer integrated manufacturing system，CIMS）和计算机辅助制造（computer aided manufacturing，CAM）等，企业中原先必须由工人操作完成的一些程序性工作，现在可以由计算机代替完成，从而减少了工人的数量，节约了工资支出；基于先进信息通信技术的准时（just in time，JIT）生产系统可以使企业实现零库存生产，从而大大地节约了企业的库存成本及修建仓库等成本。二是管理成本存在差异。信息通信技术的发展及其在企业管理中的应用，使西方国家流行了100多年的企业管理模式正在面临彻底改变。如在物流管理领域，应用地理信息系统（geographic information system，GIS）、全球定位系统（global positioning system，GPS）等，对运输产品进行实时跟踪，可以有效提高运输效率和运输的准确性，降低物流成本；在人力资源管理中，应用网络信息通信技术进行人员招聘及网上教学培训，节省人力资本；在营销管理中，信息通信技术的应用可以使零售业减少或者取消售货员，更重要的是它从根本上改变了商店的管理和销售方式，出现了自动售货、无人售货、直销和网络商店等方式。三是交易成本存在差异。利用信息通信技术在降低生产和管理成本的同时，由于减少了交易环节及避免了信息不对称、机会主义和不确定性等，提升了企业的整体效率，对交易成本的降低也产生了较大的影响。在传统环境下，由于企业信息化水平有限，不可能大范围地搜寻商品或劳务的供应商信息，很难针对客户的不同需求提供个性化生产。在信息化环境下，企业运用企业资源计划（enterprise resource planning，ERP）管理系统、客户关系管理（customer relationship management，CRM）系统、供应链管理（supply chain management，SCM）系统将供应商和客户纳入企业管理范围，建立一体化的经营管理体系，实现了信息集成和数据共享、资源共享，促进了供应链信息的多维流动，突破了技术瓶颈导致的时间和空间限制，因而大大弱化了信息不对称性和信息不完全性，降低了企业信息搜寻成本。

2）*产品存在差距*

要想在市场竞争中立于不败之地，企业需要通过创新活动来获取竞争优势，而研发新产品是企业进行创新的主要手段，但数字鸿沟的存在造成企业间创新水平的不同，进而导致产品的种类、样式等存在差异。另外，信息通信技术能够帮助企业获取和吸收外部知识，如新技术、新产品、新思路和新工艺等方面的信息，使其与研发投入类似，能够起到促进企业创新的作用，最终促使企业形成差异化的竞争优势（Tambe and Hitt，2012）。随着互联网的高速发展，信息实现了跨国界、跨地区的流动，企业能够获得的信息也呈爆炸式增长，企业设计人员在信息资源的冲击下探索和思考，更容易开发出具备差异性的产品，为消费者提供更多的选择。同时，信息化的高速推进能够让企业更好地了解消费者的需求，及时观测到消费者需求的变化，有利于企业调整生产方向，开发适合消费者偏好的产品。相反，在生产过程中，缺乏信息通信技术的使用会导致企业生产的产品种类比较固定、单一，在市场中竞争力较弱。

3）收益存在差距

企业的持续经营需要依靠一定的利润，否则将会在市场竞争中被淘汰（Winter and Nelson，1982）。而企业的信息化建设能够解决企业经营中存在的信息封闭失真、创新能力不足、横向沟通困难等问题，促使其管理方式得以变革、产品生产能力得以提升，进一步带动企业利润增加，但信息化的不均衡发展导致企业间的收益不同。德勤中国与中国机械工业联合会共同发布的《变中求进 精益求精——2015年中国制造业企业信息化调查》显示，信息化领先企业的财务收益状况明显高于行业平均水平，其收入创造效率（每个员工在当年所创造的收入）和净利润率分别高于行业平均水平46%和12%。同时，分维度研究进一步发现：①信息通信技术应用能力高的企业更善于创造收入，激进者和领先者比行业平均水平分别高10%和46%，而初试者和保守者则落后于行业平均水平28%和31%。这主要是因为电子商务平台的应用有利于企业扩大国际和国内市场；中心端可远程控制现场设备及在线修订控制参数，及时根据现场问题推送解决方案，便于化被动服务为主动服务；数字化生产助推企业在等量的生产要素投入下生产更多数量的产品；完整和相互联系的数据库有助于企业实现采购、生产和销售管理的精细化等。②管理和执行能力水平高的企业具有较高的盈利能力，领先者和保守者的净利润率比行业平均水平高12%和2%，而激进者和初试者则分别低于行业平均水平0.2%和5%。这主要是因为管理执行能力强的企业，其明确的阶段性目标和有力的贯彻执行使信息化在企业内部有效执行，信息化的成果最大化分享；同时，这些企业一般不会激进地投资新兴信息通信技术的开发和应用，特别是与企业愿景相离或相悖的投资活动，而是集中精力打造主业或在已经成功的项目基础上扩大投资。

### 3.3.2.3 企业鸿沟的形成原因

1）企业管理者的信息化意识不同

意识是人们行为的先导，忽视信息化建设在企业经营中的重要作用，会极大制约企业竞争力的提升。企业管理者对信息化建设的高度重视和正确决策，是信息化建设转化为现实生产力的关键，也是增强企业实力的重要途径。但目前大多企业在信息化建设过程中存在以下四种情形：一是企业管理者对信息化建设的重视程度不够。企业管理者未认识到信息系统能把企业管理得井井有条，可以为领导提出很有价值的辅助决策信息，而且在速度和准确性方面比人工做得更好。特别是一些条件较好的企业满足现状，企业管理者认为不提高信息化建设企业仍能继续盈利。二是企业管理者急功近利。管理者在企业信息化初期，对信息通信技术期望较高，希望通过企业信息化获得较高效益，一旦看到投资费用增多而效益又未明显提高便对信息化丧失信心，不能用长远眼光看待问题，不利于企业信息化发展。三是企业管理者不愿意接受信息化建设。一部分管理者在长期的管理实践中有丰富的经验，他们往往看重自己的主观认识，不愿意主动吸收新的管理方法和先进的管理手段，认为信息化对他们的地位构成巨大威胁。四是管理者的管理理念过时守旧。部分管理人员虽能积极倡导信息化建设，但由于传统习惯思维，继续沿用过时的管理思想或管理手段，学习的只是简单的操作方法，没有逐步创新形成自身独特的管理模式。

2）企业信息化人才的差异

随着21世纪数字经济社会的到来，专业信息化人才将成为影响企业竞争力的重要因素。信息化人才作为掌握科学技术并在工作实践中具有较强工作能力和创新能力的专门人才，是促使企业自主创新和科技进步的关键资源要素。其中，企业的一般员工需要具备基本的计算机使用技能和良好的信息素质及团队合作精神，同时，企业的管理者必须是既懂信息通信技术应用又懂经济管理的复合型人才。如果企业没有相关的信息化人才储备，企业管理者又缺乏进行企业信息化建设所需要的相关管理者才能，这必然会影响到企业竞争力的提升。

### 3.3.3 市场鸿沟

由于数字鸿沟的存在，不同市场拥有和使用信息通信技术在交易过程中所表现出的交易效率差距是市场鸿沟。市场作为一种传统但又很重要的流通业态，在我国国民经济体系中发挥着指导消费、促进生产等重要功能，同时，伴随着信息化、网络化趋势不断加快，当前越来越多的市场同技术创新相融合，使其形态发生蜕变，功能和性质逐渐改变。具体来讲，信息通信技术一方面可以增加信息沟通渠道，减少交易环节（Hendriks，1999；赵红军，2005）；另一方面，借助信息通信技术手段，交易双方可以搜寻到丰富的、数量巨大的商品和服务，这改变了传统交易中的信息收集模式，同时，网上银行、支付宝、数字签名等电子支付技术的发展，打破了传统支付方式的时空约束。然而数字鸿沟的存在使信息化水平较低的市场交易环节多、交易运作方式落后，极大限制了其交易效率的提升。

#### 3.3.3.1 市场鸿沟的形成机理

在市场中，信息通信技术的使用改变了交易过程中的信息获取程度、物流效率、支付方式,但是数字鸿沟的存在极大限制了三者的提升,导致了市场鸿沟的形成。首先,数字鸿沟导致不同市场的交易信息获取程度不同。信息通信技术的使用使交易方能够以低廉的成本迅速获取市场信息,大大降低了市场信息的不对称性。信息化水平高的市场,获取的交易信息较多,市场信息比较完备;信息化水平低的市场,获取的交易信息较少,市场信息严重不对称。其次,数字鸿沟使不同市场的物流效率不同。信息通信技术的使用使交易在虚拟网络上实现。信息化水平高的市场可以在网上完成货物的生产、查验、收货等与物流相关的工作,使物流效率得以提升。而在传统市场中进行交易需要耗费大量的时间,物流效率较低。最后,数字鸿沟使市场交易的支付方式不同。信息通信技术的使用使市场使用数字化的货币,能够通过网络直接结算和支付,具有便捷性。由《中国支付清算行业运行报告(2017)》可知,从2013年到2016年,电子支付业务已经从1075.16万亿元增加到2494.45万亿元,增速较快,其中电子支付主要包括网上支付、电话支付、银行支付等方式。而传统市场使用纸币结算,不仅比较麻烦,而且具有较大的风险。

#### 3.3.3.2 市场鸿沟的表现

1)交易环节存在差距

商品或服务从离开制造商或提供商进入市场到消费者购买之前要经过一个或若干个交易环节,网上销售与传统销售相比,交易环节发生了较大的变化(图3-2)。在互联网时代,交易双方利用网络平台直接联系,执行沟通交易活动的中间商和零售商变为一个或一层,甚至是消失了,交易环节多呈现短渠道的特征。但在传统市场交易中,产品从出厂到消费者的手中需要经过多种环节,如要通过批发商、代理商、零售商等,这样的交易模式不但加大人力、物力、财力的消耗,而且使产品的价格大大提高,降低市场交易效率。

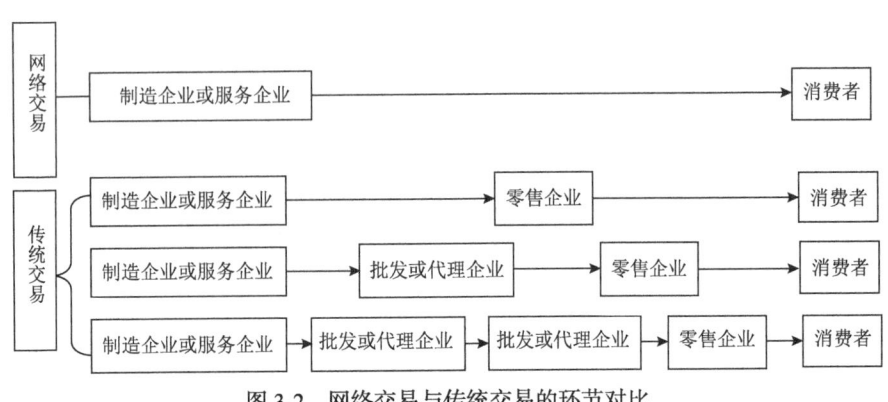

图3-2 网络交易与传统交易的环节对比

2）运作方式存在差异

信息通信技术的出现使交易流程数字化、电子化，改变了交易的运作方式，但是传统市场的交易模式由于信息化水平低，存在信息传递不及时、流程烦琐复杂等问题，极大阻碍了市场交易效率的提升。第一，交易前的信息收集渠道不同。电子商务平台的开发使同一商品可以由多个销售者和购买者同时在网上进行交易，参与者均可以通过该平台搜寻到商品历史、即时的交易信息，极大降低了双方的信息搜寻成本，提高了交易者对市场信息把握的准确度和议价能力。但在传统市场交易过程中，商家通常采用明码标价的定价方法，通过一对一的方式进行产品销售，消费者由于受到时间和空间限制，信息搜寻成本较高，获取商品的价格信息较难。第二，交易过程中的协商、合同签订手段不同。信息通信技术的出现使单据的交换过程演变为记录、文件和报文在网络中的传递过程，同时，各种各样的电子商务系统和专用的数据交换协议自动保证了网络信息传递过程的准确性和安全可靠性。但在传统技术条件下，重要交易文件传递的唯一途径是邮寄，既费时又费力。第三，交易后的合同履行方式不同。在资金支付方面，通过网络支付可以保证资金运营的高效率，而传统的现金或支票支付手续复杂且程序缓慢，时间周期很长，具有很多无法预测的损失和风险；在货物运输方面，从把商品交付给运输公司起，就可以通过电子贸易系统跟踪货物，保证了时效性和安全性，而传统的货物运输信息传递不及时，严重影响物流效率。

#### 3.3.3.3 市场鸿沟的形成原因

市场间的交易成本不同是市场鸿沟形成的关键因素。信息搜寻成本和处理成本的高低直接影响市场的交易效率，但数字鸿沟的存在使不同信息化水平的市场交易成本不同，导致市场鸿沟形成。第一，交易时间成本存在差异。在传统的间歇性集市贸易中，由于交易量达不到集市贸易的基础门槛，尤其是对厂商而言，进行全日制交易的时间成本非常高，但是收益不高；随着网络交易的产生，网络的不间断性使交易双方可以不分时区地一天24小时展开交易，交易时间真正实现全日制。另外，网络技术在信息传递方面的优势，使从产生购买需求到完成交易信息的传递所需要的时间非常短，以服装为例，经网络渠道从采购原材料到完成商品交易大约为一周的时间，而经过传统渠道则需要一个月甚至更长。第二，交易空间成本存在差异。若消费者在实体店铺购物，在考虑路费等空间搜寻费用时，一般搜寻范围为两小时以内，即从城市的一边到另外一边；而在网络市场中，消费者通过网络可以搜索到全国乃至全世界各地的商品零售商和服务商，极大地扩大了搜寻范围，降低了单位搜寻成本。同时，传统市场往往通过层级的经销商体系层层进货，各级经销商自建仓储，形成庞大的库存。并且，受到地区消费习惯等因素的影响，当不同地区的销售速度存在差异时，销售速度快的地区往往向邻近地区经销商寻求调货，形成往返运输和二次运输。而网络销售先发生资金流后发生物流，减少了二次储藏运输成本，这部分成本相当于商品展示空间成本降低的部分。

### 3.3.4 收入鸿沟

由于数字鸿沟的存在，不同群体拥有和使用信息通信技术在提高收入水平方面所表现出的差距是收入鸿沟。信息通信技术的出现为人们开辟了多元化的收入途径，进而提升了人们的收入水平，然而数字鸿沟的存在使部分人群难以消除自身所处的贫困状态。有研究表明，数字鸿沟每扩大一倍，洛伦兹曲线的斜率将减小7%，最高收入群体与最低收入群体之间的收入差距将增大11%，同时总体福利将减小3%（Brandtzag et al., 2011）。可见，信息作为一种重要的经济资源对群体的收入分配起着关键作用，拥有较多的信息意味着获取收入的机会增加，而缺乏信息则意味着获取收入机会的减少甚至实际收入的损失（薛伟贤和刘骏，2010）。

#### 3.3.4.1 收入鸿沟的形成机理

数字鸿沟影响了不同群体间就业、创业、投资理财等机会，造成了不同群体收入水平的差异。首先，数字鸿沟造成了不同群体就业机会的差距。互联网的快速发展带动了金融、商贸、物流服务等相关行业的发展，创造了很多就业岗位。擅于使用信息通信技术的群体可以通过互联网获取较高收入的新增就业岗位，而不会使用信息通信技术或者使用信息通信技术水平低的群体失去了通过互联网就业的机会。其次，数字鸿沟造成了不同群体创业机会的差距。互联网的普及应用和网络交易方式的深入推广，大大降低了劳动者的创业成本。熟练掌握信息通信技术的人可以用极低的初期成本接触到大量的潜在客户，如通过开设网店获取收入。而对于那些信息通信技术使用水平弱的人，他们无法自主通过互联网创业，失去了增加收入的机会。最后，数字鸿沟造成了不同群体投资理财渠道的差异。伴随着互联网金融迅猛发展，投资理财渠道日益多元化。目前证券、基金业务已实现网上开户、手机开户，一站式网络投资理财平台也大量涌现，如支付宝钱包、百度金融、微信理财通、京东金融等。使用信息通信技术的人可以通过网上投资理财获取收入，而信息通信技术使用水平较低的人，不会在网上进行投资理财或者投资理财渠道单一，失去了获取更多收入的机会。

#### 3.3.4.2 收入鸿沟的表现

1）工资性收入不同

在互联网时代，具备信息技术技能成为劳动者素质不可或缺的部分，进而成为就业的先决条件,其直接关系劳动者从事的职业类别,从而导致其获得的薪资水平存在差异。信息技术掌握较为熟练的人群多从事一些技术型、信息型、智力型的工作,而信息技术应用水平较低的人群多从事体力劳动,就业领域受限。克鲁格最早使用美国人口普查数据分析计算机使用对个人工资水平的影响,他将个体是否使用计算机的虚拟变量纳入明瑟工资方程中,发现使用计算机对工资有显著的正影响,工作中使用计算机的个体比不使用计算机的个体的工资率高10%~15%,并认为计算机使用可以解释20世纪80年代以来三分之一到二分之一的工资溢价(Krueger,1993)。

2)经营性收入不同

信息通信技术的迅猛发展,为加速经营模式的变革、增加消费群体数量进而带动居民经营性收入的增长提供了巨大潜力,但是数字鸿沟存在使部分人群难以改变传统的经营模式,使其经营性收入的增长受限。以城乡居民为例,城镇居民得益于信息化浪潮,如餐饮业、酒店业等,利用互联网开展线上销售、网络预订等,不仅让消费者感觉实惠便捷,而且提升了商家的销量和营业额。第39次《中国互联网络发展状况统计报告》显示,截至2016年,我国网上外卖用户规模已达1.5亿人,较2015年底增加3610万人,同比增长31.8%,占全国网民的21.1%,即平均每5个网民中就有1个使用网络外卖。如此庞大的消费群体为商户带了巨大的发展空间,其经营性收入不断攀升。然而在我国农村地区,大多数农民对网络知识不甚了解,他们难以通过网络知晓农产品的需求信息,也很难通过电子商务平台降低金融交易成本,优化农村市场的资源配置,这意味着农民获取的经营性收入较少。中国社会科学院农村发展研究所的一项调查指出,当前我国许多乡镇政府和企业花大力气开发生产了当地特色的农产品(如新型瓜果蔬菜、特色茶叶等),但是苦于宣传力度不够,销路难以扩展,这些问题原本可以通过互联网得以缓解(如建立农产品电子货架、网上展销系统、远程订购等),反而因数字鸿沟造成的信息不畅而越发严重。农业部和国家信息中心联合开展的一项调查显示,2010年我国乡镇企业通过互联网销售农产品或寻找农业项目投资的仅有6000家,这个数字与18万乡镇企业相比太微不足道了。

3)财产性收入不同

党的十八大报告提出"增加居民财产性收入"[①],财产性收入已逐渐成为居民收入的重要组成部分。伴随着信息技术的出现,网络理财、网络信贷、网络支付、众筹等互联网金融新业态迅猛发展,如2013年6月,蚂蚁金融服务集团推出的"余

---

① 坚定不移沿着中国特色社会主义道路前进　为全面建成小康社会而奋斗——胡锦涛在中国共产党第十八次全国代表大会上的报告. http://cpc.people.com.cn/n/2012/1118/c64094-12612151-7.html[2019-07-08].

额宝"正式上线,开启了互联网普惠金融大门,为居民财产性收入的增长开辟了新途径,但是对于掌握较少信息资源的人群,其失去了很多提高自身收入的渠道。同样以城乡居民为例,2011~2015 年我国城镇居民在网上银行、网上炒股的普及率远高于农村居民,其中城乡居民网上银行普及率相差 1.90~4.12 倍,网上炒股普及率相差 3.59~12.42 倍(表 3-4),这表明农村居民失去了很多提高自身收入尤其是非农收入的渠道和途径。城镇居民更会利用网络信息参与网络金融活动,更有机会通过网络获得信息和服务,通过低成本的网上结算方式和支付手段获得更多的经济利益。

表 3-4　2011~2015 年网上银行、网上炒股在城乡居民中的普及率对比

| 项目 | 2011 年 | | 2012 年 | | 2013 年 | | 2014 年 | | 2015 年 | |
| --- | --- | --- | --- | --- | --- | --- | --- | --- | --- | --- |
| | 城镇 | 农村 | 城镇 | 农村 | 城镇 | 农村 | 城镇 | 农村 | 城镇 | 农村 |
| 网上银行普及率 | 20.42% | 3.99% | 25.87% | 6.35% | 27.62% | 7.11% | 30.07% | 9.20% | 34.32% | 11.85% |
| 网上炒股普及率 | 5.13% | 0.78% | 4.36% | 0.57% | 4.16% | 0.31% | — | — | 6.52% | 1.42% |

资料来源:城乡网民接入量和城乡网民网上银行、网上炒股使用率来自《中国农村互联网发展状况调查报告》(2011~2015 年);城乡居民总人口来自《中国统计年鉴》(2016 年)

注:网上炒股包括网上炒股票和炒基金。以城镇居民网上银行普及率为例,说明城乡居民网络应用普及率的计算方法,城镇居民网上银行普及率=(城镇网民接入量×城镇网民网上银行使用率)/城镇居民总人口

#### 3.3.4.3　收入鸿沟的形成原因

不同群体获取信息资源的渠道差异是收入鸿沟形成的重要原因。在信息时代,获取信息的能力和机会直接关系到个人的生活水平和生活质量,数字鸿沟的存在使不同居民在占有及利用信息上存在很大差异,这直接影响到居民的收入状况。"信息富人"有更多的优势和条件以更快的速度去获取和占有信息,为自己谋取更多的利益;而"信息穷人"由于信息通信技术使用水平低,缺乏信息,获取收入的机会有限。如新疆巴楚县瓜农因为交通堵塞,不清楚市场对瓜的直径、农药化肥、挂果数量等要求,无法保障品质,销售量较少。2016 年巴楚县瓜农与电商企业淘宝店维吉达尼合作,通过互联网渠道,获取到了关于"巴楚留香瓜"的相关信息,再通过阿里巴巴网络技术有限公司全渠道销售,销售价由之前的每千克 0.6~1.2 元卖到现在的每千克 2 元,人均收入由之前的 400 元达到了 1500 元,收入水平大大提高。

### 3.3.5　增长鸿沟

由于数字鸿沟的存在,不同地区拥有和使用信息通信技术在促进经济增长过程中所表现出的差距是增长鸿沟。信息通信技术促使经济增长方式由资本、劳动要素高投入、高消耗的数量型增长转向由规模经济、技术进步、效率提高等因素

推动的质量型增长。"十三五"规划单列"拓展网络经济空间"一个篇章,要求实施网络强国战略,加快建设数字中国,推动信息通信技术与经济社会发展深度融合,加快推动信息产业发展壮大。然而不同地区在获取信息资源、掌握和运用信息通信技术等方面存在较大差距,这在一定程度上阻碍经济的均衡发展(徐瑾,2010)。运用道格拉斯生产函数计算可知,信息化的产出弹性(0.59)已与资本要素的产出弹性相当,且是劳动产出弹性的 2.5 倍,信息化使经济增长的核心要素由工业经济社会的资本逐步转变为信息经济社会中的信息要素,然而由于我国区域间信息化发展的不均衡性,东、中、西部的信息化的产出弹性存在差异,分别为 0.78、0.64、0.60,可见信息化对经济增长的促进作用随着信息化水平的提升而不断增强(龙飞,2016)。

#### 3.3.5.1 增长鸿沟的形成机理

数字鸿沟从两个方面影响经济增长。一方面,数字鸿沟的存在使不同地区间信息要素的种类和投入存在差距,直接导致经济增长差距。信息通信技术产品作为一种无形资源,可以被低成本的复制并被重复利用,同时,它还具有知识集约、资源消耗少、环境污染性小的特点,将其作为一种新的生产要素投入到生产过程中,通过对其他资本的大规模替代,有助于增加产出。信息化水平高的地区,信息资源较为丰富,其对经济的推动效应明显高于信息化水平低的地区。另一方面,数字鸿沟的存在使不同地区间信息通信技术的渗透效应存在差距,间接导致经济增长差距。信息通信技术属于通用目的技术,具有通用性、渗透性等特点,可以广泛应用于社会各领域,提高各部门间要素的协同性,带来各部门全要素生产率的提升。信息化水平高的地区对信息通信技术的使用广泛,其带来的渗透效应高于信息化水平低的地区。

#### 3.3.5.2 增长鸿沟的表现

1)信息产业发展不均衡

信息通信技术的出现,延伸出信息产业这一新兴行业,其具有不依赖自然资源、能源及无污染的特点,已成为经济发展的新增长点和强劲引擎。根据麦肯锡公司 2013 年发布的技术预测,到 2025 年,移动互联网、智能软件系统、云计算和物联网等信息产业可能形成 5 万亿~10 万亿美元的经济效益(李国杰和徐志伟,2017)。然而数字鸿沟的存在使不同区域间信息产业的发展失衡。我国信息产业大多集中在相对发达的省区市,目前已形成珠江三角洲、长江三角洲、东南沿海地区和渤海京津地区四大信息产业生产基地,而经济欠发达的西部地区信息产业极为薄弱。2015 年,我国信息产业总产值达 141 719 亿元,其中东部、中部、西部、东北部占比分别达 72.05%、14.20%、11.73%、2.03%[①]（图 3-3）。

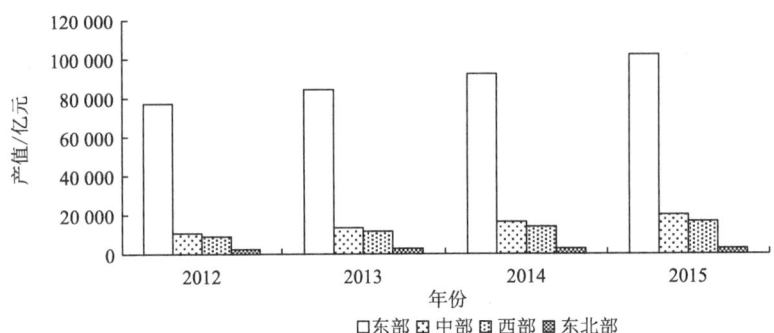

图 3-3　我国东部、中部、西部、东北部信息产业发展态势

信息产业产值以电子信息制造业产值和邮电通信业产值之和来近似代替，其中电子信息制造业产值来自《电子信息产业统计公报》（2012~2015 年），邮电通信业产值来自《中国信息年鉴》（2013~2016 年）。东部、中部、西部、东北部地区数据按照所包含省区市进行加总获得，其中东部地区包括北京、天津、河北、上海、江苏、浙江、福建、山东、广东、海南；中部地区包括山西、安徽、江西、河南、湖北、湖南；西部地区包括重庆、四川、贵州、云南、西藏、陕西、甘肃、青海、宁夏、新疆、内蒙古、广西；东北部地区包括辽宁、吉林、黑龙江

2）信息通信技术对传统产业运行效率的提升存在差异

互联网的高速发展让经济全球化的趋势不断加深，借助信息高速通道，全球处在一个大市场中，诸如资本、劳动、技术、服务等经济要素越来越自由地流动，这有助于传统产业生产效率的提升、组织管理方式的优化。然而数字鸿沟使信息通信技术在改造传统产业中的应用程度不同，进一步导致其运行效率存在差异。信息通信技术存在高势能、高渗透等特性，其必然会对产业的发展产生影响，促使传统产业由粗放型经营向集约化经营转变。据统计，在美国凡采用 CIMS 的公司产品质量提高 40% 以上，生产率提高 200%~500%，而工程设计费用和人力费用却分别减少 15%~30% 和 5%~20%；铁路运输系统采用计算机管理后，提高运力 15%，仅每年多运煤达 18.5 亿吨，且年事故发生次数下降 68.9%；我国 22 个省市的电子信息技术改造传统产业的投入产出比约为 1∶5，个别的甚至高达 1∶10（北京师范大学经济与资源管理研究所课题组，2001）。但在一些信息化发展落后地区，信息通信技术对传统产业的渗透作用不足，其生产效率的提升受阻，严重影响地区经济的快速发展。

#### 3.3.5.3　增长鸿沟的形成原因

罗默的内生经济增长理论认为，知识具有溢出效应，这使任何厂商所生产的

---

① 该四项数据因进行了约分，存在比例合计不等于 100% 的情况。

知识都能提高全社会的生产率。因此，在其构建的增长模型中，除了列入资本和劳动这两个生产要素以外，还包含人力资本和技术水平（Romer，1990）。其中人力资本指的是熟练劳动，用正式教育和在职培训等受教育时间来表示；技术水平则体现在物质产品之上，如新设备、新原材料等，用来表示技术创新。信息化人才及信息通信技术作为提高经济增长速度和实现经济发展转型的重要投入要素，不同地区间发展水平的不同，在一定程度上导致了增长鸿沟的形成。

从人力资本角度来说，经验和技巧逐渐广为人知，劳动的能力越来越表现为对信息的获取和运用。劳动者通过搜集、学习和利用信息，提高了自身的生产技能和管理水平，使个体生产效率提高。信息化下的劳动者大多属于脑力劳动者，如科学家、工程师、产品经理及各类设计人员。传统工业中的体力劳动者经过再教育培训也能转化为信息时代下的脑力劳动者，于是劳动结构逐渐智力化。随着时代的变迁，劳动者与信息化相结合形成的新生劳动力将转变为第一生产力。而有的劳动者自身文化素质不高，导致其信息通信技术应用能力有限，生产效率较低。如2011～2016年，东部地区的每十万人中高等学校在校人数高于中、西部地区（表3-5），意味着东部地区的人力资本存量高于中、西部地区。人力资本既作为生产要素直接作用于经济增长，又通过技术进步间接促进经济增长，人力资本存量越多，该地区的劳动者运用先进技术的能力越高，生产效率也就越高，经济增长越快。

表3-5　2011～2016年东、中、西部每十万人中高等学校在校人数　单位：人

| 地区 | 2011年 | 2012年 | 2013年 | 2014年 | 2015年 | 2016年 |
| --- | --- | --- | --- | --- | --- | --- |
| 东部 | 2882.36 | 2923.64 | 2965.00 | 2996.73 | 2901.92 | 2953.45 |
| 中部 | 2322.88 | 2406.75 | 2498.00 | 2562.25 | 2587.50 | 2553.00 |
| 西部 | 1849.00 | 1968.25 | 2056.50 | 2138.42 | 2175.00 | 2191.75 |

资料来源：《中国统计年鉴》（2012～2017年）

从信息通信技术应用水平角度来看，技术进步可以同时提高所有要素的生产效率。得益于信息产业的发展、新技术和先进设备的使用，传统行业内厂商的生产方式发生根本变革，主要表现为在产品生产过程中不断释放和减轻劳动力的体力负担，这使得劳动效率得以提高，进而实现了经济增长。张红历等（2010）分析了信息技术及其空间网络效应对省域经济增长的贡献，发现信息技术发展与区域经济增长均呈现出强烈的空间路径依赖性，二者之间有着正相关关系，信息技术发展较快的地区集中在经济较发达的地区，信息技术发展落后的地区集中在经济也比较落后的地区。

### 3.3.6　结构鸿沟

由于数字鸿沟的存在，不同地区拥有和使用信息通信技术在推进产业结构优

化方面所表现出的差距是结构鸿沟。信息技术的扩散和溢出效应使区域产业间相互关联、互相影响,从而促进产业结构的差异化、合理化和高度化,实现产业结构的整体升级(刘丹等,2013)。具体来讲,一方面,"物联网""云计算""大数据"等新兴信息产业丰富了产业发展内容,提高了信息产业在国民经济中的比重,有利于产业结构优化;另一方面,信息经济发展所需的计算机、光纤等硬件设施与信息网络、信息资源等软件设施在不断地革新,带动了生产要素的丰富,推动了产业结构、生产效率、生产方式的不断拓新(郑英隆,2001;游星源和熊肃利,2008)。然而,数字鸿沟使区域间信息化发展水平不同,进一步导致信息技术推进产业转型的力度存在差异。

#### 3.3.6.1 结构鸿沟的形成机理

数字鸿沟通过阻碍信息产业化和产业信息化的发展造成结构鸿沟。首先,数字鸿沟阻碍信息产业化发展。信息产业化指在信息化过程中,将信息产品制造、信息开发、信息服务等发展成为一个相对独立的行业——信息产业,提高信息产业增加值在国民生产总值(gross national product,GNP)中的比重以达到信息资源共享的过程。信息产业具有创新活跃、带动性作用大、渗透性强等特点,被普遍认为是引领未来经济、科技和社会发展的一支重要力量,其衍生出的某些高新技术产业,如新材料、新能源、生物技术、海洋技术、空间技术等,必将进一步促进产业结构的优化升级,增强对经济社会发展的带动性。然而数字鸿沟造成信息产业发展失衡,在一定程度上影响产业转型。其次,数字鸿沟阻碍产业信息化的发展。产业信息化指通过信息技术的渗透,国民经济各产业部门大量采用信息通信技术,充分利用信息资源进而提高整个产业劳动生产率和产业效益的过程。信息通信技术的发展为传统产业提供了良好的信息设备,改变了传统产业中企业的生产方式、经营方式和管理方式,提高了生产效益和经营效益。具体来讲,在农业领域,信息通信技术使农业生产趋向自动化,另外,农民还可以通过互联网实时了解农产品的市场需求,及时调整生产结构。在制造业领域,数字网络、计算机集成等技术广泛应用在机械、化工、物流、建筑、装备制造等众多行业,通过建立具有高度信息集成的生产流水线,实现生产过程的自动化、智能化,从而确保产品的质量和精度;同时,传统的粗放型经济增长方式给环境带来极大破坏,而信息资源的可复制特性可以极大节约能源消耗,有利于培育具有高技术导向的新兴产业,推进新型工业结构的形成。在服务业领域,凭借信息技术的普及,新兴设计、私人定制、集成制造、供应链构建、质量检测、金融产品等行业的服务成为新的增长动力,另外,信息通信技术延伸出的自助服务出现,逐步显现出了制造业的一些特点,服务更标准。然而,不同地区信息发展水平存在差异,导致信息技术对传统产业的渗透力不同。

#### 3.3.6.2 结构鸿沟的表现

产业结构优化指通过产业调整，使各产业实现协调发展，并满足社会不断增长的需求，其作为一个动态过程，是实现产业结构与资源供给结构、技术结构、需求结构相适应的状态，主要包括产业结构合理化和高度化（苏东水，2010）。从这个角度来看，结构鸿沟的表现可相应概括为产业结构合理化程度存在差距和产业结构高度化程度存在差距。

*1）产业结构合理化程度存在差距*

产业结构合理化主要指资源在各产业之间的配置结构合理，能够充分有效地利用人力、物力、财力等（郭亚军等，2003）。一般来说，产业结构作为一个资源转换系统，是否适应市场需求的变化和能否合理有效地利用资源，是衡量产业结构合理化的两个标志。随着信息通信技术的出现，信息流成为产业关联中的主导性要素，突破物质流相对固定的"上游—中游—下游"产业传递轨道束缚，在更大的范围内搜寻、集成和合理配置资源，推进产业结构的合理化（周振华，2003）。具体来讲，一方面，信息通信技术的发展将不断改善市场需求和供给结构，协调供需关系，能够有效保证产业结构适应市场需求的变化。另一方面，信息资源的开发利用加快了资源的流动和在产业间的优化配置，促进产业间的相互转换，使信息产业与传统产业发展得以相互服务、相互促进。同时，信息通信技术的发展使企业间联盟组织形式由纵向一体化向横向一体化、虚拟一体化发展，能有效解决各产业部门中单个企业资源配置能力不足、竞争力不强的问题，实现资源的有效利用。但是，信息化水平的不均衡发展阻碍了部分地区利用信息通信技术推进产业结构合理化调整。齐亚伟和刘丹（2014）运用灰色关联理论测算了电子信息产业发展与区域产业结构合理化的关联程度，发现东部大部分省市基于前期优势，产业结构合理化程度一直位居全国前列；中部地区得益于政策导向，政府大力倡导发展电子信息产业使其规模增速突出，对产业结构合理化的带动作用不断提高；而西部地区的信息产业正在起步阶段，已完工并投入生产、产生经济效益的项目尚属少数，其技术创新还处于引进、消化再吸收阶段，对提升产业结构合理化的作用尚不明显。

*2）产业结构高度化程度存在差距*

产业结构高度化是指通过技术进步，使产业结构整体素质和效率向更高层次不断演进的趋势和过程（苏东水，2010）。一般来说，产业结构的高度化有两个标志：一是基础技术高度化。主要表现在产业间技术转移速度加快和新兴产业的地位不断提高。二是产业结构软性化。一方面表现为在产业发展过程中第三产业的比重不断提高,出现经济服务化趋势;另一方面则表现为在所有产业结构中,伴随着知识技术密集程度的提高,经济发展对科技人才尤其是高科技人才的依赖性大大增强。由信息技术推动的信息革命,是继工业革命之后人类历史上最伟大、影响最深远的一次产业革命,其在促进产业结构高度化方面发挥着以下作用:第一,在推进基础技术高度化方面,伴随着信息技术的迅速发展及其加速向生产领域的转移,信息产业在整个产业结构中的比例不断上升;同时,由于信息产业的成果向其他传统产业的转移速度加快,信息产业中许多产业部门不仅从纵向看上升势头很快,而且从横向看发展势头很猛,从而推动了产业技术基础水平的不断提高。第二,在促进产业结构软化方面,信息技术进步使传统第一产业发生了根本性的变革,出现了农业工业化浪潮;随着第二产业的知识、科技含量增长,又出现了以服务业、商业、金融业和文化娱乐业为主体的第三产业,并逐步超越了第一产业与第二产业。同时,信息技术促使传统产业的重心从劳动密集型转向资本密集型,再转向知识技术密集型,由初级技术型转向高级技术型,由硬型结构转向软型结构。然而数字鸿沟的存在使部分地区信息化发展水平滞后,严重阻碍其产业结构向更高层次演进。例如,我国东部、西部及中部地区的信息化发展极不平衡,其中,东部地区的信息化发展水平较高,并通过将其渗透到其他产业,推动产业的信息化和智能化,改变了低效率的生产方式、管理方式甚至是组织方式,从而改善经济的整体素质,推动区域产业结构的高度化,2012 年第三产业所占比重已经超过第一产业和第二产业。而中、西部地区的信息化发展水平较低,对区域产业结构高度化的推动较慢,拉大了与东部地区的差距(表 3-6)。

表 3-6  2011~2015 年我国东、中、西部地区信息化发展指数和三次产业结构比重变化

| 年份 | 地区 | 信息化发展指数 | 第一产业比重 | 第二产业比重 | 第三产业比重 |
| --- | --- | --- | --- | --- | --- |
| 2011 | 东部 | 79.93 | 6.47% | 46.88% | 46.65% |
|  | 中部 | 56.88 | 12.06% | 53.46% | 34.48% |
|  | 西部 | 52.77 | 11.93% | 50.05% | 38.02% |
| 2012 | 东部 | 90.56 | 6.75% | 45.74% | 47.52% |
|  | 中部 | 67.48 | 12.07% | 52.68% | 35.25% |
|  | 西部 | 65.30 | 11.80% | 48.45% | 39.75% |
| 2013 | 东部 | 71.63 | 6.45% | 44.05% | 49.51% |
|  | 中部 | 57.59 | 11.99% | 50.88% | 37.14% |
|  | 西部 | 52.76 | 11.63% | 46.59% | 41.79% |
| 2014 | 东部 | 77.25 | 5.92% | 45.80% | 48.28% |
|  | 中部 | 63.19 | 11.63% | 48.71% | 39.66% |

续表

| 年份 | 地区 | 信息化发展指数 | 第一产业比重 | 第二产业比重 | 第三产业比重 |
|---|---|---|---|---|---|
| 2014 | 西部 | 59.02 | 11.90% | 47.39% | 40.71% |
| 2015 | 东部 | 83.48 | 5.83% | 43.69% | 50.49% |
|  | 中部 | 67.34 | 11.41% | 45.76% | 42.83% |
|  | 西部 | 63.83 | 11.97% | 44.64% | 43.39% |

资料来源：《中国信息化发展水平评估报告》（2012~2016年）、《中国统计年鉴》（2016年）
注：本表数据因进行了约分，可能存在偏差

### 3.3.6.3 结构鸿沟的形成原因

造成结构鸿沟的原因主要是不同地区的信息消费不同。消费结构的变动是产业结构变动的根本原因（王文举和向其凤，2014）。2013年8月，国务院发布《国务院关于促进信息消费扩大内需的若干意见》，明确表示"加快促进信息消费，能够有效拉动需求，催生新的经济增长点，促进消费升级、产业转型和民生改善"。由于信息通信技术的创新性，创造了新的产出，新的产业满足了生产和生活中潜在的和更高层次的需求，这种旺盛的需求又刺激了新产业的扩张，从而直接推动了产业结构的优化（赵玉林，2008）。首先，信息消费带动信息技术产业长链条发展。近年来，云计算、大数据、物联网等新兴产业蓬勃兴起，新型显示、虚拟现实、人工智能等新技术、新产品热点纷呈，产业附加值和产业质量水平明显提高，有力地推动了产业结构优化升级。其次，信息消费培育了大量新业态、新模式。如人们对个性化产品与服务的需求，结合现代信息技术，形成了大规模个性化定制生产方式；人们对就近便捷服务的消费，结合基于位置的信息服务，形成了网络约车、送餐送货、物流配货等新型城市服务；人们对参与创新创业的需求，结合网络平台技术，形成了创客空间等创新平台运营业；企业对工业设备的灵活需求，结合远程管理技术，催生了大量服务型制造新模式。可见，边际效应高、带动力强的信息消费，是撬动战略性新兴产业的优先选择，对促进产业结构调整具有长远的战略意义。但是区域间的信息消费总量、信息消费结构一般存在不均衡性，如我国三大区域间，相较于东部地区，我国中、西部地区信息消费总量低，2016年中、西部地区的人均信息消费支出分别是38 943元、54 564元，远低于东部地区的80 176元；另外，中、西部网民对网络应用频率较高的有搜索引擎、网络音乐、博客/个人空间、网络视频、网络游戏、微博等，使用率均远远超过了50%，而电子邮件、网上支付等使用频率相对较少，其信息消费层次较低，极大阻碍了产业结构的优化升级。

## 3.4 数字鸿沟的社会效应

数字鸿沟的社会效应指不同主体拥有和使用信息通信技术的不同所导致的社会分化,即地区间或群体间数字鸿沟的存在对社会产生的一系列影响和作用,它可以表征为不同地区间或不同群体间的社会领域输出量矩阵之差。如两个地区在社会文化、教育投资、经济基础等方面的输入量存在差异,在数字鸿沟这一新兴问题出现时引起了一系列的社会领域输出量差异;两个群体的收入、性别、教育程度等方面的输入量存在差异,经过数字鸿沟效应拓扑结构系统的作用,也引起了一系列的社会输出量差异。本书针对目前中国经济社会发展的实际情况,如教育受到广泛的关注、农民利益要求得到保障、女性不断追求性别平等,选择教育、城乡、性别三个主要方面对数字鸿沟的社会效应进行解析,将关注的重点从不同群体间信息技术拥有和使用的差异,转移到信息技术不平等对不同群体产生的社会影响。

### 3.4.1 教育鸿沟

由于数字鸿沟的存在,不同地区拥有和使用信息通信技术在提升教育水平方面所表现出的差距就是教育鸿沟。随着信息时代的发展,教育的内涵和方式都超越了传统限制,信息资源分担了教育者的职责,这有效弥补了物质资本和社会资本分布的不均,促进了文化资本的提升,推动了教育形式的多元化发展。2010年7月,中共中央、国务院印发的《国家中长期教育改革和发展规划纲要(2010—2020年)》首次提出,"信息技术对教育发展具有革命性影响,必须予以高度重视"。我国在"十三五"规划中更明确提出了教育信息化的战略部署,直指教育信息化已成为我国国民经济和社会信息化的重要组成部分,是构建现代国民教育体系的必由之路。然而,受经济发展水平及信息技术的使用与创新能力等因素制约,不同地区信息化水平的客观差异对教育信息化的推进造成了负面影响,不利于教育公平的实现。

#### 3.4.1.1 教育鸿沟的形成机理

教育公平贯穿着机会均等的理念,是社会公平在教育领域的延伸和体现,是实现我国教育事业健康发展的核心问题。党的十八届三中全会《中共中央关于全面深化改革若干重大问题的决定》指出,要大力促进教育公平,构建利用信息化手段扩大优质教育资源覆盖面的有效机制,逐步缩小区域、城乡、校际差距。数字鸿沟对教育公平的影响体现在三个方面,即教育起点的公平、教育过程的公平和教育结果的公平。

数字鸿沟对教育起点公平的影响。教育起点的公平旨在消除由地域、家庭、经济、性别、文化等客观因素造成的影响，确保每个个体都享有平等的教育资源。随着信息时代的到来，数字化资源逐渐成为知识的主要载体，其开发和使用遵循边际收益递增规律，可以充分利用其非独占、可复制特性实现共建共享。然而，在偏远、落后地区，由于信息化教育观念滞后、经费投入不足等，信息化教学设施缺乏，网络有效资源的共享度差。在《2016年全国教育信息化工作专项督导报告》中指出，2016年全国中小学互联网接入比例为87.5%，其中，北京、江苏、上海、浙江、广东等达到100%，但吉林、甘肃、西藏不及70%。另外，虽然部分学校接入互联网，但教育主干网的网速较慢，传输的课程视频和电子教科书质量不高。据统计，我国东部地区网络接入宽带大于10兆字节每秒的中小学比例为79.65%，中部为65.26%，西部仅为52.12%。区域间信息化基础支撑环境发展不均衡使学生享受的教育资源不平等，对教育起点公平产生负向影响。

数字鸿沟对教育过程公平的影响。教育过程公平的实质是尊重和关注学生差异，让每个学生均能获得适合其个性和发展需求的教育，使每个学生都能被充分挖掘潜能，发挥其特长。《国家中长期教育改革和发展规划纲要（2010—2020年）》中指出，"促进教育公平""为每个学生提供适合的教育"，这就要求针对不同的学习者采用不同的教育目标、教育方法、教学模式。基于信息技术的远程教育和网络教育为学生们提供了更自觉的、更主动的学习方式，其还可以通过收集学生的基本信息、学习历史、学习偏好、知识结构等，发现大量隐藏的有用知识来进一步指导教学，真正做到"千人千面，因材施教，各有所学，各有所长"。然而在信息化发展落后的地区，由于网络教学设备管理、维修的技术支持服务体系不健全，部分学校在教学中仍采用传统的教育体系，强调以书本知识为中心、以教师为中心、以课堂讲授灌输为中心，这种教学方法所传递的知识是单向、批量的，会导致学生的主观能动性受到很大程度的忽视甚至抑制，不利于挖掘个体潜力。数字鸿沟的存在使落后地区借助信息技术为学习者推送恰当的教育信息资源只能是一种空想，阻碍其个性化教育的开展，对教育过程公平产生负向影响。

数字鸿沟对教育结果公平的影响。教育结果公平是学生在接受一定阶段的教育之后大体上都能获得相当的知识、能力水平，个性获得相应的发展，潜能得到有效的挖掘等。信息技术的广泛应用将信息世界与现实世界对接融合，构建了跨时空的学习情境，不仅有利于培养学生探究和发现问题的兴趣，提升学生灵活迁移知识的技能及自主学习能力，而且对促进学习者的知识默化与学习迁移，形成知识到智慧的转变具有重要作用。例如，网络实时互动促进协作探究和深度学习，提升学习者的实践能力和知识创新能力；利用虚拟现实技术提升社会临场感，丰富泛在学习体验，可以促进学习者主动参与深度学习，有助于学生自主学习能力的提升。但是，落后地区的学生在信息传播链上往往处于被动接收的位置，缺少自我需求意愿的表达，长期被动接收冗余信息。这种在信息链上一直处于弱势、被边缘化的情况，导致这些学生很难获得准确、有效的信息，影响学生学习能力、实践能力的提升。

#### 3.4.1.2 教育鸿沟的表现

1）教育资源配置失衡

教育资源均衡配置是实现教育公平的首要保障，然而数字鸿沟的存在使不同区域间互联网资源覆盖的广度、深度存在差异，无法保证所有个体均等享受到优质的教育资源。

不同区域间信息化教学设施配备不均衡。互联网等信息技术为教学设施的改进提供了可能，然而数字鸿沟使落后地区无法完全享受信息化带来的益处。2016年，全国普通教室全部配备多媒体教学设备的中小学比例为56.6%，其中，上海、浙江的覆盖率已达到100%，但湖南、西藏、吉林、甘肃、云南、海南等地的覆盖率不足30%，尤其是海南仅达到10.72%，与上海、浙江相差约8倍（图3-4）。信息化教学设施在区域间、省域内、城乡间、校际间存在较大差距，表现为农村欠发达地区、边远城区建设水平低，中心城区建设水平高；重点学校建设水平高，资源丰富，而普通学校、农村学校设备缺乏，资源匮乏，与教育教学的实际需要还有较大差距。

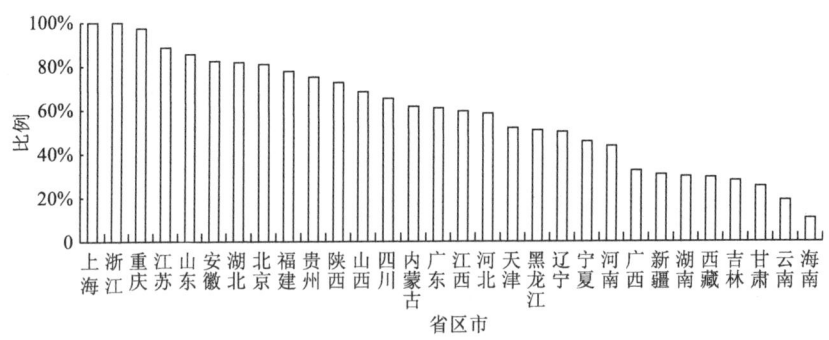

图 3-4 2016 年全国配备多媒体教学设备的中小学比例情况

资料来源：《2016 年全国教育信息化工作专项督导报告》

优质教师资源的辐射受限。在我国的一些落后城市和少数民族地区，不仅缺乏优质的教师资源，而且出现了"内地教师进不去留不住、乡村教师想进城、外地教师想下乡、本地教师盼改行的不稳定态势"。要使名校教师资源"多、快、好、省"地为薄弱学校所共享，传统的优质资源共享模式（如名校扩建、兼并、结对帮扶、教师轮岗)难以适用,但是借助互联网实施真实、同步、高效的异地网络研活动,能够将重点学校师生、薄弱学校师生、点评专家、观摩教师有机连接起来,有效破解当前薄弱学校优质师资不足的问题。早在1988年,教育部就制定《面向21世纪教育振兴行动计划》,明确提出"实施'现代远程教育工程'",寄希望于利用信息技术扩大优质教师的教学辐射面。以"成都七中东方闻道网校"[①]为例,从2002年起开始进行"全日制远程直播教学",使千里之外的远端学校可以同时听取成都七中教师的实时课堂教学,并且远端学校的学生还可以与七中的授课教师进行实时双向交流(王美等,2014)。然而开展直播授课需要良好的信息化基础支撑环境,部分学校相关设施缺乏,不具备开展的客观条件,使优质教师资源难以渗透,阻碍教育水平的提升。

2)教学模式存在差异

教学模式是在一定教学思想或教学理论指导下建立起来的较为稳定的教学活动结构框架和活动程序。2010年颁布的《国家中长期教育改革和发展规划纲要(2010—2020年)》对优质教育资源的开发与应用做出了明确的要求,特别强调"促进教育内容、教学手段和方法现代化""加快终端设施普及,推进数字化校园建设"。然而,数字鸿沟的存在使信息化手段在教学过程的应用程度不同,不同地区的教学模式差异显著。

网络教学平台的应用程度不同。网络在线教育是利用计算机和网络,通过特定的平台获取所需的知识和资源等,它所具备的开放性、灵活性、多样性等特征使教学形式由原来的以教为主变为以学为主,教学内容也具有很大的发散性和自适应性,能让学习速度、学习基础不同的学生拥有适宜自身实际情况的教学计划。据第40次《中国互联网络发展状况统计报告》,截至2017年6月,中国在线教育用户规模达1.44亿人,较2016年增加662万人,半年增长率为4.8%;在线教育用户使用率为19.2%,较2016年底增加0.4个百分点。但数字鸿沟的存在极大限制了部分学校在线教育的开展,以2014年为例,上海、北京、广东等地互联网教育氛围浓厚,用户规模均占到13%以上,而其余省区市的占比多在3%以下(图3-5)。

电子课本的推行程度不同。电子课本的推行革新了传统的教学形态、教学环境和教学方式,然而受限于较高的费用,我国大部分学校仍采用传统的纸质教材,无法满足学生们的个性化需求。作为数字聚合的技术产物,电子课本融合了学习终端、学习工具、学习资源和学习服务四大功能,充分整合了视频、动画、虚拟现实等多种表现形式,改变了传统课堂单调的授课方式,增强了学生参与学习的

---

① 成都七中即成都市第七中学。

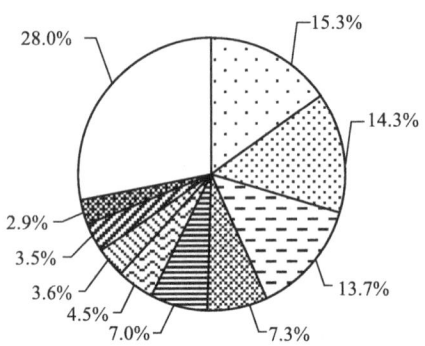

图 3-5　2014 年在线教育用户地域分布情况

资料来源：《2013-2014 中国互联网教育用户行为分析报告》

本图数据因进行了约分，可能存在偏差

主动性。此外，电子课本的共享性为学生提供了多种多样的选择，学生可以根据自己的需要以相应的速度和方式来学习，实现不同智力水平的学生有不同学习路径的教学方法，做到真正意义上的因材施教。克里夫兰市场咨询公司的调查报告显示，截至 2012 年世界上已有至少 50 个国家计划推广电子课本，很多国家都陆续推行了电子教材项目或相关政策（表 3-7）。在亚洲，作为使用电子课本最早的国家，新加坡政府于 1999 年在一所叫德明中学内试用了首批"电子书包"163 个；美国加利福尼亚州、弗吉尼亚州、佛罗里达州等的学区正在推行数字教科书；日本、新加坡、马来西亚、土耳其、葡萄牙等国也正在开展电子课本实验教学（杨宗凯和吴砥，2014）。目前，我国电子课本的推行才初现眉目，进展缓慢，仅在上海、北京、成都、广州、大连等一线城市的中小学展开试点，二、三线城市尚未开展。在这样一种状况下，我国难以运用信息工具实现教学模式的革新，与发达国家的教育水平差距会越来越大。

**表 3-7　国外电子教材项目汇总**

| 国家 | 实施政策或项目计划 |
| --- | --- |
| 新加坡 | 1999 年，教育部推出"EduPAD—教育电子簿"试验计划<br>2006 年，教育部推出"IN2015 教育目标"计划<br>2011 年，教育部、国家电脑局和两家科技公司耗资 200 万元新加坡币（约合 119 万美元）合作开发一款重量小于 1 公斤的电子书包，并在中小学校园进行规模试用 |
| 法国 | 2000 年，哈瓦斯公司生产出一种适用于中小学学习的"电子教材阅读器"，并且率先在东部城市斯特拉斯堡的一所学校投入试用 |
| 英国 | 2000 年，联合信息系统委员会（Joint Information Systems Committee，JISC）资助电子书屏幕界面研究项目，提出 22 条电子教材设计原则<br>2008 年 7 月开始，教育与通信技术局公布了新的教育信息化策略《利用技术：新一代学习（2008—2014）》 |

续表

| 国家 | 实施政策或项目计划 |
|---|---|
| 韩国 | 2002~2006年，电子教材的基础研究 |
| | 2007~2010年，把电子教材发展愿景描述成"为未来培养卓越的领导人做准备"，开发约25本电子教材，在约100所试验学校开展试点研究 |
| | 2011年6月29日，韩国教育科学技术部和国家信息化战略委员会颁布"智能教育推进战略"政策，提出韩国的小学和初中将于2014年、高中于2015年全面使用数字教科书 |
| 马来西亚 | 2001年4月，在吉隆坡及其周边地区200所中小学试验电子教材 |
| | 2010年，与英特尔公司合作采购5万台学生电脑，用于在较富裕的省份开展电子书包和电子教材项目试点计划 |
| 美国 | 2007年，市场占有率达85%的全世界五大教科书出版商组织了电子教材出版公司 |
| | 2009年，加利福尼亚州发起自由使用电子教材的计划 |
| | 2010年，一些非营利机构组织的电子教材出版公司和专业电子教材软件公司致力于研发支持学生自学为主的电子教材 |
| | 2011年7月，美国全国600多个地区开启"一对一"的ipad项目 |
| | 2012年9月29日，加利福尼亚州州长签署了两项新法案，其中一项是加利福尼亚州政府资助州立开源数字图书馆创建50个开源电子教科书，并将这些资源作为2013年的教科书 |

3）学生能力表现不同

在信息时代下，学习者充分利用各种信息表征工具和交互工具，带动其知识的内化与迁移，进而使知识的数量得以扩充、知识的内容得以延展，实现了资源的量变与质变，促进知识的价值增值，同时带动学习者综合能力的提升（熊才平等，2016）。但是数字鸿沟造成了不同地区的"信息落差"，使落后地区的学生很难利用信息技术改善学习技巧，提升自学能力。

学生的自主学习能力存在差异。2001年教育部印发的《基础教育课程改革规划纲要（试行）》明确指出，"注重培养学生的独立性和自主性，引导学生质疑、调查、探究，在实践中学习"。但是，传统的课堂教学模式僵硬，容量狭小，仍旧以教师的讲授为主，不能充分发挥学生的认知主体地位，抑制了学生潜能的开发和学习深度的挖掘，这与新课程改革中要求培养自主性人才的目标是相悖的。而伴随着现代信息技术的飞速发展，学生可以利用计算机网络提供的学习支持服务系统，自主地选择认知工具，确定学习目标和学习内容，通过知识建构型的学习方式主动探究学习过程，实现有意义的学习。选取上海市开展一对一数字化学习的六所中小学作为样本，通过观察学生学习行为和能力的变化，发现只要教师对学生自主学习的能动性具有充分的信心，课堂干预措施到位，学生用不到两年的时间就能基本形成数字化环境下自主学习的能力（蒋鸣和等，2014）。但在信息化落后的地区，部分学校没有接入互联网，更没有电子阅览室，遇到学习难题只能求教同学和老师,不能充分发挥学生的认知主体地位,极大地限制了其自主学习能力的提升。

学生的创新思维能力存在差异。21世纪,人类正步入一个以智力资源的占有、配置,知识的生产、分配、使用(消费)为最重要因素的经济时代。有研究表明,将信息技术与课程教学整合,能够改变传统的知识储存、传播和提取方式,培养学生多角度、多方位与多途径探究问题的发散思维能力,又通过分析比较、综合的过程培养学生的聚合思维能力。如通过信息技术实现对语文课本的具现化、发散化,能充分激活学生的质疑、推理、判断思维,并从网络提供的动画及图文对照的阅读探究中,进一步培养学生的科学思维方法,启迪他们的创新意识(冯迪,2004)。然而,信息化落后地区缺乏相应的信息化教学平台,教师自身的信息技术利用水平有限,通常不具备使用信息技术工具从事创新活动的具体环境,很难进一步引导学生进行探究性学习,导致学生的创新思维能力受到限制。

### 3.4.1.3 教育鸿沟的形成原因

1)信息化教育观念存在差异

观念是人们行为的先导,忽视信息化建设在当代教育改革和发展中的重要作用,是数字鸿沟加剧教育不平等的重要因素。身处信息时代,掌握了信息便意味着掌握了更多的资源、发展的先机与竞争的优势。教育信息化以数字化、信息化、高互动为发展特点,为学习者提供了数字化的学习资源及灵活的学习方式,为终身学习开辟了新的路径,这不但扩大了受教育人群范围,探索了新教学模式,还能实现教育资源的网络化,有效提高教育机构运行效率。可以认为,教育信息化建设是教育水平较低地区实现跨越式发展的契机。然而,受传统教学观念的影响,部分教师对信息化教学的重要性认识不足,在教学中还不能广泛应用现代教育技术和网络教学手段,致使信息化教学得不到落实,极大地阻碍了区域教育水平的提高。

2)教育经费投入失衡

教育经费投入的差距,使不同地区的学校间信息基础设施建设水平、信息技术利用水平等差距呈现渐趋扩大趋势,进而影响了教育效率和教育质量。2015年,全国教育经费合计32 656亿元,其中广东教育经费投入最多,为3047亿元;西藏教育经费投入最少,为192亿元,广东是西藏的15.87倍(图3-6)。亚里士多德在《尼各马可伦理学》中指出,"只有当平等的人占有或分得不平等的份额,或不平等的人占有或分得平等的份额时,才会发生争吵和抱怨""分配的公正在于成比例,不公正则在于不合比例"。这就是说平等原则是公平的第一要义,教育经费投入失衡意味着不同区间的社会群体享受不同等级和水平的教学资源。计算机、多媒体设备等作为消费品，不同的教育经费投入会直接影响学校购买信息产品的能力及购买时间的早晚，造成区域间教育信息水平的不同，进而形成教育鸿沟。

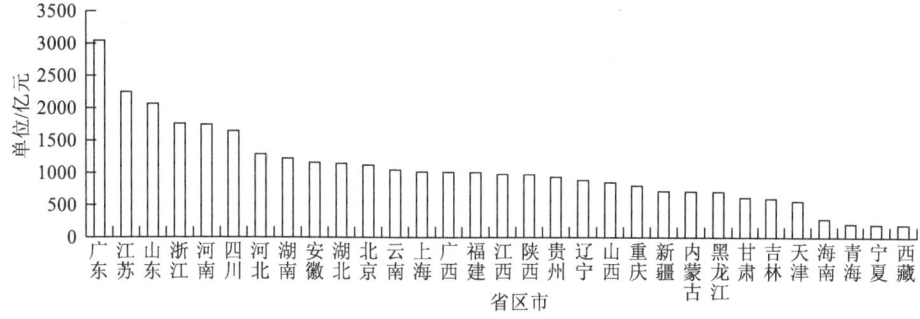

图 3-6　2015 年全国各省区市教育经费投入情况
资料来源：《中国统计年鉴》（2017 年）

### 3.4.2　城乡鸿沟

由于数字鸿沟的存在，城乡居民拥有和使用信息通信技术在转变生活方式方面所表现出的差距就是城乡鸿沟。信息技术作为新的社会力量改变了城乡居民原来较为单一的信息获取渠道，逐渐打破了长期以来较为封闭的社会结构，铺设了一条从信息到参与，从参与到获益的社会生活之路。然而在历史和社会多重因素的影响下，不少地区的城乡长期处于"断裂状态"。城镇居民不仅处于有利的地理位置，而且具备良好的信息技能学习环境，能够及时、有效地获取、吸收和利用各种信息；而农村居民由于收入水平、教育程度有限，掌握的信息资源较少。在这种状态下，城乡居民生活方式的差异性进一步凸显，极大地阻碍了城乡差距的缩小。

#### 3.4.2.1　城乡鸿沟的形成机理

城乡关系是影响经济社会发展全局的关键。一部人类发展史在很大程度上就是城乡关系演进史，城乡关系一旦改变，整个社会也跟着改变（马克思和恩格斯，1995）。由于城乡地理环境、主导产业、政府扶持力度不同，我国逐步形成了城市生活与乡村生活区别发展的社会制度和体制，即众所周知的城乡二元社会结构。21 世纪，以互联网为代表的信息通信技术的兴起为破解我国二元社会结构提供了契机，然而数字鸿沟的存在阻碍了现代生活方式向农村渗透。城乡数字鸿沟的形成过程划分为"信息接入""信息认知""信息应用"三个阶段，不同阶段相互影响最终形成循环的扩散过程（van Dijk，2006）。

数字鸿沟拉大了城乡地区的信息资源差距。信息接入阶段决定了城乡地区"信息资源有或没有"的问题，具体包括两方面内容：一是物理层面上的"硬接入"，如各种计算机、手机、光纤、信号塔等信息通信基础设施；二是各种信息服务类的"软接入"，如资费政策、技术咨询服务、软件支持等。目前，高昂的建设成本和低下的投资效益使农村地区的基础设施建设水平和建设规模远低于城镇地区，而市场信号在城乡之间的不均衡传播更是导致了媒体大众对城乡信息服务层面上的不平等，致使农村地区信息市场管理失序，农民很难通过公共信息平台来进行有效的信息获取。

数字鸿沟扩大了城乡居民的信息认知差距。信息认知是指居民在承担相关服务费用的基础上，进行搜索、整理、通信等信息活动的需要，其水平的高低决定了用户"愿不愿使用信息技术"。受到教育程度、知识结构、学习能力等因素的制约，农村居民大多缺乏互联网知识与技能，进而限制了他们对信息技术的认识。同时，农村居民在长期的耕种生活中养成墨守成规、因循守旧的习惯，旧有的思想意识和价值观念难以得到改善和革新，这使他们对网络这一新技术往往采取敬而远之的态度。截至 2015 年 12 月，62.3%的非网民为农村人口，占我国农村人口总数的 68.4%，而城镇地区的非网民比例为 34.2%，城乡差距较为明显；同时对农村非网民未来上网意愿的调查显示，仅有 15.3%的人表示未来肯定上网或者可能上网，72.9%以上的人表示未来肯定不上网或可能不上网，非网民转化成网民的难度较大（图 3-7）。绝大部分的农村居民因"不懂上网""年龄太大/太小""没时间上网""不需要/不感兴趣""没有电脑/上网设备"等不愿意改变现有的生活方式，不愿意在网上购物，缴纳水电费、社会保险等，更没想过通过互联网参与政府的公共管理实务。这样一来，农村原有的封闭生活方式难以打破，妨碍农村居民认识新事物、尝试新事物的创新行为。

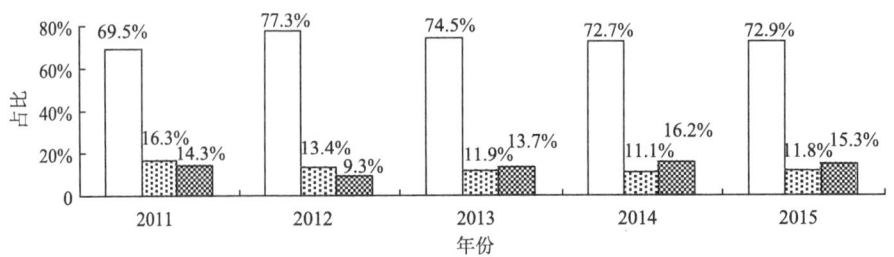

图 3-7　2011～2015 年农村非网民未来上网意向
资料来源：《2015 年中国农村互联网发展状况研究报告》

数字鸿沟影响了城乡地区的信息技术应用。信息应用水平是信息使用效能的具体表现,是潜在用户评估"信息技术好或不好"的主要依据。使用效能是指技术给技术采纳者带来的实际使用效果,社会文化背景的差异会导致城乡居民对信息技术评价的主观偏好,影响潜在用户对信息技术产品的认可度和接受力。生活在城市圈拥有较高教育水平的技术使用者往往要求网络技术能够助其整理数据完成工作,而农村地区的居民更倾向于满足娱乐及购物功能。此外,年龄、性别和个人性格也会进一步影响用户对使用效果的评判。

#### 3.4.2.2 城乡鸿沟的表现

数字鸿沟把整个社会分为城镇居民这一强势群体和农村居民这一弱势群体,信息通信技术在为城镇居民打开方便之门的同时,却给农村居民参与各种社会活动设置了极高的门槛,极大地阻碍了农村生活方式的转变。根据 Lu 和 Pas(1999)的划分,社会活动分为生存型活动(主要指工作)、休闲型活动(主要包括访问亲友、看电影、旅游、购物等行为)和维持型活动(看病、享受社会福利保障等)。从这个角度看,城乡鸿沟的表现可概括为城乡居民的劳动方式、休闲方式和享受的社会福利保障不同。

1)城乡居民的劳动方式不同

劳动是人类得以生存和发展的基础,不同时期的人类劳动方式各有不同。互联网技术革命以来,劳动方式逐渐从体力劳动向脑力劳动转化。然而数字鸿沟导致农村信息化水平低下,阻碍农民劳动方式向现代化转变。

信息技术产业化和传统工业的信息化,使信息与知识成为居首要地位的生产要素,就业市场对智能劳动者的需求越来越大。然而数字鸿沟的存在使农民多从事技术含量低的工作,城乡居民的劳动方式存在差异。城镇居民基于对信息技术的掌握,多从事技术型、信息型、智力型的工作。据统计,2005~2015 年我国从事信息传输、计算机服务和软件业的城镇居民从 111.30 万人增长到 301.04 万人,从事建筑业、批发零售业、住宿餐饮业等其他行业的城镇居民大多也处于管理层、技术层等,配备有计算机等信息工具。同时,伴随着劳动工具运行的自动控制化和功能的智能化,社会生产实现了由人操纵机器到机器操纵机器的飞跃,劳动者的职能由机器的操纵者转变为生产过程的管理者和监督者(王鸿生,1986)。可见,借助信息工具进行工作,不仅将人们从繁重的体力劳动中解放出来,而且扩展了人们的脑力,使劳动者更轻松、更准确地完成工作。但是,由于农民信息技术使用能力有限,其劳动方式难以实现转变,仍旧从事机械的体力劳动。首先对从事农业生产的农民来说,我国传统农业大多是以家庭为生产单位,人力加畜力为生产工具的生产模式进行劳作,劳动强度大,工作时间长。虽然近年来,国家出台一系列"利用信息技术改造传统农业,变革农业生产方式"的相关政策,力图借助信息化平台改变农村传统的劳动模式,如在种植领域,借助遥感技术等物联网,实现农作物生产管理的自动化、智能化和远程控制,通过对育种、土壤分析、精准播种、病虫害分析、施肥撒药、收割存储等全过程实时动态监测,实现农业生产的精准化;在销售领域,打造"互联网+农业"电商产业发展平台,推动农产品高效流通。然而,目前我国农村信息化水平仍比较低下,大部分行政村没有智能作业装备和电子商务营销平台,农民在生产过程中仍依靠人力或农用机械,无法实现农业机械向智能化转型;在销售过程中,农户大多还是选择自己将成熟的农作物拿到附近市场销售,费时费力。其次对于进城务工的农民,由于其在教育水平、信息技术利用能力等方面存在明显劣势,大多集中在"脏、累、苦、危"等信息技术含量低的行业,如工业、建筑业、批发零售业等,这些行业大多是体力劳动,劳动方式较为单一。信息时代很多就业信息多是通过网络发布,农民工由于不能熟练上网难以获知就业信息,同时其信息利用水平有限,更无法依托就业培训系统提升专业技能,只能以非正规就业的方式从事技术要求不高的工作。由国家统计局发布的《2016 年农民工监测调查报告》显示,当前农民工就业主要集中在制造业和建筑业两大行业(图 3-8),而卫生、教育文化、金融、保险、房地产、科研和技术服务等高端行业的从业率均不超过 1%,其中,在制造业工作的农民大多在流水线上机械地重复相同的工作,技术含量很低;在建筑业工作的农民多从事户外作业,危险度极高。另外,由于农民工所从事的行业特性,大多需长时间的劳动。据统计分析,农民工平均每周工作 6.27 天,每天工作 9.63 个小时;每周工作 5 天以内的农民工仅占总数的 14.1%,连续工作 7 天的农民工占总数的 44.0%,每天工作超过 8 小时的农民工占总数的 61.2%(石智雷和彭慧,2015)。

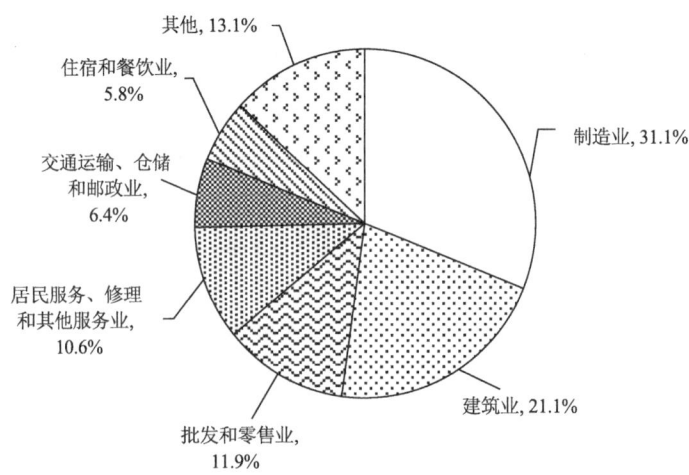

图 3-8 2016 年农民工从业行业分布

资料来源:《2016 年农民工监测调查报告》

2）城乡居民的休闲方式不同

互联网等信息技术的到来不仅使人的智力和体力获得了全方位解放，而且把居民的休闲方式推到一个新的境界。以手机、互联网、网络电视等为平台的休闲活动已逐步走进大众生活，但此休闲方式严重依赖信息设施的建设和信息技术的使用水平。数字鸿沟的存在阻碍了农民使用信息技术变革休闲活动的可能，使城乡居民的休闲方式存在差异。

城乡居民的娱乐方式不同。互联网等信息技术可以为居民带来丰富多彩的多媒体文化娱乐活动，相较于聊天、下棋、打牌、听广播、读书、看报等传统娱乐方式，其具有开放、便捷、虚拟等特性，能给居民带来全新的视觉、听觉体验。网络电视、网络游戏、数字媒体等正在改变城市居民的生活，但对农村地区而言，光缆、有线网络基站、无线网络站点及数据交换平台等建设落后，同时受收入水平制约，农村居民信息工具普及率较低，最终导致农村地区的文化娱乐难以跟上时代的步伐。据统计，2011~2015年，网络新闻、网络音乐、网络游戏等在农村的普及率较低，与城镇居民存在一定差距（表3-8）。这说明大多数农村居民难以通过网络工具实现文化娱乐的现代化。

表3-8 2011~2015年城乡居民网络娱乐方式的普及率对比

| 项目 | 2011年 | | 2012年 | | 2013年 | | 2014年 | | 2015年 | |
| --- | --- | --- | --- | --- | --- | --- | --- | --- | --- | --- |
| | 城镇 | 农村 | 城镇 | 农村 | 城镇 | 农村 | 城镇 | 农村 | 城镇 | 农村 |
| 网络新闻 | 40.89% | 12.91% | — | — | — | — | 50.13% | 24.03% | 53.49% | 25.19% |
| 网络音乐 | 42.42% | 14.17% | 46.06% | 17.69% | 46.62% | 18.77% | 45.86% | 22.57% | 47.68% | 22.12% |
| 网络游戏 | 35.05% | 12.53% | 35.34% | 13.74% | 35.22% | 13.10% | 34.94% | 17.49% | 37.20% | 17.32% |
| 网络视频 | 35.32% | 12.43% | 40.10% | 14.13% | 44.87% | 15.43% | 42.02% | 19.72% | 48.38% | 21.66% |
| 网络文学 | 22.27% | 7.42% | 25.41% | 8.63% | 28.71% | 10.52% | 28.66% | 13.18% | 28.95% | 12.17% |

资料来源：《中国农村互联网发展状况研究报告》（2011~2015年）

注：以城镇网络新闻普及率为例，说明城乡网络应用普及率的计算方法，城镇网络新闻普及率=城镇网络新闻用户规模/城镇总人口

城乡居民的社交方式不同。现代信息技术下催生的网络技术对交往手段的不断革新，人们实现了交往的数字化、虚拟化和全球化，创造了新的社会关系和新的交往方式。网络时代的交往形式较过去相比缺少了直接性和真实感，而具有了间接性和匿名性。人们可以摈弃现实的隔膜，加入到自己喜欢的社区中与其他网络主体进行非功利性质的纯粹交往。同时，网络交往完全打破时间和空间的限制，使人类交往的时空范围大大延伸。正如美国天体物理学家拉里斯马尔认为，人与人这种沟通方式的变革是自古腾堡以来所发生的最根本变化，这种相互连接的网络基本上是时空的破坏者，把距离和时间缩小到零（金吾伦，1997）。然而数字鸿沟却阻碍农村

社交模式由传统向现代转变。2011~2015年，城乡社交网站、微博、即时通信等普及率都相差较大（表3-9）。

表3-9 2011~2015年城乡居民社交方式普及率对比

| 项目 | 2011年 | | 2012年 | | 2013年 | | 2014年 | | 2015年 | |
| --- | --- | --- | --- | --- | --- | --- | --- | --- | --- | --- |
| | 城镇 | 农村 | 城镇 | 农村 | 城镇 | 农村 | 城镇 | 农村 | 城镇 | 农村 |
| 社交网站 | 27.46% | 8.75% | 29.77% | 10.30% | — | — | — | — | — | — |
| 博客/个人空间 | 35.27% | 11.40% | 39.58% | 14.93% | 42.76% | 19.78% | — | — | — | — |
| 微博 | 27.57% | 9.06% | 33.67% | 11.27% | 29.61% | 9.87% | 26.11% | 8.63% | 23.46% | 11.88% |
| 电子邮件 | 29.04% | 6.87% | 28.63% | 7.83% | 29.31% | 6.45% | 26.68% | 8.37% | 27.03% | 13.70% |
| 论坛/BBS[1) ] | 15.67% | 3.14% | 17.04% | 4.68% | 12.85% | 4.04% | 13.68% | 4.27% | 12.53% | 6.35% |
| 即时通信 | 44.93% | 16.67% | 48.93% | 19.51% | 52.05% | 24.12% | 57.69% | 25.15% | 58.54% | 29.66% |

资料来源：《中国农村互联网发展状况研究报告》（2011~2015年）

1）表示bulletin board system，即电子公告板

城乡居民的购物消费方式不同。随着互联网的日益发展，线上购物、网络订票、团购等凭借实时性、全天候、互动性、无地域限制等优势，逐渐替代传统消费模式。但是与城镇居民相比，我国农村居民的受教育水平总体偏低，加上受传统生活习惯的影响，农村居民的消费观念与城镇居民相比略显陈旧保守。作为一种新的消费模式，线上消费有别于传统的"一手交钱，一手交货"的面对面交易，其存在一定的虚拟性，被农村居民接受需要一个渐进的过程。同时广大农村地区的基础设施落后，很多农村地区的道路状况较差，物流配送成本高，网店大多拒绝为农村提供物流配送服务，这极大地限制了农村网购市场的发展。2011~2015年，网络购物、团购、旅行预订等在农村居民中普及率较低，与城镇居民相差较大（表3-10）。这说明农村难以享受网上丰富的消费品，很难满足农民日常需求，阻碍农民生活质量的提升。

表3-10 2011~2015年城乡消费方式普及率对比

| 项目 | 2011年 | | 2012年 | | 2013年 | | 2014年 | | 2015年 | |
| --- | --- | --- | --- | --- | --- | --- | --- | --- | --- | --- |
| | 城镇 | 农村 | 城镇 | 农村 | 城镇 | 农村 | 城镇 | 农村 | 城镇 | 农村 |
| 网络购物 | 23.53% | 4.12% | 28.05% | 7.03% | 33.29% | 8.72% | 37.92% | 12.46% | 41.61% | 15.32% |
| 团购 | 8.08% | 1.72% | 10.27% | 1.77% | 15.32% | 4.26% | 19.15% | 4.70% | 19.43% | 5.05% |
| 旅行预订 | 5.51% | 1.45% | 13.48% | 2.62% | 19.18% | 6.20% | 24.23% | 6.52% | 27.61% | 7.77% |

资料来源：《中国农村互联网发展状况研究报告》（2011~2015年）

3)城乡居民享受的社会福利保障不同

在我国市场经济步入新常态的背景下,社会保障工作的重要性体现得越来越明显。计算机与互联网的普及极大地推进了技术性社会保障管理的实现,然而数字鸿沟导致的城乡信息基础设施差距及居民信息技术利用水平差距却使城乡居民享受的社会福利保障不同。

城乡社保的管理体制难以实现统一。随着我国信息化的推进,利用信息技术实现城乡社保制度衔接成为政府努力的方向。2011年9月11日,人力资源和社会保障部(以下简称人社部)印发的《人力资源和社会保障信息化建设"十二五"规划》指出,统筹城乡社会保障的全面推进,需要在信息化建设上为城乡各项人力资源和社会保障业务提供一体化支持。进入"十三五"时期,"互联网+"、大数据等新一代信息技术发展如火如荼,人社部又主动适应这一趋势,在2016年11月11日出台的《"互联网+人社"2020行动计划》中提出,在面向城镇参保人员和接受就业服务人员发放社保卡的基础上,将农村参保人员等群体纳入发卡范围,在2020年覆盖90%的人口,基本实现"一人一卡"。虽然人社部一直致力于依靠信息技术实现城乡居民社保统一经办管理,但是由于农村落后的信息基础设施及农民较低的信息素养,社会保障信息化难以在农村推广开来,使城乡间社保的办理流程、缴费方式、福利覆盖范围等存在明显差距。如面向城镇、农村参保人员统一发放的社保卡,通过与医院、银行、社保等数据库对接,已集社保结算和支付、社保信息查询、金融等功能于一体。"十一五"之后,城市的各个社保经办网点基本实现了信息化操作,参保人可到网点部署的一卡通自助服务终端办理医疗、失业、养老、工伤等社保事务。同时,部分地区还积极探索专用APP(application,应用程序)、互联网社保平台等与社保卡实现对接,如广州、深圳、武汉、上海等地推出的"微信城市服务"平台,城市用户通过将其与社保卡绑定,可以在线享受到包含医疗、公安户政、出入境、缴费、公积金等16项民生公共服务。然而农村信息化管理不够普及,大多业务还是人工操作,这不仅降低了行政效率,增加了管理成本,而且给广大农村居民在缴费和报销等方面带来诸多不便,不利于城乡社会保障统一网络化管理。

农民难以实现异地社会保障业务的办理。随着我国劳动人口跨地区流动规模不断增大、流动频率不断增强,劳动关系越来越多样化,实现社保信息的跨地区转移尤为重要。早在2006年,国务院批转的《劳动和社会保障事业发展"十一五"规划纲要(2006年—2010年)》即指出,社会保障异地业务办理已成为我国社会保障事业建设中的一项重要任务,并在"十一五"规划中选定上海市、江苏省的部分城市、浙江省及新疆生产建设兵团开展试点。2013年,十八届三中全会通过的《中共中央关于全面深化改革若干重大问题的决定》进一步指出,"完善社会保险关系转移接续政策，扩大参保缴费覆盖面"。国家统计局数据显示，2016年末中国流动人口达到2.45亿人，而其中来自外地的农民工达到1.69亿人，占全国流动人口的68.98%。他们由于受教育程度偏低，获取社保转移信息的方式主要依靠老乡、熟人和朋友介绍等，受教育程度略高的农民虽能够借助现代传播媒介获取一部分相关信息，但多半得到的是零星、残缺的信息。据调查，对养老、医疗、工伤、失业、生育保险等民生政策的最新动态表示了解和有点了解的农民工仅占63.2%和56.5%（徐济益和许诺，2015）。农民工受到自身信息技术使用水平的限制，不了解政府机构在网站上发布的社保信息转移办理流程，很难在网上完成失业保险、养老保险、医疗保险等社会保险金的跨省市缴纳和互认，这样一来其社会保险金缴纳就会中断，个人缴纳的钱长时间不能用，相关待遇又享受不到。人力资源和社会保障部社保中心统计数据显示，2011年全国开具基本养老保险参保缴费凭证以转移接续的人中，成功转移的人仅占20%，大部分农民工认为线下办理流程繁杂，而线上办理自身信息使用水平有限。可见，数字鸿沟的存在使社会保险不但没能成为农民工的"安全网"，反而成为对农民工的变相"剥夺"。

### 3.4.2.3 城乡鸿沟的形成原因

1）城乡居民的信息需求不同

城乡居民对信息技术的需求程度和接受能力不同，造成了信息技术在城乡扩散的差异性。从客观情况来看，城乡居民收入水平的差异造成城乡间信息工具的拥有量不同；从主观情况来看，城乡居民本身所受的教育程度及知识结构不同造成城乡居民使用互联网的热情存在差异。

根据马斯洛需求层次理论，信息产品是一种较高层次的需求，一个地区对信息产品的需求程度首要取决于其经济收入水平。据市场调查机构Point Topic公司统计，从20兆字节每秒宽带费用与2013年各国人均收入看，中国居民每月需要为宽带服务支出48美元，约占月收入的13.5%；而日本居民每月需支出60美元，约占月收入的1%；美国、德国、加拿大、新加坡和法国等的宽带费用占个人月收入的比例都在3%以下。高额的网络费用使消费者的收入成为限制我国居民利用网络技术的重要因素，而长期的二元经济结构使我国城乡居民收入呈现明显的"剪刀差"（图3-9）。2016年末，城镇居民的人均可支配收入是农村居民的2.72倍。收入越高，城市居民的信息消费能力就越强，长期高质量的信息技术服务使城市居民具备了高层次的消费观念，消费需求水平的提高亦能有效推进信息技术在城市地区的扩散，这使农村居民对信息的消费在绝对量上低于城市居民。

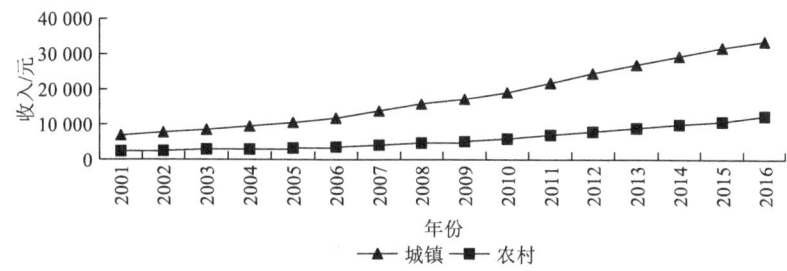

图 3-9　2001~2016 年城乡居民人均可支配收入差距

资料来源：《中国统计年鉴》（2002~2017 年）

对信息技术的利用需要一定的科技知识和信息处理能力，城乡居民作为信息技术的消费者，其自身素质会对技术的使用效果产生重要影响，进而影响居民对该技术的需求。文化素质决定了城乡信息主体获取和利用信息资源的能力，其差异性是导致城乡居民信息需求不同的一个重要因素。相较于城市居民在工作、娱乐、学习等方面对信息技术的巨大需求，农村居民虽然也开始拥有对媒介信息的一般性理解能力，能够接收、理解与评价一定的媒介信息，但是受限于自身较低的文化程度，很难收集到有效信息，容易将大量宝贵时间耗费在通俗网络文化中。当前阶段，城市与农村网民之间的学历分布差异比较明显，农村网民的文化程度主要集中在初中水平，小学及以下水平占比相对也较高；城市网民的文化程度主要集中在高中/中专/技校水平，但不乏大专和大学本科学历，更有部分硕士及以上级别（图 3-10）。

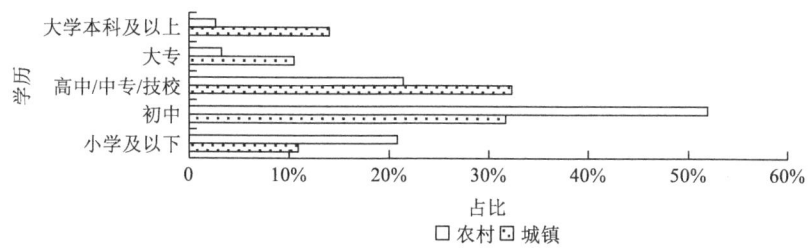

图 3-10　2015 年城乡网民学历结构对比

资料来源：《2015 年中国农村互联网发展状况研究报告》

2）传媒大众对城乡信息的供给不同

传媒大众出于投资成本和效益的考量，桎梏了媒体定位的范围和方向，客观上造成其对社会弱势群体的忽视，使城乡信息资源分配不均衡。

城乡地理环境的差异使建设信息基础设施的成本不同。工业时代导致了城市与农村之间在物质财富占有上的巨大分化，城市作为人口集聚地，交通发达、交流便捷，为媒体聚焦提供了良好环境；而农村地区人口分布零星、地形复杂，基础设施建设投入大、困难多。如此的分布特点给信息基础设施建设带来很大的阻碍，使城乡之间基础设施建设的造价和运营成本相差悬殊。2013年8月17日，国务院印发的《"宽带中国"战略及实施方案》对农村地区的宽带建设提出了具体目标：到2020年行政村通宽带比例超过98%。但是根据工业和信息化部研究院测算，要达到这个目标，至少还需投入1700亿元。中、西部农村地区由于地域广阔、用户分散，建设有线宽带的成本达到每户3000～5000元，甚至更高，中部地区建设有线宽带的投资回收期达10年以上，西部则基本无法收回投资（牟春波，2014）。

城乡外部环境的差异使信息基础设施建设的效益不同。首先，信息产业具有高固定成本和低边际成本的特性，随着服务对象的增多，每个用户的分摊成本随之下降，但所带来的效益却是不断增加的。城市地区人口密集，大多数信息企业在追求利润最大化的生产原则下，必然将着力点集中在城市。其次，信息产业虽然在全局范围扩张，但是为了获得专业化分工、外部经济等，往往选择布局在大学、科研机构、银行、信托机构等周围，利用人才、知识等优势，赢取知识的溢出效应。从我国城乡经济的发展现状来看，只有城市才能较好地满足信息产业这些需求。

### 3.4.3 性别鸿沟

由于数字鸿沟的存在，不同性别的人群拥有和使用信息通信技术在参与社会活动方面所表现出的差距就是性别鸿沟。知识经济时代，信息技术的迅速发展将人类体力作用的重要性降低到最低程度，为女性提供了更多平等参与社会活动的机会。然而由于两性间信息资源获取、使用能力存在差异，信息技术的传播不会自动朝着男女平等和授予女性更多权利的方向发展，社会性别不平等模式在网络中被重新提出。卡特和斯泰纳（2008）在研究中就明确提出将性别敏感纳入信息传播技术领域的迫切性。

#### 3.4.3.1 性别鸿沟的形成机理

随着计算机的普及和互联网的出现，这一新技术对人类社会产生着广泛和深远的影响，然而并不是所有的人都能够平等地获得和利用这一技术，两性在信息通信技术拥有和应用能力方面的差距，成为数字时代凸显的社会问题。

数字鸿沟从技术角度通过"数字性别化"形成性别鸿沟。科学技术同样具有"社会性别"的特征，并非完全属于性别中立。纵观人类科技发展史，传统农业社会的技术由于其相对复杂的操作性和对体能的需求，一般为男性所控制和掌握。在信息社会，网络技术的出现几乎彻底消除了使用者的体能差异，它的使用本质上并不以性别特征为前提，女性能够广泛地应用新技术并享受新技术带来的种种愉悦与便捷。然而受到传统观念的影响，技术性别化特征在互联网领域依然存在。

数字鸿沟从文化角度通过制造不利于推进性别平等的多重障碍进一步固化了性别鸿沟。造成性别不平等的原因有多种，而性别意识形态却可以为妇女的弱势地位提供充分的解释。相较于男性，女性被电信传播和新技术的优势所影响的概率较小。

### 3.4.3.2 性别鸿沟的表现

1) 信息技术行业中男女比例失衡

信息技术行业作为一个新兴的产业部门，主要包括信息处理和服务行业（如计算机中心、信息中心和咨询公司）、信息处理设备行业（如计算机制造公司、软件开发公司）、信息传递中介行业（如出版业、新闻广播业）。作为知识密集型部门，信息技术行业要求从事的工作人员具备一定的信息技术应用能力，这一限制使大多女性或主动或被动地游离于该行业之外。性别偏见限制了女性获得科技训练和从事科技工作的机会，例如，大学生中主修信息技术的男生大多多于女生，这种不均衡性进一步延伸到就业领域。据麦肯锡全球研究院 2016 年 8 月发布的《印度的崛起：经济增长和转型的机遇》报告调查显示，在印度，女性劳动力占比达 48%，但在几个主要的印度科技公司，女性比例平均占比仅达到 34%，男女比例为 2∶1（图 3-11）。

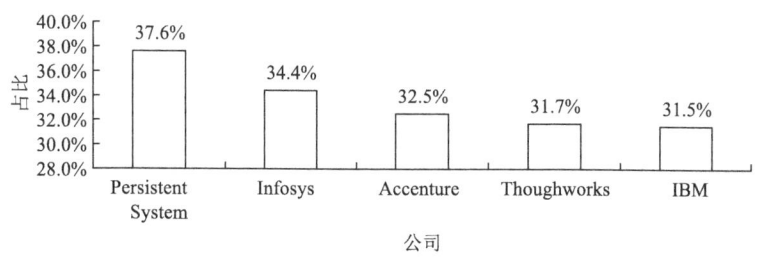

图 3-11 印度主要科技公司女性员工占比

资料来源：麦肯锡全球研究院（2016）

2) 信息技术行业中男女从事的职位存在差异

在一些国家中，女性即使进入了信息技术行业，但大多从事文秘、行政、财务、售后服务之类的工作，创新、决策等核心部门往往是男性独占的领地，其中包括高层管理人员、工程师、计算机科学家等，这种内部岗位的不均衡分布使女性的收入水平远低于男性。钟瑛和李亚玲（2012）对全国 15 个省市的 48 家主要网络媒体从业者进行问卷调查，发现男女从事的职位类别存在明显差异（图 3-12）。

其中内容编辑是媒体网站从业者的核心群体,其工作内容主要是稿件的撰写、网页制作、网站美术编辑等,从业者仅需掌握 Word、Photoshop、Fireworks 等基本软件的操作技能即可,相对来讲,对信息技术应用水平的要求不是很高,男女均可从事。但技术研发和客户服务两种职业类别的男女比例差距很大,从事技术研发的男性是女性的 3 倍多,而从事客户服务的女性则是男性的 2 倍多。

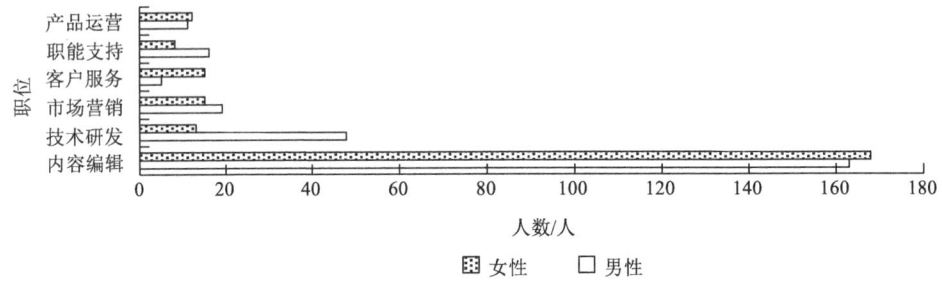

图 3-12　网络媒体从业者性别与职位类别

3）网络游戏中女性参与度低

20 世纪 90 年代以来,以互联网为依托的网络游戏异军突起,成为文化产业当中的一个重要领域。2015 年 CNNIC 发布的第 35 次《中国互联网络发展状况统计报告》显示,用户规模排名前十的游戏产品大多为角色扮演类、动作格斗类、第一人称射击类、即时战略等适合男性玩的游戏（表 3-11）。据《2013 年度中国网民游戏行为调查研究报告》对网络游戏的男女使用比例进行的统计研究,发现客户端游戏用户的性别差异最为突出,男性用户是女性用户的四倍,这是因为客户端游戏主要为 MMOG[massive（massively）multiplayer online game,大型多人在线游戏]类大型多人对战游戏,多以完成任务、闯关为主,更具挑战性,对男性更具吸引力。网页游戏、手机游戏虽然偏休闲,在女性用户中的渗透度相对较高,但使用人数也只有男性人数的六成左右（图 3-13）。

表 3-11　用户规模排名前十的计算机网络游戏

| 排名 | 游戏名称 | 类型 | 排名 | 游戏名称 | 类型 |
| --- | --- | --- | --- | --- | --- |
| 1 | 穿越火线 | 第一人称射击类 | 6 | QQ 炫舞 | 音乐类 |
| 2 | 英雄联盟 | 即时战略类 | 7 | 梦幻西游 2 | 角色扮演类 |
| 3 | QQ 飞车 | 竞速类 | 8 | 剑灵 | 角色扮演类 |
| 4 | 地下城与勇士 | 动作格斗类 | 9 | 大话西游 | 角色扮演类 |
| 5 | 魔兽世界 | 角色扮演类 | 10 | 逆战 | 第一人称射击 |

资料来源：第 35 次《中国互联网络发展状况统计报告》

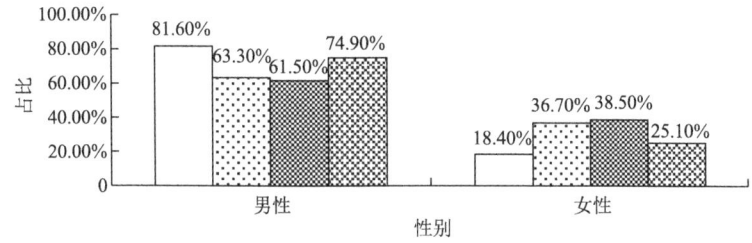

图 3-13 网民游戏用户性别结构
资料来源:《2013 年度中国网民游戏行为调查研究报告》

4）网络新闻报道中存在女性形象失真现象

新时代网络成为人们获取新闻的主要方式，只要打开电脑、手机接入互联网，便会出现最新推送的新闻。然而网络媒介在改善社会对女性的多元特质的认知上，并没有显现出比传统媒体更大的优势。基于京、沪、赣等地的问卷调查发现，互联网展示的女性形象与女性心目中认定的女性形象存在较大差异（图 3-14），其中女性普遍认为互联网对女性的时尚展示过多，女性自强自立的相关新闻较少，网络报道与现实中的女性形象存在偏离（李春雷和刘颖洁，2012）。

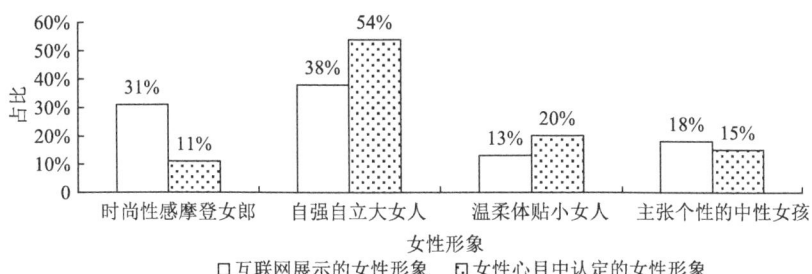

图 3-14 互联网展示的女性形象和女性心目中认定的女性形象对比

### 3.4.3.3 性别鸿沟的形成原因

1）两性使用信息技术的意愿不同

当计算机技术最初发展起来的时候，人们就普遍认为男性对计算机更有兴趣和更投入。例如，男女选择计算机专业的人数存在较大差异，对我国 31 个地区、175 所普通高校、4.7 万名大学生新生进行抽样调查发现，攻读电子信息类专业的男生人数是女生人数的 2.74 倍（樊明成，2011）；在国外也存在类似问题，2010 年澳大利亚信息技术专业女生比例仅为 15%，男女比例高达 5.6∶1，在瑞士的高等教育中女性参与计算机课程的比例一直低于 10%（马莉萍等，2016）。女性对信息技术的兴趣较低，极大限制了其利用水平的提升。

2）传统性别观念的制约

在传统社会中，性别角色与性别分工被刻板定型化。著名人类学家马格丽特·米德指出，所谓男性和女性的分工并不依赖于生物学的性差异，相反，它是特定社会文化条件的反映。女性在信息技术的应用上不如男性也多是受传统社会文化的影响而产生的一种暂时的人为界定而已。正如女性化网络的"先锋"谢尔指出的，妨碍女性上网的障碍，主要是一种人为的、自我设置的障碍（严峰和卜卫，1997）。这些障碍就像精神枷锁一样，无形中使女性在利用数字化领域上产生了逃避心理，也给那些认为女性在数字化领域不如男性的人以更多的借口。在这种传统性别模式的影响下，大众传媒倾向于为强势地位的群体提供更多的信息服务。总之，现代信息技术本身无法改变和超越性别结构，无法克服两性之间的信息分化，因为技术也是一种文化下的技术，无法超越传统社会文化的影响与制约。

## 3.5 数字鸿沟的政治效应

人类共同体内部的各种运动必然导致政治生活的变化，如政治形式、政治活动和政治关系的变化与发展等。21世纪以来，以互联网为代表的信息通信技术在全球范围内呈现爆炸式发展，其不仅给经济社会各个方面带来巨大影响，也对政治领域产生了现实影响，如互联网作为新兴媒体的代表，相较于报纸读者、电视等，它可以降低参与成本，开创新的信息传播渠道，这种特性更有助于人们参与政治。但由于信息资源分布的不均衡性，多数发展中国家成为被边缘化的"信息穷国"，并且与以美国为首的发达国家（即"信息富国"）的差距越来越大。与此同时，数字鸿沟给经济社会各个方面带来的负面影响日益严峻，但数字鸿沟在政治领域的影响却通常被忽视，而该问题直接关系到社会公平、公正能否实现。只有了解数字鸿沟对政治领域造成影响的表现、作用过程及原因，才能更有效地保障公民政治权利的平等性，实现民主，维护国家安全。这正是本书研究数字鸿沟政治效应的现实意义所在。

数字鸿沟的政治效应指不同主体拥有和使用信息通信技术的不同所导致的政治活动差距及由此产生的优、劣势，即地区间或群体间数字鸿沟的存在对政治产生的一系列影响和作用，它可以表征为不同地区间或不同群体间的政治领域输出量矩阵之差。数字鸿沟对不同国家、地区产生的影响，已不仅是会不会使用网络对个人影响的问题，还关系到整个社会的政治权利、政治民主乃至国家安全等政治生活的方方面面。具体来讲，数字鸿沟的存在，使对信息技术和网络技术普及和应用较多的国家、地区、群体及个人的政治活动优于对信息技术和网络技术普及和应用较少的国家、地区、群体及个人，从而为前者带来某种优势。和平与发展作为当今世界的主题,各国政府都把人民利益看得高于一切,表现为尊重人权、实现民主,但是霸权主义和强权政治的存在使弱国的国家安全面临挑战。本书以网络政治学①（virtual politics，internet politics，cyber-politics）为基础,选择政治权利和国家安全两个方面对数字鸿沟的政治效应进行分析,从深层次把握数字鸿沟对政治领域影响的机理、表现与原因。

### 3.5.1 权利鸿沟

由于数字鸿沟的存在,不同群体（公民）在应用信息通信技术获取、保护和行使自身政治权利方面所表现出的差距就是权利鸿沟,包括表达权、平等参与管理国家事务权、对国家政策法规和商业信息的知情权及选举权和被选举权的差距。我国早在 2006 年就颁布了《国家电子政务总体框架》,提出了电子政务的发展目标,以打开政府门户网站作为政府信息公开的重要渠道,以期多数政务能够在线处理,力求所有公民都能够参与到政治生活中来。因此,数字鸿沟会导致一部分不参与网络生活的人在政治权利上形成损失。

虽然我国不断推进社会主义公平正义价值观的建设,但是 21 世纪以来,在公民获取和行使政治权利上起到巨大作用的信息技术具有很强的精英主义倾向,使那些不能使用和使用信息技术水平较低的人群无法充分享受应有的权利。随着信息技术的快速发展,这种差距不断扩大,公民之间政治权利的不平等也日益突出。

#### 3.5.1.1 权利鸿沟的形成机理

互联网时代,传统的身份特征正在淡化,随之基于传统身份的歧视会逐渐减少,而由网络数据制造的数字身份歧视可能会出现。网络所带来的去中心化趋势代表了权利平等,但也埋藏着不平等的隐患（张康之和向玉琼,2015）。造成这种隐患的原因是在现有网络模式下,数字鸿沟导致拥有和使用信息技术水平低的人受到身份歧视的可能增加,后果就是形成公民之间的权利鸿沟。

#### 3.5.1.2 权利鸿沟的表现

在我国,权利鸿沟主要表现在以下方面。

1）知政权方面

信息是知政权的客体,但数字鸿沟的存在造成人们在政务信息获取上存在差

---

① "网络政治学"最早是 1995 年由 Mark Slouka 在《大冲突：赛博空间和高科技对现实的威胁》一书中提出,"虚拟现实的政治——是指那些有可能永远地模糊真实和虚幻之间的界线的技术,将给政治带来的影响。数字革命是它的深层核心,是与权力相关的"。笔者认为,网络政治是以互联网为基础的、与社会政治生活密切相关的关于政治权利、政治参与及政治安全等内容的政治现象。

距。中国不同省区市之间及城市与农村之间不仅存在明显的经济差距，还出现了显著的信息差距。如北京、上海等经济发达城市由于在资源、人才、技术等方面存在优势，电子政务发展较好，市民已经切实享受到电子政务带来的好处。而中、西部地区由于资金和人才的短缺，网络技术普及率低，进而严重制约了这些地区的电子政务发展。截至2018年底，仅北京、广东、上海三省市的IPv4地址数就占据了全国总数的"半壁江山"，而新疆、内蒙古、西藏等欠发达地区的IPv4地址数甚至不足全国的1%。另外，城市地区处于信息的集散地，市民具备良好的信息技能学习环境，能够及时、有效地了解政府活动并获取相关政务信息，而农村居民由于信息通信工具及使用技能的缺乏，获取和传递政务信息的难度较大，成本较高，传达自己意见的快捷途径较少。

究其原因主要在于信息技术基础设施投资不均。不同省区市由于经济水平不同，对信息技术设施投资的力度也不同。首先，经济发达的省区市信息基础设施建设的财政预算充裕，欠发达省区市则显得捉襟见肘；其次，发达的经济为一个地区人民更高的精神生活提供了物质保障，创造了对政治信息获取的需求，催生了电子政务平台等信息获取手段的建立，加快了信息产业的发展，实现了信息化和经济发展的良性互动，这加大了欠发达省区市赶超的难度；最后，经济差距导致了不同省区市之间信息水平的差距，信息水平的差距又加剧了公民知政权的差距，而有效地平衡两者差距的机制和手段缺失。

要说明的是，我国政府对城乡信息技术基础设施投资力度存在差距。首先，很多农村信息技术的软硬件十分落后，政务信息网站不规范，内容更新速度慢，甚至存在好几年都从未更新的现象。其次，投资体制不合理，农村投资渠道少，资金匮乏。最后，管理机制不健全影响工程效益的发挥。大多数农村地区由于缺乏规划指导，存在分散建设和重复建设问题，且对农民缺乏必要的引导，这就影响农村生活基础设施的配置。

2）参与权方面

公众广泛地、公平地参与政治生活是扩大政治参与的重要内容，但网络化发展所造成的数字鸿沟却导致了政治参与的不均衡状态。根据ITU2016年发布的《宽带状况报告》，发达国家网络普及率达到80%，发展中国家网络普及率为40%，而欠发达国家网络普及率只有15%。第37次《中国互联网络发展状况统计报告》显示，拥有大专及以上学历的人中网民普及率达到84.8%，高中及以下学历的人中网民普及率只有1.8%。当一部分受过良好计算机教育和拥有先进计算机设备的人充分利用互联网优势，在网上更多地参政议政时，无上网能力的"信息穷人"只能被动接受别人参与政治的结果，这就是网络参与中"沉默的螺旋"效应。人们往往希望别人赞同自己的政治观点，自己的帖子点击量越高，就越欣喜地参与，并促使其向更大的范围扩散。

教育差距是公民参与权不均衡的主要诱因。从信息利用的角度来看，"信息富人"受教育水平高，能够使用各种媒体，通过各种网络媒体（如博客、微博、电子政务网站等）发表自己的政治言论、参与政治讨论等。

3）监督权方面

数字鸿沟对网络监督主体内部之间的公平产生影响。这种影响是不同监督主体对舆论控制力的差距导致的，主要表现在三个方面：第一，女性参与网络监督意识较低。截至 2015 年 12 月底，我国网民中男性所占比例为 53.6%，女性占比为 46.4%，两性之间参与网络活动的比例基本达到均衡，但是在男性网民中，知道、了解、参与过网络监督、舆论监督或者网络舆论的人数占到了 81%，而女性只有 53%。第二，网络监督表现出了明显的高学历特征。截至 2015 年 12 月底，在学历分布上，大专以下学历网民占总网民数的 88.8%，大专及以上学历网民占总网民数的 11.2%，我国网络使用已不是高学历人群的专利，但是在参与网络监督方面，大专及以上学历人群知道、了解、参与过网络监督、舆论监督或者网络舆论的人数占到自身人数的 93%，而大专以下学历人群只占到了 4.9%。高学历者的政治意识、主动意识和网络技巧、参与欲望等都比较高，而且网络监督本身的门槛也比较高，因而高学历者比低学历者更容易参与网络监督。第三，农村网民参与网络监督的比例远远低于城市网民。截至 2015 年 12 月底，我国网民结构中，城市网民占比为 71.6%，农村网民占比为 28.4%，比例为 2.5∶1，但是在参与网络监督上，城乡差距更大，其中城市网民占比 98.87%，农村网民仅占到了 1.13%，比例高达 87.5∶1。相比农村网民群体，城市网民群体的经济较为宽裕，参与条件较为充足，参与欲望较为强烈，参与意识较为主动。以上三个方面的差异导致网络舆论压力不平衡，网络监督主体代表的利益不均衡，弱势群体的利益不能得到很好的保障。

参与监督的主体意识薄弱是造成以上三个方面的影响的主要原因。目前网民结构呈现年轻化、知识化，这也是网络监督主体人群的主要特征。一方面，网民的年轻化使网络监督富有激情、冲动和非理性，容易冲淡网络监督的效果；另一方面，网民中的知识化有利于提高网络监督的效能，但也会导致网络监督目标过于理想化和虚幻化。

## 3.5.2 安全鸿沟

由于数字鸿沟的存在，不同国家应用信息通信技术在保护国家安全能力方面所表现出的差距就是安全鸿沟。随着数字鸿沟的扩大，"信息富国"和"信息穷国"之间的综合实力差距越来越大，无论政治、经济、文化还是军事等方面都表现出了强者更强、弱者更弱的马太效应。数字鸿沟使政治、经济发展极不平衡的国际旧秩序更难以被打破,不利于国际社会朝着平等互利、互助协作的方向健康发展,甚至威胁到国家安全。

各国相继出台保护本国信息安全的各种法案,如表 3-12 所示。

表 3-12 国际网络安全政策的发展趋势举例

| 时间 | 内容 | 说明 |
| --- | --- | --- |
| 1992 年 11 月 | 经济合作与发展组织理事会发布《信息系统安全准则》 | 文件名中用"信息系统安全"表述 |
| 2002 年 7 月 | 经济合作与发展组织理事会通过《信息系统和网络安全准则:发展安全文化》 | 文件名中用"信息系统"和"网络安全"表述 |
| 2003 年 2 月 | 欧盟理事会通过《关于建立欧洲网络信息安全文化的决议》 | 文件名中用"网络信息安全"表述 |
| 2003 年 2 月 | 美国政府发布《网络空间安全国家战略》 | 文件名中开始用"网络空间安全"表述 |
| 2003 年 12 月 | 联合国"信息社会世界峰会"讨论通过《日内瓦原则宣言》《日内瓦行动计划》 | 文件正文中并行使用了"网络信息安全""信息安全""网络安全"的概念 |
| 2008 年 1 月 | 美国政府发布《国家网络安全综合计划》 | 文件名中用"网络安全"表述 |
| 2009 年 6 月 | 英国政府发布《英国网络安全战略》报告 | 文件名中用"网络安全"表述 |
| 2009 年 11 月 | 澳大利亚政府发布《国家网络安全战略》 | 文件名中用"网络安全"表述 |
| 2010 年 10 月 | 加拿大政府发布《国家网络安全战略》 | 文件名中用"网络安全"表述 |
| 2011 年 2 月 | 德国政府发布《德国网络安全战略》 | 文件名中用"网络安全"表述 |
| 2011 年 4 月 | 美国政府发布《网络空间可信身份国家战略》 | 文件名中用"网络空间"表述 |
| 2011 年 5 月 | 美国政府发布《网络空间国际战略》 | 文件名中用"网络空间"表述 |
| 2011 年 5 月 | 印度政府发布《国家网络安全策略(草案)》 | 文件名中用"网络安全"表述 |
| 2011 年 7 月 | 美国政府发布《网络空间行动战略》 | 文件名中用"网络空间"表述 |
| 2011 年 8 月 | 韩国政府发布《国家网络安全综合计划》 | 文件名中用"网络安全"表述 |
| 2014 年 11 月 | 日本宣布将设立网络安全战略总部 | 机构名中用"网络安全"表述 |
| 2018 年 9 月 | ITU 发布《国家网络安全战略指南》 | 文件名中用"网络安全"表述 |

### 3.5.2.1 安全鸿沟的形成机理

根据网络空间安全理论,在既定的安全等级下,"人"能够利用自身意识、心理和技能,对破坏"机"(即硬件)在物理层、运行层、数据层、内容层上的机密性、真实性、可用性的威胁进行有效控制(王世伟,2015)。可以看出,网络空间安全包含了三个要素:首先是"人"与"机",这里"人"是表层,是宏观层面的保护对象,而"机"是深层,是微观层面的保护对象;其次是威胁要素,从宏观角度来讲对"人"的威胁来自环境,从微观角度来讲对"机"的威胁来自不同的攻击方式;最后是措施要素,在宏观层面上措施来自国家的管理行为,在微观层面上措施取决于团体和个人的防范行为。对网络空间宏观主体"人"的安全而言,一方面是来自各个方面的威胁所产生的破坏力,另一方面是国家宏观管理及技术支持所带来的控制力,只有保证网络空间安全的控制力与其破坏力相适应,才能保证国家网络信息的安全。当控制力小于破坏力,不能有效地控制和消除网络信息对国家安全的冲击时,国家网络空间安全状况就会不稳定(蒋耀平,2005)。当网络空间主体"人"受到威胁的时候,作为有意识的主体,人不会任凭威胁进行破坏,会通过意识的能动作用对外界的威胁做出反应,但是人保护的"机"是无意识的因素,只能任凭威胁进行破坏,依靠"人"的措施进行控制,因此对宏观主体"人"而言,其本身是具备一定的免疫力的,这种免疫力来自"人"自发地对"机"的有效控制。数字鸿沟在网络空间中所带来的威胁也就体现在"人"和"机"两个层面,当具有保护意识的"人"的使用水平不能够满足"控制力大于破坏力"的条件时,那么"机"就会暴露在威胁之下;反之,"机"本身所具备的性能也决定了"人"的控制力的大小,如果"机"不能够提供足够的物理性能,那么"人"的能动性也无法得到充分发挥,导致网络安全威胁。

对于数字鸿沟威胁国家安全的问题,保护对象从"人"变成了"国家",威胁要素来自国际环境,措施依旧来自国家的管理行为和对信息保护的能力。如图 3-15 所示,一国网络空间安全表现在与之相对应的现实空间中的政治、经济、文化和军事四个方面(方兴东等,2014)。对网络空间宏观主体"国家"的安全而言,一方面是来自各个方面的威胁所产生的破坏力,另一方面是国家宏观管理及技术支持所带来的控制力,只有保证网络空间安全的控制力与其破坏力相适应,才能保证国家安全;当控制力小于破坏力,不能有效地控制和消除网络信息对国家安全的冲击时,国家安全就会不稳定。

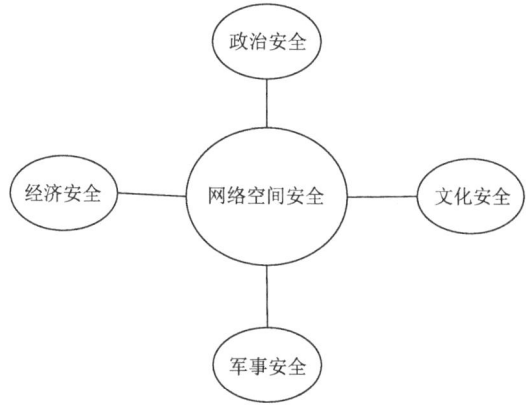

图 3-15 网络空间安全模型

### 3.5.2.2 安全鸿沟的表现

随着全球信息技术的快速发展,以军事安全为中心的传统国家安全观,正在被包括政治安全、军事安全、经济安全及文化安全在内的综合国家安全观所取代,世界各国普遍面临着信息安全威胁的挑战。数字鸿沟威胁国家安全主要表现在信息网络的滥用威胁国家政治稳定、信息技术进步下的军事战争威胁国家军事安全、信息化社会的发展使经济安全问题日益突出、信息产业不均衡挑战国家文化安全四个方面。

1)威胁国家政治安全

当前,全球网络基础设施、复杂信息系统、智能终端设备及数十亿网民的生产、生活实践筑就了一个不断扩展、全面交互的网络信息空间。这一空间不仅承载着各国巨大的利益和潜能,也重塑着各个国家的政治形象(惠志斌,2012)。"黑客"把攻击各国政府、国防、金融系统作为"显示实力"的途径,受攻击的各国政府门户网站轻则遭涂鸦,重则被迫关闭。

2)威胁国家军事安全

国与国之间权利争夺最激烈的形式是国际战争,而现在的国际战争已发展到了网络战争。以美国先后发动的海湾战争、科索沃战争、阿富汗战争和第二次海湾战争等为例,作为进攻一方的美国都是首先通过控制战场的制电磁权而对防御一方实施信息压制。世界各国都在加强信息化下的军队建设来维护国家安全。作为世界最大的发展中国家,我国为了维护国家主权和领土完整,已在十八大中再次提出"加快推进国防和军队现代化","坚定不移把信息化作为军队现代化建设发展方向,推动信息化建设加速发展。加强高新技术武器装备建设,加快全面建设现代后勤,培养大批高素质新型军事人才,深入开展信息化条件下军事训练,增强基于信息系统的体系作战能力"[①]。

信息化对于军事变革是一把双刃剑,既给发展中国家带来了机遇,也给发展中国家带来了压力与威胁。这使发展中国家面临两难的境地:如果不顺应世界潮流,积极推进本国的信息军事变革,大力提高国防实力,与发达国家之间存在的差距就会越来越大,国家安全就没有保障;如果把主要力量用于军事发展上,就会影响国家经济建设,削弱国家的综合竞争能力。

军事变革的直接动力是信息技术的发展。信息技术具有广泛的扩散性和渗透性,随着技术发展和军队信息化进程的加快,其渗透的面将越来越广,程度

---

① 坚定不移沿着中国特色社会主义道路前进 为全面建成小康社会而奋斗——胡锦涛在中国共产党第十八次全国代表大会上的报告. http://cpc.people.com.cn/n/2012/1118/c64094-19612151-9.html[2019-07-08].

也将越来越深。发达国家会对这些先进的军事技术进行封锁与限制，先进的信息技术产品在国际市场上由于意识形态的不同，几乎买不到。这就使科技水平较低的国家与高科技水平国家形成了军队的信息化"代差"，严重打破了地域政治的平衡。

3) 威胁国家经济安全

在信息时代下，信息要素是赚取财富的重要资源，同时也是创造财富、取得贸易利益的主要途径和方式。不同国家在信息技术方面的巨大差异，将导致其自身贸易地位的变化。数字信息产品在发达国家的对外贸易结构中占有越来越大的比重，能够使发达国家获取更多的超额利润。发达国家还通过信息技术优化了贸易方式和途径，使贸易更加顺畅。每天都有成千上万的贸易单证在各个国家的无数个公司之间传递着，这些单证的处理耗费了大量的人力和物力，使贸易发生具有不可忽视的成本，同时面临着人为错误的风险。为了解决这一问题，国际电子商务应运而生，而数字鸿沟则阻碍了国际电子商务的发展，且限制了其在贸易中的地位，主要表现在三个方面：第一，数字鸿沟减少了国际市场上贸易合作的机会。通过互联网厂商能够方便地获得消费者的信息资料，从而根据市场需求迅速寻找合作机会，但是数字鸿沟阻碍了电子商务发展的步伐，减少了合作的机会。第二，数字鸿沟降低了信息要素流动的便捷性。如今任何信息都可以通过卫星、光缆、网络实现快速传输，经济活动的时间概念缩短，连续性加强，发生的频率更快，企业间文件资料的收发、商务谈判、资金调配和货物交割，以及生产上原料采购、外汇兑换和海关申报等业务都可以在最短的时间内完成，而数字鸿沟的存在降低了企业间和企业内部信息要素流动的便捷性，使企业在经营贸易竞争中处于劣势。第三，数字鸿沟造成新的贸易壁垒。美国、日本等信息技术发达国家一方面极力呼吁广大发展中国家取消原有阻碍传统国际贸易的壁垒，另一方面又不断利用自身的技术优势设置新的贸易壁垒，如以商品条码为代表的物品编码系统、电子数据交换系统、电子商务计量单位制式及标签和标识制度等，这就是所谓的信息技术壁垒。采用电子数据交换（electronic date interchange，EDI）方式处理的海关业务会被受理，而不采用 EDI 方式处理的海关业务则被推迟受理。

随着信息通信技术在网络交易中的应用，数字鸿沟对国家经济安全的威胁也日益显现。这种威胁最典型的表现是经济计算机犯罪。"经济计算机犯罪是以计算机技术为手段、实施危害社会的犯罪行为"（史振郭，2003）。经济计算机犯罪就是网络化经济犯罪，是指行为人运用计算机技术，借助网络对其系统或信息进行攻击、破坏或利用网络进行危害经济领域正常交易秩序、管理秩序、侵害公私财产所有权、情节严重的行为。犯罪者通过侵入和破坏经济计算机信息系统，扰乱现有的经济秩序；或者利用计算机网络技术知识和相关设备谋取非法利益。这种行为不仅会破坏被侵入的经济机构、存款人的利益，还严重损害了国家利益，扰乱社会经济秩序，是利用计算机实施经济犯罪的一种高科技、高智商犯罪行为，具有严重的危害性。

信息通信技术的通用性和无国界性使数字鸿沟对国家经济安全的威胁体现在"信息富国"和"信息穷国"之间及经济金融机构和黑客的攻守博弈之间。"信息富国"的国家安全管理者基于其强大的信息通信技术，可以建立一套完备的信息风险防范系统，对来自互联网的攻击从攻击开始阶段就发出预警，做出迅速的响应措施，展开信息攻防战，即使信息保护客体受到攻击遭到破坏，也能够在第一时间使其修复，并且在遭受一次攻击之后完善自身信息安全系统的漏洞，防范类似攻击。而"信息穷国"没有或者只有低水平的信息安全防御体系，这样就使其成为世界"黑客"的主要攻击目标。

金融业务的信息化处理提高了公众参与度和金融机构的影响力，也为不法分子提供了利用信息手段攻击金融系统的可乘之机，特别是货币的电子化给黑客攻击金融机构网络带来了巨大的利益空间。目前，网络世界中的各种攻击行为令人防不胜防，银行、证券、期货、保险等高度依赖信息化的金融行业都受此影响。首先，造成损失最严重的是黑客攻击。黑客对金融网络的攻击正变得日益频繁，目前全球的黑客攻击事件，有40%是针对金融系统的，我国则高达60%以上。电脑黑客对金融网络的攻击手法主要有两种：一是直接对网络进行攻击，即黑客直接在网上入侵金融机构的网站或网络，破坏或篡改系统数据、资料或交易指令，破译客户账号与密码，盗取客户资金；二是通过专用程序攻击，即黑客通过可以发现网站软件程序薄弱之处的"扫描器"、窃取密码的"嗅探器"等专用程序，破译金融机构及其客户的关键密码、窃取其核心技术或信息。其次，最常见的是病毒木马攻击。网络的共享性、开放性为各种计算机病毒的传播提供了便利，加之金融机构的防范能力有限，缺少根本性的解决办法，病毒和木马通过这些单位与外界的信息交换植入各自的运行系统内部，从而造成金融机构的关键信息被盗取。最后，影响最为恶劣的是盗用官方账号发布信息。不法分子通过盗取金融机构的官方邮箱和管理账号向客户发布虚假通知，骗取客户用户名和密码等关键信息。这不但给客户带来经济损失，更为严重的是损害了金融机构在公民中的信用水平，损害了国家对金融的掌控力，从而威胁国家金融安全。

4）威胁国家文化安全

数字鸿沟削弱了"信息穷国"的文化产业竞争力，威胁到国家文化自信。全球信息技术和信息产业发展的不平衡给文化安全带来新的挑战，表现为一些"信息富国"利用自身的信息技术优势影响文化传媒，试图将自己的价值观念、社会制度、意识形态等强加于"信息穷国"，达到倾销其文化产品的目的。

近年来，中国文化产业取得了较快发展，文化出口取得了一定成绩，国际化进程也逐渐加快,中华文化在世界上的影响力与日俱增。联合国教育、科学及文化组织统计研究所(以下简称联合国教科文组织统计研究所)发布的报告《文化贸易全球化:文化消费的转变——2004—2013文化产品与服务的国际流动》显示,2010年中国超越美国成为世界文化产品出口第一大国,截至2013年,中国以601亿美元的出口额高居榜首,是第二名美国279亿美元的两倍多,是德国的近六倍,打破了许多人的固有认知(图3-16)。从总量上看,中国已经成为名副其实的文化产品出口大国。

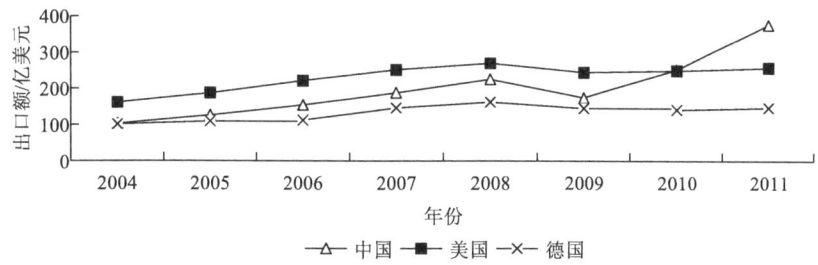

图3-16 2004～2013年中国、美国、德国文化产品出口趋势

从分项指标来看,我国文化产品出口占比较高的是以珠宝、塑料装饰品等为代表的视觉和工艺品,以及以网络游戏为代表的视听和互动媒体,而书籍和新闻产品、设计和创意品、文化和自然遗产等领域的文化产品出口占比较低(表3-13)。在视觉和工艺品出口方面,中国金制珠宝和配件出口额占世界总额的46%,雕塑和塑料装饰物出口额占世界总额的10%。2004年至2013年间,视觉和工艺品是世界文化贸易的最主要产品。2013年,中国取代美国成为视觉和工艺品最大的出口国,出口额为494亿美元,占世界总额的33%。在视听和互动媒体领域,2013年中国凭借庞大的游戏出口超越美国和德国成为出口额最高的国家。但在最能够影响舆论的书籍和新闻产品方面,中国的出口额虽然已经跻身世界前列,但是美国依然牢牢占据这一领域的头把交椅。另外,在文化和自然遗产领域,2013年中国的出口额占该领域出口总额的0.7%,排在第十位,成为我国文化产品出口最大的短板。总体来说,中国文化产业发展迅速,文化产品出口额突飞猛进,但是在能够影响世界舆论和价值观的领域却依然存在短板。

表3-13 2013年中国、美国、德国文化产品分项出口排名

| 国家 | 文化和自然遗产 | 表演和庆祝 | 视觉和工艺品 | 书籍和新闻产品 | 视听和互动媒体 | 设计和创意品 |
| --- | --- | --- | --- | --- | --- | --- |
| 中国 | 10 | 3 | 1 | 4 | 1 | 6 |
| 美国 | 2 | 2 | 2 | 1 | 2 | 9 |
| 德国 | 5 | 1 | 7 | 3 | 4 | 2 |

资料来源:联合国教科文组织统计研究所(2016)

## 3.6 本章小结

本章在对数字鸿沟效应的现有研究进行梳理的基础上，详细探讨了数字鸿沟效应的形成机理及数字鸿沟经济、社会、政治三大效应的具体表现、形成原因。

第一，梳理数字鸿沟效应的研究进展。从经济、社会、政治三个维度对数字鸿沟效应研究进行归纳与总结，发现现有研究主要存在以下问题：①经济效应的现有研究大多从单一维度考察数字鸿沟对经济领域的影响，往往只能见到经济效应的"冰山一角"，缺乏全面系统的分析。另外，学者大都只分析经济效应的外在表现，未探究其是如何形成的，产生的原因是什么，也就不能从根本上消除数字鸿沟给经济发展带来的负面影响。②社会效应的现有研究只是描述了数字鸿沟对社会产生的影响，即回答了数字鸿沟社会效应"是什么"，却没有回答"为什么"，即数字鸿沟社会效应是如何产生的。另外，以往文献中只有少量的定量分析，且所用的方法过于单一（仅用了多元回归方法）。③政治效应的现有研究大多从法学或技术视角进行探讨，很少从网络本身及其他相关学科进行剖析，研究视角过于狭窄。同时西方学术前沿中对网络政治等问题的研究大多建立在第二次世界大战结束后，受到西方意识形态的强烈影响，真正研究发展中国家网络政治的学术著作并不多，研究结论不具有普遍适用性。

第二，解析数字鸿沟效应的作用机理。在对数字鸿沟效应进行定义的基础上，应用拓扑学理论及拓扑动力系统理论建立数字鸿沟效应拓扑结构系统，通过模型中输入量矩阵、输出量矩阵、特征系数矩阵的拓扑数学变换解析数字鸿沟效应的作用过程。结果表明，数字鸿沟效应的作用过程有两条路径：①不同地区或群体所对应的输入量不同，经由特征系数矩阵最终造成了输出量的不同；②即使对不同地区输入相同的社会经济资源，不同地区或群体自身的社会经济系统不同，最终也会出现不同的社会信息化结果，从而导致不同地区之间或群体之间在信息化过程中产生一系列差距。

第三，分析数字鸿沟的经济效应。从内涵、形成机理、表现、形成原因等方面系统论述微观层面的消费者鸿沟、企业鸿沟、市场鸿沟和宏观层面的收入鸿沟、增长鸿沟、结构鸿沟。结果表明：①在消费者鸿沟中，线上消费者拥有更多的信息资源和掌握较高的网络应用技能，使线下与线上消费者购物的主动性、便捷性和选择范围存在差距；②在企业鸿沟中，企业间管理者的信息化意识、信息化人才拥有存在差距，导致企业间的成本、产品及收益不同；③在市场鸿沟中，市场间的交易成本存在差距，使市场间的交易环节及运作方式不同；④在收入鸿沟中，不同群体占有和利用信息资源的差距导致居民间工资性收入、经营性收入、财产性收入不同；⑤在增长鸿沟中，地区间人力资本和信息技术应用水平不同，使区域间信息产业发展不均衡、传统产业的运行效率存在差异;⑥在结构鸿沟中,地区间信息消费不同,使产业结构合理化、高度化程度存在差异。

第四,分析数字鸿沟的社会效应。针对目前中国经济社会发展的实际情况,如教育受到广泛的关注、农民利益要求得到保障、女性不断追求性别平等,选择教育、城乡、性别三个主要方面对数字鸿沟的社会效应进行解析。结果表明:①数字鸿沟对教育公平的影响主要体现在教育起点、教育过程、教育结果三个方面,具体表现为教育资源配置失衡、教学模式存在差异、学生能力表现不同,主要原因在于区域间信息化教育观念存在差异、教育经费投入失衡;②数字鸿沟通过扩大城乡居民间的信息资源拥有量、信息认知及信息技术应用效果三个方面的差距来阻碍城乡差距的缩小,具体表现为城乡居民的劳动方式不同、休闲方式不同、享受的社会福利保障不同,主要原因在于城乡居民的信息需求不同、传媒大众对城乡信息的供给不同;③数字鸿沟从技术角度通过"数字性别化"形成性别鸿沟,具体表现为信息技术行业中男女比例失衡、信息技术行业中男女从事的职位存在差异、网络游戏中女性参与度低、网络新闻报道中存在女性形象失真现象,主要原因在于两性使用信息技术的意愿不同、传统性别观念的制约。

第五,分析数字鸿沟的政治效应。以网络政治学为基础,从个人、社会和国家维度探讨数字鸿沟给不同主体造成的权利鸿沟和安全鸿沟问题,从深层次把握数字鸿沟对政治领域影响的形成机理和表现。结果表明:①在现有网络模式下,数字鸿沟导致拥有和使用信息技术水平低的人受到身份歧视的可能增加,后果就是形成公民之间的权利鸿沟;②随着数字鸿沟的扩大,"信息强国"和"信息穷国"之间的综合实力差距越来越大,无论政治、经济、文化还是军事等方面都表现出了强者更强、弱者更弱的马太效应,甚至威胁国家安全。

# 4 区域数字鸿沟形成机理分析

## 4.1 数字鸿沟形成机理的研究进展

国内外对于区域数字鸿沟形成机理进行系统研究的论文较少,但是许多学者都对数字鸿沟的形成予以高度关注,已经涉及形成机理的一个或几个方面,主要包括形成原因、过程、动力机制等。

### 4.1.1 数字鸿沟形成原因研究

国内外对于数字鸿沟形成原因的研究思路经历了从单一原因分析到多方面原因分析的发展,在研究方法上,学者主要根据马斯洛需求层次理论、马太效应理论、技术差距理论等进行理论探讨,运用 OLS、面板数据分析法、GIS 方法等进行实证分析。

#### 4.1.1.1 研究思路

现有文献大体是按照两种思路进行研究。一种认为数字鸿沟的形成原因是单一的,即数字鸿沟仅仅是由技术方面的原因或经济方面的原因导致的;另一种认为数字鸿沟的形成原因具有多重性,是由技术、教育、经济、政治及社会文化等多方面的原因共同作用而导致的。

(1)一部分学者认为数字鸿沟的形成是由单一原因导致(表 4-1),且该类文献主要分为两种观点。

一种观点认为数字鸿沟的形成仅仅是由技术方面的原因(如技术普及差距、技术需求差距)引起的。德国不莱梅大学的 Kubicek(2004)通过研究德国各州网民的上网过程,归纳出网民上网的"学习曲线",从个人角度分析了各州居民之间存在的数字鸿沟,并指出数字鸿沟的形成仅仅是人与人之间在互联网使用上的差距导致的。持相同观点的还有 Nurmela 和 Vihera(2004)、Dewan 和 Riggins(2005),其中,芬兰赫尔辛基大学的 Nurmela 和 Vihera(2004)研究了信息通信技术在芬兰是如何普及的,指出数字鸿沟的形成仅仅是人对信息技术需求的差距导致的;Dewan 和 Riggins(2005)分别从个人、企业组织和全球三个层面分析其形成原因,认为个人或企业组织在信息拥有及信息使用上的不平等导致了全球范围内数字鸿沟的形成,同时区域数字鸿沟也会反作用于这些不平等,使双方差距不断扩大。我国学者陈艳红（2006）从信息素质差异性视角提出信息素质是决定信息主体获取和利用信息资源的关键因素，并用信息主体的信息素质差异性解释了数字鸿沟形成的原因。

另一种观点则认为数字鸿沟的形成仅仅是由经济方面的原因（如经济发展水平差距、收入水平差距）引起的。世界银行开发研究小组的 Dasgupta 和 Wheeler（2005）从互联网用户数和电话数量两个角度进行分析，提出由政治改革引发的经济增长差距是数字鸿沟形成的唯一原因。国内一些学者也把经济方面的原因作为数字鸿沟形成的最主要原因。杨琳和李明志（2002）通过比较我国各地区间信息化差距，认为我国中、西部内陆地区与东部沿海地区之间产生巨大信息化差距的原因就是各地区社会经济发展的不平衡性。胡鞍钢和周绍杰（2002a）研究了中国与世界之间、中国地区之间、中国城乡之间的数字鸿沟，认为这三大数字鸿沟形成的原因主要是经济发展不平衡。樊纲和张晓晶（2003）通过研究也认为中国地区之间的经济发展不平衡和收入分配差距是数字鸿沟形成的重要原因。朱莉和朱庆华（2003）认为国情与经济状况的差异是中国与发达国家之间的数字鸿沟出现并不断扩大的主要原因，数字鸿沟已成为信息时代的"南北问题"。

表 4-1 单一形成原因总结

| 观点 | 文献 | 形成原因 |
| --- | --- | --- |
| 数字鸿沟的形成仅仅是由技术方面的原因引起的 | Kubicek（2004） | 人与人之间在互联网使用上的差距 |
|  | Nurmela 和 Vihera（2004） | 人对信息技术需求的差距 |
|  | Dewan 和 Riggins（2005） | 信息拥有及信息使用的不平等 |
|  | 陈艳红（2006） | 信息主体的信息素质差异性 |
| 数字鸿沟的形成仅仅是由经济方面的原因引起的 | Dasgupta 和 Wheeler（2005） | 经济增长差距 |
|  | 杨琳和李明志（2002） | 各地区社会经济发展的不平衡性 |
|  | 胡鞍钢和周绍杰（2002a） | 经济发展不平衡 |
|  | 樊纲和张晓晶（2003） | 经济发展不平衡和收入分配差距 |
|  | 朱莉和朱庆华（2003） | 国情与经济状况的差异 |

（2）另一部分学者认为数字鸿沟的形成是由多方面原因共同作用导致的（表4-2），主要观点如下。

随着数字鸿沟研究的不断深入，越来越多的学者认同数字鸿沟的形成是由技术、教育、经济、政治及社会文化等多方面原因共同作用导致的。美国宾夕法尼亚州立大学 Guillen 和 Suarez（2005）认为数字鸿沟是各国间互联网普及、经济、制度、政治等多方面的差距造成的。Dewan 和 Riggins（2005）在对以往研究文献进行归纳分析之后，提出区域间的经济、制度、政治方面的差异最有可能是数字鸿沟形成的原因。美国俄亥俄州立大学的 Crenshaw 和 Robison（2006）根据 ITU 和世界银行公布的数据，对 76 个国家之间的数字鸿沟进行统计分析，发现经济因素（外国投资、总出口额、收入水平）、教育因素（信息教育普及程度）、政治因素（国家的民主开放程度）等方面的差异都是全球范围内区域数字鸿沟形成的原因。

国内也有许多学者认为数字鸿沟的形成原因具有多重性，他们主要关注我国省区市间数字鸿沟的形成原因。黄曼慧和黄小彪（2004）通过 CNNIC 发布的第 13 次《中国互联网络发展状况统计报告》，对我国数字鸿沟的现状进行了实证考察，认为各地区经济发展水平的严重不平衡、不同人群掌握技术的智力条件差异、不同地区不同人群的文化程度差距及各地区制度方面的差异都是我国国内出现巨大数字鸿沟的主要原因。王云生（2007）也认为数字鸿沟的形成原因主要是经济发展和经济收入的不平衡、受教育程度差距、年龄、智力、技能、性别、种族、制度和政策等方面。王俊松和李诚（2006）用 GIS 软件分析我国数字鸿沟空间差距并给予相应的分类，在此基础上，将造成我国数字鸿沟的原因归结为经济水平的差距、信息基础设施的差距、教育水平和人才的差距、技术鸿沟、对信息化认识的差距等五个方面。张超（2006）根据 2002~2004 年国家统计局数据，从通信业和互联网业两个方面对我国东、中、西部之间的数字鸿沟问题进行探讨，将我国东、中、西部数字鸿沟形成的原因概括为地区之间整体实力的差距，中、西部企业层次的信息化水平太低，制度上的障碍。刘芸（2007）基于经济视角对国家间信息通信技术使用的差距进行了研究，并指出国际数字鸿沟的成因包括经济因素（人均收入水平）、技术因素（信息基础设施、科技创新水平）、制度因素（政府规制水平）、人力资本因素（教育水平）及包括人口城市化程度和市场开放度等在内的其他因素。薛伟贤和刘骏（2011a）认为区域数字鸿沟主要是由信息资源的差距和信息技术使用技能的差距直接造成的，另外，经济发展水平的差距、政府相关政策的差异和社会文化的差异是其间接原因。闫奕文（2012）认为地区间经济发展水平的严重不均衡、信息基础设施差距及教育水平差距是造成区域间数字鸿沟的主要原因。

还有一些国内学者针对我国农业人口占大多数、三农问题突出的特点，关注我国城乡之间数字鸿沟的形成原因。燕金武（2004）认为信息基础设施差距和收入水平差距是造成城乡间数字鸿沟的原因。薛伟贤和刘骏（2011b）认为陕西省城乡数字鸿沟形成的直接原因在于农村居民信息技术使用技能低，间接原因是农村地区经济发展落后。韩路宾和江娜（2012）分别从经济因素、媒体歧视、个体信息素养差距、信息立法体制建设滞后与信息人才匮乏等五个方面详细分析了我国城乡数字鸿沟的形成和不断扩大的原因。

表 4-2　多重形成原因总结

| 文献 | 形成原因 | 所属范畴 |
| --- | --- | --- |
| Guillen 和 Suarez（2005） | 各国间互联网普及、经济、制度、政治等多方面的差距 | 技术方面、经济方面、政治方面 |
| Dewan 和 Riggins（2005） | 区域间的经济、制度、社会政治方面的差异 | 经济方面、政治方面 |
| Crenshaw 和 Robison（2006） | 外国投资、总出口额、收入水平、信息教育普及程度、国家的民主开放度等方面的差异 | 经济方面、教育方面、政治方面 |
| 黄曼慧和黄小彪（2004） | 各地区经济发展水平的严重不平衡、不同人群掌握技术的智力条件差异、不同地区不同人群的文化程度差距及各地区制度方面的差异 | 经济方面、教育方面、政治方面 |
| 燕金武（2004） | 信息基础设施差距和收入水平差距 | 技术方面、经济方面 |
| 王俊松和李诚（2006） | 经济水平的差距、信息基础设施的差距、教育水平和人才的差距、技术鸿沟、对信息化认识的差距 | 经济方面、技术方面、教育方面、社会文化方面 |
| 张超（2006） | 地区之间整体实力的差距，中、西部企业层次的信息化水平太低，制度上的障碍 | 经济方面、技术方面、政治方面 |
| 刘芸（2007） | 经济因素（人均收入水平）、技术因素（信息基础设施、科技创新水平）、制度因素（政府规制水平）、人力资本因素（教育水平）及包括人口城市化程度和市场开放度等在内的其他因素 | 经济方面、技术方面、政治方面、社会文化方面 |
| 王云生（2007） | 经济发展和经济收入的不平衡、受教育程度差距、年龄、智力、技能、性别、种族、制度和政策 | 教育方面、经济方面、政治方面 |
| 薛伟贤和刘俊（2011a） | 信息资源的差距、信息技术使用技能的差距、经济发展水平的差距、政府相关政策的差异和社会文化的差异 | 技术方面、经济方面、政治方面、社会文化方面 |
| 薛伟贤和刘俊（2011b） | 信息技术使用技能差距、经济发展水平差距 | 技术方面、经济方面 |
| 闫奕文（2012） | 地区间经济发展水平的严重不均衡、信息基础设施差距、教育水平差距 | 经济方面、技术方面、教育方面 |
| 韩路宾和江娜（2012） | 经济因素、媒体歧视、个体信息素养差距、信息立法体制建设滞后、信息人才匮乏 | 经济方面、社会文化方面、技术方面、政治方面、教育方面 |

在这两种思路下提出的形成原因都有一定的局限性。首先，第一种思路忽视了数字鸿沟是一个复杂的社会问题，而不仅是一个技术普及问题或经济问题，没有从社会系统的层面剖析其形成原因。美国加州大学的 Valadez 和 Duran（2007）就批驳了美国社会中"二元"的数字鸿沟概念，他们认为数字鸿沟应当被赋予更为宽广的内涵，应当包括社会关系和教育水平等。因此，研究数字鸿沟的形成原因不仅要从技术或经济方面，还要从教育、社会文化和政治等方面来分析。其次，第二种思路虽然比第一种思路更加全面，从多方面来分析其形成原因，但是大都

只是简单地堆砌这些原因，没有分析原因之间的关系结构，也没有提出每一个原因在数字鸿沟的形成中所发挥的作用。

#### 4.1.1.2 研究方法

关于数字鸿沟形成原因的研究方法主要可分为理论分析和实证分析两个方面。

（1）理论分析方面。Nurmela 和 Vihera（2004）根据马斯洛的需求层次理论来说明数字鸿沟的形成原因，他们得出的结论是，人对信息技术需求的差距就是其形成原因。只有当人们满足了底层需求（如生存需要）以后，才会产生高层次的使用信息技术的需求，而且对信息技术的需求通常在社交需求与尊重需求之间。Dewan 和 Riggins（2005）应用马太效应理论分析了个人、企业组织和全球数字鸿沟的形成原因，认为这三个层面的数字鸿沟的形成有着一个共同的原因，即信息拥有及信息使用上的不平等。刘芸（2006）应用发展经济学中的技术差距理论模型描述数字鸿沟的产生原因，她在模型中引入技术先进国和技术落后国概念模拟信息通信技术在两类国家中的需求与掌握过程，认为正是由于技术落后国对于信息通信技术的滞后效应形成了国际数字鸿沟。

（2）实证分析方面。该方面研究大多通过 OLS 回归分析，研究信息通信技术普及率与不同因素变量之间的关系，以此得到数字鸿沟形成的主要原因，还有一些学者采用面板数据（panel data）分析方法、GIS 方法等进行研究。

应用 OLS 回归分析研究形成原因。Crenshaw 和 Robison（2006）根据 ITU 和世界银行公布的 1995～2001 年统计数据,将互联网普及率作为因变量,外国投资、总出口额、收入水平、信息教育普及程度、国家的民主开放程度作为自变量，对 76 个国家做 OLS 回归分析，研究了国家之间的数字鸿沟形成原因。Guillen 和 Suarez（2005）沿用 Crenshaw 和 Robison 的方法，对 1997～2001 年 118 个国家的数据进行 OLS 回归分析，结果表明各国间互联网普及、经济、制度、社会政治等多方面的差距都是其形成原因。胡鞍钢和周绍杰（2002b）利用主成分分析方法分析了不同因素对国际互联网普及的影响，结果表明经济发展水平、国家知识发展能力、对外开放程度及通信技术引进水平是影响一国国际互联网普及水平的重要因素。

应用面板数据分析方法研究形成原因。Dasgupta 和 Wheeler（2005）通过对来自亚洲、非洲、拉丁美洲的 9 个国家的面板数据进行实证分析，发现国民收入较低的国家与国民收入较高的国家在互联网用户数上的差距正在增大，经济增长差距是数字鸿沟形成的原因。尹翔硕和刘能华（2008）根据《世界发展指标 2005》（*World Development Indicators 2005*）中 74 个国家的统计数据，对数字鸿沟成因的面板数据做了深入的计量分析,发现对外开放度、知识发展水平、收入水平不仅对不同收入水平国家的影响是不同的,而且对传统信息技术水平国家和新兴信息技术水平国家的影响也是不同的。

应用 GIS 方法研究形成原因。王俊松和李诚(2006)根据中国国家信息中心 2001 年的测评报告,利用 GIS 方法显示了我国信息化指数分布状况,发现各省区市的信息化指数空间差距明显,并在此基础上从经济基础、信息基础设施、教育水平、信息技术发展、信息化认识五个层面对我国数字鸿沟的产生原因给予了具体分析。

### 4.1.2 数字鸿沟形成过程研究

对于数字鸿沟的形成过程,国内外研究大多集中在数字鸿沟形成的途径、阶段、影响因素三个方面。

#### 4.1.2.1 数字鸿沟形成途径研究

国内外对于数字鸿沟形成途径的研究几乎都是利用经验进行定性分析,没有进行定量分析或数学证明,缺乏客观性,其主要观点都认为数字鸿沟的形成途径是循环的、相互作用的,且包含多种要素的。

Mason 和 Hacker(2003)运用社会经济学理论、创新扩散理论及知沟理论,解释数字鸿沟形成的途径。他们认为,经济差距、信息技术扩散差距、信息素养差距三者相互循环推动,最后就形成了数字鸿沟(图 4-1)。

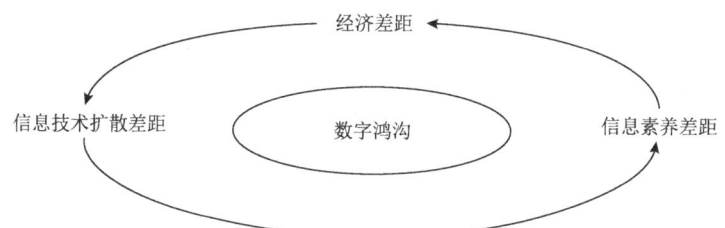

图 4-1 Mason 和 Hacker(2003)的数字鸿沟形成途径

Bridges Network(2001)从信息技术的社会学影响出发,提出通信成本作为数字鸿沟的决定因素之一,可能会极大地改变人们的生活和工作方式,改变国家技术边界和模式,从而在国与国之间形成数字鸿沟,其形成途径为:通信成本 —→ 社会生活方式改变 —→ 国家技术边界和模式改变 —→ 数字鸿沟。

澳大利亚西悉尼大学的 Turpin 和 Cooper(2005)从数字鸿沟系统的输入和输出来描述其形成途径,结果表明,信息技术、信息技术的使用技能及政府政策的差异导致输入的不同,经过一定时期在社会经济系统中的相互作用,产生了不同的输出,最终导致了数字鸿沟的形成(图4-2)。

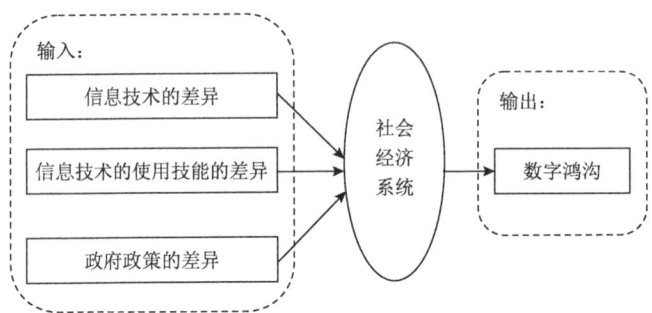

图4-2 Turpin和Cooper(2005)的数字鸿沟形成途径模型

陈爱娟等(2005)通过测度陕西省城乡间数字鸿沟,提出我国城乡信息化差距的产生与城乡之间信息产品供求差异有着极大的联系。城乡之间信息产品供求差异的存在,导致了农村信息产品消费不旺,供求鸿沟拉大,最终形成了城乡之间巨大的数字鸿沟(图4-3)。

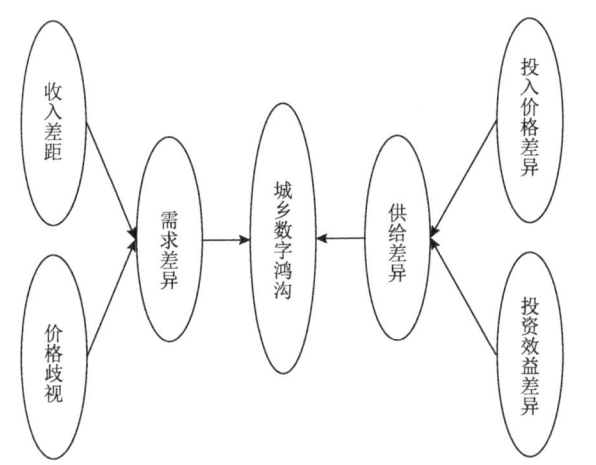

图4-3 陈爱娟等(2005)提出的我国城乡数字鸿沟形成途径

薛伟贤和王涛峰(2006a)认为我国数字鸿沟的形成途径包括两个过程:一个过程是由于经济发展水平、信息资源、科教投入和人才结构这四个因素对信息化水平的影响,产生了数字鸿沟;另一个过程是一个循环,经济发展水平影响了信息资源和科教投入,从而影响了人才结构,进而影响到我国的数字鸿沟,数字鸿沟又反过来影响到经济发展水平,这两个过程分别用实线和虚线表示出(图4-4)。

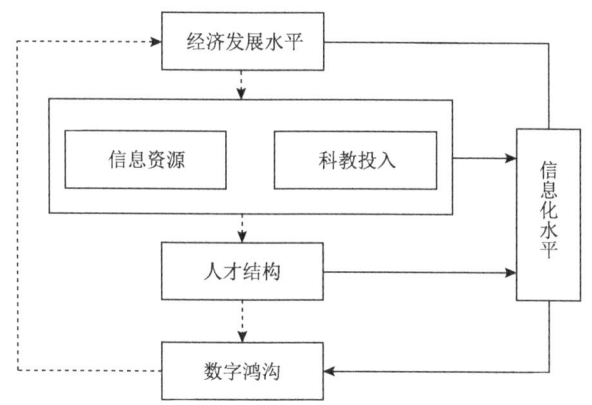

图 4-4 薛伟贤和王涛峰（2006a）提出的我国数字鸿沟形成途径

#### 4.1.2.2 数字鸿沟形成阶段研究

对于数字鸿沟形成阶段的研究是近年来才开始的，其复杂性和多学科性导致形成阶段的研究进展比较缓慢，且以往文献的观点大多是从信息通信技术的扩散研究得出的。

最早从事数字鸿沟形成阶段研究的是荷兰 Twente 大学的 van Dijk 和美国新墨西哥州立大学的 Hacker，他们对 1984~2000 年美国和荷兰两国的数据进行了比较分析，认为收入水平、就业率、教育水平、种族、信息技术使用技能之间的差距相互作用，最终导致数字鸿沟的形成，并提出区域数字鸿沟的形成是一个复杂的、动态的过程，其形成过程具有分阶段特征（van Dijk and Hacker，2003）。但他们只是提出了阶段划分的概念，并没有给出具体的阶段划分。

美国南佛罗里达大学的 Chakraborty 和 Bosman（2005）利用美国 50 个州的种族、收入水平、个人电脑拥有量等数据，使用洛伦兹曲线（Lorenz curve）和基尼系数（Gini coefficient），分别从个人层面和区域经济层面研究了美国各个州之间数字鸿沟的形成过程。结果表明，经济差距和知识技能差距经过时间积累和作用，在信息社会环境下就能形成数字鸿沟，且从 1994 年到 2001 年，美国各州之间的数字鸿沟进入快速形成阶段。

持这一观点的还有 Kvasny 和 Keil（2006）、Dimaggio 等（2004）。Kvasny 和 Keil（2006）分析了美国两个经济发展差距很大的城市 Atlanta 和 LaGrange 的互联网普及率，认为这两个城市间的数字鸿沟处于扩大阶段。Dimaggio 等（2004）也认为美国各州之间的数字鸿沟正处于扩大阶段。

加拿大统计学家 Sciadas（2005）选择了五个时间点（1995 年、1997 年、1999 年、2001 年、2003 年）对全球 30 个发展中国家的数字鸿沟进行统计学研究，并应用 Rogers 的技术创新扩散理论，从经济、社会、信息通信技术基础设施、信息通信技术技能等方面阐述了其形成的动态过程,认为信息通信技术的扩散也应该像20世纪60年代电视机的扩散一样具有阶段性。

薛伟贤和刘骏(2008a)应用技术创新扩散理论来说明信息通信技术扩散遵循"S"形曲线模式,从而表现出数字鸿沟形成过程的萌芽阶段、逐渐扩大阶段、稳定阶段、逐渐缩小阶段四个阶段。

上述研究都表明数字鸿沟的形成具有阶段性特征,其形成过程是一个复杂的、动态的过程。但是,这些研究大多都是针对某一特定区域(如美国)数字鸿沟的形成过程进行分析,并没有对数字鸿沟的形成过程进行具体的、科学的阶段划分。

#### 4.1.2.3 数字鸿沟形成影响因素研究

早在1998年NTIA发布的报告《在网络中落伍:数字鸿沟的新数据》中就明确指出,个人拥有计算机、种族、家庭类型、地理位置是数字鸿沟形成的重要影响因素。该报告根据1984~1998年美国政府公布的调查数据,从个人电脑、互联网使用等方面考察了美国"信息穷人"和"信息富人"之间的数字鸿沟,在研究结论中提出了数字鸿沟的影响因素,但是并未解释这些因素是如何影响数字鸿沟的形成的。

在此之后,国内外的研究者对数字鸿沟形成的影响因素展开了大量研究,但是就目前的研究进展来看,研究者几乎都是利用某些国家或地区的统计数据来进行分析的。下面从研究角度和研究方法两个方面梳理相关文献。

(1)从研究角度来看,数字鸿沟形成的影响因素的研究文献基本分为两类,一类是对不同区域间数字鸿沟形成的影响因素进行研究,一类是对不同群体间数字鸿沟形成的影响因素进行研究。

研究不同区域间数字鸿沟形成的影响因素的文献主要关注国家之间、州(省)之间、城市之间或城乡之间的数字鸿沟。如 Losh(2003)对美国50个州之间的数字鸿沟进行了分析,认为性别、职业、年龄三个因素会影响数字鸿沟的形成。Martin 和 Robinson(2004)利用1998年至2001年美国和其他15个欧洲国家的数据,对国家之间的数字鸿沟的形成进行了研究,发现信息技术使用资费是最为重要的影响因素。持这一观点的还有 Cartier 等(2005),他们对美国10个大城市的互联网用户数量、互联网普及率进行了统计数据分析,并按照收入水平对"信息富人"和"信息穷人"之间的数字鸿沟进行了划分,结果表明上网费用是主要影响因素。Forman(2005)应用来自83个国家的统计数据,对国与国之间数字鸿沟的形成进行了分析,结果表明国家的信息技术引进水平、地理优势、信息人才的地理分布是国家间数字鸿沟形成的重要影响因素。Labrianidis 和 Kalogeressis

(2006)研究了10个欧洲国家之间的数字鸿沟,认为地理位置差异在某种程度上只是静态的影响因素,在众多影响因素之中人力资本才是最为重要的因素。Pick等(2015)研究了影响美国各州信息通信技术获得与使用的相关因素,发现社会资本、教育水平、社会开放程度、城市化水平和种族都与信息通信技术使用显著相关,是各州间数字鸿沟形成的主要影响因素。

国内的研究者比较关注中国东、西部之间,各省区市之间及城乡之间数字鸿沟形成的影响因素。汪明峰(2005)认为人均GDP、城市化率、每百人拥有固定电话数、每百人拥有移动电话数、每百户拥有家庭电脑数、高校在校学生数、外资占GDP比重这七个因素对我国各省区市之间的数字鸿沟影响最大。柯惠新和王锡苓(2005)则提出应将社会层面和个人层面作为分析的主线来考察数字鸿沟形成的影响因素,并认为影响因素应包括国家基础设施建设、政府政策、语言与本土内容、社会支持、个人接入、技术技能、使用目的、政府的支持与力荐程度、国民受教育程度、网民的技术技能等。袁勤俭等(2005)通过分析NTIA历年发布的系列报告"在网络中落伍"中1989年至2000年的历史数据,探讨了美国国内数字鸿沟形成的影响因素,结果表明收入水平、种族、年龄、教育水平、家庭类型、空间位置等是重要影响因素。但是,最新研究表明,随着信息产品生产成本和使用资费的不断下降及信息产品的使用界面越来越友好,人均收入、教育水平已不再是数字鸿沟形成的主要影响因素。如刘芸(2007)对国家间数字鸿沟形成的影响因素进行了分析,发现自2000年以来,人均收入、教育水平不再是影响信息通信技术扩散速度的重要因素,而市场开放度和高科技水平,以及信息基础设施的影响却非常明显,这也说明数字鸿沟形成的影响因素处在动态变化之中。

研究不同群体间数字鸿沟形成的影响因素的文献主要分析不同种族、不同性别、不同职业等群体之间的数字鸿沟。如Lenhart和Horrigan(2003)应用2002年美国政府对数字鸿沟问题的抽样调查数据,将上网频率作为一个连续集合来研究(即一些网民上网比较频繁,另一些网民较少上网,还有一些网民极少上网),并从社会学、人口统计学、心理学方面分析了数字鸿沟形成的影响因素,结果发现种族、个人信息意识及国家对于信息技术的引进水平对数字鸿沟的形成影响较大。Cooper(2002)在2001年对美国的数字产品使用和消费情况做了调研,发现信息技术使用资费、是否拥有计算机、消费者年龄都是数字鸿沟形成的重要影响因素。Donnermeyer和Hollifield(2003)通过问卷调查的方式,对美国农民与服务业从业人员之间的数字鸿沟进行了研究,结果发现个人信息意识、居住地所在位置及互联网使用花费是这两个不同职业群体间数字鸿沟形成的主要影响因素。

(2)从研究方法上看,以往文献主要采用的方法有多元线性回归、面板数据分析方法、结构方程模型、决策实验和评价实验法、解释结构模型等。分析所用资料有两种来源渠道，一种是政府或组织公布的统计数据，另一种是研究者自己发放的调查问卷，其中应用统计数据情况较多。

应用多元线性回归研究影响因素。Losh（2003）根据美国各州政府 1983～1998 年公布的互联网普及率、网民数量、性别、职业、年龄等统计数据，应用多元线性回归进行分析，发现性别、职业、年龄三个因素对数字鸿沟的形成影响最为显著。Forman（2005）、Labrianidis 和 Kalogeressis（2006）也应用多元线性回归分析了国家之间的数字鸿沟形成影响因素，所不同的是，其中 Forman 在研究中使用的是 2003 年联合国公布的 83 个国家的互联网用户数、人均 GDP、高科技人才比例等统计数据，而 Labrianidis 和 Kalogeressis 使用的是 2003 年欧盟公布的 12 个成员国的信息产业发展和社会经济数据。Pick 和 Nishida（2015）应用多元线性回归研究了欧洲、非洲、亚洲、拉丁美洲等地区发达国家与发展中国家之间数字鸿沟形成的影响因素，发现教育、经济、政府和社会开放等都会影响信息技术的利用率。国内对数字鸿沟形成的影响因素的研究起步较晚，因此，其研究思路大多也是遵循国外的文献，即根据某些国家或地区政府公布的统计数据进行回归分析。如汪明峰（2005）建立了七种多元线性回归模型，根据 2000～2004 年《中国统计年鉴》的数据来分析中国国内数字鸿沟形成的影响因素。刘芸（2007）根据 2000～2004 年 43 个国家样本的数据，将电话、个人电脑、互联网主机和互联网用户作为因变量，人均收入、城市化水平、教育水平、信息基础设施、政府规制水平、市场开放度、科技创新水平作为自变量，建立多元线性回归方程，对国际数字鸿沟形成的影响因素进行了实证分析。

应用面板数据分析方法研究影响因素。Martin 和 Robinson（2004）利用 1998～2001 年美国和其他 15 个欧洲国家政府公布的社会信息化数据，运用面板数据分析方法建立模型，不仅对各国的截面数据进行比较分析，还通过时间序列持续地考察国际数字鸿沟形成的影响因素。虽然应用该方法的文献很少，但是这种研究方法很有启发性。

应用结构方程模型研究影响因素。美国消费者联盟的研究人员 Cooper（2002）在 2001 年通过向美国各个州的数字产品消费者发放问卷，并运用结构方程模型进行数据分析以得出各州之间数字鸿沟形成的主要影响因素。Donnermeyer 和 Hollifield（2003）通过发放问卷的方式，调查内布拉斯加州和威斯康星州四个农村的 471 位受访者（农民与服务业从业人员占绝大多数）使用电子邮件及浏览网页的情况，以研究不同职业群体之间数字鸿沟的影响因素。

应用解释结构模型研究影响因素。薛伟贤和刘俊（2008b）首先运用文献计量法筛选 14 个数字鸿沟形成的主要影响因素，随后应用解释结构模型分析 14 个主要影响因素的关系结构，最终确定信息资源、地理位置、年龄、个人拥有计算机、个人信息技能、个人收入水平是数字鸿沟的表层直接影响因素，信息技术研发投入、信息人才、个人信息意识是中层间接影响因素，教育发展水平、经济发展水平、信息基础设施建设、政府相关政策、社会文化是深层根本影响因素。黄金和赵冬梅（2011）构建解释结构模型，通过对2007年至2009年IDEAS经济学文献数据库和中国期刊全文数据库收录的有关数字鸿沟论文进行统计分析，找出数字鸿沟的表层直接影响因素、中间层间接影响因素和深层根本影响因素。

应用决策实验和评价实验法研究影响因素。侯艳辉和郝敏（2013）基于数字鸿沟分层的视角，构建了数字鸿沟成因和发展模型，建立了数字鸿沟影响因素指标体系，并通过问卷调查的方式获得了专家数据，然后运用决策实验和评价实验法对数据进行定量分析，找出了其中关键的影响因素。

按照研究角度、研究方法及研究结论对上述文献进行总结（表4-3）。

表4-3 关于数字鸿沟形成影响因素文献的总结

| 研究角度 | 文献 | 研究方法 | 研究结论 |
|---|---|---|---|
| 不同区域间数字鸿沟形成的影响因素 | Losh（2003） | 多元线性回归 | 性别、职业、年龄三个因素会影响数字鸿沟的形成 |
| | Martin和Robinson（2004） | 面板数据分析方法 | 信息技术使用资费是最为重要的影响因素 |
| | Forman（2005） | 多元线性回归 | 信息技术引进水平、地理优势、信息人才的地理分布是国家间数字鸿沟形成的重要影响因素 |
| | Labrianidis和Kalogeressis（2006） | 多元线性回归 | 地理位置差异在某种程度上只是静态的影响因素，人力资本是最为重要的因素 |
| | 汪明峰（2005） | 多元线性回归 | 人均GDP、城市化率、每百人拥有固定电话数、每百人拥有移动电话数、每百户拥有家庭电脑数、高校在校学生数、外资占GDP比重这七个因素对我国各省市之间的数字鸿沟影响最大 |
| | 刘芸（2007） | 多元线性回归 | 自2000年以来，人均收入、教育水平不再是影响信息通信技术扩散速度的重要因素，而市场开放度和高科技水平，以及信息基础设施的影响却非常明显 |
| | 薛伟贤和刘骏（2008b） | 解释结构模型 | 信息资源、地理位置、年龄、个人拥有计算机、个人信息技能、个人收入水平是数字鸿沟的表层直接影响因素，信息技术研发投入、信息人才、个人信息意识是中层间接影响因素，教育发展水平、经济发展水平、信息基础设施建设、政府相关政策、社会文化是深层根本影响因素 |
| | 黄金和赵冬梅（2011） | 解释结构模型 | 收入水平、区域性、信息资源建设、信息技术素养是表层直接影响因素；基础设施、信息人才、技术创新是中间层间接影响因素；城市化水平、政府政策制度、受教育程度、经济发展水平、市场开放程度是深层根本影响因素 |
| | 侯艳辉和郝敏（2013） | 决策实验和评价实验法 | 经济水平、教育水平和信息资源丰富程度是数字鸿沟形成最重要的影响因素 |

续表

| 研究角度 | 文献 | 研究方法 | 研究结论 |
|---|---|---|---|
| 不同群体间数字鸿沟形成的影响因素 | Cooper（2002） | 结构方程模型 | 信息技术使用资费、是否拥有计算机、消费者年龄都是数字鸿沟形成的重要影响因素 |
| | Donnermeyer 和 Hollifield（2003） | 结构方程模型 | 个人信息意识、居住地所在位置及互联网使用花费是美国农民与服务业从业人员之间数字鸿沟形成的主要影响因素 |

无论从研究角度还是从研究方法上看，现有文献都存在以下不足：①各文献中的影响因素均不相同，缺乏统一的认识；②各个国家或地区的统计数据口径和项目相差很大，因此，利用某些国家或地区的统计数据进行研究分析，具有一定局限性，不能反映全球范围内的数字鸿沟；③都没有从理论上对数字鸿沟形成的影响因素进行分析，缺乏通用的模型。

### 4.1.3 数字鸿沟形成动力机制研究

目前国内外对于数字鸿沟形成动力机制的研究文献鲜见，现有研究可归纳为两方面：一是数字鸿沟的形成动力大小，二是数字鸿沟的形成动力是如何运行的。

（1）数字鸿沟形成动力的大小研究。James（2008a）建立了一个由社会经济要素、政府要素、信息技术要素所构成的概念模型，通过该模型来研究发展中国家之间数字鸿沟形成的动力机制，并以埃及与爱沙尼亚之间数字鸿沟的形成为例，说明社会经济要素、政府要素、信息技术要素共同推动数字鸿沟的形成，其中社会经济要素推动力最大，其次是政府要素，信息技术要素推动力最小。James 在该项研究中承认存在一点不足，即仅考虑了模型各组成要素对数字鸿沟形成的作用，而未考虑各组成要素之间的相互作用，如信息技术的变革对社会经济要素所产生的影响。在随后的研究中，James（2008b）建立了一种包含反馈机制的新模型，该模型通过双向回路和相应的实时状态方程组来分析国家间数字鸿沟的动力机制，其研究结果表明，数字鸿沟自身的反馈机制会使社会经济要素、政府要素推动力变得更大。

Pick 和 Azari（2008）根据世界银行 2008 年发布的数据，对 71 个成员国家的数据进行了多元线性回归分析，通过各数据指标与信息通信技术普及率的相关性来判定其对国家间数字鸿沟形成的推动力大小，结果显示，对发展中国家之间数字鸿沟形成推动力较大的是外国直接投资（foreign direct investment，FDI）和政府对信息通信技术发展的政策态度，而对发达国家之间数字鸿沟形成推动力较大的是劳动力素质和教育发展水平。

（2）数字鸿沟的形成动力运行研究。Hongladarom（2004）构建了一个

"two-person"分析框架，从人与人之间数字鸿沟形成的角度分析其形成的动力，他通过一个发生在泰国的案例，阐述了其数字鸿沟的形成动力是由普遍服务（universal service）失效而产生的，普遍服务的失效使泰国的穷人因负担不起过高的信息通信费用而转变为"信息穷人"。

荷兰海牙社会与文化研究中心的 Haan（2004）通过引入六种社会参与（教育参与、经济生活参与、社会生活参与、家庭参与、文化参与、政治参与）和四种资源（物理设备、信息意识、社会文化、闲暇时间），分析了人与人之间在接触数字信息方面的差距，并据此建立了数字鸿沟因果反馈链模型，从多维度的、动态的角度来说明数字鸿沟形成的动力机制。

Cheneau-Loquay（2007）根据非洲国家通信和信息管理机构（Africa National Telecommunication and Information Administration）搜集的 2006 年南非的互联网、移动电话、固定电话用户数及人口和人均 GDP 等数据，论述了国家内部数字鸿沟的形成动力来自数字产品市场机制失灵。具体来讲，数字产品市场机制失灵导致了信息软硬件资源配置失调，推动信息软硬件资源向数字经济发达的南部城市集中，最后在南非国内形成数字鸿沟。

Souter（2007）根据互联网使用者在全球的分布，研究了全球数字鸿沟形成的动力机制，并通过引入穷国与富国的分析框架，论述了全球数字鸿沟的形成由两方面的力量推动，一方面是穷国与富国在互联网使用上的差距，另一方面是穷国内部穷人与富人在互联网使用上的差距。

纵观现有研究文献，大多认为数字鸿沟形成的动力机制是多层面的、动态的，但是都没能深入地、系统地揭示数字鸿沟形成动力机制的结构体系和运行规则，因此，也就不可能科学合理地阐述动力机制是如何运行的。

## 4.2 区域数字鸿沟的形成原因

技术创新扩散理论认为，在内部学习能力与外部传播环境的约束下，新技术模式在不同扩散主体间不断传播演化，当主体采用先进的知识理念、技术和方法进行生产活动时,将在组织内建立起以新技术为核心的新生产经营系统(Freeman，1991）。结合技术创新扩散理论，区域数字鸿沟可以理解为信息通信技术在不同区域间非均衡扩散的结果，其扩散过程受两方面影响：一个是潜在用户的认知进化，用户基于自身条件能够自主学习，直接导致信息通信技术的扩散；另一个是潜在用户所处的外部环境，用户通过外部环境诱导可以产生模仿行为，间接影响信息通信技术的扩散。基于此，潜在用户的认知进化和潜在用户所处的外部环境可以分别视为区域数字鸿沟形成的直接原因和间接原因。

## 4.2.1 直接原因

潜在用户的认知进化是信息通信技术应用的内部基础,决定信息主体应用信息通信技术的主观能动性,包括信息拥有和信息使用两个方面。信息拥有指用户所拥有的信息资源数量、质量及信息结构等;信息使用指信息使用技能及信息使用范围等。

### 4.2.1.1 信息拥有

信息拥有最直接的体现是用户所拥有的信息资源数量。信息资源包括信息硬件资源和信息软件资源。信息硬件资源指计算机、电话、互联网主机、网络宽带设施、国际及国内光缆、通信卫星等。信息软件资源主要是指计算机软件、网站、网页及网络上的各种数据信息。信息资源对现代信息通信技术的普及起着重要作用,它是信息传输与交换的基础,也是推进社会信息化的基础。目前,发达国家的信息资源往往比发展中国家要丰富得多,二者的信息资源量差距巨大。2009年ITU发布的报告《衡量信息社会:信息通信技术发展指数》(*Measuring the Information Society: The ICT Development Index*)显示,发达国家每百人拥有100.3部移动电话,而发展中国家仅为39.2部。信息化综合得分是对一个国家通信基础设施、信息产业技术、网络应用消费、信息知识、信息产业发展等方面评分后加权得出,可以用来反映一个国家的信息化发展程度(国家统计局统计科学研究所信息化统计评价研究组,2014)。从世界各国与地区的信息化综合得分可以发现,信息化程度排名前20位的国家或地区绝大部分为发达国家或地区,广大发展中国家与落后地区多排在后面;同时对比各国与地区的通信基础设施得分可以发现,信息化程度排名靠前的国家与地区的通信基础设施建设水平都相应较高(表4-4)。

表4-4  2008~2015年通信基础设施建设与信息化程度排名前20位的国家(地区)

| 排名 | 2008年 | | | 2010年 | | | 2012年 | | | 2015年 | | |
| --- | --- | --- | --- | --- | --- | --- | --- | --- | --- | --- | --- | --- |
| | 国家(地区) | 信息化 | 通信基础设施 | 国家(地区) | 信息化 | 通信基础设施 | 国家(地区) | 信息化 | 通信基础设施 | 国家(地区) | 信息化 | 通信基础设施 |
| 1 | 丹麦 | 5.85 | 0.81 | 瑞典 | 5.60 | 0.74 | 芬兰 | 5.98 | 0.72 | 新加坡 | 6.0 | 0.88 |
| 2 | 瑞典 | 5.84 | 0.81 | 新加坡 | 5.59 | 0.74 | 新加坡 | 5.96 | 0.69 | 芬兰 | 6.0 | 0.86 |
| 3 | 美国 | 5.68 | 0.76 | 芬兰 | 5.43 | 0.69 | 瑞典 | 5.91 | 0.82 | 瑞典 | 5.8 | 0.88 |
| 4 | 新加坡 | 5.67 | 0.60 | 瑞士 | 5.33 | 0.71 | 荷兰 | 5.81 | 0.83 | 挪威 | 5.8 | 0.83 |
| 5 | 瑞士 | 5.58 | 0.66 | 美国 | 5.30 | 0.85 | 挪威 | 5.66 | 0.78 | 美国 | 5.8 | 0.76 |

续表

| 排名 | 2008年 | | | 2010年 | | | 2012年 | | | 2015年 | | |
|---|---|---|---|---|---|---|---|---|---|---|---|---|
| | 国家（地区） | 信息化 | 通信基础设施 | 国家（地区） | 信息化 | 通信基础设施 | 国家（地区） | 信息化 | 通信基础设施 | 国家（地区） | 信息化 | 通信基础设施 |
| 6 | 芬兰 | 5.53 | 0.64 | 中国台湾 | 5.29 | — | 瑞士 | 5.66 | 0.87 | 荷兰 | 5.8 | 0.84 |
| 7 | 冰岛 | 5.50 | 0.61 | 丹麦 | 5.21 | 0.78 | 英国 | 5.64 | 0.81 | 瑞士 | 5.8 | 0.83 |
| 8 | 挪威 | 5.49 | 0.79 | 加拿大 | 5.21 | 0.84 | 丹麦 | 5.58 | 0.86 | 英国 | 5.7 | 0.85 |
| 9 | 荷兰 | 5.48 | 0.76 | 挪威 | 5.19 | 0.80 | 美国 | 5.57 | 0.68 | 卢森堡 | 5.7 | 0.87 |
| 10 | 加拿大 | 5.41 | 0.71 | 韩国 | 5.19 | 0.87 | 中国台湾 | 5.47 | — | 日本 | 5.6 | 0.85 |
| 11 | 韩国 | 5.37 | 0.73 | 荷兰 | 5.19 | 0.80 | 韩国 | 5.46 | 0.83 | 丹麦 | 5.6 | 0.86 |
| 12 | 中国香港 | 5.30 | — | 中国香港 | 5.14 | — | 加拿大 | 5.44 | 0.71 | 中国香港 | 5.6 | — |
| 13 | 澳大利亚 | 5.30 | 0.71 | 德国 | 5.14 | 0.73 | 德国 | 5.43 | 0.77 | 韩国 | 5.6 | 0.91 |
| 14 | 英国 | 5.29 | 0.68 | 卢森堡 | 5.12 | 0.76 | 中国香港 | 5.40 | — | 加拿大 | 5.6 | 0.78 |
| 15 | 奥地利 | 5.27 | 0.64 | 英国 | 5.07 | 0.81 | 以色列 | 5.39 | 0.68 | 德国 | 5.6 | 0.82 |
| 16 | 日本 | 5.22 | 0.67 | 冰岛 | 5.06 | 0.66 | 卢森堡 | 5.37 | 0.86 | 冰岛 | 5.5 | 0.76 |
| 17 | 爱沙尼亚 | 5.19 | 0.66 | 澳大利亚 | 5.03 | 0.78 | 冰岛 | 5.31 | 0.87 | 新西兰 | 5.5 | 0.71 |
| 18 | 法国 | 5.19 | 0.70 | 新西兰 | 4.95 | 0.73 | 澳大利亚 | 5.26 | 0.65 | 澳大利亚 | 5.5 | 0.76 |
| 19 | 德国 | 5.17 | 0.61 | 日本 | 4.92 | 0.71 | 奥地利 | 5.25 | 0.69 | 中国台湾 | 5.5 | — |
| 20 | 卢森堡 | 5.17 | 0.65 | 法国 | 4.90 | 0.75 | 新西兰 | 5.25 | 0.73 | 奥地利 | 5.4 | 0.76 |

资料来源：《中国信息年鉴》（2013～2016年）

信息资源较丰富的区域，其连入网络的机会就更多，拥有的信息在数量和质量上都会优于信息资源较贫乏的区域，这样就会在区域之间造成"信息落差"，从而导致区域数字鸿沟的形成。例如，在2013年，信息资源较丰富的北美地区每千人中有840户是互联网用户，而信息资源较贫乏的非洲地区每千人中只有35户是互联网用户，可以想象这两个地区之间在信息拥有上的巨大差距。

一个缺乏电脑、电话等信息硬件资源的区域必然会坠入数字鸿沟的深渊；同样，一个缺乏计算机软件、网络数据信息等信息软件资源的区域也必然会沦为信息社会的边缘地区。在信息时代，由信息资源差距从信息拥有方面所引发的区域之间的"信息落差"直接导致了区域数字鸿沟的形成。

#### 4.2.1.2 信息使用

在现代信息社会，即使人人都能拥有信息，也不一定人人都会使用信息。拥有信息和使用信息是两回事，能否使用这些信息及如何使用它们，诸如此类的问题要远比拥有它们复杂得多。

从现代信息通信技术本身的特点看，信息技术的使用不仅需要有软硬件的接入，还需要使用者具备一定的教育水平和信息素养。具备良好教育水平和信息素养的人往往都有较高的信息技术使用技能，他们可以更好地利用手中的计算机等信息硬件资源，通过网站等信息软件资源，获取并使用信息。例如，有的人使用互联网只是进行玩游戏、听音乐等娱乐活动，而另一些人却会利用互联网进行金融投资、信息检索、电子商务、网络教育等深层次的网络活动。我国网民在互联网信息的使用深度上存在较大差距。2008 年到 2015 年间我国各类网络应用中使用率较高的为搜索引擎、网络新闻、网络音乐和即时通信，使用率达到 70%以上；使用率较低的为网络教育，低于 20%（表 4-5）。可以发现，只有小部分人具备深层次使用互联网信息的技能，而那些只能在浅层次使用互联网信息的人与他们存在很大的使用技能差距。

表 4-5 2008～2015 年各类网络应用用户规模和使用率

| 应用类型 | 2008 年 | | 2009 年 | | 2011 年 | | 2013 年 | | 2015 年 | |
| --- | --- | --- | --- | --- | --- | --- | --- | --- | --- | --- |
| | 用户规模/十万人 | 使用率 | 用户规模/十万人 | 使用率 | 用户规模/十万人 | 使用率 | 用户规模/十万人 | 使用率 | 用户规模/十万人 | 使用率 |
| 搜索引擎 | 2030 | 68.0% | 2813 | 73.3% | 4074 | 79.4% | 4896 | 79.3% | 5662 | 82.3% |
| 网络新闻 | 2440 | 78.5% | 3077 | 80.1% | 3669 | 71.5% | 4913 | 79.6% | 5644 | 82.0% |
| 网络购物 | 740 | 24.8% | 1080 | 28.1% | 1939 | 37.8% | 3018 | 48.9% | 4132 | 60.0% |
| 团购 | — | — | — | — | 646 | 12.6% | 1406 | 22.8% | 1802 | 262% |
| 网上支付 | 520 | 17.6% | 941 | 24.5% | 1667 | 32.5% | 2602 | 42.1% | 4161 | 60.5% |
| 旅行预订 | 340 | 11.4% | 802 | 17.9% | 1027 | 18.2% | 1808 | 29.3% | 2595 | 37.7% |

续表

| 应用类型 | 2008年 用户规模/十万人 | 使用率 | 2009年 用户规模/十万人 | 使用率 | 2011年 用户规模/十万人 | 使用率 | 2013年 用户规模/十万人 | 使用率 | 2015年 用户规模/十万人 | 使用率 |
|---|---|---|---|---|---|---|---|---|---|---|
| 网上银行 | 580 | 19.3% | 941 | 24.5% | 1662 | 32.4% | 2501 | 40.5% | 3363 | 48.9% |
| 即时通信 | 2240 | 75.3% | 2723 | 70.9% | 4151 | 80.9% | 5322 | 86.2% | 6240 | 90.7% |
| 电子邮件 | 1690 | 56.8% | 2180 | 56.8% | 2458 | 47.9% | 25921 | 42.0% | 2584 | 37.6% |
| 论坛/BBS | 910 | 30.7% | 1170 | 30.5% | 1447 | 28.2% | 2808 | 45.5% | 2890 | 38.7% |
| 网络教育 | 170 | 5.6% | 568 | 14.8% | 900 | 17.8% | 1205 | 19.5% | 1104 | 19.0% |
| 社交网站 | — | — | 1758 | 45.8% | 2442 | 47.6% | 2777 | 45.0% | — | — |
| 网络视频 | 2020 | 67.7% | 2404 | 62.6% | 3253 | 63.4% | 4282 | 69.3% | 5039 | 73.2% |
| 网络游戏 | 1870 | 62.8% | 2645 | 68.9% | 3243 | 63.1% | 3308 | 54.7% | 3914 | 56.9% |
| 网络音乐 | 2490 | 83.7% | 3207 | 83.5% | 3858 | 75.2% | 4531 | 73.4% | 5.13 | 72.8% |
| 网络文学 | — | — | 1626 | 42.3% | 2027 | 39.2% | 274 | 44.4% | 2967 | 43.1% |

资料来源：《中国信息年鉴》（2013年、2014年、2016年）

信息技术使用技能差距从信息使用方面发挥作用，信息技术使用技能较高的人往往能更好地使用信息，从而使区域内部群体之间产生"信息落差"，直接导致区域数字鸿沟的形成。

## 4.2.2 间接原因

潜在用户所处的外部环境是信息通信技术应用的外部条件，决定了信息主体应用信息通信技术的客观环境，包括信息化建设的经济基础、政策环境和社会文化环境三方面。

### 4.2.2.1 经济基础

经济基础指信息主体的购买力、消费水平等。各地区接入移动通信网络、互联网等信息软硬件设施离不开一定的物质条件，其接入水平的高低与该地区的经济发展水平密切相关。因此,使用移动通信服务或互联网对于经济较为落后的地区来说是一种奢求,这些地区对于信息化的需求就会很小。根据马斯洛的需求层次理论可知,只有当人们满足了底层需求(如生存的需要)以后,才会产生较高层次的使用信息技术的需求,而且信息技术的需求通常在社交需求与尊重需求之间产生(Nurmela and Vihera,2004)。从全世界范围来看,在撒哈拉以南的非洲地区,许多国家连食品需求都还没有解决,更别说更高层次的信息软硬件建设需求。选取 2015 年人均 GDP 排名靠前的 10 个发达国家与排名靠后的 10 个欠发达国家,可以看到发达国家与欠发达国家的经济发展水平存在巨大落差,相对应,发达国家的信息化程度高,信息化发展指数均在 8 以上,而欠发达国家则还未产生较高层次的信息化需求,其信息化发展水平也较低,信息化发展指数均在 2 以下(图4-5),这充分反映了欠发达地区与发达地区之间由经济发展水平差距所造成的信息资源差距。国际经济不平等和不平衡性在信息时代更加突出。

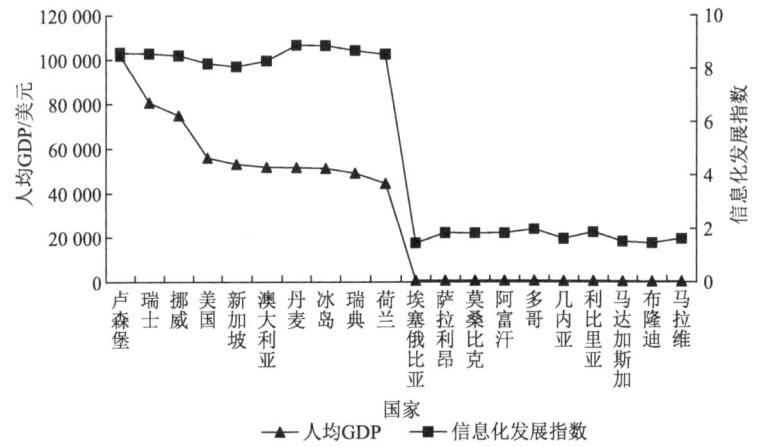

图 4-5　2015 年世界部分国家人均 GDP 与信息化发展指数

资料来源:人均 GDP 来自世界银行数据库;信息化发展指数来自《中国信息年鉴》(2016 年)

区域间经济发展水平的差距从信息化需求方面发挥作用,引起区域间信息资源拥有的差距,间接导致了区域数字鸿沟的形成。不同国家或地区在经济发展水平上的差距是区域数字鸿沟形成的间接原因。

#### 4.2.2.2　政策环境

政策环境指政府针对信息化建设所制定的政策措施和法律法规。政策环境的差异从信息化环境方面发挥作用,引起信息资源拥有的差距和信息技术使用技能的差距,间接导致区域数字鸿沟的形成。

（1）政策环境的差异从信息化环境方面引起信息资源拥有的差距，进而导致区域数字鸿沟的形成。

由于建设信息软硬件资源的投资成本高、周期长、技术要求高，往往不能由市场自发地解决，需要政府参与，政府相关政策对信息资源建设起着关键作用。如果政府采取的相关政策有利于信息资源建设，就会使信息资源得以丰富；反之，则会使信息资源变得匮乏。NTIA 早在 1998 年发布的报告《在网络中落伍：数字鸿沟的新数据》中就提出，政府应采取政策措施加快信息资源建设，使所有美国人都能连入"信息高速公路"。韩国 1999 年推出《21 世纪计算机韩国》，计划在 2005 年完成超高速通信网的建设。英国政府在 2000 年颁布了《电子通信法》，丹麦政府也于 2000 年实施了《电子签名法》，法国 2008 年 10 月公布了《数字法国 2012》计划，其他一些欧洲国家也制定了有关社会信息化发展的法律法规。澳大利亚政府于 2012 年 10 月发布《澳大利亚公共服务信息与通信技术战略 2012—2015》，强调应增强政府机构的数据分析能力，从而促进更好的服务传递和更科学的政策制定，并将制定一份大数据战略作为战略执行计划之一。2013 年 6 月在北爱尔兰举行的八国峰会制定了《G8 开放数据宪章》，提出要注重对信息基础设施的升级建设，加大民主、环境等关键领域开放数据的提供力度。2015 年美国联邦通信委员会（Federal Communications Commission，FCC）在《2015—2018 年战略规划》中提出要强化信息化基础设施建设、保障通信安全、促进市场竞争、保护用户权益，塑造更加健全的信息化环境。这些政策措施和法律法规对建立良好的信息化环境有着重要作用。而与发达国家形成鲜明对比的是，不少发展中国家的政府还未能制定相应的政策措施以加快信息化环境建设，这些国家既缺乏发展信息资源的政策，也缺乏相应的法律，甚至采取阻碍的政策。例如，直到 1998 年埃及政府才允许铺建第二根电话线；作为世界最不发达国家之一的厄立特里亚，是非洲最后一个接入互联网的国家（2000 年），直到 2014 年该国每千人互联网用户数仅为 9 户，政府禁止民间使用互联网卫星接收器（国家特许除外），私营互联网公司必须从厄立特里亚电信有限公司接入网络，为客户提供有线和无线上网服务。正是区域间政策环境的差异从信息化环境方面发挥作用，造成了信息资源拥有的差距，间接导致区域数字鸿沟的形成。

（2）政策环境的差异从信息化环境方面引起信息技术使用技能的差距，进而导致区域数字鸿沟的形成。

政策环境对信息技术使用技能的普及和提高起着重要作用。政府是否鼓励人们掌握现代信息技术使用技能、是否普及信息化教育都会引起区域间信息技术使用技能的差距。例如，美国政府在 2000 年颁布的《从数字鸿沟走向数字化机遇》报告，就提出了提高信息教育水平、创建社区信息技术培训中心等倡议和措施。韩国政府十分重视信息化教育的普及，于 2000 年起实施"韩国 1000 万人信息技术教育计划",培训了包括教师、学生、农民、家庭主妇、残疾人等在内的1380万人(占韩国总人口的近三分之一)(任贵生,2006)。英国2005年出台了指导信息化教育发展的五年政策 e-Strategy。日本2007年制定的《2007年 e-Japan 重点计划》指出要着眼于下一代,给所有的学生和老师营造最好的信息技术环境,提高信息化教育水平,奠定未来的人才基础。中国国务院2012年发布的《国务院关于大力推进信息化发展和切实保障信息安全的若干意见》中确定了包括实施"宽带中国"工程、推进信息化和工业化深度融合、加快社会领域信息化、推进农业农村信息化、健全安全防护和管理、加快安全能力建设等在内的六项重点工作;2016年印发了《"十三五"国家信息化规划》,提出要着力满足广大人民群众普遍期待和经济社会发展关键需要,重点突破,推动信息技术更好地服务经济升级和民生改善,着力深化改革,激发创新活力,主动防范和化解风险,全面优化信息化发展环境。相反,一些国家的政府对信息技术使用技能的普及和提高不够重视,缺乏建设良好信息化环境的政策支持,这样就会在区域间引发信息技术使用技能的差距,间接导致区域数字鸿沟的形成。

### 4.2.2.3 社会文化环境

社会文化指对社会群体施加广泛影响的各种文化现象和文化活动的总称。作为一种非正式的制度,社会文化包括价值取向、思想观念、宗教信仰、风俗习惯、道德准则等,它会直接影响一个地区居民的信息意识。从世界范围来看,各国的社会文化都迥然不同,欧美文化、亚洲文化、非洲文化等都存在着很大差异,这就导致了各国在社会信息化认识和接受上的巨大差异。例如,不同国家或地区的居民对电子商务、网络金融、网络交友、网络论坛等的看法各不相同。开化地区居民的信息化意识较高,他们倾向于接受并使用现代信息技术;而保守地区的居民信息化意识较低,往往排斥使用现代信息技术,对其采取避而远之的态度,从而造成信息技术使用技能的差距。在富有的中东地区,几乎人人都能上得起网,但由于其特有的社会文化,该地区居民对互联网使用不够热情,信息技术使用技能普遍不高。2008年到2014年间阿拉伯联合酋长国、巴林和卡塔尔等国家都是每千人互联网用户数较多的国家,而伊拉克则一直是中东地区中每千人互联网用户数最低的国家(表4-6)。

表4-6 2008～2014年中东地区国家每千人互联网用户数　　单位:户

| 国家 | 2008年 | 2009年 | 2010年 | 2011年 | 2012年 | 2013年 | 2014年 |
| --- | --- | --- | --- | --- | --- | --- | --- |
| 巴林 | 519 | 530 | 550 | 770 | 880 | 900 | 910 |
| 伊朗 | 102 | 110 | 147 | 210 | 275 | 314 | 393 |

续表

| 国家 | 2008年 | 2009年 | 2010年 | 2011年 | 2012年 | 2013年 | 2014年 |
| --- | --- | --- | --- | --- | --- | --- | --- |
| 伊拉克 | 10 | 10 | 25 | 50 | 71 | 92 | 113 |
| 以色列 | 593 | 631 | 675 | 688 | 708 | 708 | 714 |
| 约旦 | 230 | 260 | 272 | 349 | 410 | 442 | 440 |
| 科威特 | 420 | 508 | 614 | 657 | 704 | 754 | 787 |
| 黎巴嫩 | 225 | 301 | 436 | 520 | 612 | 705 | 747 |
| 阿曼 | 200 | 268 | 358 | 480 | 600 | 664 | 702 |
| 卡塔尔 | 443 | 531 | 690 | 690 | 693 | 853 | 914 |
| 沙特 | 360 | 380 | 410 | 475 | 540 | 605 | 637 |
| 阿拉伯联合酋长国 | 630 | 640 | 680 | 780 | 850 | 880 | 904 |
| 也门 | 68 | 99 | 123 | 149 | 174 | 200 | 225 |
| 土耳其 | 343 | 364 | 398 | 430 | 451 | 462 | 510 |
| 塞浦路斯 | 423 | 498 | 529 | 568 | 606 | 654 | 693 |

资料来源：《中国信息年鉴》（2016年）

社会文化的差异从信息化接入与使用意识方面发挥作用，引起信息技术使用技能的差距，间接导致了区域数字鸿沟的形成。各国各地区之间社会文化的差异历经数百年甚至上千年，是一种无法消除的差异，这种差异决定了各地区居民在信息意识方面会有很大不同，引起各地区居民信息技术使用技能的差距，从而导致各地区居民在数字生活中的差异，最终促使区域数字鸿沟的形成。

综上所述，信息资源拥有差距和信息技术使用技能的差距是区域数字鸿沟形成的直接原因；信息化建设的经济基础、政策环境和社会文化环境是区域数字鸿沟形成的间接原因。区域数字鸿沟的形成并不是由这五种原因的简单堆砌就能导致的，而是这五种原因以特定结构进行结合，才导致了区域数字鸿沟的形成（图4-6）。

## 4.3 区域数字鸿沟的形成过程分析

区域数字鸿沟的形成是一个复杂的、动态的过程，从无到有，逐渐形成，而其形成与演化的过程并不是一蹴而就的，而是一个分阶段的连续过程，受到诸多因素的影响。

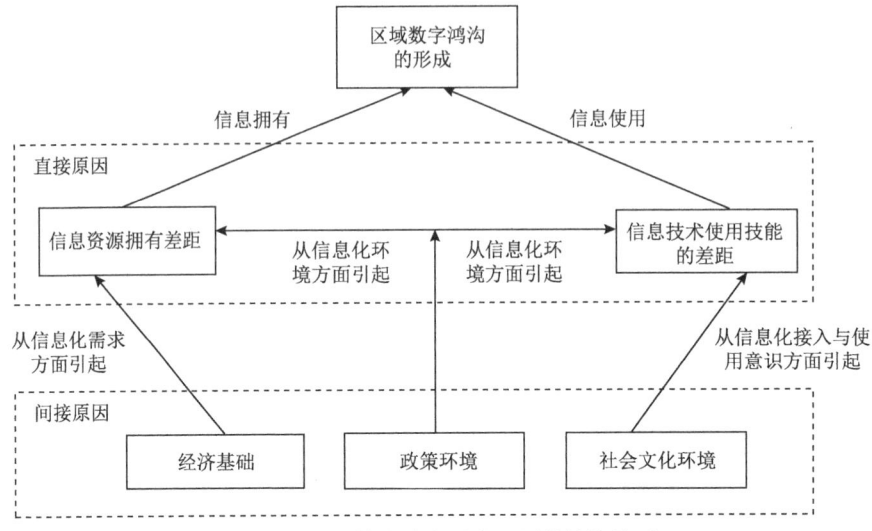

图 4-6 区域数字鸿沟形成原因的结构关系

### 4.3.1 区域数字鸿沟形成过程的连续性说明

国内外大量研究表明,区域数字鸿沟从无到有,从小至大,是随着时间的推演而逐渐形成的。在区域数字鸿沟形成过程中,信息资源拥有差距、信息技术使用技能差距分别从信息拥有和信息使用方面发挥作用,直接导致区域数字鸿沟的形成;经济基础差距、政策环境差异和社会文化环境差异分别从信息化需求、信息化环境、信息化接入与使用意识方面发挥作用,间接导致区域数字鸿沟的形成;同时,区域数字鸿沟也反作用于这五种差距或差异。区域数字鸿沟的形成过程是描述这五种差距或差异如何随着时间积累并最终导致区域数字鸿沟逐渐形成的,这种积累情况实际上是一种积分过程。因此,本书建立了一个非线性的积分方程模型,并基于该模型对区域数字鸿沟形成过程的连续性进行说明。

#### 4.3.1.1 非线性积分方程模型的建立

积分方程模型虽起源于数学物理,但近年来已广泛应用于自动控制、博弈论及经济学等领域,适用于解决微分积分问题(李星,2008)。为了建立模型,这里针对上述五种差距或差异提出以下假设。

假设 4-1:存在两个地区 $A$ 和 $B$,在 $t$ 时刻两地区之间的区域数字鸿沟可用 $DD(t)$ 表示,$DD(t)$ 是一个关于时间 $t$ 的一维函数。

假设 4-2:在初始时刻 $t_{init}$,$A$、$B$ 两地区之间的区域数字鸿沟为 $DD(t_{init})=0$,也就是说,在模型的初始时刻两地区之间的区域数字鸿沟还没有形成。

**假设 4-3**：在 $t$ 时刻 $A$、$B$ 两地区之间信息资源的差距、信息技能的差距、经济发展水平的差距、政府相关政策的差异、社会文化的差异分别用函数 $\text{IR}(t)$、$\text{IS}(t)$、$\text{ED}(t)$、$\text{GP}(t)$、$\text{SC}(t)$ 来表示。

**假设 4-4**：区域数字鸿沟与这五种差距或差异之间存在着非线性关系。

由于 $A$、$B$ 两地区之间的区域数字鸿沟在形成阶段随着时间 $t$ 不断发生扩大或缩小的变化，故可将 $A$、$B$ 两地区之间区域数字鸿沟的变化率设为 $\pi(t)$，它随着时间的变化而变化。$\pi(t)$ 可为正值，也可为负值，其为正值时表示区域数字鸿沟的扩大速率，其为负值时表示区域数字鸿沟的缩小速率。$\pi(t)$ 是由 $t$ 时刻的五种差距或差异及 $t$ 时刻的区域数字鸿沟共同决定的函数，即

$$\pi(t) = \varphi\big[\text{IR}(t), \text{IS}(t), \text{ED}(t), \text{GP}(t), \text{SC}(t), \text{DD}(t)\big] \quad (4\text{-}1)$$

根据假设 4-3 和假设 4-4 可知，$\varphi\big[\text{IR}(t), \text{IS}(t), \text{ED}(t), \text{GP}(t), \text{SC}(t), \text{DD}(t)\big]$ 是一个非线性函数。

根据积分的概念，设两地区之间区域数字鸿沟在包含时刻 $T_i$ $(i=1,2,\cdots,n)$ 充分小的时间段 $\Delta_i T$ 内变化率可近似看作一个定值 $\pi_i$，则由式（4-1）可知，在这个包含 $T_i$ 时刻的特定时间段 $\Delta_i T$ 内区域数字鸿沟的变化（扩大或缩小）为

$$\pi_i \Delta_i T = \varphi\big[\text{IR}(T_i), \text{IS}(T_i), \text{ED}(T_i), \text{GP}(T_i), \text{SC}(T_i), \text{DD}(T_i) \Delta_i T\big] \quad (4\text{-}2)$$

其中，$\text{IR}(T_i)$、$\text{IS}(T_i)$、$\text{ED}(T_i)$、$\text{GP}(T_i)$、$\text{SC}(T_i)$ 分别为 $T_i$ 时刻 $A$、$B$ 两地区之间信息资源的差距、信息技能的差距、经济发展水平的差距、政府相关政策的差异、社会文化的差异，而 $\text{DD}(T_i)$ 为 $T_i$ 时刻 $A$、$B$ 两地区之间的数字鸿沟。

若这一变化在时间区间 $[t_{\text{init}}, t]$ 的 $n$ 个子区间连续发生，则可得到 $A$、$B$ 两地区之间数字鸿沟新扩大或缩小部分的总和为

$$\text{CH}_n(t) = \sum_{i=1}^{n} \varphi\big[\text{IR}(T_i), \text{IS}(T_i), \text{ED}(T_i), \text{GP}(T_i), \text{SC}(T_i), \text{DD}(T_i)\big] \Delta_i T \quad (4\text{-}3)$$

对式（4-3）取极限，得区域数字鸿沟新扩大或缩小部分总和的积分表达式为

$$\text{CH}(t) = \int_{t_{\text{init}}}^{t} \varphi\big[\text{IR}(T), \text{IS}(T), \text{ED}(T), \text{GP}(T), \text{SC}(T), \text{DD}(T)\big] dT \quad (4\text{-}4)$$

所以，在 $t$ 时刻两地区之间的区域数字鸿沟为

$$\text{DD}(t) = \text{CH}(t) + \text{DD}(t_{\text{init}}) \quad (4\text{-}5)$$

由假设 4-2 可知，$\mathrm{DD}(t_{\mathrm{init}})=0$，再将式（4-4）代入式（4-5）得

$$\mathrm{DD}(t)=\int_{t_{\mathrm{init}}}^{t}\varphi\left[\mathrm{IR}(T),\mathrm{IS}(T),\mathrm{ED}(T),\mathrm{GP}(T),\mathrm{SC}(T),\mathrm{DD}(T)\right]\mathrm{d}T \quad （4-6）$$

根据式（4-6）的方程形式和非线性积分方程分类方法（李星，2008），可以判定其是一个非线性的第二类 Volterra 积分方程，因此，区域数字鸿沟的形成过程可以用该非线性积分方程模型来描述。

### 4.3.1.2　模型讨论

虽然 $A$ 地区与 $B$ 地区之间区域数字鸿沟的变化率 $\pi(t)$ 可为正值亦可为负值，但是由现实情况来看，区域数字鸿沟要么未形成，要么已形成，$\mathrm{DD}(t)$ 不可能为负值，故

$$\mathrm{DD}(t)\geqslant 0,\quad t\in(t_{\mathrm{init}},+\infty) \quad （4-7）$$

对于式（4-7）来说，当 $\mathrm{DD}(t)=0$ 时表示 $A$、$B$ 两地区经历了时间段 $[t_{\mathrm{init}},t]$ 尚未形成区域数字鸿沟，当 $\mathrm{DD}(t)>0$ 时表示在时间段 $[t_{\mathrm{init}},t]$ 内已经形成了区域数字鸿沟。

那么，我们可以设定一临界状态，在这一状态下，区域数字鸿沟正由未形成状态转入已形成状态，设临界时间点为 $t_F$，则在 $t_F$ 的充分小左邻域内任一时间点处都有 $\mathrm{DD}(t)=0$，在 $t_F$ 的充分小右邻域内任一时间点处都有 $\mathrm{DD}(t)>0$。那么，可以设定一临界状态，在这一状态下，区域数字鸿沟正由未形成状态转入已形成状态，设临界时间点为 $t_F$，则在 $t_F$ 的充分小左邻域内任一时间点处都有 $\mathrm{DD}(t)=0$，在 $t_F$ 的充分小右邻域内任一时间点处都有 $\mathrm{DD}(t)>0$。于是可得

$$\int_{t_{\mathrm{init}}}^{t}\varphi\left[\mathrm{IR}(T),\mathrm{IS}(T),\mathrm{ED}(T),\mathrm{GP}(T),\mathrm{SC}(T),\mathrm{DD}(T)\right]\mathrm{d}T=0,\quad t\in(t_{\mathrm{init}},t_F) \quad （4-8）$$

$$\int_{t_{\mathrm{init}}}^{t}\varphi\left[\mathrm{IR}(T),\mathrm{IS}(T),\mathrm{ED}(T),\mathrm{GP}(T),\mathrm{SC}(T),\mathrm{DD}(T)\right]\mathrm{d}T>0,\quad t\in(t_F,+\infty) \quad （4-9）$$

式（4-8）和式（4-9）说明，在时间段 $[t_{\mathrm{init}},t_F]$ 内 $A$、$B$ 两地区一直未形成区域数字鸿沟，而从时间点 $t_F$ 起，两地区之间的区域数字鸿沟就形成了。

### 4.3.1.3　区域数字鸿沟形成过程连续性分析

根据上述非线性积分方程模型及其讨论可知，区域数字鸿沟的形成实际上是一个连续的时间过程。在其形成的时间过程中，区域之间信息资源的差距、信息技能的差距、经济发展水平的差距、政府相关政策的差异、社会文化的差异所造

成的社会经济领域差距不断积累,在达到临界状态时由量变转变为质变,这一形成过程在时间上具有连续性。也就是说,这五种差距或差异造成的社会经济领域差距不断积累并最终在临界时间点 $t_F$ 形成了区域数字鸿沟,这样一个过程具有时间上的连续性。

### 4.3.2 区域数字鸿沟形成过程的阶段划分

区域数字鸿沟就是不同地区在接触和利用信息通信技术进行各种活动的机会不同而产生的差距。因此,信息通信技术扩散程度上的差距可以反映出区域数字鸿沟的大小。前已述及,区域数字鸿沟的形成过程是一个动态的过程,这一过程在时间上具有连续性。这里将对区域数字鸿沟的形成过程进行阶段划分。

#### 4.3.2.1 信息通信技术扩散的传染模型

传染模型起源于疾病传播分析的传染理论,该模型主要研究技术扩散问题,假设限制扩散的主要因素是信息的传播,通过研究信息的传播来研究技术扩散的时间路径。这种方法认为个体之所以会采纳新技术是因为被"传染",所以被称为"传染模型",它建立在潜在使用者总体扩散率的宏观统计行为分析基础上,采用曲线拟合法建模,反映扩散速度的时间过程(盛亚,2002)。由于信息通信技术扩散具有与疾病传播扩散类似的特点,这里选择利用传染模型来研究信息通信技术的扩散过程。

1)基本假设

信息通信技术在社会系统中的扩散主要受两类信息源的影响:①外部信息源,即大众传媒。大众传媒对信息通信技术扩散产生外部影响,它传播信息通信技术产品性能中容易得到验证的部分,如价格、样式及功能等。②内部信息源,即已采纳者。已采纳者对信息通信技术扩散产生内部影响,通过与未采纳者进行信息交流来传播,它传播信息通信技术产品的某些一时难以验证的性能,如可靠性、使用的方便性及耐用程度等。

考虑不同群体中信息通信技术扩散的最基本情况,即两类群体在互动中的扩散现象,将信息通信技术的整个潜在采纳者人群分为两类群体,即已采纳者和未采纳者。信息通信技术的未采纳者在决定是否采纳信息通信技术时受到内外部信息源的共同影响。另外,未采纳者还会受到社会系统中已采纳者占潜在采纳者总体比例的影响。在建立模型之前,针对信息通信技术扩散的特点给出以下基本假设。

假设4-5:潜在采纳者总数为 $N$($N>0$,一般等于区域总人口)个,在时间 $t$ 时刻,有 $y(t)$ 个潜在采纳者已经采纳了信息通信技术,则还有 $N-y(t)$ 个没有采纳。

假设4-6:最初使用者数量大于0,即 $t=0$ 时,$y(0)=T>0$,且 $T$ 为整数。

假设 4-7：从某外部信息源开始传播信息，在每一时刻到达 $N-y(t)$ 个未采纳者的百分率为 $\alpha \times 100\%$，其中，$\alpha$（$\alpha<1$）反映了到达未采纳者的外部信息速率，被称为外部影响系数，由外部环境（如经济发展水平、政府相关政策、社会文化等）决定。

假设 4-8：在 $t$ 时刻任意一个已采纳者和任意一个未采纳者独立联系的概率为 $\beta$，那么 $t$ 时刻已采纳者的全体与任意一个未采纳者发生联系的概率为 $\beta y(t)$，它反映了内部的信息扩散，其联系速率决定于已采纳者数量的现有规模；$\beta$ 由内部特征（如个人信息意识、个人信息技能等）决定。

2）时间路径函数

（1）时间路径函数推导。从时间点 $t$ 时刻开始，在时间间隔 $\Delta t$ 内，现有的未采纳者受到外部和内部两种信息源的影响，未采纳者的其中之一被告知（或被传染）的概率为 $\alpha+\beta y(t)$。那么有：在时间间隔 $\Delta t$ 内，仅由外部信息源引起的已采纳者增加的数量为 $\Delta y(t)=\alpha[N-y(t)]\Delta t$；仅由内部信息源引起的已采纳者增加的数量为 $\Delta y(t)=\beta y(t)[N-y(t)]\Delta t$。

同理，在时间间隔 $\Delta t$ 内，由内部和外部信息源共同引起的已采纳者增加的数量为

$$\Delta y(t)=[\alpha+\beta y(t)][N-y(t)]\Delta t \tag{4-10}$$

式（4-10）等号两边同除以 $\Delta t$，并取极限 $\Delta t \to 0$，得到微分方程

$$\frac{\mathrm{d}y(t)}{\mathrm{d}t}=[\alpha+\beta y(t)][N-y(t)] \tag{4-11}$$

式（4-11）作等价变换后积分，得到

$$y(t)=\frac{CN\exp[(\alpha+\beta N)t]-\alpha}{\beta+C\exp[(\alpha+\beta N)t]} \tag{4-12}$$

其中，$C$ 为常数项。由基本假设 4-6 中的初值条件 $y(0)=T$，可得

$$T=\frac{CN-\alpha}{\beta+C} \tag{4-13}$$

于是，

$$C=\frac{T\beta+\alpha}{N-T} \tag{4-14}$$

这里，将式（4-14）代入式（4-12）中，可求得式（4-11）的微分方程解为

## 4 区域数字鸿沟形成机理分析

$$y(t)=\frac{\dfrac{T\beta+\alpha}{N-T}N\exp\left[(\alpha+\beta N)t\right]-\alpha}{\beta+\dfrac{T\beta+\alpha}{N-T}\exp\left[(\alpha+\beta N)t\right]} \quad (4\text{-}15)$$

由于时间路径函数反映的是已采纳者占潜在采纳者总数的比例随着时间推移的变化过程,所以,信息通信技术扩散的时间路径函数为

$$Y(t)=\frac{1}{N}y(t)=\frac{1}{N}\frac{\dfrac{T\beta+\alpha}{N-T}N\exp\left[(\alpha+\beta N)t\right]-\alpha}{\beta+\dfrac{T\beta+\alpha}{N-T}\exp\left[(\alpha+\beta N)t\right]} \quad (4\text{-}16)$$

(2)时间路径函数曲线图。下面通过函数图形描绘方法画出时间路径函数的曲线图。先对 $Y(t)$ 求一阶、二阶导数,以求出时间路径函数图形的拐点,再对 $Y(t)$ 求三阶导数,以求出时间路径函数图形的凹凸性区间。

由于式(4-16)是初等函数,故其必然连续,那么可对其求一阶导数,得

$$Y'(t)=\frac{1}{N}\left\{\frac{T\beta+\alpha}{N-T}\exp\left[(\alpha+\beta N)t\right](\alpha+\beta N)^2\right\}\left\{\beta+\frac{T\beta+\alpha}{N-T}\exp\left[(\alpha+\beta N)t\right]\right\}^{-2} \quad (4\text{-}17)$$

同理,再对式(4-17)求一阶导数,得

$$Y''(t)=\left\{(\alpha+\beta N)-2\frac{C(\alpha+\beta N)\exp\left[(\alpha+\beta N)t\right]}{\beta+C\exp\left[(\alpha+\beta N)t\right]}\right\}Y'(t) \quad (4\text{-}18)$$

再将式(4-17)代入式(4-18)中,得

$$Y''(t)=\left\{(\alpha+\beta N)-\frac{2C(\alpha+\beta N)\exp\left[(\alpha+\beta N)t\right]}{\beta+C\exp\left[(\alpha+\beta N)t\right]}\right\}$$
$$\left\{\frac{C}{N}\exp\left[(\alpha+\beta N)t\right](\alpha+\beta N)^2\right\} \quad (4\text{-}19)$$
$$\left\{\beta+C\exp\left[(\alpha+\beta N)t\right]\right\}^{-2}$$

现令 $Y''(t)=0$,求式(4-16)图形的拐点。由假设 4-5~假设 4-8 可知 $Y'(t)>0$,那么 $Y''(t)=0$ 等价于

$$(\alpha+\beta N)-2\frac{C(\alpha+\beta N)\exp\left[(\alpha+\beta N)t\right]}{\beta+C\exp\left[(\alpha+\beta N)t\right]}=0 \quad (4\text{-}20)$$

解方程式（4-20）得 $t = t_{\text{inflexion}} = \dfrac{\ln\dfrac{\beta}{C}}{(\alpha+\beta N)}$，则点 $\left[t_{\text{inflexion}}, Y(t_{\text{inflexion}})\right]$ 就是式（4-16）图形的拐点。

在求得式（4-16）图形的拐点之后，再求式（4-16）图形的凹凸性区间。由于式（4-19）依然是初等函数，那么可以再对其求一阶导数，得

$$Y'''(t) = \phi^4 C\exp(\phi t)\left[\beta+C\exp(\phi t)\right]^{-3}$$
$$\left\{\beta-2C\exp(\phi t)-3C\exp(\phi t)\left[\beta-C\exp(\phi t)\right]\cdot\left[\beta+C\exp(\phi t)\right]^{-1}\right\}\dfrac{1}{N} \quad (4-21)$$

其中，$\phi = \alpha+\beta N$。

根据函数凹凸性判定定理，因为 $Y'''(0) = \left(\dfrac{\alpha\beta+\beta^2 N}{\beta+C}\right)\left[\dfrac{C(\alpha+\beta N)^2}{(\beta+C)^2}\right] > 0$，并且在区间 $t\in[0,t_{\text{inflexion}})$ 上 $Y'''(t)>0$，即 $Y''(t)$ 在区间 $t\in[0,t_{\text{inflexion}})$ 上单调递增，所以在区间 $t\in[0,t_{\text{inflexion}})$ 上 $Y''(t)>0$，式（4-16）在区间 $t\in[0,t_{\text{inflexion}})$ 上的图形是凹的；又因为 $Y''(t_{\text{inflexion}})=0$，并且在区间 $t\in(t_{\text{inflexion}},+\infty)$ 上 $Y'''(t)<0$，即 $Y''(t)$ 在区间 $t\in(t_{\text{inflexion}},+\infty)$ 上单调递减，所以在区间 $t\in(t_{\text{inflexion}},+\infty)$ 上 $Y''(t)<0$，式（4-16）在区间 $t\in(t_{\text{inflexion}},+\infty)$ 上的图形是凸的。

综上所述，可做出式（4-16）的图形（图4-7），其为"S"形曲线。

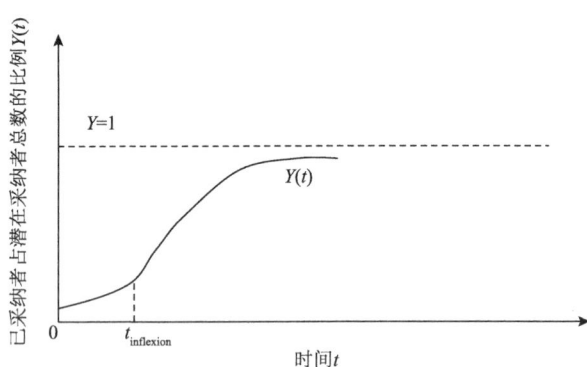

图4-7　信息通信技术扩散的时间路径函数曲线图

3）模型的讨论

A. 模型说明

下面对上述模型中各个参数的特征进行说明。

（1）实际上由四个参数 $\alpha$、$\beta$、$N$、$T$ 共同决定已采纳者占潜在采纳者总数

的比例 $Y(t)$，其变化情况反映在图形上，就是信息通信技术的扩散随着时间推移呈现"S"形曲线增长模式。

（2）若 $\alpha = 0$，则外部信息源不会传播信息。这是因为由假设 4-7 可知，外部信息源传播的信息在每一时刻到达潜在采纳者的百分率为 $\alpha \times 100\%$，故 $\alpha = 0$ 表明外部信息源没有信息到达潜在采纳者，所以说此时外部信息源不会传播信息。

又由假设 4-7 可知，外部影响系数 $\alpha$ 可看作一个多变量函数，即 $\alpha = F(f_1, f_2, \cdots, f_n)$，其中，$f_i$ 代表经济发展水平、政府相关政策、社会文化等 $n$ 个决定因素。$\alpha$ 值越大，外部传播越快；$\alpha$ 值越小，外部传播越慢。

（3）若 $\beta = 0$，则不会发生内部信息扩散。这是因为由假设 4-7 可知，$\beta = 0$ 表明任意一个已采纳者与任意一个未采纳者发生联系的概率为 0，所以说不会发生内部信息扩散。

又由假设 4-8 可知，联系概率 $\beta$ 可看作一个多变量函数，即 $\beta = G(g_1, g_2, \cdots, g_m)$，其中，$g_j$ 代表个人信息意识、个人信息技能等 $m$ 个决定因素。$\beta$ 值越大，内部传播越快；$\beta$ 值越小，内部传播越慢。

B. 模型验证

根据上述信息通信技术扩散的传染模型，信息通信技术的扩散过程呈现"S"形曲线模式，下面从前人的理论研究和实证研究两个方面来验证该结论。

信息通信技术作为现代新兴的技术，其扩散过程呈现"S"形曲线模式正好符合技术创新扩散理论。美国学者 Rogers（1995）指出，新技术的扩散过程可以用"S"形曲线来描述，也就是说，已经采纳新技术的潜在使用者占全体潜在使用者的比例随时间的变化会呈现出"S"形曲线模式。新技术的扩散开始时缓慢，然后进入快速增长期，随后当技术达到成熟时增长再次放慢，于是整个扩散过程呈现出"S"形曲线的模式。

目前国内外大量实证研究也表明，信息通信技术的扩散过程呈现"S"形曲线模式。Martin（2003）对美国 1984 年至 2001 年的网民数量进行多元回归统计，发现网民数量占美国总人口比例随时间推移呈"S"形曲线模式；Dewan 等（2005）根据 ITU 发布的统计数据，研究发现 1985 年至 2001 年 40 个国家的互联网渗透率都呈现"S"形曲线增长趋势；CNNIC 发布的第 23 次《中国互联网络发展状况统计报告》也通过统计研究指出，在 1991 年至 2008 年间，香港网民人数占香港总人口的比例呈"S"形曲线增长趋势。

#### 4.3.2.2 区域数字鸿沟形成过程的三个阶段

虽然每个地区的信息通信技术扩散都呈现"S"形曲线模式，但是由于不同地区的 $\alpha$、$\beta$、$N$、$T$ 参数不同，不同地区的"S"形曲线形状各有差异。因此，在同一时间点，不同地区的信息通信技术扩散程度处于不同的阶段，有些地区处在曲线拐点之前的缓慢增长阶段，有些地区则可能刚越过拐点进入快速增长阶段，还有的地区则可能已到达快速增长阶段的末期，并逐渐趋于饱和。于是，不同地区扩散程度的不同，就导致了在进行同一时间点的横向比较时，不同地区间的信息通信技术扩散程度呈现明显的鸿沟现象。这是我们从扩散过程的分析角度对数字鸿沟现象的理解，即区域间的数字鸿沟本质上是一种扩散过程进度上的差距的反映。

现假设有 $A$、$B$ 两个地区，$A$ 地区与 $B$ 地区不但潜在采纳者总数 $N$ 和最初使用者数量 $T$ 不同，而且两地区的外部环境和潜在采纳者内部特征也存在差异（不妨设 $B$ 地区内外部因素优于 $A$ 地区），因此，两地区的 $\alpha$、$\beta$、$N$、$T$ 参数各不相同，从而导致两地区信息通信技术扩散的时间路径函数存在差异，分别为

$$Y_A(t) = \frac{1}{N_A} \frac{\dfrac{T_A \beta_A + \alpha_A}{N_A - T_A} N_A \exp\left[(\alpha_A + \beta_A N_A)t\right] - \alpha_A}{\beta_A + \dfrac{T_A \beta_A + \alpha_A}{N_A - T_A} \exp\left[(\alpha_A + \beta_A N_A)t\right]} \quad (4\text{-}22)$$

$$Y_B(t) = \frac{1}{N_B} \frac{\dfrac{T_B \beta_B + \alpha_B}{N_B - T_B} N_B \exp\left[(\alpha_B + \beta_B N_B)t\right] - \alpha_B}{\beta_B + \dfrac{T_B \beta_B + \alpha_B}{N_B - T_B} \exp\left[(\alpha_B + \beta_B N_B)t\right]} \quad (4\text{-}23)$$

图 4-8 中曲线 $A$、$B$ 分别表示 $A$ 地区和 $B$ 地区信息通信技术扩散的时间路径 $Y_A(t)$、$Y_B(t)$，这里假设信息通信技术在两地区同时开始扩散。可看出，在同一时间点处两地区的已采纳者占潜在采纳者总数的比例存在差距 $Y_B(t) - Y_A(t)$，这样就可以表现出两地区之间存在的数字鸿沟大小。

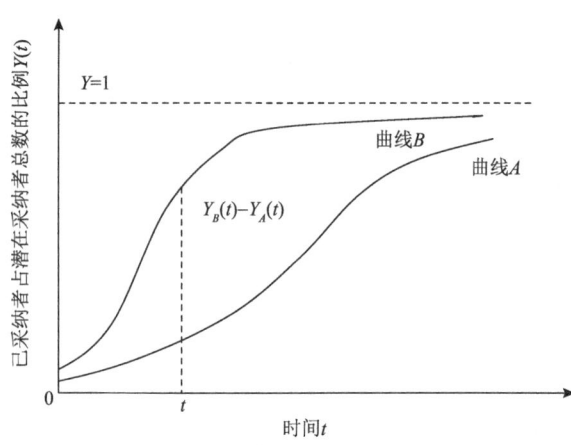

图 4-8　$t$ 时刻 $A$、$B$ 两地区之间数字鸿沟的大小

# 4 区域数字鸿沟形成机理分析

下面证明区域数字鸿沟的形成过程经历了逐渐扩大阶段、稳定阶段、逐渐缩小阶段三个阶段。在证明中,为了简化问题,这里假设 $A$ 地区与 $B$ 地区的潜在采纳者总数相同,最初使用者数量也相同,即 $N_A = N_B = N$,$T_A = T_B = T$,这样的假设并不影响证明过程的正确性。

1)稳定阶段

假设存在一个时间段,在该时间段内曲线 $A$ 与曲线 $B$ 的差值 $Y_B(t) - Y_A(t)$ 不变,我们称这个时间段为区域数字鸿沟演变的稳定阶段。命题 4.1 对稳定阶段的存在性进行了证明。

命题 4.1:存在时间点 $t_1$、$t_2 \in [0, +\infty)$,使得在 $t_1$、$t_2$ 组成的时间区间内任意时间点处 $Y_B(t) - Y_A(t)$ 值相等。

证明:若 $t_1 = t_2$,则有 $Y_B(t_1) - Y_A(t_1) = Y_B(t_2) - Y_A(t_2)$;若 $t_1 \neq t_2$,不妨设 $t_1 < t_2$,在时间区间 $[t_1, t_2]$ 内有任意的两个时间点 $t_0$、$t_0 + \Delta t$,则

$$Y_B(t_0 + \Delta t) - Y_A(t_0 + \Delta t)$$

$$= \frac{1}{N} \frac{\frac{T\beta_B + \alpha_B}{N - T} N \exp[(\alpha_B + \beta_B N)(t_0 + \Delta t)] - \alpha_B}{\beta_B + \frac{T\beta_B + \alpha_B}{N - T} \exp[(\alpha_B + \beta_B N)(t_0 + \Delta t)]}$$

$$- \frac{1}{N} \frac{\frac{T\beta_A + \alpha_A}{N - T} N \exp[(\alpha_A + \beta_A N)(t_0 + \Delta t)] - \alpha_A}{\beta_A + \frac{T\beta_A + \alpha_A}{N - T} \exp[(\alpha_A + \beta_A N)(t_0 + \Delta t)]}$$

$$= \frac{1}{N} \frac{\frac{T\beta_B + \alpha_B}{N - T} N \exp[(\alpha_B + \beta_B N)t_0] \exp[(\alpha_B + \beta_B N)\Delta t] - \alpha_B}{\beta_B + \frac{T\beta_B + \alpha_B}{N - T} \exp[(\alpha_B + \beta_B N)t_0] \exp[(\alpha_B + \beta_B N)\Delta t]}$$

$$- \frac{1}{N} \frac{\frac{T\beta_A + \alpha_A}{N - T} N \exp[(\alpha_A + \beta_A N)t_0] \exp[(\alpha_A + \beta_A N)\Delta t] - \alpha_A}{\beta_A + \frac{T\beta_A + \alpha_A}{N - T} \exp[(\alpha_A + \beta_A N)t_0] \exp[(\alpha_A + \beta_A N)\Delta t]}$$

因为上式是初等函数式,故必为连续函数,所以当 $\Delta t \to 0$ 时(无论 $\Delta t$ 从左侧还是右侧趋近于 0),得

$$Y_B(t_0 + \Delta t) - Y_A(t_0 + \Delta t)$$

$$= \frac{1}{N} \frac{\frac{T\beta_B + \alpha_B}{N - T} N \exp[(\alpha_B + \beta_B N)t_0] - \alpha_B}{\beta_B + \frac{T\beta_B + \alpha_B}{N - T} \exp[(\alpha_B + \beta_B N)t_0]} - \frac{1}{N} \frac{\frac{T\beta_A + \alpha_A}{N - T} N \exp[(\alpha_A + \beta_A N)t_0] - \alpha_A}{\beta_A + \frac{T\beta_A + \alpha_A}{N - T} \exp[(\alpha_A + \beta_A N)t_0]}$$

即得 $Y_B(t_0+\Delta t)-Y_A(t_0+\Delta t)=Y_B(t_0)-Y_A(t_0)$。

综上可知，命题 4.1 成立。因此，区域数字鸿沟演变的稳定阶段是存在的。在稳定阶段，随着 B 地区的已采纳者越来越多，未采纳者越来越少，B 地区的信息通信技术扩散已逐渐放缓，而此时 A 地区的扩散速率正处于逐渐加速时期，故两地区的已采纳者数量的差距 $Y_B(t)-Y_A(t)$ 稳定在某一数值。

既然在时间区间 $[t_1,t_2]$ 内任意时间点处 $Y_B(t)-Y_A(t)$ 值相等，那么可以用 $[t_1,t_2]$ 表示稳定阶段。从而 $[t_1,t_2]$ 将整个时间区间 $[0,+\infty)$ 划分成了三段，即 $(0,t_1)$、$[t_1,t_2]$、$(t_2,+\infty)$。故可对初等函数 $Y_B(t)-Y_A(t)$ 求一阶导数并令其等于 0，从而求出三个阶段的分界点 $t_1$、$t_2$。

首先对 $Y_B(t)-Y_A(t)$ 求一阶导数，得

$$Y_B'(t)-Y_A'(t)$$
$$=\frac{1}{N}\phi_B^2 C_B\left[\exp(\phi_B t)\right]\left[\beta_B+C_B\exp(\phi_B t)\right]^{-2} \quad (4-24)$$
$$-\frac{1}{N}\phi_A^2 C_A\left[\exp(\phi_A t)\right]\left[\beta_A+C_A\exp(\phi_A t)\right]^{-2}$$

式（4-24）中，$C_A=\frac{T\beta_A+\alpha_A}{N-T}$，$C_B=\frac{T\beta_B+\alpha_B}{N-T}$，$\phi_A=\alpha_A+\beta_A N$，$\phi_B=\alpha_B+\beta_B N$。

再令 $Y_B'(t)-Y_A'(t)=0$，得

$$\frac{1}{N}\phi_B^2 C_B\left[\exp(\phi_B t)\right]\left[\beta_B+C_B\exp(\phi_B t)\right]^{-2}$$
$$=\frac{1}{N}\phi_A^2 C_A\left[\exp(\phi_A t)\right]\left[\beta_A+C_A\exp(\phi_A t)\right]^{-2} \quad (4-25)$$

作等价变换，得

$$\frac{\left[\beta_A+C_A\exp(\phi_A t)\right]^2}{\left[\beta_B+C_B\exp(\phi_B t)\right]^2}=\frac{\phi_A^2 C_A\exp(\phi_A t)}{\phi_B^2 C_B\exp(\phi_B t)} \quad (4-26)$$

因为式（4-26）左右两边都为正数，故有

$$\ln\frac{\left[\beta_A+C_A\exp(\phi_A t)\right]^2}{\left[\beta_B+C_B\exp(\phi_B t)\right]^2}=\ln\frac{\phi_A^2 C_A}{\phi_B^2 C_B}+(\phi_A-\phi_B)t \quad (4-27)$$

再作等价变换，得

$$\left[(\phi_A - \phi_B)t - 2\ln\frac{C_A}{C_B}\right]^2 = \left(\ln\frac{\phi_A^2 C_A^2}{\phi_B^2 C_B^2}\right)^2 \tag{4-28}$$

对式（4-28）两边开方，得

$$(\phi_A - \phi_B)t - 2\ln\frac{C_A}{C_B} = \pm\ln\frac{\phi_A^2 C_A^2}{\phi_B^2 C_B^2} \tag{4-29}$$

最后得

$$t = \left(2\ln\frac{C_A}{C_B} \pm \ln\frac{\phi_A^2 C_A^2}{\phi_B^2 C_B^2}\right)(\phi_A - \phi_B)^{-1} \tag{4-30}$$

即 $t_1 = \left(2\ln\frac{C_A}{C_B} - \ln\frac{\phi_A^2 C_A^2}{\phi_B^2 C_B^2}\right)(\phi_A - \phi_B)^{-1}$，$t_2 = \left(2\ln\frac{C_A}{C_B} + \ln\frac{\phi_A^2 C_A^2}{\phi_B^2 C_B^2}\right)(\phi_A - \phi_B)^{-1}$。

下面用命题 4.2 证明在时间区间 $(0, t_1)$ 内 $Y_B(t) - Y_A(t)$ 值逐渐增大，也就是说在 $(0, t_1)$ 内区域数字鸿沟逐渐扩大；再用命题 4.3 来证明在时间区间 $(t_2, +\infty)$ 内 $Y_B(t) - Y_A(t)$ 值逐渐减小，也就是说在 $(t_2, +\infty)$ 内区域数字鸿沟逐渐缩小。

2）逐渐扩大阶段

命题 4.2：函数式 $Y_B(t) - Y_A(t)$ 在区间 $(0, t_1)$ 内为单调递增函数。

证明：由式（4-24）可知，当 $t = 0$ 时，$Y_B(t) - Y_A(t)$ 的一阶导数为

$$Y_B'(0) - Y_A'(0) = \frac{1}{N}(\alpha_B + \beta_B N)^2 C_B(\beta_B + C_B)^{-2} - \frac{1}{N}(\alpha_A + \beta_A N)^2 C_A(\beta_A + C_A)^{-2}$$

令 $\alpha_B = \alpha_A + \Delta\alpha$，$\beta_B = \beta_A + \Delta\beta$，其中 $\Delta\alpha > 0$，$\Delta\beta > 0$，那么可得

$$Y_B'(0) - Y_A'(0)$$
$$= \frac{1}{N}\left[(\alpha_A + \Delta\alpha) + (\beta_A + \Delta\beta)N\right]^2 C_B\left[(\beta_A + \Delta\beta) + C_B\right] - \frac{1}{N}(\alpha_A + \beta_A N)^2 C_A(\beta_A + C_A)$$
$$= \frac{1}{N}\left[(\alpha_A + \beta_A)^2 - (C_A + C_B + \Delta\alpha + \Delta\beta)^2\right]^{-2} + \frac{(\alpha_A + \beta_A N)^2 + \alpha_A}{C_A + C_B} + 2\Delta\alpha + 2\Delta\beta$$

显然，$Y_B'(0) - Y_A'(0) > 0$。又因为

$$Y_B''(t) - Y_A''(t) = \frac{1}{N}\left\{(\alpha_B + \beta_B N) - 2\frac{C_B(\alpha_B + \beta_B N)\exp\left[(\alpha_B + \beta_B N)t\right]}{\beta_B + C_B\exp\left[(\alpha_B + \beta_B N)t\right]}\right\}Y_B'(t)$$
$$- \frac{1}{N}\left\{(\alpha_A + \beta_A N) - 2\frac{C_A(\alpha_A + \beta_A N)\exp\left[(\alpha_A + \beta_A N)t\right]}{\beta_A + C_A\exp\left[(\alpha_A + \beta_A N)t\right]}\right\}Y_A'(t)$$

$Y_B''(t) - Y_A''(t)$ 在 $(0, t_1)$ 内大于 0，故 $Y_B'(t) - Y_A'(t)$ 在 $(0, t_1)$ 内单调递增且大于 0，

所以函数式 $Y_B(t)-Y_A(t)$ 在区间 $(0,t_1)$ 内为单调递增函数，命题 4.2 得证。因此，在 $(0,t_1)$ 内区域数字鸿沟逐渐扩大。在逐渐扩大阶段，信息通信技术在 $A$、$B$ 两地区同时开始扩散，由于 $B$ 地区内外部因素优于 $A$ 地区，$B$ 曲线的 $\alpha_B$ 函数值和 $\beta_B$ 函数值大于 $A$ 曲线的 $\alpha_A$ 函数值和 $\beta_A$ 函数，信息通信技术在 $B$ 地区的扩散速率大大高于 $A$ 地区，随着时间的推移，两地区的数字鸿沟逐渐拉大。

3）逐渐缩小阶段

命题 4.3：函数式 $Y_B(t)-Y_A(t)$ 在区间 $(t_2,+\infty)$ 内为单调递减函数。

证明：由式（4.24）可得到 $Y_B(t)-Y_A(t)$ 的一阶导数，从而

$$\lim_{t\to+\infty}\left[Y'_B(t)-Y'_A(t)\right]$$

$$=\lim_{t\to+\infty}\frac{1}{N}\left\{C_B\exp\left[(\alpha_B+\beta_B N)t\right](\alpha_B+\beta_B N)^2\right\}\left\{\beta_B+\frac{T\beta_B+\alpha_B}{N-T}\exp\left[(\alpha_B+\beta_B N)t\right]\right\}^{-2}$$

$$-\lim_{t\to+\infty}\frac{1}{N}\left\{C_A\exp\left[(\alpha_A+\beta_A N)t\right](\alpha_A+\beta_A N)^2\right\}\left\{\beta_A+\frac{T\beta_A+\alpha_A}{N-T}\exp\left[(\alpha_A+\beta_A N)t\right]\right\}^{-2}$$

可得 $\lim_{t\to+\infty}\left[Y'_B(t)-Y'_A(t)\right]<0$，故函数式 $Y_B(t)-Y_A(t)$ 在区间 $(t_2,+\infty)$ 内为单调递减函数，命题 4.3 得证。因此，在 $(t_2,+\infty)$ 内区域数字鸿沟逐渐缩小。在逐渐缩小阶段，到了信息通信技术扩散的后期，$B$ 地区的扩散程度已趋于饱和，绝大部分潜在采纳者已经采纳了信息通信技术，扩散速率变得极慢；而 $A$ 地区的扩散还没有达到饱和状态，扩散速率要高于 $B$ 地区。

综上所述，$A$、$B$ 两个地区之间的数字鸿沟经历了三个阶段：逐渐扩大阶段、稳定阶段、逐渐缩小阶段（图 4-9）。

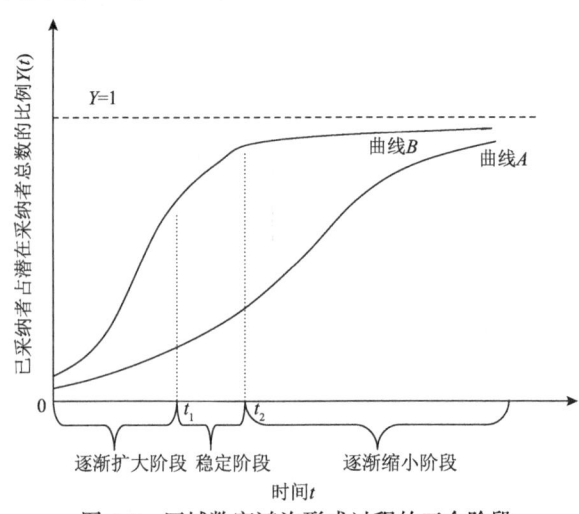

图 4-9 区域数字鸿沟形成过程的三个阶段

#### 4.3.2.3 三个阶段的说明

不同地区潜在采纳者总数、最初使用者数量、内外部因素存在差异（即参数 $\alpha$、$\beta$、$N$、$T$ 不同），从而使各地区信息通信技术扩散的时间路径函数 $Y(t)$ 不同，在同一时间点处两地区的时间路径函数值之差就表现出了两地区间的数字鸿沟。随着时间的推移，区域数字鸿沟会经历逐渐扩大阶段、稳定阶段、逐渐缩小阶段三个阶段。

（1）逐渐扩大阶段。信息通信技术在 $A$、$B$ 两地区同时开始扩散，由于 $B$ 地区内外部因素优于 $A$ 地区，$B$ 曲线的 $\alpha_B$ 函数值和 $\beta_B$ 函数值大于 $A$ 曲线的 $\alpha_A$ 函数值和 $\beta_A$ 函数值，信息通信技术在 $B$ 地区的扩散速率大大高于 $A$ 地区，随着时间的推移，两地区的数字鸿沟逐渐拉大。在 $(0,t_1)$ 时间段内，$Y_B(t)-Y_A(t)$ 的值逐渐变大，说明数字鸿沟逐渐扩大。

（2）稳定阶段。随着 $B$ 地区的已采纳者越来越多，未采纳者越来越少，$B$ 地区的信息通信技术扩散已逐渐放缓，而此时 $A$ 地区的扩散速率正处于逐渐加速时期，故两地区的已采纳者数量的差距 $Y_B(t)-Y_A(t)$ 稳定在某一数值。在 $[t_1,t_2]$ 时间段内，$Y_B(t)-Y_A(t)$ 的值始终保持不变，所以两地区的数字鸿沟处于稳定阶段。

（3）逐渐缩小阶段。到了信息通信技术扩散的后期，$B$ 地区的扩散程度已趋于饱和，绝大部分潜在采纳者已经采纳了信息通信技术，扩散速率变得极慢；而 $A$ 地区的扩散还没有达到饱和状态，扩散速率要高于 $B$ 地区。在 $(t_2,+\infty)$ 时间段内，两曲线的差值 $Y_B(t)-Y_A(t)$ 逐渐变小，两地区间的数字鸿沟逐渐缩小。

### 4.3.3 区域数字鸿沟形成的主要影响因素

在区域数字鸿沟的形成过程中，受到诸多因素的影响。这些影响因素不仅是多层次的，而且关系错综复杂。以往研究数字鸿沟的文献中所提及的影响因素各不相同，缺乏统一认识，所以这里根据已有的研究成果（薛伟贤和刘骏，2008b），首先运用文献计量学方法对中国期刊全文数据库、中国优秀硕士学位论文全文数据库、中国博士学位论文全文数据库、SpringerLink 数据库、EBSCOhost 数据库中收录的 1637 篇有关数字鸿沟的文献进行统计分析，从国内外众多的研究成果中筛选并确定区域数字鸿沟形成的主要影响因素，然后应用解释结构模型对各主要影响因素间的关系结构进行分析。

#### 4.3.3.1 主要影响因素的确定

文献计量学是利用数学、统计学和逻辑学的理论与方法，对各种类型文献的本质和结构进行数量、品质和运用上的研究与分析（何光国，1994）。这里的分析目的是从国内外的研究成果中，筛选并确定区域数字鸿沟形成的主要影响因素。

首先，对中国期刊全文数据库进行检索，将检索时间设定为 1994 年（中国期刊全文数据库最早收录年限）至 2016 年，共检索到篇名包含数字鸿沟的论文 801 篇（表 4-7）。在这 801 篇论文中，研究或提及区域数字鸿沟形成影响因素的论文共计 169 篇。

表 4-7　中国期刊全文数据库中有关数字鸿沟的论文统计　　　　单位：篇

| 项目 | 1994~1999 年 | 2000 年 | 2001 年 | 2002 年 | 2003 年 | 2004 年 | 2005 年 | 2006 年 | 2007 年 | 2008 年 |
|---|---|---|---|---|---|---|---|---|---|---|
| 篇数 | 0 | 14 | 61 | 52 | 51 | 75 | 60 | 75 | 74 | 50 |
| 项目 | 2009 年 | 2010 年 | 2011 年 | 2012 年 | 2013 年 | 2014 年 | 2015 年 | 2016 年 | 总计 | — |
| 篇数 | 51 | 36 | 47 | 29 | 27 | 32 | 32 | 35 | 801 | — |

其次，对中国优秀硕士学位论文全文数据库、中国博士学位论文全文数据库进行检索，将检索时间设定为 1984 年（中国优秀硕士学位论文全文数据库、中国博士学位论文全文数据库最早收录年限）至 2016 年，共检索到题名包含数字鸿沟的论文 64 篇，其中博士学位论文 6 篇，硕士学位论文 58 篇（表 4-8）。在这 64 篇论文中，研究或提及区域数字鸿沟形成影响因素的论文仅有 6 篇。

表 4-8　中国博硕学位论文全文数据库中有关数字鸿沟的论文统计　单位：篇

| 项目 | 1984~2001 年 | 2002 年 | 2003 年 | 2004 年 | 2005 年 | 2006 年 | 2007 年 | 2008 年 | 2009 年 |
|---|---|---|---|---|---|---|---|---|---|
| 篇数 | 0 | 1 | 2 | 1 | 1 | 5 | 7 | 7 | 10 |
| 项目 | 2010 年 | 2011 年 | 2012 年 | 2013 年 | 2014 年 | 2015 年 | 2016 年 | 总计 | — |
| 篇数 | 3 | 6 | 4 | 6 | 0 | 5 | 6 | 64 | — |

再次，对国外文献进行检索。对 SpringerLink 数据库[由德国施普林格（Springer）出版社出版，收录全文电子期刊 1500 余种]进行检索，将检索时间设定为整个出版日期（entire range of publication dates），即从 SpringerLink 数据库建立之时至 2016 年 12 月，共检索到标题包含"Digital Divide"的期刊论文 182 篇（表 4-9）。在这 182 篇论文中，研究或提及区域数字鸿沟形成影响因素（influence factor）的论文有 83 篇。

表 4-9　SpringerLink 数据库中有关数字鸿沟的论文统计　　　单位：篇

| 项目 | 1996~1998 年 | 1999 年 | 2000 年 | 2001 年 | 2002 年 | 2003 年 | 2004 年 | 2005 年 | 2006 年 | 2007 年 |
|---|---|---|---|---|---|---|---|---|---|---|
| 篇数 | 0 | 1 | 0 | 4 | 11 | 8 | 8 | 9 | 16 | 9 |
| 项目 | 2008 年 | 2009 年 | 2010 年 | 2011 年 | 2012 年 | 2013 年 | 2014 年 | 2015 年 | 2016 年 | 总计 |
| 篇数 | 10 | 8 | 10 | 9 | 5 | 11 | 17 | 20 | 26 | 182 |

最后，对 EBSCOhost 数据库（全球最大的商业资源全文数据库，由世界上最大的文献提供商 EBSCO 公司创办）进行检索，将检索时间设定为从 EBSCOhost 数据库建立之时至 2016 年 12 月，共检索到标题包含"Digital Divide"的期刊论文 590 篇（表 4-10）。在这 590 篇论文中，研究或提及区域数字鸿沟形成影响因素（influence factor）的论文共计 71 篇。

表 4-10　EBSCOhost 数据库中有关数字鸿沟的论文统计　　　单位：篇

| 项目 | 1994~1998 年 | 1999 年 | 2000 年 | 2001 年 | 2002 年 | 2003 年 | 2004 年 | 2005 年 | 2006 年 | 2007 年 |
|---|---|---|---|---|---|---|---|---|---|---|
| 篇数 | 0 | 1 | 16 | 32 | 26 | 39 | 36 | 50 | 41 | 23 |
| 项目 | 2008 年 | 2009 年 | 2010 年 | 2011 年 | 2012 年 | 2013 年 | 2014 年 | 2015 年 | 2016 年 | 总计 |
| 篇数 | 36 | 28 | 35 | 39 | 37 | 31 | 38 | 39 | 43 | 590 |

综上所述，在中国期刊全文数据库、中国优秀硕士学位论文全文数据库、中国博士学位论文全文数据库、SpringerLink 数据库、EBSCOhost 数据库中收录的研究或提及区域数字鸿沟形成影响因素（influence factor）的论文共计 329 篇。在这 329 篇文献中，所研究或提及的区域数字鸿沟形成影响因素（influence factor）种类和个数都不尽相同。我们运用文献计量学方法，对各文献中所研究或提及的影响因素进行统计。在统计中，我们将相互包含的因素或者异名同义的因素进行了整理和合并，以便于研究；对于外文文献中的影响因素，我们尽量保持其原有的意思。例如，"信息意识""个人信息意识""information consciousness"都是指影响区域数字鸿沟形成的信息意识因素，统一确定为个人信息意识因素；"信息人才""相关技术人才""human resource in IT field"都是影响区域数字鸿沟形成的人才因素，统一确定为信息人才因素；"信息技术使用资费""上网费用""IT cost"都是指影响区域数字鸿沟形成的信息使用花费因素，统一确定为信息技术使用资费因素。经统计，得到 25 个影响区域数字鸿沟形成的重要因素，它们是：信息技术引进水平、信息基础设施建设、信息资源、信息人才、教育发展水平、使用信息技术的技能、信息技术使用资费、经济发展水平、信息技术研发投入、数字经济对资本的利用程度、地理位置、城市化水平、社会文化、种族、宗教信仰、政策法规、政府对于社会信息化的政策、性别、年龄、个人拥有计算机、个人信息意识、职业、个人收入水平、婚姻状况、家庭类型（表 4-11）。

表 4-11　影响区域数字鸿沟形成的各因素在论文中的统计

| 影响因素 | 研究或提及该影响因素的论文篇数/篇 | 占论文总篇数的比例 |
|---|---|---|
| 信息技术引进水平 | 168[#] | 51.06% |
| 信息基础设施建设 | 141 | 42.86% |

续表

| 影响因素 | 研究或提及该影响因素的论文篇数/篇 | 占论文总篇数的比例 |
| --- | --- | --- |
| 信息资源 | 135 | 41.03% |
| 信息人才 | 189[#] | 57.45% |
| 教育发展水平 | 136 | 41.34% |
| 使用信息技术的技能 | 141 | 42.86% |
| 信息技术使用资费 | 197[#] | 59.88% |
| 经济发展水平 | 148 | 44.98% |
| 信息技术研发投入 | 117 | 35.56% |
| 数字经济对资本的利用程度 | 101 | 30.70% |
| 地理位置 | 172[#] | 52.28% |
| 城市化水平 | 169[#] | 51.37% |
| 社会文化 | 124 | 37.69% |
| 种族 | 80 | 24.32% |
| 宗教信仰 | 54 | 16.41% |
| 政策法规 | 171[#] | 51.98% |
| 政府对于社会信息化的政策 | 138 | 41.95% |
| 性别 | 189[#] | 57.45% |
| 年龄 | 174[#] | 52.89% |
| 个人拥有计算机量 | 185[#] | 56.23% |
| 个人信息意识 | 182[#] | 55.32% |
| 职业 | 184[#] | 55.93% |
| 个人收入水平 | 143 | 43.47% |
| 婚姻状况 | 119 | 36.17% |
| 家庭类型 | 120 | 36.47% |

\# 表示该影响因素的论文篇数与论文总篇数的比例大于50%

根据文献计量学方法及专家意见，将研究或提及影响因素的论文篇数占论文总篇数的比例大于50%的因素选出来，作为区域数字鸿沟形成的主要影响因素。也就是说，超过50%的论文认为该影响因素是主要因素。由表4-11可知，符合条件的因素共有11个，它们是信息技术引进水平、信息人才、信息技术使用资费、地理位置、城市化水平、政策法规、性别、年龄、个人拥有计算机、个人信息意识、职业。

## 4.3.3.2 主要影响因素的关系结构分析

解释结构模型（interpretive structural model，简称 ISM）是系统结构模型的一种，由美国华费尔特教授于 1973 年开发的用以分析复杂社会经济系统有关问题的一种方法，该方法的主要依据是有向图模型和布尔矩阵，其利用人们的实践经验和知识，将系统构造成一个多级递阶的结构模型。ISM 属于概念模型，它可以把模糊不清的思想、看法转化为直观的具有良好结构关系的模型（汪应洛，1993）。区域数字鸿沟的形成主要受到上述 11 个因素的影响，它们相互关联，相互作用，形成十分复杂的递阶因素链。应用 ISM 进行分析，可以从这 11 个影响因素及其复杂的因素链中，找出表层直接影响因素、中层间接影响因素和深层根本影响因素。

1）各因素相互关系的确定

根据前文已选定的 11 个主要影响因素，再加上区域数字鸿沟形成这一研究对象，我们确定了建立解释结构模型的 12 个因素，并将这 12 个因素分别设为：信息技术引进水平 $S_1$、信息人才 $S_2$、信息技术使用资费 $S_3$、地理位置 $S_4$、城市化水平 $S_5$、政策法规 $S_6$、性别 $S_7$、年龄 $S_8$、个人拥有计算机 $S_9$、个人信息意识 $S_{10}$、职业 $S_{11}$、区域数字鸿沟形成 $S_{12}$。

根据解释结构模型实施步骤（汪应洛，1998），结合以往大量的数字鸿沟影响因素研究文献，在课题组内对影响因素两两之间的逻辑关系进行了讨论，最终确定了各因素之间的逻辑关系（图 4-10）。图中 $A$ 代表行因素对列因素有直接的影响，$V$ 代表列因素对行因素有直接的影响，$X$ 代表行和列相互有直接影响，$O$ 代表行和列相互都没有直接影响。

| $S_1$ | $S_2$ | $S_3$ | $S_4$ | $S_5$ | $S_6$ | $S_7$ | $S_8$ | $S_9$ | $S_{10}$ | $S_{11}$ | $S_{12}$ | |
|---|---|---|---|---|---|---|---|---|---|---|---|---|
| | V | O | O | O | O | O | O | O | O | O | A | $S_1$ |
| | | O | O | O | O | O | O | O | X | O | A | $S_2$ |
| | | | O | V | O | O | A | O | O | O | A | $S_3$ |
| | | | | O | O | O | O | O | O | O | A | $S_4$ |
| | | | | | O | O | O | O | O | O | A | $S_5$ |
| | | | | | | O | O | O | A | O | A | $S_6$ |
| | | | | | | | O | O | O | O | A | $S_7$ |
| | | | | | | | | O | O | O | A | $S_8$ |
| | | | | | | | | | V | O | A | $S_9$ |
| | | | | | | | | | | O | A | $S_{10}$ |
| | | | | | | | | | | | A | $S_{11}$ |

图 4-10 各主要影响因素之间的逻辑关系

根据图 4-10，可得到各因素的关联矩阵 $R$，$R$ 为 12 阶方阵。$R$ 的元素定义为

$$r_{ij} = \begin{cases} 1, & S_i\text{直接影响}S_j \\ 0, & S_i\text{不直接影响}S_j \end{cases}, \quad i,j = 1,2,\cdots,12$$

则

$$R = \begin{bmatrix} 0 & 0 & 0 & 0 & 0 & 0 & 0 & 0 & 0 & 0 & 0 & 1 \\ 1 & 0 & 0 & 0 & 0 & 0 & 0 & 0 & 0 & 1 & 0 & 1 \\ 0 & 0 & 0 & 0 & 0 & 0 & 0 & 0 & 1 & 0 & 0 & 1 \\ 0 & 0 & 0 & 0 & 0 & 0 & 0 & 0 & 0 & 0 & 0 & 1 \\ 0 & 0 & 0 & 0 & 0 & 0 & 0 & 0 & 0 & 0 & 0 & 1 \\ 0 & 0 & 1 & 0 & 0 & 0 & 0 & 0 & 0 & 1 & 0 & 1 \\ 0 & 0 & 0 & 0 & 0 & 0 & 0 & 0 & 0 & 0 & 0 & 1 \\ 0 & 0 & 0 & 0 & 0 & 0 & 0 & 0 & 0 & 0 & 0 & 1 \\ 0 & 0 & 0 & 0 & 0 & 0 & 0 & 0 & 0 & 0 & 0 & 1 \\ 0 & 1 & 0 & 0 & 0 & 0 & 0 & 0 & 1 & 0 & 0 & 1 \\ 0 & 0 & 0 & 0 & 0 & 0 & 0 & 0 & 0 & 0 & 0 & 1 \\ 0 & 0 & 0 & 0 & 0 & 0 & 0 & 0 & 0 & 0 & 0 & 0 \end{bmatrix}$$

根据布尔代数运算规则（$0+0=0$，$0+1=1$，$1+0=1$，$1+1=1$，$0\times 0 = 0$，$0\times 1 = 0$，$1\times 0 = 0$，$1\times 1 = 1$），利用 Matlab 软件对关联矩阵进行推算，可由关联矩阵 $R$ 得到可达矩阵 $M = (R+I)^4$，其中 $I$ 为 12 阶单位阵，即

$$M = \begin{bmatrix} 1 & 0 & 0 & 0 & 0 & 0 & 0 & 0 & 0 & 0 & 0 & 1 \\ 1 & 1 & 0 & 0 & 0 & 0 & 0 & 0 & 1 & 1 & 0 & 1 \\ 0 & 0 & 1 & 0 & 0 & 0 & 0 & 0 & 1 & 0 & 0 & 1 \\ 0 & 0 & 0 & 1 & 0 & 0 & 0 & 0 & 0 & 0 & 0 & 1 \\ 0 & 0 & 0 & 0 & 1 & 0 & 0 & 0 & 0 & 0 & 0 & 1 \\ 1 & 1 & 1 & 0 & 0 & 1 & 0 & 0 & 1 & 1 & 0 & 1 \\ 0 & 0 & 0 & 0 & 0 & 0 & 1 & 0 & 0 & 0 & 0 & 1 \\ 0 & 0 & 0 & 0 & 0 & 0 & 0 & 1 & 0 & 0 & 0 & 1 \\ 0 & 0 & 0 & 0 & 0 & 0 & 0 & 0 & 1 & 0 & 0 & 1 \\ 1 & 1 & 0 & 0 & 0 & 0 & 0 & 0 & 1 & 1 & 0 & 1 \\ 0 & 0 & 0 & 0 & 0 & 0 & 0 & 0 & 0 & 0 & 1 & 1 \\ 0 & 0 & 0 & 0 & 0 & 0 & 0 & 0 & 0 & 0 & 0 & 1 \end{bmatrix}$$

## 2）各因素级间关系的划分

由可达矩阵 $M$，可得到与各个因素对应的可达集 $R(S_i)$、前因集 $A(S_i)$ 及可达集与前因集的交集 $R(S_i) \cap A(S_i)$（表4-12）。

**表4-12 区域数字鸿沟形成影响因素的第一级可达集和前因集**

| $S_i$ | $R(S_i)$ | $A(S_i)$ | $R(S_i) \cap A(S_i)$ |
|---|---|---|---|
| 1 | 1,12 | 1,2,6,10 | 1 |
| 2 | 1,2,9,10,12 | 2,6,10 | 2,10 |
| 3 | 3,9,12 | 3,6 | 3 |
| 4 | 4,12 | 4 | 4 |
| 5 | 5,12 | 5 | 5 |
| 6 | 1,2,3,6,9,10,12 | 6 | 6 |
| 7 | 7,12 | 7 | 7 |
| 8 | 8,12 | 8 | 8 |
| 9 | 9,12 | 2,3,6,9,10 | 9 |
| 10 | 1,2,9,10,12 | 2,6,10 | 2,10 |
| 11 | 11,12 | 11 | 11 |
| 12 | <u>12</u> | 1,2,3,4,5,6,7,8,9,10,11,12 | <u>12</u> |

注：___表示最终确定的节点

（1）根据表 4-12 数据可以分析出区域数字鸿沟形成影响因素的第一级节点：$L_1 = \{12\}$。然后在可达矩阵 $M$ 中划去第 12 行与第 12 列，寻找第二级节点（表4-13）。

**表4-13 区域数字鸿沟形成影响因素的第二级可达集和前因集**

| $S_i$ | $R(S_i)$ | $A(S_i)$ | $R(S_i) \cap A(S_i)$ |
|---|---|---|---|
| 1 | <u>1</u> | 1,2,6,10 | <u>1</u> |
| 2 | 1,2,9,10 | 2,6,10 | 2,10 |
| 3 | 3,9 | 3,6 | 3 |
| 4 | <u>4</u> | 4 | <u>4</u> |
| 5 | <u>5</u> | 5 | <u>5</u> |
| 6 | 1,2,3,6,9,10 | 6 | 6 |
| 7 | <u>7</u> | 7 | <u>7</u> |
| 8 | <u>8</u> | 8 | <u>8</u> |
| 9 | <u>9</u> | 2,3,6,9,10 | <u>9</u> |
| 10 | 1,2,9,10 | 2,6,10 | 2,10 |
| 11 | <u>11</u> | 11 | <u>11</u> |

注：___表示最终确定的节点

（2）由表 4-13 数据可分析出区域数字鸿沟形成影响因素的第二级节点：$L_2=\{1,4,5,7,8,9,11\}$。在可达矩阵 $M$ 中划去第 1、4、5、7、8、9、11 行与第 1、4、5、7、8、9、11 列，寻找第三级节点（表4-14）。

表4-14  区域数字鸿沟形成影响因素的第三级可达集和前因集

| $S_i$ | $R(S_i)$ | $A(S_i)$ | $R(S_i)\cap A(S_i)$ |
| --- | --- | --- | --- |
| 2 | 2,10 | 2,6,10 | 2,10 |
| 3 | 3 | 3,6 | 3 |
| 6 | 2,3,6,10 | 6 | 6 |
| 10 | 2,10 | 2,6,10 | 2,10 |

注：___表示最终确定的节点

（3）由表 4-14 数据可分析出区域数字鸿沟形成影响因素的第三级节点：$L_3=\{2,3,10\}$。在可达矩阵 $M$ 中划去第 2、3、10 行与第 2、3、10 列，寻找第四级节点（表4-15）。

表4-15  区域数字鸿沟形成影响因素的第四级可达集和前因集

| $S_i$ | $R(S_i)$ | $A(S_i)$ | $R(S_i)\cap A(S_i)$ |
| --- | --- | --- | --- |
| 6 | 6 | 6 | 6 |

注：___表示最终确定的节点

（4）由表 4-15 数据可分析出区域数字鸿沟形成影响因素的第四级节点：$L_4=\{6\}$。

根据各影响因素的级间关系，可得到各影响因素的分级递阶结构模型（图4-11）。

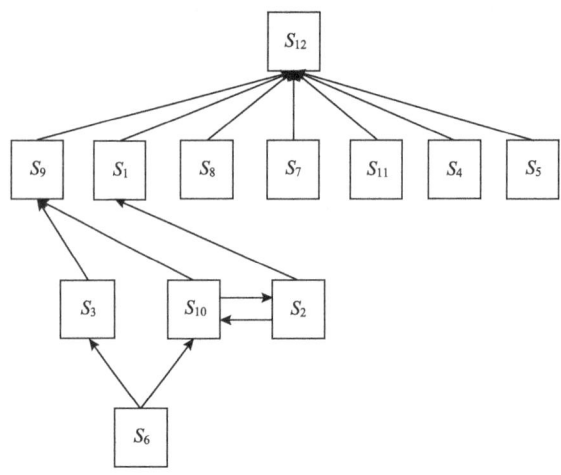

图4-11  各影响因素的分级递阶结构模型

根据图 4-11 可以建立区域数字鸿沟形成的主要影响因素的解释结构模型（图 4-12）。

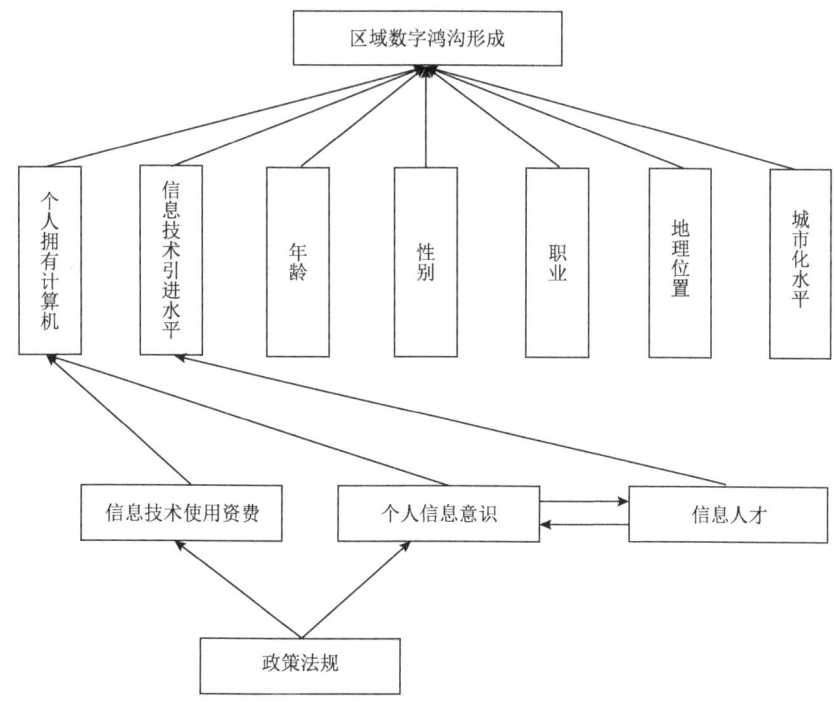

图 4-12　区域数字鸿沟形成的主要影响因素的解释结构模型

3）各级因素级间关系的分析

由图 4-11 和图 4-12 可知，区域数字鸿沟形成的影响因素是一个具有四级的多级递阶结构。其中，第一级影响因素是区域数字鸿沟形成（$S_{12}$），第二级影响因素有个人拥有计算机（$S_9$）、信息技术引进水平（$S_1$）、年龄（$S_8$）、性别（$S_7$）、职业（$S_{11}$）、地理位置（$S_4$）、城市化水平（$S_5$），第三级影响因素有信息技术使用资费（$S_3$）、个人信息意识（$S_{10}$）、信息人才（$S_2$），第四级影响因素是政策法规（$S_6$）。下面对上述解释结构模型中各级影响因素之间的关系进行分析。

（1）第一级与第二级因素的关系分析。第二级影响因素有个人拥有计算机（$S_9$）、信息技术引进水平（$S_1$）、年龄（$S_8$）、性别（$S_7$）、职业（$S_{11}$）、地理位置（$S_4$）、城市化水平（$S_5$），这七个因素对区域数字鸿沟形成（$S_{12}$）产生直接影响。其中，个人拥有计算机会影响到是否能够接入网络，因此会产生直接影响；年龄、性别、职业影响一个人是否能够成为网民，一般来说，网民大多是中青年，而年龄太小或太大的人一般都对互联网不感兴趣，而男性比女性更有可能成为网民，职业因素产生的直接影响也不容忽视。信息技术引进水平会直接影响区域数字鸿沟的形成,具体表现在一个国家或地区对于信息技术引进的快慢、高低。地理位置和城市化水平作为外部环境,也会对区域数字鸿沟的形成产生直接影响。所以第二级因素是区域数字鸿沟形成的表层直接影响因素。

(2)第二级与第三级因素的关系分析。对第二级中个人拥有计算机($S_9$)产生直接影响的因素是信息技术使用资费($S_3$)和个人信息意识($S_{10}$);对第二级中信息技术引进水平($S_1$)产生直接影响的因素是信息人才($S_2$)。第三级因素存在一个强连通块,即个人信息意识($S_{10}$)与信息人才($S_2$)形成了一个强连通块,此强连通块内部的因素是相互影响的。因为第三级因素通过第二级因素对区域数字鸿沟的形成产生影响,所以第三级因素是区域数字鸿沟形成的中层间接影响因素。

(3)第三级与第四级因素的关系分析。第四级中的政策法规($S_6$)对第三级中的信息技术使用资费($S_3$)和个人信息意识($S_{10}$)产生直接影响,并通过其影响个人拥有计算机($S_9$),同时又通过强连通块影响信息人才($S_2$),进而影响信息技术引进水平($S_1$)。第四级因素通过第三级因素对区域数字鸿沟产生影响,所以第四级因素是区域数字鸿沟形成的深层根本影响因素。

## 4.4 区域数字鸿沟形成的动力机制分析

区域数字鸿沟是一个逐渐形成的连续过程,可划分为三个阶段,而包含的11个主要影响因素之间又形成复杂的递阶因素链。在这样一个异常复杂的形成过程中,是什么给予其动力?其动力机制是什么?这些问题的解决对于理解区域数字鸿沟形成机理显然有着重要作用。

"机制"在《辞海》中的解释是,机械或机器的构造原理和工作方式,即机器内部各组成部分之间相互联系,实现机器运转功能的原理及方法。经济学引入"机制"一词,意指经济组织或经济系统各要素、各部分及各环节的相互推动、制约关系,以及组织或系统运作的原理。区域数字鸿沟形成的动力机制应该是驱动其形成与演化的动力结构体系和运行规则,具有一定的稳定性和规律性。

为了深入研究区域数字鸿沟形成的动力机制,本书从结构体系和运行规则两个方面来分析。首先对动力机制的结构体系进行划分,在此基础上构建了动力机制的 SD 模型,通过动力机制的 SD 模型来分析动力机制的结构体系和运行规则。

### 4.4.1 动力机制的结构体系

#### 4.4.1.1 动力机制的结构体系划分

区域数字鸿沟是区域之间对信息技术发展、应用的差距造成的"信息落差"

"知识分隔""贫富分化"现象,它是一个包含信息化、教育、政府政策及经济等多层面的问题,因此,驱动其形成的动力应当是由多个动力系统产生的力耦合而成。

区域数字鸿沟的形成在时间上具有连续性,总是处于动态变化之中,并且会经历逐渐扩大、稳定、逐渐缩小三个阶段。因此,区域数字鸿沟动力系统产生的动力应当持续、动态地驱动区域数字鸿沟经历这三个阶段。

动力机制的结构体系应当是由这些动力系统及它们所产生的动力所组成的。从系统论思维出发,这里将区域数字鸿沟形成的动力机制结构体系划分为信息化动力系统、教育动力系统、经济动力系统、政府政策动力系统。

1) 信息化动力系统

信息化动力系统产生信息化力,从信息化方面对区域数字鸿沟的形成产生持续的动力。区域数字鸿沟的表现形式主要是信息化进程中区域之间及区域内部群体之间产生的差距。因此,信息化动力系统所产生的信息化力是区域数字鸿沟形成的一种动力。信息化力使区域之间及区域内部群体间信息软硬件资源拥有的差距处于动态变化之中。信息化力不断推动信息化方面的差距动态变化,从而驱动区域数字鸿沟的形成。

2) 教育动力系统

教育动力系统产生教育力,从教育方面对区域数字鸿沟的形成产生动力。区域数字鸿沟不仅是信息软硬件资源拥有上的差距,更是使用上的差距。区域内群体间在使用方面的差距,促使区域数字鸿沟形成和演化。而这种使用方面的差距实际上是人们教育方面的差距,因此,教育力是区域数字鸿沟形成的一种动力。教育力不断推动教育方面的差距动态变化,从而驱动区域数字鸿沟的形成。

3) 经济动力系统

经济动力系统产生经济力,从经济方面对区域数字鸿沟的形成产生动力。建设信息硬件资源,完善信息软件资源,发展教育,以及政府对信息化建设的人力、财力、物力投入的决策等,都与经济息息相关。区域间经济水平差距及群体间经济状况差距,都会驱动区域数字鸿沟的形成。经济力推动经济方面的差距处于动态变化之中,从而驱动区域数字鸿沟的形成。

4) 政府政策动力系统

政府政策动力系统产生政府政策力,从政府政策方面对区域数字鸿沟的形成产生动力。政府政策是受人为控制的、可变化的,对于区域数字鸿沟的形成来说,其是外生变量,政府对于信息化、教育、经济的政策和态度(如政府用

GDP 的百分之几投入到信息技术研发中）从系统外部推动区域数字鸿沟的形成。因此，政府政策力也是一种动力。政府政策力推动政府政策方面的差异不断变化，使信息化、教育、经济方面的差距处于动态变化之中，从而驱动区域数字鸿沟的形成。

#### 4.4.1.2 动力机制的结构体系分析

在对动力机制的结构体系进行划分的基础上，本书构建了区域数字鸿沟形成动力机制的 SD 模型，通过该模型的系统结构来分析其结构体系。

区域数字鸿沟形成动力机制不同于一般的社会系统，其本身有许多特点。首先，区域数字鸿沟动力机制是一个涉及诸多方面的复杂系统，而复杂系统是一种具有自组织耗散结构性质的高阶次、多变量、多回路和非线性的反馈系统（王其藩，1994）。用通常的数学模型很难描述如此复杂而宽泛的系统，而系统动力学就是研究此类问题的常用方法。其次，从前面形成过程的阶段划分来看，其动力机制对时间具有很强的依赖性，而且这种依赖性不易通过直观判断理解。而系统动力学主要追踪系统状态变化过程中的规律，对这类时间依赖性很强的运动系统特别适用。

在构建区域数字鸿沟形成动力机制的 SD 模型时应注意两个问题：一是模型尽可能表达其动力机制各组成部分之间的主要关系。因为区域数字鸿沟形成的动力机制包含的主体众多，如果将其组成部分之间方方面面的细节都加以描述的话，会使整个模型异常复杂，那样就会失去建模的意义，所以我们只对主要的关系进行建模。二是在设计模型指标时，尽量选用易获取的、可量化的指标来表示，以减少人为观测因素的干扰，避免模型的失真。

通过参考国内外有代表性的 NTIA（1995）、DOT Force[①]（2001）、薛伟贤和王涛峰（2006b）、国家信息中心"中国数字鸿沟研究"课题组（2006）关于数字鸿沟的测度指标（表 4-16），并考虑到本书所要建立的系统动力学模型主要是反映区域数字鸿沟形成的动力机制，在此选取了 11 个指标来构建区域数字鸿沟形成动力机制的 SD 模型，表征其形成的动力机制，它们是网民占总人口比例、每百人拥有移动电话数、每百户拥有计算机数、每百万人拥有网站数、教育总投资、每万人中在校大学生数、区域 GDP、人均 GDP、信息技术研发投入、教育总投资占 GDP 的比例、信息技术研发投入占 GDP 的比例。这 11 个指标分别从信息化、教育、经济、政府政策四个方面来表征区域数字鸿沟形成的动力机制。

---

① DOT Force: Digital Opportunity Task Force，数字机会工作组。

表 4-16 国内外有代表性的数字鸿沟测度指标

| 研究者 | 文献 | 数字鸿沟测度指标 |
|---|---|---|
| NTIA（1995） | *Falling Through the Net: A Survey of the "have nots" in Rural and Urban America* | 每百户拥有计算机数、网民占总人口比例、每百人拥有电话数、个人使用网络状况、残疾人使用电脑和互联网状况 |
| DOT Force（2001） | *Global Bridges: Digital Opportunity* | 每百人拥有电话数、每百户拥有计算机数、网民占总人口比例、电信投资率、文化水平、网民健康状况、国外投资、教育费用占 GDP 的比重 |
| 薛伟贤和王涛峰（2006b） | 我国区域数字鸿沟的实证研究 | 中国国家顶级域名".CN"注册下的域名数、WWW 站点数、上网计算机数、互联网网民占各区域人口的比例、人均每周发出的电子邮件数、人均每周上网时间、网民中学生比例、网民中本科生比例、网民中专业技术人员比例、人均 GDP、第三产业占 GDP 的比重 |
| 国家信息中心"中国数字鸿沟研究"课题组（2006） | 2006 年中国数字鸿沟报告 | 网民占总人口比例、每百人拥有电话数、每百户拥有计算机数 |

结合选取的 11 个指标，根据系统动力学建模方法，确定变量类型及各变量间的因果关系，这里构建了区域数字鸿沟形成动力机制的 SD 模型，并运用 Vensim5.6a 软件画出了 SD 模型流图（图 4-13）。该模型包括信息化动力系统子模块、教育动力系统子模块、经济动力系统子模块、政府政策动力系统子模块。模型中 4 种变量具体为以下几种（王其藩，2009）。①水平变量是最终决定系统行为的变量，建模时考虑到区域数字鸿沟形成是由四个动力系统子模块最终决定，进一步确定各子模块行为的重要变量，选取 8 个水平变量：人均 GDP、每百户拥有计算机数、每百人拥有移动电话数、每百万人拥有网站数、信息技术研发投入、网民占总人口比例、每万人中在校大学生数、教育总投资。②速率变量是直接改变水平变量值的变量，反映水平变量输入或输出的速度，并且速率变量是与水平变量相对应存在的，因此该模型包含 8 个速率变量：人均 GDP 增长率、每百户拥有计算机数增长率、每百人拥有移动电话数增长率、每百万人拥有网站数增长率、信息技术研发投入增长率、网民占总人口比例增长率、每万人中在校法学生数增长率、教育总投资增长率。③辅助变量是水平变量和速率变量两者任意组合之间信息传递和转换的中间变量，添加辅助变量是为了连接各个子模块，明确因果关系，该模型中包含 9 个辅助变量：区域总人口、区域 GDP、信息产业产值、人才培养系数、信息通信技术扩散率、移动电话数量诱发因子、计算机数量诱发因子、教育总投资占 GDP 的比例、信息技术研发投入占 GDP 的比例。④外生变量是完全由系统外部确定并输入系统的变量，它只对系统产生影响而不受系统的影响，该模型中包含 1 个外生变量：区域总人口增长率。

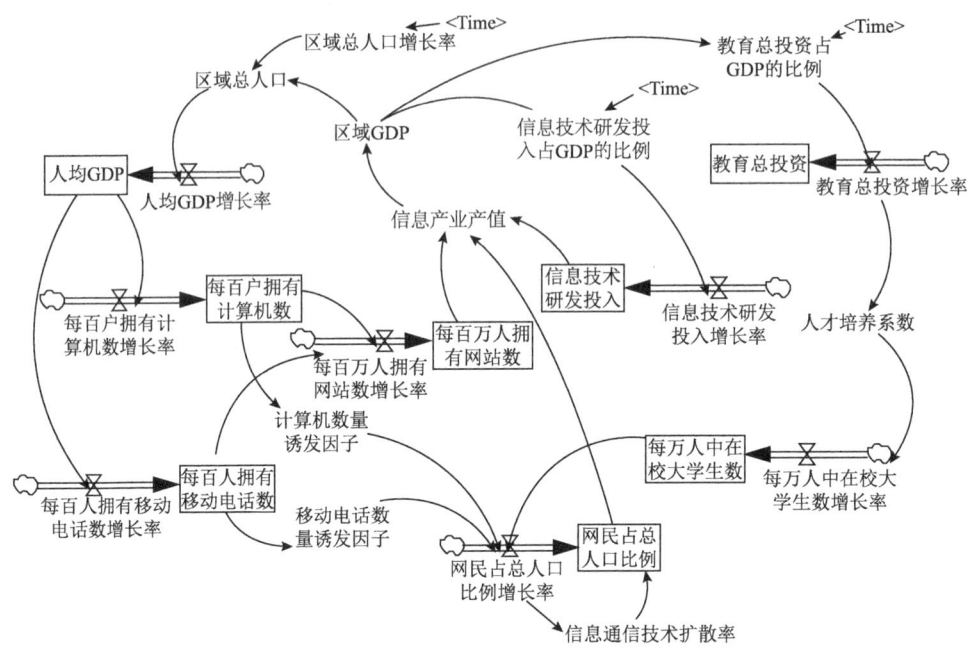

图 4-13 区域数字鸿沟形成动力机制的 SD 模型

（1）信息化动力系统子模块。信息化动力系统子模块包括网民占总人口比例、每百人拥有移动电话数、每百户拥有计算机数、每百万人拥有网站数 4 个水平变量，网民占总人口比例增长率、每百人拥有移动电话数增长率、每百户拥有计算机数增长率、每百万人拥有网站数增长率 4 个速率变量，信息通信技术扩散率、计算机数量诱发因子、移动电话数量诱发因子和信息产业产值 4 个辅助变量（图 4-14）。由 4.3.2 节可知，信息通信技术遵循创新扩散理论，即网民占总人口比例呈现"S"形曲线增长趋势，因而在此引入辅助变量信息通信技术扩散率，网民占总人口比例增长率通过信息通信技术扩散率影响网民占总人口比例。每百户拥有计算机数和每百人拥有移动电话数分别通过辅助变量计算机数量诱发因子和移动电话数量诱发因子影响网民占总人口比例增长率。信息化动力系统子模块通过辅助变量信息产业产值与经济动力系统子模块接口，教育动力系统子模块中的水平变量每万人中在校大学生数对信息化动力系统子模块中的速率变量网民占总人口比例增长率产生影响，以此表现信息化动力系统与教育动力系统、经济动力系统之间的互动关系。

（2）教育动力系统子模块。教育动力系统子模块包括教育总投资、每万人中在校大学生数 2 个水平变量，教育总投资增长率、每万人中在校大学生数增长率 2 个速率变量，人才培养系数、教育总投资占 GDP 的比例 2 个辅助变量。教育总投资增长率通过辅助变量人才培养系数影响每万人中在校大学生数增长率

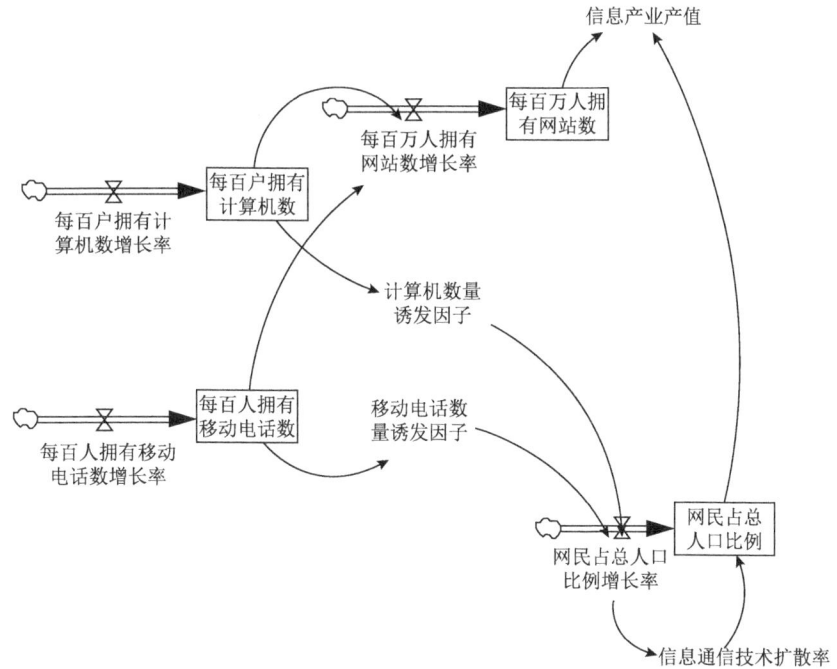

图 4-14 信息化动力系统子模块

（图 4-15）。教育动力系统子模块与政府政策动力系统子模块共用水平变量教育总投资，且教育动力系统子模块中水平变量每万人中在校大学生数影响信息化动力系统子模块中速率变量网民占总人口比例增长率，从而表现教育动力系统与政府政策动力系统、信息化动力系统之间的动态制约关系。

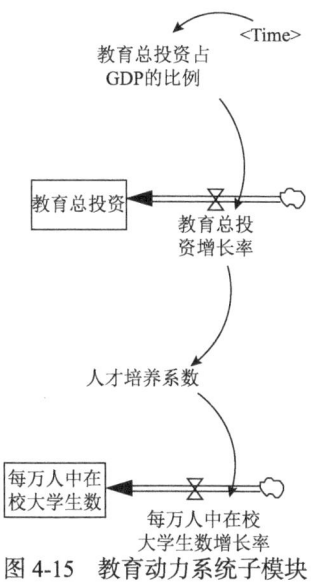

图 4-15 教育动力系统子模块

（3）经济动力系统子模块。经济动力系统子模块包括人均GDP、信息技术研发投入2个水平变量，人均GDP增长率、信息技术研发投入增长率2个速率变量，信息产业产值、区域GDP、区域总人口、信息技术研发投入占GDP的比例4个辅助变量（图4-16）。水平变量信息技术研发投入通过辅助变量信息产业产值影响区域GDP，进一步通过辅助变量区域总人口影响人均GDP增长率。经济动力系统子模块通过辅助变量信息产业产值与信息化动力系统子模块接口，再通过与政府政策动力系统子模块共用水平变量信息技术研发投入，从而表现经济动力系统与政府政策动力系统、信息化动力系统之间的互动关系。值得注意的是，区域总人口不仅受区域GDP的影响，还应当受人口增长率的影响，这里的人口增长率是外生的，不受系统的影响，因此我们引入外生变量区域总人口增长率。

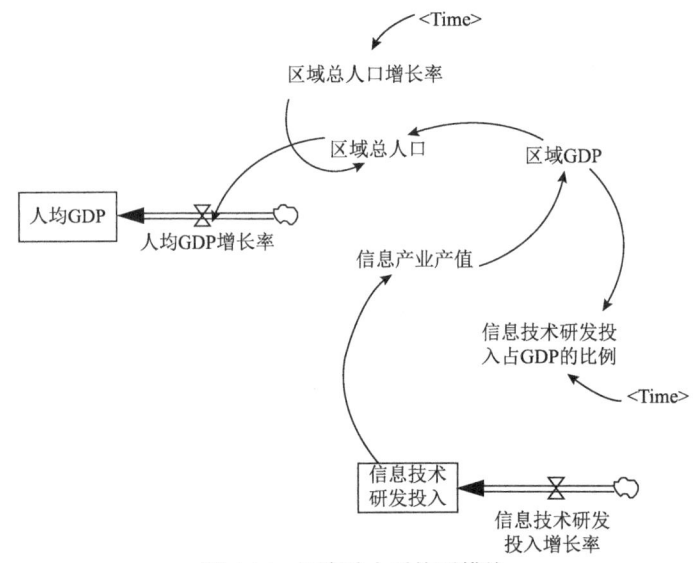

图4-16　经济动力系统子模块

（4）政府政策动力系统子模块。政府政策动力系统子模块包含教育总投资、信息技术研发投入2个水平变量，教育总投资增长率、信息技术研发投入增长率2个速率变量，区域GDP、教育总投资占GDP的比例、信息技术研发投入占GDP的比例3个辅助变量（图4-17）。教育总投资和信息技术研发投入两个水平变量分别体现了政府对教育发展的重视程度，以及对信息技术研发的支持力度。区域GDP通过影响教育总投资占GDP的比例和信息技术研发投入占GDP的比例，分别进一步影响教育总投资增长率和信息技术研发投入增长率。政府政策动力系统子模块通过与经济动力系统子模块共用水平变量信息技术研发投入，再通过与教育动力系统子模块共用水平变量教育总投资，以此来表现政府政策动力系统对教育动力系统、经济动力系统的作用和影响。

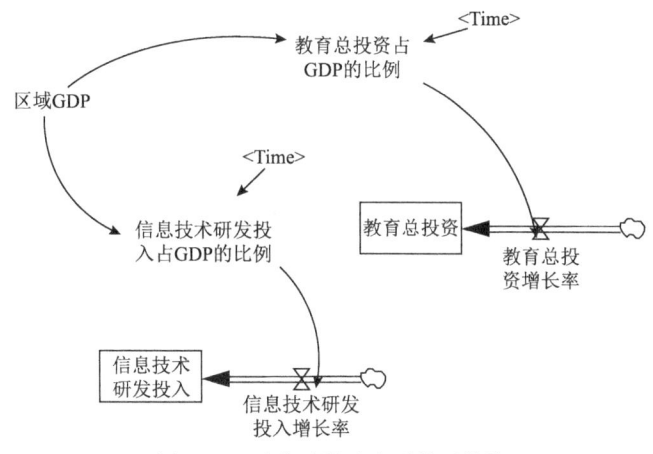

图 4-17 政府政策动力系统子模块

综上所述，正是信息化、教育、经济、政府政策这四个动力系统构成了结构体系。另外，这四个动力系统产生了信息化力、教育力、经济力、政府政策力，分别从信息化、教育、经济、政府政策方面驱动区域数字鸿沟形成（图 4-18）。

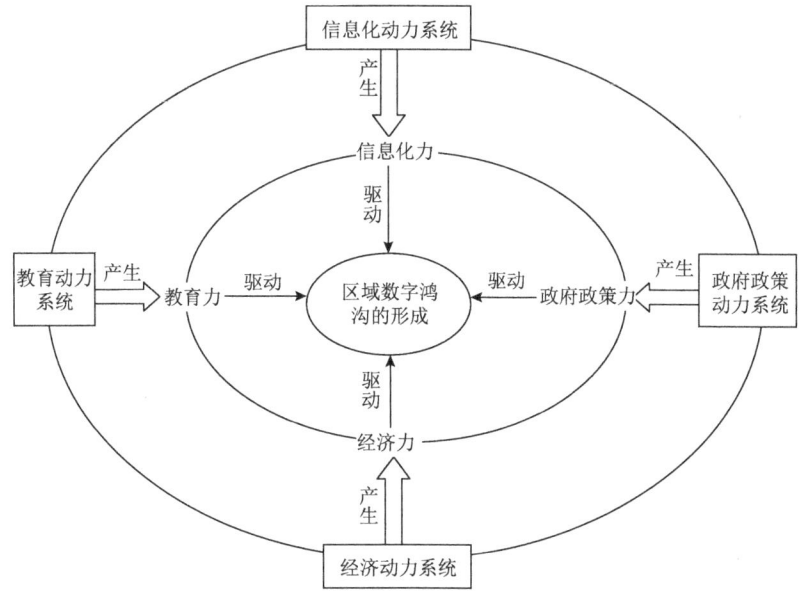

图 4-18 区域数字鸿沟形成动力机制的结构体系

这四种力之间相互关联、相互作用，四者的大小和方向各有不同，所以区域数字鸿沟形成的动力并不是由一两个单力简单组成，而是由这四者的大小及之间的关系共同决定（图 4-19）。正是信息化动力系统、教育动力系统、经济动力系统、政府政策动力系统这四个动力系统之间交互作用，才最终产生了区域数字鸿沟形成的动力，导致区域数字鸿沟不断形成、演化。

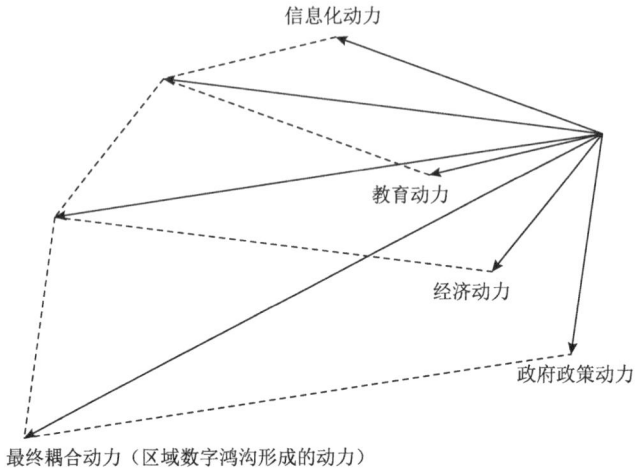

图 4-19　区域数字鸿沟形成动力的耦合机制概念模型

## 4.4.2　动力机制的运行规则

系统是结构与行为的统一体，系统结构指系统内部各部分的组成结构及其相互作用，系统行为指系统内部的运行规律。系统动力学认为，系统行为源于系统结构，并且通过系统结构实现。因此，在分析了区域数字鸿沟形成动力机制的结构体系之后，就可以对其运行规则进行研究。

根据区域数字鸿沟形成动力机制的 SD 模型，其动力机制的运行规则主要取决于该系统中的反馈回路，因此，研究四个动力系统之间反馈回路的正负性及各反馈回路对动力机制整体起作用的方式，可以找到其运行规则；对每条反馈回路进行经济分析，可以深入了解其运行机理。

这里的经济学分析属于局部均衡分析，在假定其他市场条件不变的情况下，孤立地考察单个市场或部分市场的供求与价格之间的关系或均衡状态，而不考虑它们之间的相互联系和影响。在具体分析中，基于以下四个基本假设：一是经济人假设，假设每个经济单位都是以利己为目的的理性人；二是分析周期为短期，只考虑信息产品在短期内的消费变化，即对于软件、硬件设施的生产者来说，已经购买了这类产品的网民无法再为其创造新的销售收入；三是分析周期内无技术进步，信息产品不会因为技术进步发生更新换代；四是政府对信息产业存在投资偏好，这不仅符合十八大倡导走新型工业化、信息化、城镇化和农业现代化道路的方针政策，也使这里的经济分析更加贴合实际情况。

每个反馈回路中包含很多变量，在经济分析前需要对一些主要变量进行界定，这里包括以下三个变量。

(1)信息产业产值。首先,信息产业规模报酬递增。一方面,网络经济中信息通信技术产品具有边际成本递减的经济特征,并且信息经济越发达,这种效应就会越突出;另一方面,信息产业的投入主要为知识资本、技术资本和人力资本,而知识、技术和劳动力要素一旦获得,可以在不支付额外成本的条件下反复使用,因此信息产业出现规模报酬递增。其次,信息产业产值与 GDP 呈正相关关系。一方面,信息产业作为经济活动的组成部分,其产值规模的不断扩大意味着经济活动规模的扩大,信息产业自身的发展直接促进了经济的增长;另一方面,信息产业又与其他产业之间存在很强的关联性,信息产业的发展依赖于其他产业对信息产品的需求,其他产业的最终产品也是信息产业发展所必不可少的,信息产业通过其他产业间接影响经济的增长。基于此,这里提出信息产业规模报酬递增,且信息产业产值与区域 GDP 之间为正相关关系。

(2)信息技术研发投入。信息技术研发投入可以提升信息技术水平,提高生产效率,最终转化为生产力。一方面,信息技术可以将生产过程中所需要的信息进行即时传递,减少时间成本;另一方面,信息技术可以使生产管理者全面掌握生产状况,合理配置资源,从而提升全要素生产率。世界银行数据显示,我国研发投入占比不断加大,2016 年已达 2.07%,对比同期加拿大(2.03%)、新加坡(2.53%)及比利时(2.34%),中国已经达到中等发达国家的水平。基于此,这里提出信息技术研发投入比重随经济不断增长而逐渐加大。

(3)信息通信技术扩散率。信息通信技术扩散率衡量信息通信技术在人群中的扩散速度,并且呈现先增加后递减的特征。根据 CNNIC 发布的第 38 次《中国互联网络发展状况统计报告》,2016 年我国网民规模达到 7 亿人,互联网普及率为 51.7%,已经达到信息通信技术增长拐点,并且由于非网民自身群体特点、上网意愿及网络知识技能水平等,我国非网民的转化速度逐步减慢。基于此,这里提出信息通信技术扩散率随网民数增加而下降。

#### 4.4.2.1 动力机制的反馈回路分析

由图 4-13 可知,区域数字鸿沟形成动力机制的 SD 模型中共有六条反馈回路。下面具体给出这六条回路,其中,箭尾元素对箭头元素产生作用,"+"表示正相关关系,"-"表示负相关关系。

(1)信息化动力系统—经济动力系统正反馈回路:每百户拥有计算机数 $\xrightarrow{+}$ 每百万人拥有网站数 $\xrightarrow{+}$ 信息产业产值 $\xrightarrow{+}$ 区域 GDP $\xrightarrow{+}$ 人均 GDP $\xrightarrow{+}$ 每百户拥有计算机数。

该反馈回路表现信息化动力系统与经济动力系统的相互促进关系。该回路表明,每百户拥有计算机数增长,意味着居民对网络信息的需求提高,这样促使网站数量增加，导致每百万人拥有网站数增长，造成人们对信息产品的消费增多，进而可以拉动信息产业产值提高，促使区域 GDP 增长，进一步促使人均 GDP 增长，这样就会使居民对信息通信产品的购买能力得以提升，反过来促进每百户拥有计算机数增长，这是一个正反馈的循环过程。此回路对区域数字鸿沟的形成产生正反馈作用，其经济学原理可以用一个四象限图表示（图4-20）。

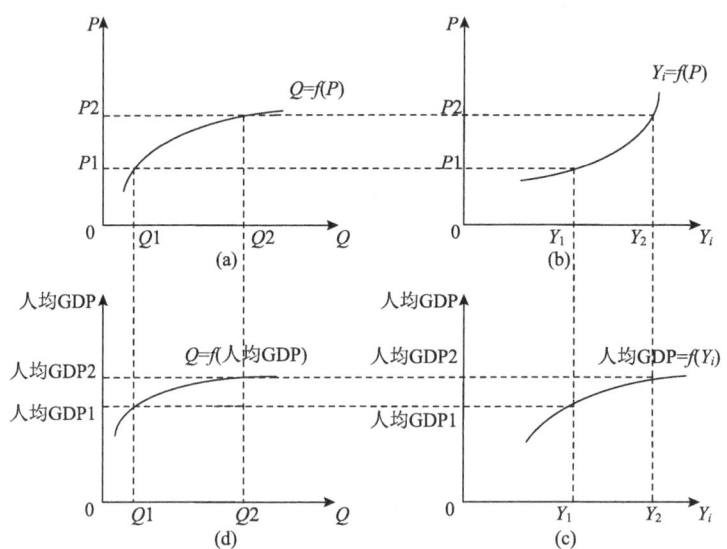

图 4-20　信息化动力系统—经济动力系统正反馈回路四象限法

每百户拥有计算机数与每百万人拥有网站数增加反映信息产品需求量增加，如图 4-20（a）所示，信息产品需求量由 $Q_1$ 增加到 $Q_2$，根据供求定理产品价格会上涨，从 $P_1$ 增加到 $P_2$；此时对应到图 4-20（b）中，由于价格的增加，信息产业产值 $Y_i$ 由 $Y_1$ 增加到 $Y_2$；再对应到图 4-20（c）中，信息产业产值的增加会直接导致区域 GDP 增加，引起人均 GDP 相应地从人均 GDP1 增加到人均 GDP2；对应到图 4-20（d）中，人均 GDP 增加意味着人均可支配收入增加，引起信息产品需求量由 $Q_1$ 增加到 $Q_2$；最后对应到图 4-20（a）中信息产品需求量增加，信息化动力系统—经济动力系统正反馈回路运行完一周。

（2）信息化动力系统—经济动力系统负反馈回路：每百户拥有计算机数 $\xrightarrow{+}$ 网民占总人口比例 $\xrightarrow{-}$ 信息通信技术扩散率 $\xrightarrow{+}$ 信息产业产值 $\xrightarrow{+}$ 区域 GDP $\xrightarrow{+}$ 人均 GDP $\xrightarrow{+}$ 每百户拥有计算机数。

该反馈回路表现信息化动力系统与经济动力系统的相互制约关系。该回路表明，每百户拥有计算机数增长，会使越来越多的人参与到信息技术的应用中，促使网民占总人口比例增长；但是这样一来信息通信技术扩散率却会下降，引起信息产业产值减少，促使区域 GDP 和人均 GDP 减少，最终反过来促使每百户拥有计算机数减少,这是一个负反馈的循环过程。该反馈回路的经济学原理可以用一个四象限图表示(图4-21)。

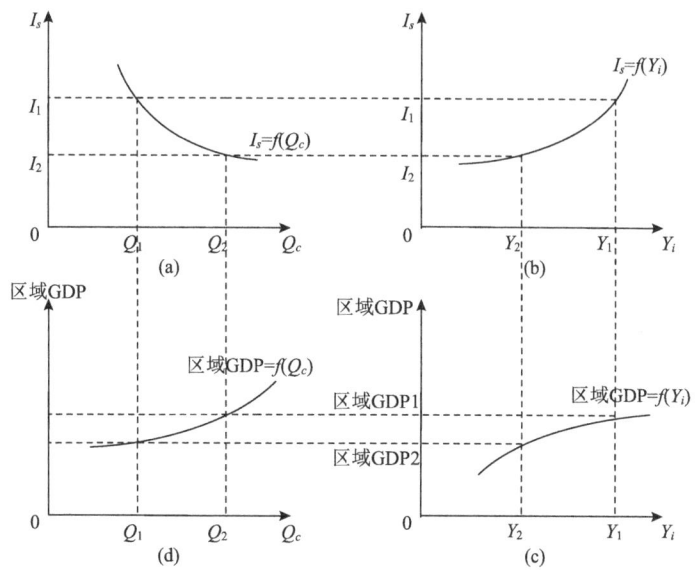

图4-21 信息化动力系统—经济动力系统负反馈回路四象限法

每百户拥有计算机数增加引起信息通信技术扩散率下降,这是因为信息通信技术扩散率随网民数增加而减少,如图4-21(a)所示,每百户拥有计算机数$Q_c$由$Q_1$增加到$Q_2$,则信息通信技术扩散率$I_s$由$I_1$下降到$I_2$;此时对应到图4-21(b)中,信息通信技术扩散率降低引起信息产业产值$Y_i$由$Y_1$降低到$Y_2$,这是因为信息通信技术扩散率降低代表非网民数越来越少,并且已经购买了信息软件和硬件设施的无须更换,信息产业面临的市场需求越来越少,厂商作为理性人减少生产,导致信息产业产值降低;再对应到图4-21(c)中,信息产业产值减少导致区域GDP减少;接着对应到图4-21(d)中,区域GDP减少导致信息产品需求量降低,这是因为区域GDP减少造成人均可支配收入降低,进一步导致信息产品消费也减少,从而每百户拥有计算机数$Q_c$由$Q_2$减少到$Q_1$。最后对应到图4-21(a)中每百户拥有计算机数减少,信息化动力系统—经济动力系统负反馈回路运行完一周。

(3)教育动力系统—信息化动力系统负反馈回路:教育总投资 —+→ 每万人中在校大学生数 —+→ 网民占总人口比例 —−→ 信息通信技术扩散率 —+→ 信息产业产值 —+→ 区域GDP —+→ 教育总投资占GDP的比例 —+→ 教育总投资。

该反馈回路表现教育动力系统与信息化动力系统的相互作用关系。该回路表明,教育总投资增加,促使每万人中在校大学生数增长,大学生在接受教育的过程中,个人信息技能得以提高,同时促使其他人参与到信息技术应用中,这样就促使网民占总人口比例上升，但是信息通信技术扩散率却下降，引起信息产业产值下降，促使区域 GDP 下降，在教育总投资占 GDP 的比例不变的情况下，教育总投资相应减少。此回路对区域数字鸿沟的形成产生负反馈作用，其经济学原理可以用一个四象限图表示（图 4-22）。

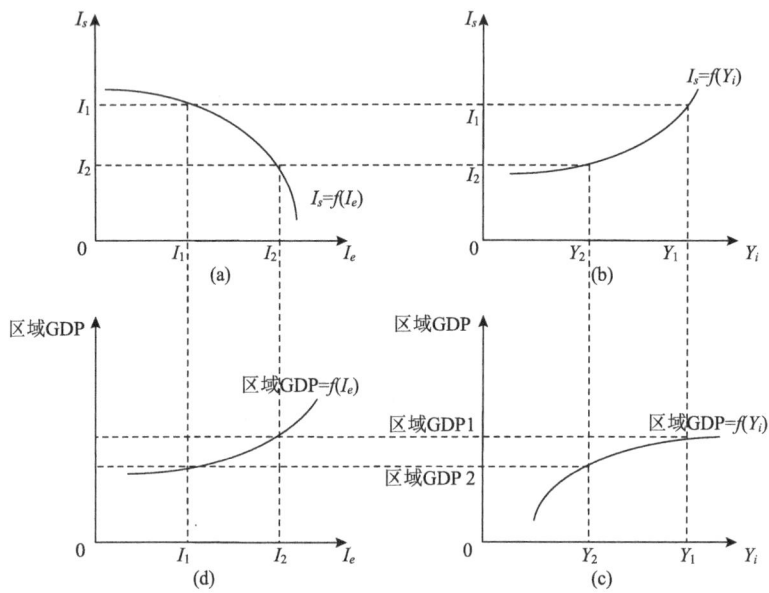

图 4-22 教育动力系统—信息化动力系统负反馈回路四象限法

教育总投资增加导致信息通信技术扩散率降低，这是因为教育总投资增加导致每万人中在校大学生数增加，使网民占总人口比例增加，引起信息通信技术扩散率下降，如图 4-22（a）所示，教育总投资 $I_e$ 由 $I_1$ 增加到 $I_2$，则信息通信技术扩散率 $I_s$ 由 $I_1$ 下降到 $I_2$；此时对应到图 4-22（b）中，信息通信技术扩散率降低导致信息产业产值 $Y_i$ 由 $Y_1$ 降低到 $Y_2$；再对应到图 4-22（c）中，信息产业产值减少导致区域 GDP 由区域 GDP1 减少为区域 GDP2；接着对应到图 4-22（d）中，区域 GDP 下降导致教育总投资 $I_e$ 由 $I_2$ 减少到 $I_1$；最后对应到图 4-22（a）中教育总投资减少，教育动力系统—信息化动力系统负反馈回路运行完一周。

（4）经济动力系统—信息化动力系统正反馈回路：人均 GDP —+→ 每百人拥有移动电话数 —+→ 信息产业产值 —+→ 区域 GDP —+→ 人均 GDP。

该反馈回路表现经济动力系统与信息化动力系统的相互促进关系。该回路表明，人均 GDP 增长，促使每百人拥有移动电话数增长，拉动信息产业产值增长，进一步促使区域 GDP 和人均 GDP 增长，这是一个正反馈的循环过程。此回路也对区域数字鸿沟的形成产生正反馈作用，其经济学原理可以用一个四象限图表示（图 4-23）。

## 4 区域数字鸿沟形成机理分析

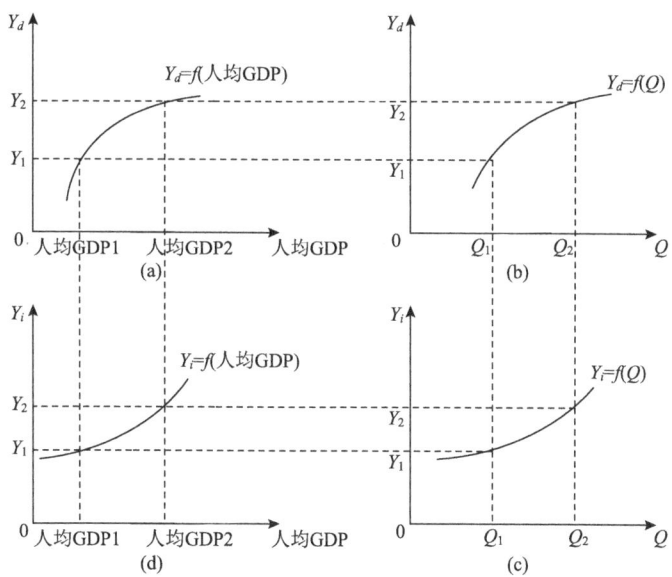

图 4-23 经济动力系统—信息化动力系统正反馈回路四象限法

人均 GDP 增加使个人可支配收入 $Y_d$ 由 $Y_1$ 增加到 $Y_2$，如图 4-23（a）所示；此时对应到图 4-23（b）中，个人可支配收入增加导致人们对信息产品需求增加，表现为信息产品需求量 $Q$ 由 $Q_1$ 增加到 $Q_2$；再对应到图 4-23（c）中，信息产品需求量的增加导致信息产业产值 $Y_i$ 由 $Y_1$ 增加到 $Y_2$；接着对应到图 4-23（d）中，信息产业产值增加引起人均 GDP 由人均 GDP1 增加到人均 GDP2，这是因为信息产业产值增加直接导致区域 GDP 增加，从而人均 GDP 也增加；最后对应到图 4-23（a）中人均 GDP 增加，经济动力系统—信息化动力系统正反馈回路运行完一周。

（5）经济动力系统—信息化动力系统负反馈回路：人均 GDP $\xrightarrow{+}$ 每百人拥有移动电话数 $\xrightarrow{+}$ 网民占总人口比例 $\xrightarrow{-}$ 信息通信技术扩散率 $\xrightarrow{+}$ 信息产业产值 $\xrightarrow{+}$ 区域 GDP $\xrightarrow{+}$ 人均 GDP。

该反馈回路表现经济动力系统与信息化动力系统的相互制约关系。该回路表明，人均 GDP 增长，促使每百人拥有移动电话数增长，进而导致网民占总人口比例提高，但是这样会促使信息通信技术扩散率下降，进一步促使信息产业产值下降，最终导致人均 GDP 减少，这是一个负反馈的循环过程。此回路也对区域数字鸿沟的形成产生负反馈作用，其经济学原理可以用一个四象限图表示（图 4-24）。

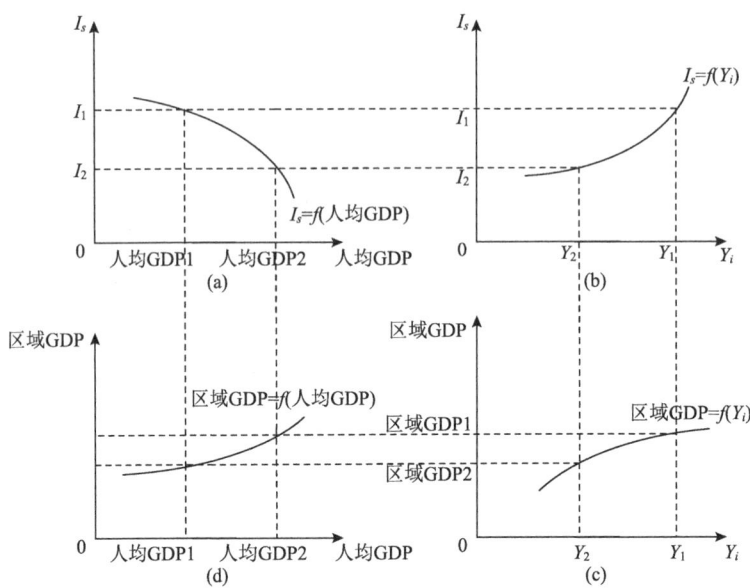

图 4-24 经济动力系统—信息化动力系统负反馈回路四象限法

人均 GDP 增加引起信息通信技术扩散率降低,这是因为人均 GDP 增加意味着个人可支配收入增加,从而对信息产品需求增加,每百人拥有移动电话数增加导致信息通信技术扩散率降低,如图 4-24(a)所示,信息通信技术扩散率 $I_s$ 由 $I_1$ 减少到 $I_2$;此时对应到图 4-24(b)中,信息通信技术扩散率降低引起信息产业产值 $Y_i$ 由 $Y_1$ 减少到 $Y_2$;再对应到图 4-24(c)中,信息产业产值降低造成区域 GDP 由区域 GDP1 降低到区域 GDP2;接着对应到图 4-24(d)中,区域 GDP 降低直接引发人均 GDP 由人均 GDP2 减少到人均 GDP1;最后对应回图 4-24(a)中人均 GDP 减少,经济动力系统—信息化动力系统负反馈回路运行完一周。

(6)政府政策动力系统—经济动力系统正反馈回路:区域 GDP $\xrightarrow{+}$ 信息技术研发投入占 GDP 的比例 $\xrightarrow{+}$ 信息技术研发投入 $\xrightarrow{+}$ 信息产业产值 $\xrightarrow{+}$ 区域 GDP。

该反馈回路表现政府政策动力系统与经济动力系统的相互作用关系。该回路表明,区域 GDP 增加,信息技术研发投入占 GDP 的比例随之增加,信息技术研发投入就会相应增加,从而促进信息产业产值增长,最终促进区域 GDP 增长,这形成了一个正反馈循环过程。该反馈回路的经济学原理可以用一个四象限图表示(图 4-25)。

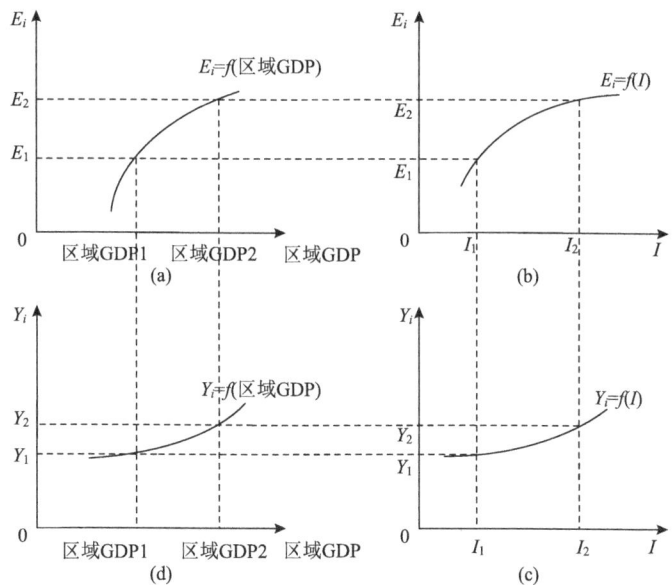

图 4-25　政府政策动力系统—经济动力系统正反馈回路四象限法

信息技术研发投入占 GDP 的比例随经济增长而逐渐加大,如图 4-25（a）所示,区域 GDP 增加导致信息技术研发投入占 GDP 的比例由 $E_1$ 增加到 $E_2$;此时对应到图 4-25（b）中,信息技术研发投入占 GDP 的比例增加直接导致信息技术研发投入 $I$ 从 $I_1$ 增加到 $I_2$,再对应到图 4-25（c）中,信息技术研发投入增加导致信息产业产值增加,这是因为信息技术研发投入会提高信息产业生产效率,增加产值;接着对应到图 4-25（d）中,信息产业产值增加直接引起区域 GDP 从区域 GDP1 增加到区域 GDP2;最后对应到图 4-25（a）中区域 GDP 增加,政府政策动力系统—经济动力系统正反馈回路运行完一周。

#### 4.4.2.2　动力机制的运行规则分析

上述六条回路中,有三条是正反馈回路,有三条是负反馈回路。其中,三条正反馈回路产生自身运动的加强过程,在此过程中运动所引起的结果将沿着回路进行回馈,使原来的趋势得到加强,从而产生自增长效应。也就是说,当正反馈回路中的任一速率变量增加（减小）,其结果会导致回路中的其他各速率变量得以增加（减小）。三条负反馈回路产生自身运动的调节过程,它们力图缩小现有状态与某一平衡状态的偏差,从而产生自调节效应。

在区域数字鸿沟形成的过程中,8 个速率变量随着时间的变化而不断变化,三条正反馈回路促使这 8 个速率变量不断增大,同时三条负反馈回路又促使这 8 个速率变量不断减小,这两种力量此消彼长,呈现动态变化过程。在这一动态变化过程中，8个速率变量不断沿六条反馈回路持续地积累到相应的8个水平变量中去。

结合之前动力机制的反馈回路分析，我们发现，在区域数字鸿沟形成的逐渐扩大、稳定、逐渐缩小三个阶段中，其中，在逐渐扩大阶段，三条正反馈回路起主导作用，使区域数字鸿沟产生自增长效应；在稳定阶段，三条正反馈回路所起的作用与三条负反馈回路所起的作用相互抵消；而在逐渐缩小阶段，三条负反馈回路起主导作用，使区域数字鸿沟产生自调节效应。

本书定义使区域数字鸿沟扩大的力方向为正，使区域数字鸿沟缩小的力方向为负。综上分析，区域数字鸿沟形成动力机制的运行规则就是：在区域数字鸿沟形成的过程中，三条正反馈回路和三条负反馈回路分别起到了主导作用，先由三条正反馈回路起主导作用产生正的耦合动力，然后转而由三条负反馈回路起主导作用产生负的耦合动力。

（1）在逐渐扩大阶段，信息化动力系统—经济动力系统正反馈回路、经济动力系统—信息化动力系统正反馈回路、政府政策动力系统—经济动力系统正反馈回路起主导作用，使区域数字鸿沟产生自增长效应，四个动力系统所产生的动力耦合为正，使区域数字鸿沟不断扩大；

（2）在稳定阶段，三条正反馈回路所起的作用与三条负反馈回路所起的作用相互抵消，四个动力系统所产生的动力耦合为零，使区域数字鸿沟无扩大或缩小变化；

（3）在逐渐缩小阶段，信息化动力系统—经济动力系统负反馈回路、教育动力系统—信息化动力系统负反馈回路、经济动力系统—信息化动力系统负反馈回路起主导作用，使区域数字鸿沟产生自调节效应，四个动力系统所产生的动力耦合为负，使区域数字鸿沟不断缩小。

## 4.5 本章小结

本章从区域数字鸿沟的形成原因、形成过程及形成动力机制三个方面来研究区域数字鸿沟的形成机理，以揭示区域数字鸿沟这一现象是如何形成的。

首先梳理了区域数字鸿沟形成机理的研究进展。从数字鸿沟形成原因、形成过程及形成动力机制三个方面进行综述，结果表明：虽然对数字鸿沟形成原因的研究经历了从单一原因到多方面原因的发展，但仍有一定的局限性；对数字鸿沟形成过程的研究缺乏统一的认识，缺乏通用的模型；对数字鸿沟形成动力机制的研究没能深入、系统地揭示数字鸿沟形成动力机制的结构体系和运行规则，因此也就不可能科学合理地阐述动力机制是如何运行的。

其次研究了区域数字鸿沟的形成原因。基于技术创新扩散理论，区域数字鸿沟可以理解为信息通信技术在不同区域非均衡扩散的结果，其扩散过程受潜在用户的认知进化和潜在用户所处的外部环境两方面影响，结果表明：信息资源拥有的差距和信息技术使用技能的差距是区域数字鸿沟形成的直接原因，信息化建设的经济基础、政策环境和社会文化是区域数字鸿沟形成的间接原因。

再次分析了区域数字鸿沟的形成过程。通过运用非线性积分方程模型，对区域数字鸿沟形成过程的连续性进行了说明。然后，通过构建信息通信技术扩散的传染模型，推导出信息通信技术扩散的时间路径函数，在此基础上，证明了区域数字鸿沟的形成过程可以划分为逐渐扩大、稳定、逐渐缩小三个阶段。运用文献计量学方法和ISM对区域数字鸿沟形成的主要影响因素进行分析，结果表明：个人拥有计算机、信息技术引进水平、年龄、性别、职业、地理位置、城市化水平是表层直接影响因素，信息技术使用资费、个人信息意识、信息人才是中层间接影响因素，政策法规是深层根本影响因素。

最后研究了区域数字鸿沟形成的动力机制。在对动力机制的结构体系进行划分的基础上，通过构建区域数字鸿沟形成动力机制的SD模型，分析其结构体系和运行规则，主要分析四个动力系统间的六条反馈回路，研究其正负性及各反馈回路对动力机制整体起作用的方式，并对每条反馈回路进行经济分析，深入了解其运行机理。结果表明：①信息化动力系统、教育动力系统、经济动力系统、政府政策动力系统及它们之间的作用关系构成了区域数字鸿沟形成动力机制的结构体系。②区域数字鸿沟动力机制的运行规则是：在逐渐扩大阶段，信息化动力系统—经济动力系统正反馈回路、经济动力系统—信息化动力系统正反馈回路、政府政策动力系统—经济动力系统正反馈回路起主导作用，四个动力系统所产生的动力耦合为正，使区域数字鸿沟不断扩大；在稳定阶段，三条正反馈回路所起的作用与三条负反馈回路所起的作用相互抵消，四个动力系统所产生的动力耦合为零，使区域数字鸿沟无扩大或缩小变化；在逐渐缩小阶段，信息化动力系统—经济动力系统负反馈回路、教育动力系统—信息化动力系统负反馈回路、经济动力系统—信息化动力系统负反馈回路起主导作用，四个动力系统所产生的动力耦合为负，使区域数字鸿沟不断缩小。

无论从研究角度还是从研究方法上看，现有文献都存在以下不足：①各文献中的影响因素均不相同，缺乏统一的认识；②各个国家或地区的统计数据口径和项目相差很大，因此，利用某些国家或地区的统计数据进行研究分析，具有一定局限性，因为其不能反映全球范围内的数字鸿沟；③都没有从理论上对数字鸿沟形成的影响因素进行分析，缺乏通用的模型。

# 5 区域数字鸿沟测度模型构建

## 5.1 数字鸿沟测度研究进展

对数字鸿沟测度的研究，肇始于学术界对社会信息化水平测度的研究。由于数字鸿沟问题于 20 世纪 90 年代正式提出，研究时间较短，对其测度方面的研究也才处于起步阶段。目前，国内外学者对数字鸿沟测度方面的研究主要从纵向和横向两个角度进行。其中，纵向研究主要针对不同区域之间（如不同国家、地区之间）数字鸿沟的测度；横向研究主要关注某一区域不同主体之间（如不同性别、年龄、教育水平、收入水平群体及企业之间）数字鸿沟的测度。

### 5.1.1 数字鸿沟测度的纵向研究

区域数字鸿沟的纵向测度主要是从国家或地区层面的经济状况、信息通信技术状况、知识文化状况等角度进行研究。

#### 5.1.1.1 国外研究

国外有代表性的纵向研究有 OECD、Bridges Network、DOT Force 等组织机构（Xue and Wang, 2006）的研究报告，它们从国家或地区角度构建了数字鸿沟测度指标（表 5-1）。

表 5-1 国外有代表性的数字鸿沟纵向测度指标

| 组织 | 网络可接入性 | 网络利用 | 网络意识 | 网络外部环境 |
| --- | --- | --- | --- | --- |
| OECD（2001） | 基础设施的发展；在网络服务上的竞争情况 | 学校等公共机构的网络连接；农村网络发展状况 | 职业教育和培训；政府的在线服务 | GDP |
| Bridges Network（2001） | 计算机渗透率；电信、网络的基础设施 | 农村信息通信技术的发展 | 教育和培训 | 第三产业占 GDP 的比重 |
| DOT Force（2001） | 固定、移动电话渗透率；电脑渗透率；电信投资率 | 互联网使用情况 | 文化水平；网民健康状况 | 国外投资、进出口平衡；教育费用占 GDP 的比重 |

美国西北大学传播学系教授 Arquette 于 2001 年提出了一个衡量数字鸿沟的三维概念——信息智商（information intelligence quotient，IIQ），包括三个方面的鸿沟：信息传播技术基础设施建设鸿沟、信息传播技术拥有鸿沟及信息传播技术使

用鸿沟。其中，信息传播技术基础设施建设（I）指各种用来传递声、光、图像、影像、数据的技术物理手段，在实际测度过程中，被具体化为每千人电话主线数、每千人移动电话数、每千人电视拥有数、每千人个人电脑拥有数、每万人上网主机数、15岁以上成年非文盲的比例、大、中、小学生占人口总数的比例、公共教育投入占 GNP 的比例及学龄前教育、小学教育、中学教育、大学教育的投入各占公共教育总投入的比例等 16 项指标；信息传播技术的拥有（A）着眼于个体对各种信息技术设施的拥有或可使用情况，在实际测度过程中，由拥有电话家庭比例、固定电话主线数、城区电话主线数、程控交换机容量、电话错误率、家用电话资费、商业用电话资费、移动电话资费等 19 项指标组成；信息传播技术的使用（U）则关注各种信息传播技术的实际使用情况，在实际测度中，由人均电话通话时间、广播电视拥有量、综合业务数字网拥有量、电传拥有量、公共数据网拥有量、每万人互联网用户数、有线电视拥有量等 19 项指标组成。Arquette 用这一综合指标体系对 174 个国家或地区的信息智商进行了测度，并用信息智商的绝对差来表示数字鸿沟。

意大利博科尼大学数学经济研究中心的 Corrocher 和 Ordanini（2002）进行了名为"数字意大利"的研究，从国家层面的经济状况、基础设施、人力资源等角度出发，构建了国家间数字鸿沟测度的指标体系，并以 10 个发达国家 2000 年和 2001 年的数据为基础，通过研究技术扩散曲线的不同阶段，发现了六种数字化的影响因素，即信息通信技术市场、信息通信技术扩散、基础设施、人力资源、竞争和竞争力，由此综合计算出数字化指数，然后通过计算不同国家指数值的绝对差来测度数字鸿沟差距量。

Barzilai-Nahon 等（2004）建立了一个数学计量模型，以此来测度数字鸿沟的状况（图 5-1），并将该数学计量模型具体化为一个数字鸿沟的测度指标体系（表 5-2）。

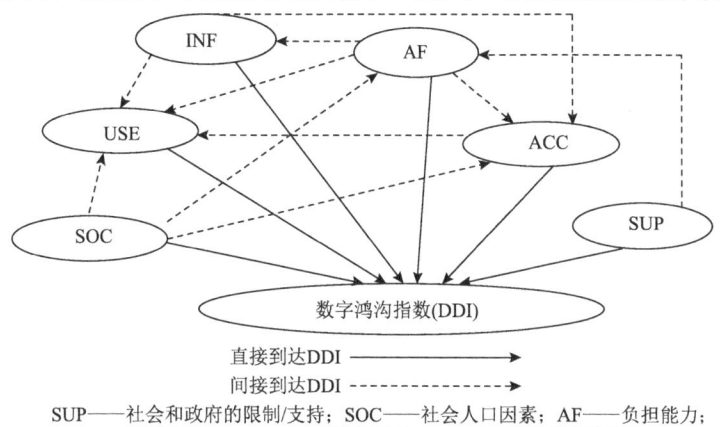

图 5-1  Barzilai-Nahon 等（2004）的数字鸿沟计量模型

表 5-2 Barzilai-Nahon 等（2004）的指标体系

| 序号 | 一级指标 | 二级指标 |
| --- | --- | --- |
| 1 | 基础设施投入 | 沟通渠道和能力、人均计算机数、人均网址、人均互联网服务供应商数、政府现任或私营的互联网服务供应商 |
| 2 | 负担能力（相对于其他支出和平均收入） | 物质层（基础设施）、逻辑层（应用和软件）、内容 |
| 3 | 信息技术的使用 | 频率、在线时间、目的、用户技术、使用自主权 |
| 4 | 社会和政府的限制/支持 | 训练、积极帮助、支持/压制/冷漠、投资和融资 |
| 5 | 社会人口因素 | 社会经济地位、性别、年龄、教育、地理分布、人种差异、种族差异、宗教、语言 |
| 6 | 可接入性（残疾和特别人口需要） | — |

Chakraborty 和 Bosman（2005）运用"个人电脑拥有量的基尼系数法"对美国 50 个州之间的数字鸿沟进行了测度。该方法构思于经济学领域考察收入分配差异现象的一个常用指标基尼系数，其具体计算公式如下：

$$G_i = \frac{2}{n}\sum_{i=1}^{n}iX_i - \frac{(n+1)}{n} \quad (5\text{-}1)$$

$$X_i = \frac{Y_i}{\sum_{i=1}^{n}Y_i}, X_1 < X_2 < \cdots < X_n \quad (5\text{-}2)$$

其中，$G_i$ 变量为第 $K$ 个变量的某一州的个人电脑拥有量的基尼系数；$X_i$ 为某一州的个人电脑拥有量占全美国总量的比重；$Y_i$ 为某一州的个人电脑拥有量。

Vicente 等（2011）选取使用电子商务的用户占比、从未使用过电脑的用户占比、接入互联网的家庭占比、接入宽带的家庭占比、经常使用互联网的用户占比五个指标，采用因子分析法对 2010 年欧洲地区的信息化发展水平进行测度。结果显示：①2010 年信息化发展水平得分前十名的省（市）大多位于荷兰，后十名多位于希腊和保加利亚；②希腊和英国的内部数字鸿沟较大，其中希腊内部所有省（市）的信息化水平均低于欧洲的平均水平，英国内部所有省（市）的信息化水平均高于欧洲的平均水平。

Kyriakidou 等（2011）采用相对宽带普及率（PR）对欧洲 27 个国家 2001 年 12 月到 2009 年 12 月的数字鸿沟进行了测度，研究发现 27 个国家间的数字鸿沟呈收敛趋势。具体计算过程如下：

$$\mathrm{PR}_{(it)} = \frac{\left(\dfrac{x_i}{p_i} - \dfrac{x_t}{p_t}\right)}{\dfrac{x_t}{p_t}} \tag{5-3}$$

其中，$\mathrm{PR}_{(it)}$ 为 $i$ 国家在 $t$ 时间的相对宽带普及率；$x_i$ 为 $i$ 国家在 $t$ 时间的宽带使用人数；$p_i$ 为 $i$ 国家在 $t$ 时间的总人口数；$x_t$ 为 27 个国家在 $t$ 时间总的宽带使用人数；$p_t$ 为 27 个国家在 $t$ 时间的总人口数。

$$\Delta\mathrm{PR}_{(it)} = \mathrm{PR}_{\max,t} - \mathrm{PR}_{\min,t} \tag{5-4}$$

其中，$\Delta\mathrm{PR}_{(it)}$ 为数字鸿沟；$\mathrm{PR}_{\max,t}$ 为 $t$ 时间 27 个国家相对宽带普及率的最高值；$\mathrm{PR}_{\min,t}$ 为 $t$ 时间 27 个国家相对宽带普及率的最低值。

Ayanso 等（2014）从信息接入、信息应用和信息技能三个维度构建了信息化发展测度指标体系（表5-3），并对153个国家2000年和2007年的信息化发展水平进行评价。针对测度结果，采用聚类分析将153个国家分为领导者和追随者两个组别。进一步对比2000年和2007年的聚类结果，发现9个国家从追随者演变为领导者，其中包括来自亚洲的巴林、文莱、卡塔尔和阿拉伯联合酋长国，以及来自欧洲的保加利亚、克罗地亚、拉脱维亚、立陶宛和波兰。

表 5-3 信息化发展测度指标体系

| 一级指标 | 二级指标 | 三级指标 |
| --- | --- | --- |
| 信息化发展指数 | 信息接入 | 固定电话普及率 |
| | | 移动电话普及率 |
| | | 每百户国际互联网宽带（单位：比特/秒） |
| | | 家庭计算机拥有率 |
| | | 家庭接入互联网比重 |
| | 信息应用 | 每百人互联网用户数 |
| | | 每百人固定互联网用户数 |
| | | 每百人移动互联网用户数 |
| | 信息技能 | 成人识字率 |
| | | 初中毛入学率 |
| | | 高中毛入学率 |

欧盟委员会（European Commission）为了配合信息化政策的实施，监测其进

程，2015年设计了一套欧洲数字经济和社会指数测度指标体系（表5-4），并对欧盟成员国2013~2015年的数字经济与社会发展水平进行了测度。结果显示，①欧盟的整体发展水平是提高的，2015年得分为0.52，比2014年高出0.02，但增长速度放缓。②针对各成员国2015年的得分及2014~2015年的增长速度将其分为4类：得分高于欧盟平均水平，同时增长速度快的国家，包括奥地利、德国、爱沙尼亚、马耳他、荷兰、葡萄牙；得分高于欧盟平均水平，但增长速度慢的国家，包括比利时、丹麦、芬兰、爱尔兰、立陶宛、卢森堡、瑞典、英国；得分低于欧盟平均水平，但增长速度快的国家，包括西班牙、克罗地亚、意大利、拉脱维亚、罗马尼亚、斯洛文尼亚；得分低于欧盟平均水平，同时增长速度慢的国家，包括保加利亚、塞浦路斯、捷克、希腊、法国、匈牙利、波兰、斯洛伐克。

表5-4 欧洲数字经济和社会指数测度指标体系

| 一级指标及权重 | 二级指标及权重 | 三级指标及权重 |
| --- | --- | --- |
| 联通（25%） | 固定宽带（33%） | 固定宽带覆盖（50%） |
| | | 固定宽带采用（50%） |
| | 移动宽带（22%） | 移动宽带采用（50%） |
| | | 频谱（50%） |
| | 速度（33%） | NGA覆盖（50%） |
| | | 高速宽带订户（50%） |
| | 可支付（11%） | 固定宽带价格（100%） |
| 人力资本（25%） | 基本技能和使用（50%） | 互联网用户（50%） |
| | | 基本数字技能（50%） |
| | 高级技能和发展（50%） | 信息通信技术专家（50%） |
| | | STEM毕业生（50%） |
| 互联网使用（15%） | 内容（33%） | 新闻（25%） |
| | | 音乐、视频、游戏（25%） |
| | | 按需视频（25%） |
| | | IPTV（25%） |
| | 通信（33%） | 视频呼叫（50%） |
| | | 社交网（50%） |
| | 交易（33%） | 银行（50%） |
| | | 购物（50%） |

续表

| 一级指标及权重 | 二级指标及权重 | 三级指标及权重 |
|---|---|---|
| 数字技术整合（20%） | 商务数字化（60%） | 电子信息分享（20%） |
| | | 电子标签（20%） |
| | | 社交媒体（20%） |
| | | 电子发票（20%） |
| | | 云（20%） |
| | 事务（40%） | 中小企业在线销售（33%） |
| | | 商务交易（33%） |
| | | 跨国在线销售（33%） |
| 数字公共服务（15%） | 电子政府（67%） | 电子政府用户（25%） |
| | | 在线表格（25%） |
| | | 联机服务（25%） |
| | | 开发数据（25%） |
| | 健康（33%） | 医疗数据交换（50%） |
| | | 电子处方（50%） |

注：本表数据因进行了约分，可能存在偏差

### 5.1.1.2 国内研究

我国一些学者或机构对于数字鸿沟纵向测度指标的研究基本上都是从我国实际情况出发，虽然具有一定的实践价值，但是统计口径差异较大，导致其通用性降低。

2002 年，清华大学新闻传播学院教授金兼斌（Jin J）和熊澄宇（Xiong C）以我国信息产业部发布的国家信息化指数（national informatization quotient，NIQ）作为一个地区信息化发展程度的衡量指标，以各地区之间信息化发展程度指标值的标准偏差与均值之商（S.D/Mean）作为数字鸿沟的具体量度（Jin and Xiong，2002）。标准偏差衡量不同地区间信息化程度的差异，由于其是一个绝对指标，因此采用其和均值之比这一相对指标作为数字鸿沟的具体量度。在这样的定义下，既可以比较不同地区间信息化发展程度的综合差异情况，也可以比较不同地区间各信息化发展指标体系之子指标体系（即 NIQ 的六个不同方面）衡量下的差异情况。另外利用信息产业部和国家统计局提供的有关统计数据，金兼斌和熊澄宇测算了 2000 年我国各省区市之间的数字鸿沟情况。

陈爱娟等（2005）以国家信息化指标体系二级指标为主要参考框架，结合陕西各城市的实际,构建了数字鸿沟测度指标体系(表5-5)。并运用因子分析法对陕西省各城市之间的数字鸿沟进行了实证研究,结果表明,西安的各项指标得分稳居第一,咸阳、宝鸡等其他九个城市与其差距较大,陕西省各城市间的数字鸿沟十分明显。

表 5-5  陕西省城市间的数字鸿沟测度指标体系

| 要素 | 指标名称 | 指标解释 |
| --- | --- | --- |
| 信息资源开发利用 | 人均公共图书量($X1$) | 反映传统信息资源情况 |
| | 人均报刊量($X2$) | 反映传统媒体信息资源规模 |
| | 人均电信业务量($X3$) | 反映电信业务资源利用 |
| | 人均收发函件($X4$) | 反映传统媒介信息资源利用 |
| | 人均长途通话次数($X5$) | 反映信息传递规模 |
| | 百人通信业务量($X6$) | 反映信息资源利用情况 |
| 信息网络建设 | 万人拥有数字通信网($X7$) | 反映数字通信网络建设 |
| | 百人拥有交换机台数($X8$) | 反映信息网络建设 |
| | 万人拥有邮路长度($X9$) | 反映传统信息网络建设 |
| 信息技术应用 | 广播人口覆盖率($X10$) | 反映广播网覆盖能力 |
| | 电视人口覆盖率($X11$) | 反映电视网覆盖能力 |
| | 百人拥有移动电话量($X12$) | 反映移动通信使用情况 |
| | 电话普及率($X13$) | 反映电信技术应用情况 |
| | 百人国际互联网用户($X14$) | 反映互联网使用情况 |
| | 万人有线电视户数($X15$) | 反映有线电视网覆盖能力 |
| 信息产业发展 | 人均信息产业 GDP($X16$) | 反映信息产业发展水平 |
| | 第三产业占 GDP 比重($X17$) | 反映第三产业在经济中的地位 |
| 信息化人才与信息消费主体水平 | 万人大学生数($X18$) | 反映高等教育发展水平 |
| | 工人平均工资($X19$) | 反映地区生活水平 |
| | 人均通信支出($X20$) | 反映地区信息消费能力 |

薛伟贤和王涛峰(2006b)从网络可接入性、网络利用、网络意识及网络外部环境四个方面考虑,构建了我国区域数字鸿沟测度指标体系,共包含 11 个指标(表5-6)。通过采用二步算术平均法,对中国31个省区市和东、中、西部的数字鸿沟进行了实证研究,结果表明,指数最高的北京是最低的贵州的 4 倍多,各省区市间的数字鸿沟较大;东部地区与中、西部地区间存在明显的数字鸿

沟，而中、西部之间的数字鸿沟较小。

表 5-6 我国区域数字鸿沟测度指标体系

| 一级指标 | 二级指标 |
| --- | --- |
| 网络可接入性 | CN 注册下的域名数（不含 EDU.CN）（单位：个） |
|  | WWW 站点数（单位：个） |
|  | 上网计算机数（单位：万台） |
|  | 互联网网民占各区域人口的比例 |
| 网络利用 | 人均每周发出的电子邮件数（单位：封） |
|  | 人均每周上网时间（单位：小时） |
| 网络意识 | 网民中学生比例 |
|  | 网民中本科生比例 |
|  | 网民中专业技术人员比例 |
| 网络外部环境 | 人均 GDP（单位：元） |
|  | 第三产业占 GDP 的比重 |

国家信息中心"中国数字鸿沟研究"课题组（2006）选择互联网普及率、计算机普及率、固定电话普及率、移动电话普及率、彩电普及率作为考察数字鸿沟的重要指标，对国内存在的数字鸿沟问题进行定量研究。通过采用绝对差距、相对差距、时间差距三种方法，从不同角度进行对比分析。研究结果表明，国内数字鸿沟由大到小的排序是：教育数字鸿沟、城乡数字鸿沟、地区数字鸿沟、性别数字鸿沟。

俞立平（2008）在研究信息资源传输机制的基础上，从信息存储与信息传播的角度，选取邮政电信相关指标，构建了信息资源测度指标体系（表 5-7），通过分析东、中、西部地区的邮电业务、电信业务及地区间的不均衡系数的绝对值及发展速度，指出我国信息资源的地区间鸿沟正逐渐变小，特别是电信领域和互联网领域，但邮政领域的信息鸿沟正逐渐加大。

表 5-7 信息资源测度指标体系

| 指标 | 信息媒体 | 功能 | 应用数据指标 |
| --- | --- | --- | --- |
| 电信指标 | 本地电话 | 信息传播 | 本地电话年末用户数（单位：部/百人） |
|  | 移动电话 | 信息传播 | 移动电话用户数（单位：部/百人） |
|  | 长途电话 | 信息传播 | 长途电话次数（单位：次/百人） |

续表

| 指标 | 信息媒体 | 功能 | 应用数据指标 |
|---|---|---|---|
| 邮政指标 | 函件 | 信息传播、信息储存 | 函件（单位：件/人） |
| | 特快专递 | 信息传播、信息储存 | 特快专递（单位：件/人） |
| | 报刊期发数 | 信息传播、信息储存 | 报刊期发数（单位：份/人） |
| 互联网指标 | 网站 | 信息储存 | 互联网网站数（单位：个/万人） |
| | 长途光纤 | 信息传播 | 长途光纤（单位：公里/万人） |
| 综合指标 | 邮电业务量 | 综合指标 | 邮电业务总量（单位：元/人） |
| | 电信业务量 | 综合指标 | 电信业务总量（单位：元/人） |
| | 邮政业务量 | 综合指标 | 邮政业务总量（单位：元/人） |
| | 网民 | 综合指标 | 网民数量（单位：人/万人） |

张彬（2009）在借鉴信息社会测度理论框架的基础上，从网络可连接性、网络使用能力、网络内容应用及网络外部环境四个维度构建了我国区域信息鸿沟测度指标体系（表5-8），并运用层次分析法来确定各项指标权重。通过比较2003～2007年15个省区市的信息通信技术接入和应用水平的综合指数、信息通信技术接入和应用水平综合指数标准差及信息鸿沟指数，发现我国区域间信息鸿沟是非常明显的，并且呈现先减小后增大的趋势。

表 5-8 我国区域信息鸿沟测度指标体系

| 一级指标 | 二级指标 |
|---|---|
| 网络可连接性 | 每百人 WWW 站点数 $C_{11}$（单位：个） |
| | 移动电话机交换总容量/总人口 $C_{12}$（单位：门/百人） |
| | 每千人公用电话服务的地点数量 $C_{13}$（单位：部） |
| | 局用电话机交换总容量/总人口 $C_{14}$（单位：门/百人） |
| 网络使用能力 | 信息产业从业人数占当地劳动力人数比重 $C_{21}$ |
| | 15 岁及以上人口非文盲的比例 $C_{22}$ |
| 网络内容应用 | 每百人固定电话用户数 $C_{31}$ |
| | 每百人移动电话用户数 $C_{32}$ |
| | 每百人因特网用户数 $C_{33}$ |
| 网络外部环境 | 信息传输、计算机服务和软件业设施投入占全社会固定资产投资比例 $C_{41}$ |

张彬等（2010）构建了包含技术、经济、政府、教育、社会五个维度的综合指标体系（表5-9），采用层次分析法和平均差分析法分别对我国2002~2007年的区域数字鸿沟进行了静态和动态分析，发现数字鸿沟指数值在向均值1集中，表明我国数字鸿沟逐年下降。

表5-9 数字鸿沟测度指标体系层次结构

| 一级指标 | 二级指标 | 三级指标 |
| --- | --- | --- |
| 技术 | 通信网承载能力 | 每万人局用电话交换机容量 |
| | | 每千人公用电话数 |
| | | 每万人移动电话交换机容量 |
| | | 固定电话主线普及率 |
| | 信息覆盖情况 | 已通固定电话行政村比重 |
| | | 电视人口覆盖率 |
| | | 广播人口覆盖率 |
| | 通信网线路建设 | 接入网光缆线路长度 |
| | | 每平方公里长途光缆线路长度 |
| | | 本地中枢光缆线路长度 |
| 经济 | 居民信息通信技术消费能力 | 人均通信支出 |
| | | 人均可支配收入 |
| | | 人均GDP |
| | 通信行业贡献 | 通信增加值占GDP百分比 |
| 政府 | 科教投入与创新 | 人均教育经费投入 |
| | | 人均专利授权数 |
| | | 人均科学技术投入 |
| | 国家信息通信技术投入 | 通信固定资产投资占社会投资比重 |
| | | 信息设施投入占全国社会固定资产投资比重 |
| 教育 | 人力资源 | 信息产业从业人数占总就业人数比重 |
| | | 在校大学生占总人口比重 |
| | 人民文化素质 | 文盲、半文盲占15岁以上人口比重 |
| 社会 | 信息通信技术应用水平 | 人均电信业务总量 |
| | | 互联网普及率 |

续表

| 一级指标 | 二级指标 | 三级指标 |
| --- | --- | --- |
| 社会 | 信息通信技术应用水平 | 移动普及率 |
| | | 人均固定传统电话通话时长合计 |
| | | 人均移动电话通话时长合计 |
| | 互联网本地内容 | 每万人 CN 域名数 |
| | | 每人拥有 WWW 站点数 |

邱娟和汪明峰（2010）对 21 世纪以来中国互联网发展的空间格局变动及影响中国互联网发展的主要因素进行了研究。首先从互联网普及角度分析我国数字鸿沟现状，发现我国东部地区的互联网普及率明显高于中、西部地区，省际发展存在极大的地域集中性，城乡之间也存在明显的数字鸿沟。其次从区域经济发展水平、区域科技文化水平、区域对外开放程度、区域信息基础设施发展水平、区域非农化水平和地理区位特征 6 个方面选取了 11 项指标构建互联网发展时空差异的评价指标体系（表 5-10），采用 2001 年和 2008 年我国 31 个省区市的数据进行因子分析，得出影响区域互联网普及率的三个主要因子为区域现代综合水平因子、区位因子和信息基础设施因子。

表 5-10　互联网发展时空差异的评价指标体系

| 评价方面 | 指标 |
| --- | --- |
| 区域经济发展水平 | 人均 GDP $X_1$（单位：元） |
| | 人均消费支出 $X_2$（单位：元） |
| 区域科技文化水平 | 10 万人拥有大专及其以上学历者数量 $X_3$（单位：人） |
| | 三种专利万人申请受理量 $X_4$（单位：件） |
| 区域对外开放程度 | 万人接待国际旅游人次 $X_5$（单位：次） |
| | FDI 占 GDP 比重 $X_6$ |
| 区域信息基础设施发展水平 | 万人长途电话交换机路端数 $X_7$（单位：路端） |
| | 万人长途光缆线路长度 $X_8$（单位：千米） |
| 区域非农化水平 | 城镇化水平 $X_9$ |
| | 产业非农化比重 $X_{10}$ |
| 地理区位特征 | 所处的区域位置 $X_{11}$ |

宋周莺和刘卫东（2013）从信息技术设施、信息技术应用、信息技术技能三个方面建立信息化发展指数指标体系（表 5-11），对我国 2000~2010 年信息化发

展的区域格局进行了剖析。研究发现：①中国四大板块之间信息化发展水平差异显著，自东向西呈阶梯状分布；②中国四大板块中，东部地区的内部差距最大，西部地区的内部差距次之，东北地区和中部地区的内部差距较小；③中西部地区信息化发展较快，四大板块之间数字鸿沟有所缩小；④省与省之间信息化发展水平相差悬殊，但空间格局有较大变化，数字鸿沟也明显缩小。

表 5-11 信息化发展指数指标体系结构及权重

| 总指数 | 分类指数 | 总权重 | 指标 | 权重 |
|---|---|---|---|---|
| 信息化发展指数 | 信息技术设施指数 | 40.6% | 固定电话拥有率 | 7.0% |
| | | | 移动电话拥有率 | 10.7% |
| | | | 计算机拥有率 | 10.8% |
| | | | 用户互联网平均带宽（单位：比特/秒） | 12.1% |
| | 信息技术应用指数 | 40.1% | 每百居民互联网用户数（单位：户） | 13.1% |
| | | | 每百居民固定宽带用户数（单位：户） | 8.1% |
| | | | 每百居民移动宽带用户数（单位：户） | 10.9% |
| | | | 互联网发展速度 | 8.0% |
| | 信息技术技能指数 | 19.3% | 成人识字率 | 5.4% |
| | | | 初中入学率 | 7.4% |
| | | | 高中入学率 | 6.5% |

茶洪旺和左鹏飞（2016）基于对中国区域信息化发展情况的全面把握，构建了反映区域信息化水平的4个要素、13项指标的动态多指标体系（表5-12），并对30个省区市不同时期的信息化水平进行分析。研究发现：①中国各区域的信息化水平均呈不断上升态势，但发展速度整体放缓；②中国区域信息化发展不平衡状况加剧；③移动电话快速普及成为缩小区域信息鸿沟的重要因素；④信息化指数较低地区增长速度相对较快；⑤"一带一路"重点省区市的信息化平均水平低于全国平均水平，信息产业发展滞后是主要原因。

表 5-12 信息化评价指标体系

| 一级指标 | 二级指标 | 三级指标 |
|---|---|---|
| 区域信息化水平 | 信息化基础设施 | 单位面积长途光缆线路长度 |
| | | 互联网宽带接入端口比率 |
| | 信息化应用水平 | 移动电话拥有率 |
| | | 互联网普及率 |

续表

| 一级指标 | 二级指标 | 三级指标 |
| --- | --- | --- |
| 区域信息化水平 | 信息化应用水平 | 计算机拥有率 |
| | | 域名持有量 |
| | | 网站拥有量 |
| | 信息产业 | 电子信息产业制造业员工平均营业收入 |
| | | 信息服务从业人员就业占比 |
| | 信息化发展环境 | 大学毕业生占比 |
| | | 研发强度 |
| | | 人均教育经费投入 |
| | | 人均电信业务消费量 |

### 5.1.2 数字鸿沟测度的横向研究

区域数字鸿沟的横向测度主要从微观角度出发，重点关注不同群体间的数字鸿沟大小，如不同年龄阶段、不同收入水平的群体间。

#### 5.1.2.1 国外研究

NTIA 于 1999 年发布的报告《在网络中落伍：定义数字鸿沟》主要从电话覆盖率、家庭拥有电脑量、互联网接入量、个人使用网络情况、残疾人使用电脑和互联网情况五个方面对美国的数字鸿沟进行了定量测度。在考察每种参量时，分别针对不同的统计对象和类目，如收入水平（低于 5000 美元、高于 75000 美元，中间每隔 5000 美元作为一个层次）、教育程度（小学程度、上过一些中学、中学毕业者、上过一些大学、获得学士学位及以上者）、种族（非西班牙裔的白人、非西班牙裔的黑人、非西班牙裔的美洲土著、亚洲及太平洋岛屿裔、西班牙裔）、性别、年龄（25 岁以下、55 岁以上，中间每隔 10 岁为一个年龄段）、家庭类型（双亲家庭、单亲家庭；单亲父亲家庭和单亲母亲家庭等）、身体状况、工作情况等进行了详细研究分析，同时还采用了三维甚至多因素分析方法。如在研究家庭拥有电脑量时，同时将教育程度和家庭收入作为变量来进行分析，形成一个三维的研究图表。在对个人使用互联网的调查中，分析了在家庭以外上网的地点（通过学校上网、工作地点上网等）、家庭互联网使用者和非家庭互联网使用者在网上的各种活动（收发电子邮件、查询信息、阅读新闻、进行网上教学、网上办公、开展电子商务、求职等）。在对残疾人使用电脑和互联网的相关调查中，也同样做基本的统计类目分类分析，并对不同伤残类型群体的互联网、个人电脑使用情况做出统计。NTIA 的研究为如何测度数字鸿沟开创性地提供了一种定量方法。不过，随着数字鸿沟问题研究的深入可以看出，仅从单一网络角度去测度数字鸿沟是远远不够的（龚岚，2006）。

Husing 和 Selhofer（2002）提出数字鸿沟指数（digital divide index，DDIX）的结构及各个指标的权重（表5-13），并从性别、年龄、教育和收入四个方面测量弱势群体在计算机和互联网应用方面与平均水平的差距。测算的 DDIX 值在 0～100，值越大，表明弱势群体信息技术应用水平越接近于总体平均水平，即数字鸿沟越小；反之，值越小，表明弱势群体信息技术应用水平越偏离总体平均水平，即数字鸿沟越大。DDIX 的计算过程如下：

$$\text{DDIX} = \frac{1}{n}\sum D_i \tag{5-5}$$

其中，$D_i$ 为分类数字鸿沟指数，如性别差距、年龄差距、收入差距、教育差距等方面的指数。

$$D_i = 100 \times \sum W_j \times \frac{P_{ij}}{P_j} \tag{5-6}$$

其中，$W_j$ 为第 $j$ 变量（如在家使用过计算机的用户比例）的权重；$P_{ij}$ 为第 $i$ 类弱势群体（如女性）在第 $j$ 变量的指标值；$P_j$ 为总人口在第 $j$ 变量指标值。

表 5-13　数字鸿沟指数结构及四个独立变量

| DDIX 指标 | 权重 | 四个边缘组 |
| --- | --- | --- |
| 在某一地点使用过计算机的用户比例 | 30% | 性别（女性） |
| 在家使用过计算机的用户比例 | 20% | 年龄（50 岁及以上人口） |
| 在某一地点使用过互联网的用户比例 | 30% | 教育（受正规教育年限在 15 年以下的人口） |
| 在家使用过互联网的用户比例 | 20% | 收入（最低收入水平） |

此外，韩国数字机遇与促进局（Korea Agency for Digital Opportunity & Promotion，KADO）于 2004 年发表了报告 *Measuring Digital Divide with Korea Personal Informatization Indices*（*KPII*），通过统计调查研究了韩国国民之间的数字鸿沟问题。该机构从数字鸿沟特征、韩国国民个人信息化发展背景等方面说明韩国数字鸿沟的存在情况。最重要的是，他们从横向对数字鸿沟测度模型进行了研究（表 5-14），其中权重是综合了 19 位专家和教授的意见得出来的。该机构用 2002 年和 2003 年的数据，从横向测出了十个不同群体（低收入人群，残疾人，年龄超过 50 岁的人，白领，销售人员，农民，蓝领，小学学生，初、高中和大学

学生，家庭主妇）的 KPII（Korea personal informatization indices，韩国个人信息化指数）。最后，他们基于经济学中的基尼系数概念，提出了数字基尼系数，画出洛伦兹曲线，并且分别计算出了接入指数、容量指数、应用指数的数字基尼系数，用这个系数来说明数字鸿沟的大小。

表 5-14 KADO 的测度指标体系

| 权重 | 一级指标 | 权重 | 二级指标 | 权重 | 三级指标 |
| --- | --- | --- | --- | --- | --- |
| 0.2 | 接入指数 | 0.6 | 计算机和互联网接入程度 | | |
| | | 0.3 | 计算机和互联网连接速度 | | |
| | | 0.1 | 拥有信息技术设备的程度 | | |
| 0.3 | 容量指数 | 0.5 | 计算机使用程度 | | |
| | | 0.5 | 互联网使用程度 | | |
| 0.5 | 应用指数 | 0.4 | 应用数量 | 0.7 | 计算机和互联网应用时间 |
| | | | | 0.3 | 互联网网民数量 |
| | | 0.6 | 应用质量 | 0.6 | 计算机应用程度 |
| | | | | 0.4 | 软件应用程度 |

美国斯坦福大学社会数量研究机构（Stanford Institute for the Quantitative Study of Society，SIQSS）主办的期刊《信息技术和社会》（IT & Society）多年前刊登了一系列数字鸿沟测度方面的研究文章，例如，Haan（2004）构建了一个数字鸿沟的多维动态概念模型，该模型包含互联网被访问时需要的动机、拥有、数字化的技能、使用方式多方面内容；Chen 和 Wellman（2004）基于计算机和互联网扩散角度，用 2001 年、2002 年上网人数比例，计算机数，女性上网比例等指标，从社会地位、性别、生活水平、区域四个方面分析了美国、英国、韩国、日本、德国、意大利、中国、墨西哥的数字鸿沟状况；Martin 和 Robinson（2004）运用多元的数理回归方法，用美国 1998～2001 年的互联网应用者比例这一项指标，从家庭收入、教育、年龄、性别、种族等方面进行比较分析。

Friemel（2016）基于对瑞士 1105 人的样本调查，从老年人使用互联网的频率、影响老年人使用互联网的个体因素和社会因素、不使用互联网的原因三个方面研究了老年人之间的数字鸿沟问题，结果发现：①2009 年，35.9%的瑞士老年人在过去的 6 个月使用过互联网，而 64.1%被视为不使用互联网者，可见老年人中的互联网使用比例偏低。②假设影响互联网使用的个体因素有性别、年龄、教育程度和语言，影响互联网使用的社会因素有个人兴趣、收入水平、家人的互联网使用情况、来自家人的鼓励、退休之前的电脑使用情况、婚姻状况、居住情况。运用Logistic回归分析检验假设的个体因素和社会因素对互联网使用频率的影响，在个体因素中存在显著影响的是年龄和教育，在社会因素中存在显著影响的是收入，其中年龄对互联网使用存在负面影响，而教育和收入对其存在正向影响。③部分老年人不使用互联网的主要原因在于互联网使用起来过于复杂、学会要付出较大的努力、安全问题和技术问题；次要原因在于利用互联网意义不大、成本太高、视力和听力有限、淫秽内容的存在等。

澳大利亚罗伊摩根研究院的 Thomas 等（2016）构建了数字鸿沟测度指标体系（表5-15），通过问卷调查法，针对不同的统计对象和类目，如收入水平（低于 10 000 美元、10 000~24 999 美元、25 000~39 999 美元、40 000~69 999 美元、高于 69 999 美元）、年龄（14~24 岁、65 岁及以上，中间每隔 10 岁为一个年龄段）、残疾人（领取伤残抚恤金）、教育程度（大专及以上、中学、中学以下）等进行了详细分析。研究发现：①收入为 10 000~24 999 美元的组别数字化综合得分最高，为 47.6 分，其次为教育程度为中学的组别，得分为 44.6 分；②65 岁以上的澳大利亚人是信息化程度得分最低的一组（分值为 41.6，比全国平均水平低 12.9 分）；③残疾人一组得分为 44.4 分，也低于全国平均水平。

表 5-15 数字化程度测度指标体系

| 一级指标 | 二级指标 | 指标内容 |
| --- | --- | --- |
| 信息接入 | 互联网访问 | 上网的频率、地点、时长 |
| | 互联网工具 | 拥有计算机、移动电话等 |
| | 数据接入 | 拥有 4G 网络、固定宽带连接等 |
| 负担能力 | 相对支出 | 家庭互联网消费支出额 |
| 应用能力 | 态度 | 控制力、学习的热情、信心 |
| | 基本技能 | 运用手机、银行购物等方面的信息技能 |
| | 访问内容 | 通信、交易、商业、媒体等 |

#### 5.1.2.2 国内研究

我国对于数字鸿沟测度的横向研究要比纵向研究稍晚，但是也取得了一些研究成果。

祝建华（2001）基于互联网水平对数字鸿沟的测度进行了研究，认为从横向看数字鸿沟为社会各群体之间互联网使用者比例的平均差别。这里所谓的平均差别，是指各群体的网民比例（$P_j$）与社会相对应总体人口中的网民比例（$P$）之差异的累加，计算公式如下：

$$\text{DDI} = \sum_{j=1}^{k}\left(\left|P_j - P\right|\right)w_j \tag{5-7}$$

其中，$|P_j - P|$ 为其群体网民比例与总体网民比例差别的绝对值；$w_j$ 为该群体的权数（由该群体人数在总体人数中的比例而定）。至于对社会群体的划分，在祝建华的定义中，采用四个变量将社会分成 24 个交叉群体：性别（分成"男"和"女"）×年龄（分成"老""中""青"）×教育程度（分成"大专及以上"和"高中/中专及以下"）×职业（分成"就业"和"无业"）。

2005 年，北京市信息化工作办公室针对北京市数字鸿沟问题开展了专题调研。北京市信息化工作办公室从横向构建了数字鸿沟的测度指标体系，主要包括四个维度，即信息技术和服务的个人可得性（acquirability）、使用信息技术和服务的知识和技能（knowledge and skill）、个人对信息技术和服务的行为（behavior）、对信息技术和服务的态度及从信息技术和服务上得到的利益（attitude and benefit）（表 5-16）。

**表 5-16　北京市信息化工作办公室构建的数字鸿沟测度指标体系**

| 一级指标 | 二级指标 | 三级指标 |
| --- | --- | --- |
| 信息技术和服务的个人可得性 | 个人拥有的数字化产品 | 沟通类产品 |
| | | 工作、学习类产品 |
| | | 娱乐类产品 |
| | 互联网 | 家庭上网 |
| | | 电子邮件 |
| | 社会公共产品 | 工作或学习地的互联网资源 |
| | | 网吧 |
| | | 公共图书馆 |
| | | 有线电视 |
| | | 公用电话 |
| | | 数字家园 |
| | | 数字信息亭 |
| | | 自动取款机 |
| | | 自动售票机 |
| | | 电子车票/月票 |
| 使用信息技术和服务的知识和技能 | 知识 | 知识产品 |
| | | 互联网知识 |
| | | 公共系统的知识 |
| 个人对信息技术和服务的行为 | 对个人拥有的数字化产品的行为 | 对沟通类产品的行为 |
| | | 对工作、学习类产品的行为 |
| | | 对娱乐类产品的行为 |
| | 对社会提供的资源的行为 | 对互联网的行为 |

续表

| 一级指标 | 二级指标 | 三级指标 |
| --- | --- | --- |
| 对信息技术和服务的态度及从信息技术和服务上得到的利益 | 对信息技术和服务的态度 | 对产品的态度 |
| | | 对知识和技能的态度 |
| | | 对互联网的态度 |
| | | 对公共设施的态度 |
| | | 社会对个人的影响 |
| | 从信息技术和服务上得到的利益 | 社会联系 |
| | | 工作、学习方面 |
| | | 生活方面 |
| | | 娱乐方面 |

俞立平（2006）对互联网数字鸿沟进行了动态分析，主要是将互联网发展较好地区与较差地区的人均水平值比较，计算出互联网鸿沟系数，同时分析性别、文化程度、年龄、婚姻、收入等因素对网民上网的影响。结果表明，我国地区间网民、域名差距正逐渐缩小，而网站地区差距则相对不变，互联网应用深度差距有增大的趋势；男性、青少年、未婚人员、低收入者是上网的主流，文化程度对上网影响程度较小。为了衡量全国不同省区市之间的互联网差异水平，结合上述地区间互联网密度分析，主要采用了互联网鸿沟系数（Internet divide，ID）来定量研究地区数字鸿沟。计算公式如下：

$$\mathrm{ID} = \frac{\sum_{i=1}^{n} H_i \Big/ \sum_{i=1}^{n} P_i}{\sum_{j=1}^{n} L_j \Big/ \sum_{j=1}^{n} P_j} \quad (5\text{-}8)$$

其中，$H_i$为地区指标值（人均水平最高的30%地区）；$P_i$为地区人口数（人均水平最高的30%地区）；$L_j$为地区指标值（人均水平最低的30%地区）；$P_j$为地区人口数（人均水平最低的30%地区）；$n$为地区数量，一般是前30%的地区与后30%的地区数。分子值为我国互联网发展较好的30%地区的互联网密度，分母值为我国互联网发展较弱的30%地区的互联网密度，二者的比值为我国互联网鸿沟系数。ID值越大，说明发展越不均衡。

刘骏和薛伟贤（2012）从城乡居民两大群体入手，构建了包含信息技术意识、信息技术接入、信息技术利用及信息技术环境四个维度的城乡数字鸿沟测度指标体系（表5-17），并采用客观确定权重的因子分析法对我国2000~2009年城市与乡村两大群体间的数字鸿沟进行了测度，结果表明：①我国城乡数字鸿沟呈现逐年扩大的态势；②我国城乡数字鸿沟存在着东、中、西部的差异，西部较大，其次是中部，东部较小；③城乡在教育文化、信息基础设施、信息利用及收入方面存在的差距是造成城乡数字鸿沟不断扩大的原因。

**表 5-17　城乡数字鸿沟测度指标体系**

| 标准层 | 指标层 | 指标意义 | 指标单位 |
| --- | --- | --- | --- |
| 信息技术意识 | 初中及以上文化水平人口比例（$X_1$） | 反映受基础教育的水平 | — |
|  | 大专及以上文化水平人口比例（$X_2$） | 反映网络知晓程度 | — |
|  | 人均教育固定资产投资（$X_3$） | 反映教育发展状况 | 元 |
| 信息技术接入 | 人均文教娱乐广播电视固定资产投资（$X_4$） | 反映网络基础设施状况 | 元 |
|  | 人均通信业固定资产投资（$X_5$） | 反映网络基础设施状况 | 元 |
|  | 居民家庭每百户年底彩色电视机拥有量（$X_6$） | 反映网络工具拥有状况 | 台 |
|  | 居民家庭每百户年底固定电话拥有量（$X_7$） | 反映网络工具拥有状况 | 部 |
|  | 居民家庭每百户年底移动电话拥有量（$X_8$） | 反映网络工具拥有状况 | 部 |
|  | 居民家庭每百户年底家用电脑拥有量（$X_9$） | 反映网络工具拥有状况 | 台 |
| 信息技术利用 | 居民家庭平均每户全年通信支出（$X_{10}$） | 反映网络消费状况 | 元 |
|  | 居民家庭平均每人全年文教娱乐用品及服务支出（$X_{11}$） | 反映网络消费状况 | 元 |
|  | 居民家庭平均每人全年通信支出占总支出比重（$X_{12}$） | 反映网络消费状况 | — |
|  | 通信业从业人员数占从业人员总数比重（$X_{13}$） | 反映网络服务人员状况 | — |
| 信息技术环境 | 居民人均工资性收入（$X_{14}$） | 反映经济发展环境 | 元 |
|  | 居民人均消费支出（$X_{15}$） | 反映消费环境 | 元 |
|  | 居民人均生活用电量（$X_{16}$） | 反映电力供给和使用状况 | 千瓦时 |
|  | 居民人均可支配收入（$X_{17}$） | 反映购买力状况 | 元 |

彭爱东和姚娟（2014）基于信息资源的内涵并参考已有的农村信息化测评研究结果，设计了一套农村信息资源配置满意度的指标体系（表 5-18），并采用有序 Probit 模型分析农村居民的个体特征如性别、年龄、文化程度、职业及人均月收入对信息资源满意度的影响，研究发现，对农村居民的满意度有显著影响的有受教育程度和家庭人均月收入两个变量，其余变量的影响不显著。其中受教育程度是中学及本科、专科的农村居民满意度高的概率较大，而受教育程度在小学及以下、硕士及以上的农村居民满意度高的概率较小，因为学历太低可能没有任何

获取信息的能力，学历太高则可能信息需求较为多样，现有的信息服务难以满足其需求；家庭经济状况与居民的满意度呈正相关关系，家庭经济状况好，则硬件设施相对齐全，能够接触并获得信息的渠道和平台也相对较广，其满意度高的概率较大，收入低的人群接收信息渠道单一，接触农村信息资源配置中各项资源的机会相对少，因此满意度高的概率低。

表 5-18 农村信息资源配置用户满意度指标体系

| 一级指标 | 二级指标 | 三级指标 |
| --- | --- | --- |
| 农村信息资源配置总体满意度 | 信息基础设施满意度 | 设施数量满意度 |
| | | 设施使用方便性满意度 |
| | | 设施使用费用满意度 |
| | | 网络质量满意度 |
| | | 维修维护及时性满意度 |
| | 信息资源内容满意度 | 信息资源丰富性满意度 |
| | | 信息资源实用性满意度 |
| | | 信息资源易获取性满意度 |
| | | 信息资源可靠性满意度 |
| | | 信息资源时效性满意度 |
| | 信息服务机构及人员满意度 | 信息服务机构数量满意度 |
| | | 提供服务项目实用性满意度 |
| | | 提供服务项目丰富性满意度 |
| | | 信息服务人员下乡指导次数满意度 |
| | | 信息服务人员专业水平满意度 |
| | | 信息服务人员服务态度满意度 |

邬晓鸥等（2014）在对数字鸿沟概念进行分析的基础上，同样是从城市与乡村居民两大群体出发，将城乡数字鸿沟分为信息获取与利用环境鸿沟、信息意识与能力鸿沟、信息利用鸿沟。其中，信息获取与利用环境鸿沟指影响信息主体获取与利用的环境因素差异，包括信息技术接入条件、数字资源建设与提供、数字化信息服务水平、信息教育与培训条件；信息意识与能力鸿沟反映主体对应用信息技术从事相关活动的敏感程度及如何应用信息技术的知晓程度等方面的差异，包括信息意识、信息知识、信息能力与信息伦理；信息利用鸿沟是信息技术尤其是互联网技术对居民生产、生活的影响程度和居民从信息技术中获益的程度的差异，包含信息设备利用的总体水平、经济方面的信息设备利用水平、政务方面

的信息设备利用水平、教育方面的信息设备利用水平、社交方面的信息设备利用水平。

通过文献回顾可以看出，以往对于数字鸿沟测度的研究，具有一定的理论、实践价值，但是，无论是从纵向还是从横向角度进行的研究，均存在下述问题：①大部分测度指标体系都是从信息化角度构建，不能全面反映数字鸿沟。数字鸿沟是一个包含信息通信技术、经济、知识、教育、文化等社会经济各个方面的综合性问题，如果单从信息化角度构建其测度指标体系未免有些以偏概全。②各国、各机构的测度指标体系相差较大，缺乏统一性，再加上各国的统计口径差异较大，导致测度指标体系的通用性较低。③有的测度指标体系过于简单，不够全面，导致有些重要方面（如网络用户每百人域名数、人均网页字节数）未能包含其中，而有的又过于烦琐。④测度结果大多都是采用算术平均得出的指数，未能适当区分出不同参数或不同因子的贡献大小，可能掩盖实质上的差异。同时，测度结果往往是无量纲的相对量，随基准点选取的不同而不同，对于同一地区往往得出不同结果。因此，在具体的指标设计和测度方法上还可以进一步改进和完善。

## 5.2 区域数字鸿沟测度指标体系设计

区域数字鸿沟对财富分化的共振效应导致发达地区越来越富，落后地区越来越穷，严重阻碍了地区间的均衡发展。在此背景下，只有对区域数字鸿沟的大小进行具体测度，才能对不同区域在信息接入、信息利用等方面的差异程度做出准确判断，进而找出区域数字鸿沟的特征和形成原因，为各级政府制定弥合区域数字鸿沟的战略提供理论参考。但目前区域数字鸿沟测度指标体系的建立大多从信息技术角度出发，忽视了区域数字鸿沟是一个包含经济、社会、文化等各个方面的综合性问题。本书突破以往研究的局限，基于对数字鸿沟本质的解析，从经济、技术、知识和社会四个层面出发，建立一个较为合理的区域数字鸿沟测度模型。

### 5.2.1 测度指标体系的设计思路

本书结合层次分析法（analytic hierarchy process，AHP）的思想（侯景新和尹卫红，2004），根据测度目标、数字鸿沟的本质及其形成机理，构建一个由目标层、标准层、指标层组成的测度指标体系。

（1）根据测度目标构建指标体系的目标层。由于本书的测度目标是区域数字鸿沟的大小，所以指标体系的目标层应当围绕"区域"这一概念范围进行设计。按照"区域"的主要内涵，研究的范围可以是超越国界的世界经济区域，也可以是按照一国行政划分所确定的国内或省内的行政区域，或是按经济发展水平所划分的经济区域（如中国的东、中、西部）。区域数字鸿沟的测度指标要适用于不同大小区域的数字鸿沟。所以"区域"所指的内涵本质是相同的，无论"区域"是国家，还是我国内部31个省区市，或者是我国东、中、西部地区，还是一省内部地级市之间，其实质都是某种空间范围的泛称或抽象，因此，区域数字鸿沟测度指标体系对于"区域"应具有较广泛的适用性。

（2）根据数字鸿沟的本质构建指标体系的标准层。对于测度指标体系的标准层设计，主要是基于对数字鸿沟本质的解析。本书认为，数字鸿沟不是一个单纯的信息技术领域现象，而是一个包含经济、技术、知识及社会层面的综合性现象，涉及诸多方面的问题。在经济层面上，数字鸿沟反映了国际、国内经济不平等和贫富差距在信息时代的延续，它是信息时代经济发展进程中出现的经济鸿沟；在技术层面上，数字鸿沟反映了不同主体在接入新兴信息技术方面存在的差距，它是新兴信息技术普及过程中出现的技术鸿沟；在知识层面上，数字鸿沟反映了不同区域使用新兴信息技术获取和利用信息资源方面的差距，它是信息主体获取和利用信息资源过程中出现的知识鸿沟；在社会层面上，数字鸿沟反映了信息社会的分化现象，它是信息社会不平等导致的社会鸿沟。因此所要构建的数字鸿沟测度指标体系也必须从经济、技术、知识及社会这四个层面定位，构建系统全面的数字鸿沟测度指标体系。

（3）根据数字鸿沟的形成机理构建指标体系的指标层。测度指标体系的具体指标层设计，主要是根据对数字鸿沟形成机理的研究。数字鸿沟的形成机理主要包括形成原因、形成过程、形成的影响因素及形成的动力机制等内容。数字鸿沟的本质解析是描述其是什么，而数字鸿沟的形成机理是分析其是如何形成的，是逐级深入的关系。因此，根据数字鸿沟的形成机理构建指标层是对标准层的进一步具体说明。

综上所述，区域数字鸿沟测度指标体系的具体设计应依次构建目标层、标准层、指标层（图5-2）。其中，目标层表示欲测度的目标是区域数字鸿沟的大小；标准层由经济层面、技术层面、知识层面及社会层面组成，这四个层面分别反映了区域数字鸿沟的本质；指标层是标准层中四个层面的具体指标，这些指标经过对数字鸿沟形成机理的分析得到。

## 5.2.2　测度指标选取的原则

区域数字鸿沟是一个多要素、多维度的复杂系统，建立区域数字鸿沟测度指标体系也是一个复杂的过程，因而对其指标的选取必须按照一定的原则进行。本

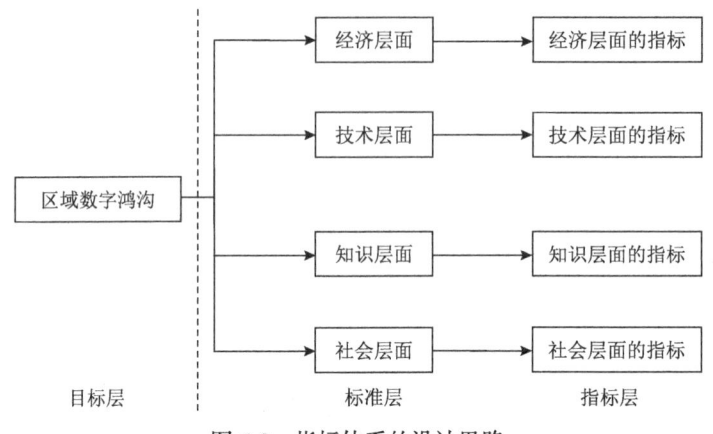

图 5-2　指标体系的设计思路

书指标的选取根据科学性、典型性、系统性、可比性、可行性、完整性及综合性原则进行，并且在进行指标初选和指标修正过程中，始终贯穿这七项原则。

（1）科学性原则。科学性是任何指标体系设计中都应遵循的最基本原则。无论是测度模型设计还是指标选取，都必须建立在科学的基础之上。在选择测度指标时要尽可能与国际和国内关于数字鸿沟的界定范围保持一致，应能反映不同国家之间、一国内部各个省区市之间及一省内部各个地级市之间的数字鸿沟，并且要求指标能够客观地揭示数字鸿沟的本质特征。

（2）典型性原则。区域数字鸿沟是一个复杂的现象，既有经济上的原因，又有政治上的关系，更表现了技术上的差距。因此，反映数字鸿沟现象的数据是纷繁复杂的。有的只反映了个别的、次要的、分散的现象；有的只说明了某一短暂时刻的状态；有的相关性强且代表了同一种意义。这些重复而不具备全面性、代表性的统计数据都难以作为数字鸿沟的测度指标。因此，只有那些能对数字鸿沟现象的内在联系及其规律有所解释和说明的统计数据，才能上升至指标的层次。

（3）系统性原则。建立测度指标体系应按照系统论观点，将相关系统的发展构成一个整体，处理好部分与整体、具体行动和系统目标之间的关系。指标体系不但要从经济层面、技术层面、知识层面和社会层面反映数字鸿沟的特征和状况，还要在各个层面中考虑到各个角度的数字鸿沟的特征和状况，将各个层面、各个角度的指标构成一个体系，形成一个系统的反映区域数字鸿沟的指标体系。

（4）可比性原则。可比性对于设计区域数字鸿沟测度指标体系非常重要。进行区域数字鸿沟测度，就是要使各个区域间的测度结果具有可比性，才能分析原因，提出对策。因此，在选择指标时必须注意其普遍适用性，将不可比因素转化为可比因素。

（5）可行性原则。指标体系的设计应考虑到实际操作的可行性。由于区域数字鸿沟测度是需要以大量数据作为基础的定量化研究，而各国、各地区的统计方式与统计口径存在着较大差别，这些限制性因素要求在选择指标时务必精练简明、易于理解、易于数据转化，并且要求测算结果可比、适应于现有的数据基础。但是指标体系并非越庞大越好，而是需要考虑指标量化的难易程度和可靠性。因此，选用的指标最好是以能够计算的数据作为基础。

（6）完整性原则。选出的区域数字鸿沟测度指标，既要能全面地反映国家或地区的信息化水平，以衡量整个社会经济信息化的发展情况，又要能反映出对技术、经济、知识与社会总体发展水平的影响情况。并且所选的反映区域数字鸿沟现象不同层次的指标都要全面、完整，这样建立在完整性基础上的指标体系才会具有合理性。

（7）综合性原则。通过研究精选出来的区域数字鸿沟指标体系要具有综合性，即能够用尽可能少的指标来反映区域数字鸿沟的具体状况，每一项指标都应综合反映出区域数字鸿沟的某一方面或某一层次，达到少而精的目的。

### 5.2.3 指标初选

在对指标进行选择前，需要先做指标初选，要求首先能够在经济、技术、知识、社会四个标准层面完整选择出科学测度区域数字鸿沟的一系列指标。

#### 5.2.3.1 初选指标

在归纳与梳理中外学者对数字鸿沟测度指标体系构建研究成果的基础上，根据以上对数字鸿沟的本质解析及指标选取的原则，从经济、技术、知识和社会四个层面选取了32项指标，构建了区域数字鸿沟测度指标体系（表5-19）。

表5-19 区域数字鸿沟测度指标初选

| 目标层 | 标准层 | 指标层 | 指标意义 |
| --- | --- | --- | --- |
| 区域数字鸿沟 | 经济层面 | 人均GDP | 反映区域经济发展水平 |
| | | 第三产业占GDP比重 | 反映区域经济发展水平 |
| | | 固定资产投资占GDP比重 | 反映区域经济发展水平 |
| | | 社会消费品零售总额占GDP比重 | 反映区域经济发展水平 |
| | | 人均信息产业GDP | 反映信息产业发展水平 |
| | | 信息产业增加值占GDP比重 | 反映信息产业发展水平 |
| | | 交通邮电通信业产值占GDP比重 | 反映通信业发展水平 |

续表

| 目标层 | 标准层 | 指标层 | 指标意义 |
|---|---|---|---|
| 区域数字鸿沟 | 技术层面 | 网民占总人口比例 | 反映互联网的扩散程度 |
| | | 每百人拥有网站数 | 反映互联网基础资源发展水平 |
| | | 人均网页字节数 | 反映互联网基础资源发展水平 |
| | | 网络用户每百人域名数 | 反映互联网基础资源发展水平 |
| | | 企业网站拥有率 | 反映企业的信息应用程度 |
| | | 政府部门网站拥有率 | 反映政府的信息应用程度 |
| | | 网上购物者占网络用户比重 | 反映居民的信息应用程度 |
| | | 人均电话通话次数 | 反映主体对信息基础设施的使用程度 |
| | | 信息技术科研开发支出额占全地区GDP的百分比 | 反映政府对信息技术开发的支持力度 |
| | 知识层面 | 每千人拥有大学毕业生人数 | 反映主体的信息技术知晓程度 |
| | | 每百人在校大学生数 | 反映主体的信息技术知晓程度 |
| | | 每千人拥有科技活动人员数 | 反映应用和研究开发能力 |
| | | 交通邮电通信业从业人员占总从业人员比重 | 反映应用和研究开发能力 |
| | | 人均年批准专利数 | 反映地区主体的科技创新成效 |
| | | 教育投资占GDP比重 | 反映政府对教育发展的重视程度 |
| | | 每百万人拥有图书馆个数 | 反映地区基础知识资源供给情况 |
| | 社会层面 | 每百人拥有移动电话数 | 反映地区主体信息财富拥有程度 |
| | | 电视人口覆盖率 | 反映地区主体信息财富拥有程度 |
| | | 广播人口覆盖率 | 反映地区主体信息财富拥有程度 |
| | | 每千人拥有计算机数 | 反映地区主体信息财富拥有程度 |
| | | 人均带宽拥有量 | 反映政府投入水平 |
| | | 每平方千米人均光缆长度 | 反映政府投入水平 |
| | | 微波占有信道数 | 反映政府投入水平 |
| | | 政府部门网站拥有率 | 反映政府投入水平 |
| | | 信息指数 | 反映个人信息消费能力 |

#### 5.2.3.2 指标解释

1）经济层面

地区经济发展状况会对数字鸿沟有很大影响,这是由于信息技术的发展离不开雄厚的经济基础支持，不同地区经济发展水平差异会直接导致信息接入、技术应用、知识获取等一系列数据财富的差异，而数据财富差异影响到社会发展的方方面面，从而又会进一步拉大经济差异。贫富差距与数字鸿沟之间本来就是互为因果的。经济层面的指标要从反映本地区经济发展水平和信息产业发展水平角度考虑。人均GDP、第三产业占GDP比重、固定资产投资占GDP比重、社会消费品零售总额占GDP比重等指标都能反映一个地区的经济发展水平；人均信息产业GDP、信息产业增加值占GDP比重、交通邮电通信业产值占GDP比重等指标都能反映信息产业和通信业的发展水平。

2）技术层面

区域间信息网络技术发展水平的不均衡是数字鸿沟拉大的重要原因。而单纯地提供电脑或上网环境，并不一定能真正消除数字鸿沟，拥有和利用是两回事。因此，网络技术应用能力的大小和是否能对网络技术充分有效的应用是网络建设的技术保障，能够反映数字鸿沟的技术层面。网民占总人口比例等指标反映互联网的扩散程度；每百人拥有网站数、人均网页字节数、网络用户每百人域名数等指标反映互联网基础资源的发展水平；企业网站拥有率、政府部门网站拥有率、网上购物者占网络用户比重、人均电话通话次数等指标反映社会各主体的信息应用程度及对信息基础设施的使用程度；信息技术科研开发支出额占全地区GDP的百分比反映政府对信息技术开发的支持力度。

3）知识层面

人是促使社会发展和技术使用的主体，随着网络技术的迅速发展，人们对知识与技术的掌握与更新也影响到一个地区发展水平的高低。教育投资及图书馆数量是主体获取知识的前提，而高级人才的数量反映主体应用知识和研究开发的能力，因此，知识层面的指标应该从主体知识的获取、理解及应用上来反映。每千人拥有大学毕业生人数、每百人在校大学生数等指标反映主体的信息技术知晓程度；每千人拥有科技活动人员数、交通邮电通信业从业人员占总从业人员比重等指标反映地区主体的信息技术应用、研发能力，人均年批准专利数等指标反映地区主体的科技创新成效；教育投资占GDP比重、每百万人拥有图书馆个数等指标反映地区政府对教育发展的重视程度及地区基础知识资源供给情况。

4）社会层面

社会资源的分配状况反映到数字鸿沟上，会影响社会的公平与和谐。主体信息财富的拥有程度和政府投入力度等都能反映信息均衡与社会公平。因此，社会层面的指标应能反映出社会信息富足者和信息贫困者之间的差距，反映信息资源分配均衡与信息公平水平。每百人拥有移动电话数、电视人口覆盖率、广播人口覆盖率、每千人拥有计算机数等指标反映地区主体信息财富拥有程度；人均带宽拥有量、每平方千米人均光缆长度、微波占有信道数、政府部门网站拥有率等指标反映政府投入水平；信息指数反映个人信息消费能力。

### 5.2.4 指标修正

虽然以上指标体系所涵盖的范围广泛而全面，但是在进行指标的数据统计时会发现，有些指标间具有很强的相关性，大多重复显得冗余而又没有意义；在进行实际数据搜集整理过程中，还有一些统计数据无法得到（尤其是关于信息化方面的一些指标），从而无法进行实际操作。因此，在对区域数字鸿沟测度指标进行初选以后，应考虑其可行性和实用性，对指标进行修正，以保证指标体系可以投入实践。

#### 5.2.4.1 修正方式

1）去除一些含义相近的指标

在进行指标的具体数据统计时发现，有些指标含义相近，显得重复冗余又没有意义，故应去除其中的一些指标。例如，经济层面中，信息产业增加值占 GDP 比重、人均信息产业 GDP 与交通邮电通信业产值占 GDP 比重的含义较相近，可去掉前两项。技术层面中的网上购物者占网络用户比重与社会层面中的信息指数意义相近，都反映信息消费情况，故用信息指数一项来表示即可。技术层面中，每百人拥有网站数与企业网站拥有率、政府部门网站拥有率都表现信息主体对网站拥有的情况，可用每百人拥有网站数一项指标来表示。知识层面中，每百人在校大学生数与每千人拥有大学毕业生人数含义很相近，因此可去掉每百人在校大学生数；社会层面中，人均带宽拥有量和每平方千米人均光缆长度、微波占有信道数所表达意义相近，所以用人均带宽拥有量一项就可以较好地反映这三项指标，可将其他两项指标去掉。

2）将无法获得的指标以相近指标替换

根据现有的统计资料，将一些无法获得的统计数据用相近的统计数据替换，这是在现实条件下进行数字鸿沟测度的最好选择。其中，交通邮电通信业是信息产业的主体，可将信息产业从业人员占总从业人员比重替代为交通邮电通信业从业人员占总从业人员比重；网络宽带数、计算机拥有数与 IPv4 都能表示网络发展情况，可用网民 IPv4 拥有率代替其他两项；教育经费是国家用于办教育和发展教育事业的资金，可用来代替教育投资；交通运输、仓储和邮政业是交通邮电通信业的主要组成部分，可用交通运输、仓储和邮政业产值代替交通邮电通信业产值。

### 5.2.4.2 指标确定

根据数据资料的可获得性和定量要求,经过修正,分别从经济层面、技术层面、知识层面和社会层面共选取 21 项指标,构建一套新的区域数字鸿沟测度指标体系(表 5-20)。

表 5-20 区域数字鸿沟测度指标体系确定

| 目标层 | 标准层 | 指标层 | 单位 |
|---|---|---|---|
| 区域数字鸿沟 | 经济层面 | 人均 GDP($X1$) | 万元 |
| | | 第三产业占 GDP 比重($X2$) | — |
| | | 固定资产投资占 GDP 比重($X3$) | — |
| | | 社会消费品零售总额占 GDP 比重($X4$) | — |
| | | 交通运输、仓储和邮政业产值占 GDP 比重($X5$) | — |
| | 技术层面 | 网民占总人口比例($X6$) | — |
| | | 每百人拥有网站数($X7$) | 个 |
| | | 人均网页字节数($X8$) | 千比特 |
| | | 网络用户每百人域名数($X9$) | 个 |
| | | 信息技术科研开发支出额占全地区 GDP 的百分比($X10$) | — |
| | 知识层面 | 交通邮电通信业从业人员占总从业人员比重($X11$) | — |
| | | 每千人拥有大学毕业生人数($X12$) | 人 |
| | | 每千人拥有科技活动人员数($X13$) | 人 |
| | | 每万人年批准专利数($X14$) | 件 |
| | | 教育经费占 GDP 比重($X15$) | — |
| | | 每百万人拥有图书馆个数($X16$) | 个 |
| | 社会层面 | 每百人拥有移动电话数($X17$) | 部 |
| | | 电视人口覆盖率($X18$) | — |
| | | 广播人口覆盖率($X19$) | — |
| | | 网民 IPv4 拥有率($X20$) | — |
| | | 信息指数($X21$) | — |

这套新的指标体系经过科学的分析后选取,包含的层面系统完整,各个层面所选的指标都十分典型,可以代表所在层面的实际状况。同时指标数据容易获得并可计算比较,因此这套指标体系具有很强的可操作性,符合区域数字鸿沟测度

指标选取原则。

## 5.3 区域数字鸿沟测度方法分析与选择

有不少学者对数字鸿沟的测度方法进行过研究，包括指数法、层次分析法、因子分析法等，只有对这些方法进行分析与评价才能确定最为合适的测度方法。

### 5.3.1 因子分析法

因子分析法（factor analysis）又称因素分析法，它是 1961 年由统计学家 M.Scott 提出的。因子分析法是在具有复杂关系的多因素变量中，通过数据的标准化处理和数学变换，利用少数因子反映原指标的大部分信息，来描述和代替原始变量，以反映和解释原始变量之间的复杂关系的一种多元统计分析方法，并广泛应用于指标合成（Rao，1964）。

因子分析的计算思路是用较少的相互独立的因子变量来代替原来变量的大部分信息，可以表示为

$$\begin{cases} x_1 = a_{11}F_1 + a_{12}F_2 + \cdots + a_{1m}F_m + \varepsilon_1 \\ x_2 = a_{21}F_1 + a_{22}F_2 + \cdots + a_{2m}F_m + \varepsilon_2 \\ \vdots \\ x_p = a_{p1}F_1 + a_{p2}F_2 + \cdots + a_{pm}F_m + \varepsilon_p \end{cases} \quad (5\text{-}9)$$

其中，$x_1, x_2, x_3, \cdots, x_p$ 为 $p$ 个原有变量，是均值为零、标准差为 1 的标准化变量；$F_1, F_2, F_3, \cdots, F_m$ 为 $m$ 个因子变量，$m$ 小于 $p$，表示成矩阵为 $X = AF + \varepsilon$。其中，$F$ 为因子变量或公共因子，可以理解为在高维空间中互相垂直的 $m$ 个坐标轴；$A$ 为因子载荷矩阵，其元素 $a_{ij}$ 为因子载荷，是第 $i$ 个原有变量在第 $j$ 个因子变量上的负荷；如果把变量 $x_i$ 看成是 $m$ 维因子空间中的一个向量，则 $a_{ij}$ 为 $x_i$ 在坐标轴 $F_j$ 上的投影；$\varepsilon$ 为特殊因子，表示了原有变量不能被因子变量所解释的部分。

因子分析法的使用步骤如下。

（1）计算全部原始变量数据的相关系数矩阵，通过巴特利特球形检验（Bartlett Test of Sphericity）和 KMO（Kaiser-Meyer-Olkin）检验确定原有变量是否适合于因子分析。

巴特利特球形检验是以变量的相关系数矩阵为出发点的，其零假设相关系数矩阵是一个单位阵。巴特利特球形检验的统计量是根据相关系数矩阵的行列式得到，如果该值较大，且其对应的相伴概率值小于用户指定的显著性水平，那么应

该拒绝零假设，认为原始变量之间存在相关性，适合于作因子分析；相反，如果该统计量比较小，且其对应的相伴概率大于显著性水平，则不能拒绝零假设，认为相关系数矩阵可能是单位阵，不宜于作因子分析。

KMO 统计量用于比较变量间简单相关系数和偏相关系数，其取值范围在 0 和 1 之间。如果 KMO 的值越接近于 1，则所有变量之间的简单相关系数平方和远大于偏相关系数平方和，因此越适合于作因子分析。如果 KMO 的值越小，则越不适合于作因子分析。

（2）构造因子变量，一般选择基于主成分模型的主成分分析法构造因子变量，选择大于等于 1 的特征值为主因子，根据特征值累计贡献率大于等于 80% 来确定主成分，得到的主成分变量即为构造的因子变量。主成分分析法的步骤如下。

第一步，原始数据标准化。

设指标体系中共包含 $p$ 个指标，依次为 $X_1, X_2, X_3, \cdots, X_p$（样本容量为 $p$），$X_{ij}$ 为第 $i$ 个样本的第 $j$ 个值。设由此得到的样本矩阵为

$$X = \begin{bmatrix} X_{11} & X_{12} & \cdots & X_{1p} \\ X_{21} & X_{22} & \cdots & X_{2p} \\ \vdots & \vdots & & \vdots \\ X_{n1} & X_{n2} & \cdots & X_{np} \end{bmatrix} \tag{5-10}$$

由于 $p$ 个指标的纲量往往不同，因此需要对 $p$ 个指标进行标准化，其公式为

$$Y_j = \frac{X_j - \mathrm{E}(X_j)}{\sqrt{\mathrm{Var}(X_j)}}, \quad j = 1, 2, 3, \cdots, p \tag{5-11}$$

对原始数据进行标准化后的数据矩阵记为

$$Y = \begin{bmatrix} Y_{11} & Y_{12} & \cdots & Y_{1p} \\ Y_{21} & Y_{22} & \cdots & Y_{2p} \\ \vdots & \vdots & & \vdots \\ Y_{n1} & Y_{n2} & \cdots & Y_{np} \end{bmatrix} \tag{5-12}$$

其中，$Y_{ij} = \dfrac{X_{ij} - \overline{X}_j}{S_j}$；$\overline{X}_j = \dfrac{1}{n}\sum_{i=1}^{n} X_{ij}$；$S_j^2 = \dfrac{1}{n}\sum_{i=1}^{n}(X_{ij} - \overline{X}_j)^2$。

第二步，计算相关系数矩阵 $R$。

$$R = \begin{bmatrix} R_{11} & R_{12} & \cdots & R_{1p} \\ R_{21} & R_{22} & \cdots & R_{2p} \\ \vdots & \vdots & & \vdots \\ R_{n1} & R_{n2} & \cdots & R_{np} \end{bmatrix} \quad (5\text{-}13)$$

其中,

$$R_{ij} = \frac{\sum_{k=1}^{n}(X_{ki}-\overline{X}_i)(X_{kj}-\overline{X}_j)}{\sqrt{\sum_{k=1}^{n}(X_{ki}-\overline{X}_i)}\sqrt{\sum_{k=1}^{n}(X_{kj}-\overline{X}_j)}} = \frac{1}{n}\sum_{k=1}^{n}Y_{ki} \times Y_{kj}, \quad i,j = 1,2,\cdots,p \quad (5\text{-}14)$$

第三步,求主成分的个数并确定主成分。

首先,求得样本相关系数矩阵 $R$ 的特征值。由 $|R-\lambda I|=0$,具体计算公式为

$$R = \begin{bmatrix} R_{11}-\lambda & R_{12} & \cdots & R_{1p} \\ R_{21} & R_{22}-\lambda & \cdots & R_{2p} \\ \vdots & \vdots & & \vdots \\ R_{n1} & R_{n2} & \cdots & R_{np}-\lambda \end{bmatrix} \quad (5\text{-}15)$$

得到样本相关系数矩阵 $R$ 的 $p$ 个非负特征值,由大到小依次排列为

$$\lambda_1 > \lambda_2 > \lambda_3 > \cdots > \lambda_p > 0 \quad (5\text{-}16)$$

其次,求样本相关系数矩阵 $R$ 的对应于特征值 $\lambda K$ 的正则化特征向量:

$$L_K^T = (L_{1K}, L_{2K}, L_{PK}), \quad K = 1,2,\cdots,p \quad (5\text{-}17)$$

则第 $K$ 个主成分为

$$Z_K = \sum_{j=1}^{p} L_{jK} \times Y_j, \quad K = 1,2,\cdots,p \quad (5\text{-}18)$$

最后,确定主成分(一般地,要求累计方差贡献率应大于 80%),得到的主成分变量即构造的因子变量。

(3)计算因子变量得分和综合得分。

因子变量确定以后,对每一样本数,一般都希望得到它们在不同因子上的具体数值,这些数值就是因子得分,它和原变量的得分相对应。有了因子得分,就可以在以后的研究中,针对维数较少的因子得分来进行。计算因子得分应将因子变量表示为原有变量的线性组合,即

$$F_j = \beta_{j1}X_1 + \beta_{j2}X_2 + \cdots + \beta_{jp}X_p, \quad j=1,2,\cdots,m \qquad (5\text{-}19)$$

因子分析法是对多变量的平面数据进行最佳综合和简化，即在保证数据信息丢失最少的原则下，对高维变量空间进行降维处理。其特点是：第一，因子变量的数量远少于原有指标变量的数量，对因子变量的分析能够减少分析中的计算工作量；第二，因子变量不是对原有变量的取舍，而是根据原始变量的信息进行重新组构，它能够反映原有变量大部分的信息；第三，因子变量之间不存在线性相关关系，对变量的分析比较方便；第四，因子变量具有命名解释性，即该变量是对某些原始变量信息的综合和反映。

本书的区域数字鸿沟测度指标体系涉及层面和领域较多，指标较繁杂，处理的样本数据也较多。这就需要以较少的几个因子反映样本数据的大部分信息，并且能够对各因子的含义进行解释，从而反映区域数字鸿沟状况。因此，本书适合采用因子分析法来计算区域数字鸿沟测度指标体系的主因子得分及综合得分。

### 5.3.2 指数法

日本经济学家小松畸清介于1965年首次提出了指数法（index-method），从社会的信息和信息能力角度测算信息化指数（即社会经济信息化程度）。我国学者根据我国具体的国情对指数法进行了改进，如采用模糊评判法将每一层的每一指标引入权重系数，使指数法更加适用于我国的信息化测度（陈昆玉，2001）。

所谓指数法，是在确定一套合理的评价指标体系的基础上，通过统计学处理，使不同计量单位、性质的指标值标准化，对各项评价指标的指数加权平均，计算综合指数，用以准确地评价某一对象的综合水平情况的一种方法。指标多少不限，综合指数值越大，对象的综合水平情况越好。

指数法的计算思路是：利用层次分析法（或模糊评判法）计算的权重和统计分析取得的指标数值进行累乘，然后相加，最后计算出指标的综合指数。具体来说，指数法将各项指标转化为同度量的个体指数，便于将各项指标综合起来，以综合指数作为对象间综合水平评比排序的依据。各项指标的权重是根据其重要程度决定，体现了各项指标在综合值中的作用大小。

指数法的使用步骤如下。

（1）通过模糊评判法（或统计分析）收集每一项二级指标的数值。

（2）采用层次分析法（或模糊评判法）确定一级、二级指标的每一指标权重系数。

（3）将每项二级指标的绝对值定为标准数，标准数具体计算公式为

$$\mathrm{SB}_{ij} = \frac{1}{n}\sum_{i=1}^{n} B_{ij}, \quad j=1,2,\cdots,m \tag{5-20}$$

其中，$\mathrm{SB}_{ij}$ 为标准数，它是一级指标中第 $i$ 个指标项下二级指标的第 $j$ 个指标列绝对平均值；$B_{ij}$ 为一级指标中第 $i$ 个指标项下二级指标的第 $j$ 个指标原始值；$n$ 为一级指标的个数；$m$ 为二级指标的个数。

（4）用同一项一级指标下的二级指标绝对值除以标准数，分别求得各二级指标的指数，再将属于同一个一级指标的二级指标相加除以其个数，得到一级指标的指数，具体计算公式为

$$A_j = \frac{1}{N_i}\sum_{j=1}^{N_i} \frac{B_{ij}}{\mathrm{SB}_{ij}}, \quad i=1,2,\cdots,n \tag{5-21}$$

其中，$A_j$ 为一级指标中第 $i$ 个指标的指数；$N_i$ 为构成一级指标中第 $i$ 个指标的指数项目；$\dfrac{B_{ij}}{\mathrm{SB}_{ij}}$ 为构成一级指标中第 $i$ 个指标下二级指标的第 $j$ 个指标的指数。

（5）将所有一级指标指数相加除以一级指标的个数，最终求出综合指数，计算公式为

$$D = \frac{1}{n}\sum_{j=1}^{m} A_j \tag{5-22}$$

其中，$D$ 为最终求出的综合指数。

指数法是采用算术平均法确定权重的，计算过程过于简单，未能适当区分出不同参数或不同因子的贡献大小，若用其测度区域数字鸿沟，会导致因子贡献大小的主观性太强。此外，该方法的测评结果是无量纲的相对量，随基准点选取的不同而不同，所以在对不同区域数字鸿沟比较时也会有所偏颇。

### 5.3.3 综合评分法

综合评分法（composite grade method）是项目评价的一种常用方法，该方法常用于评价指标无法用统一的量纲进行定量分析的场合，而用无量纲的分数进行综合评价。综合评分法是先分别按不同指标的评价标准对各评价指标进行评分，然后采用加权相加，最后求出总评分（综合评分值）。

综合评分法的计算思想是采用简单线性加权方式，其具体计算公式为

$$Y = \sum_{i=1}^{n} P_i W_i \tag{5-23}$$

其中，$Y$ 为综合评分值；$P_i$ 为第 $i$ 个评价指标无量纲化处理后的值；$W_i$ 为 $P_i$ 的权重。

综合评分法的使用步骤如下。

（1）确定各项评价指标统一的评价等级或分值范围，然后制定出每项评价指标每个等级的标准，以便打分时掌握。每个等级的标准一般是定性与定量相结合，可能是定量为主，也可能是定性为主，根据具体情况而定。

（2）采用德尔菲法（专家评分法）确定权重。德尔菲法一般用问卷方式，邀请研究该问题的有关专家进行打分，再将专家打的分数综合平均后作为权重系数。

（3）制定评分表，其内容包括所有的评价指标及其等级区分和权重系数。

（4）根据指标和等级评出分数值。评价者收集与指标相关的资料，给评价对象打分，填入表格。打分的方法，一般是先对某项指标达到的成绩做出等级判断，然后进一步细化，在这个等级的分数范围内打上一个具体分。在这一过程中往往要对不同评价对象进行横向比较。

（5）对选择的指标进行相关分析，删除相关性过高的指标，以避免相同因素在计算中占有过大的份额，以保证测度结果的合理性。

（6）对指标进行标准化处理，使量纲不同的各项指标转化为可以直接进行计算的标准化数值。

（7）确定各单项评价指标得分，然后计算各组的综合评分和评价对象的综合评分值。

综合评分法虽然操作简单，但是由于其自身的特点，其作为区域数字鸿沟的测度方法存在一些明显不足：一是其采用的简单线性加权方式必须要求各指标具有独立性。这样无形中就会给指标体系的筛选带来困难。若测度指标定得过多，往往会使指标之间有一定的相关关系，导致其出现不同程度的重复；若测度指标定得过少，可能会由于信息量不足而难以客观地反映区域数字鸿沟。二是测度指标权重的确定主观性太强，专家的主观偏好会影响最后的权重结果。而且寻找足够的对区域数字鸿沟这一课题研究较深的专家不太容易，故这种方法对本书研究不太适用。

## 5.3.4　数据包络分析法

数据包络分析法（data envelopment analysis，DEA）于 1978 年由运筹学家 Charnes 和 Rhodes 首先提出，该方法使用数学规划模型评价具有多个输入和多个输出的部门或单位[称为决策单元（decision making units，DMU）]间的相对有效性（称为数据包络分析有效）（Charneas and Neralic，1990）。该方法的第一个模型被命名为 CCR（Charnes-Cooper-Rhodes）模型，从生产函数角度看，这一模型是用来研究具有多个输入、多个输出的生产部门的十分理想的方法。此后，数据包络分析法的理论和模型得到不断发展。

数据包络分析法的使用步骤如下。

（1）确定评价目的。数据包络分析法的基本功能是评价，特别是进行多个同类样本间的相对优劣性的评价。为此需要明确哪些 DMU 能够或适宜在一起进行评价，通过什么样的输入、输出指标体系进行评价，选择什么样的数据包络分析模型进行评价等，这些均应服从于应用数据包络分析法的具体目的性。

（2）选择 DMU。选择 DMU 就是确定参考集。由于数据包络分析法是在同类的 DMU 之间进行相对有效性的评价，选择 DMU 的一个基本要求就是 DMU 的同类型。

（3）建立输入、输出指标体系。建立输入、输出指标体系是数据包络分析法的一项基础工作，应注意以下几点：第一，要考虑能够实现评价目的，即输入与输出向量的选择要服务、服从评价目的；第二，要能全面反映评价目的；第三，要考虑输入向量、输出向量之间的联系；第四，要考虑输入、输出指标体系的多样性。

（4）数据包络分析模型的选择。数据包络分析模型有多种形式，选择哪个，一要看 DMU 的实际背景，二要看评价目的。此外，评价中要对各指标的相对重要性有所体现。

（5）评价工作的表述。经过建模、求解，一般需从各 DMU 的数据包络分析有效性，DMU 的相对规模收益，相对有效前沿面，非有效 DMU 的改善及各 DMU 的相对有效性与输入、输出指标之间的关系等方面予以表述。

数据包络分析法具有以下特点。

（1）数据包络分析法各输入、输出的权重变量，总是从最有利于决策单元的角度进行评价，从而避免了确定各指标权重的问题。

（2）数据包络分析法不必确定输入、输出之间关系的显示表达式，即不必像生产函数法那样先利用回归分析，确定一个生产函数表达式，然后再估计在一定输入的条件下，能达到多大的产出。数据包络分析法排除了很多主观因素的影响，因此数据包络分析法在出现后的较短时间内就得到了广泛的应用。由于在生产过程中各种输入和输出的地位与作用不同，因此要对 DMU 进行评价，对它的输入和输出进行"综合"，即把它们看作只有一个总体输入和一个总体输出的生产过程，这样就需要赋予每个输入、输出恰当的权重（马士华等，2000）。

数据包络分析法是研究相同类型部门（或单位）间的相对有效性方法，常用来处理目标决策问题。该方法的核心思路是把每一个被评价单位作为一个 DMU，再由众多 DMU 构成被评价群体，通过对投入和产出比率的综合分析，以 DMU 的各个投入和产出指标的权重为变量进行评价运算。本书中区域数字鸿沟测度指标体系虽然涉及教育、信息、经济、科技等众多部门，但是并不是要找出其投入与产出的关系,并且难以从投入与产出的角度对众多区域数据进行处理,所以数据包络分析法并不适合于本书研究。

### 5.3.5 测度方法的确定

要进行区域数字鸿沟的测度,必须选定科学、合理的测度方法,确保不会受到区域位置、大小等不同因素的限制。根据以上对因子分析法、指数法、综合评分法、数据包络分析法的相互比较与评价,本书认为选择因子分析法作为测度方法会更加合适。

在本书中,因子分析法与指数法、综合评分法、数据包络分析法相比较,具有以下优势。

(1)因子分析法基于降维的思想,由变量相关矩阵内部的依赖关系出发,可以把一些具有错综复杂关系的变量归结为少数几个综合因子,在损失很少信息的前提下,解决指标间的相关性问题。因为区域数字鸿沟与经济层面、技术层面、知识层面和社会层面有很大关系,而且这四者之间又具有一定程度的相关性,可以说是相互关联的关系,所以用因子分析法较为合适。

(2)因子分析法是以指标间的相关性为依据进行综合加权,不存在人为的主观赋权问题,因此在权重的确定上比较客观。对测度指标赋予权重是测度模型非常关键的一步,而很多人为的权重并不具有科学性。因子分析法中的主成分分析法恰恰能够解决这一难题,通过对因子变量的方差贡献率进行计算,最后得出各个主因子的权重,相对来说是比较合理和科学的。

(3)因子分析法中的无量纲化处理采用统一的标准化方法,不存在不同的标准化处理问题。对指标数值的无量纲化处理采用统一的方法,这样得出来的标准化数据才具有可比性和可操作性,最终结果才具有统一和完整性。

(4)因子分析法由于有成熟的统计分析软件,计算过程比较简便。本书所需要进行的计算通过 SPSS 软件都可以实现,其统计分析功能强大,只要给出分析指令,计算机便自动进行数据处理,得到相应的结果,且结果的精确度较高,从而使数理统计的计算过程大为简化。

通过以上对四种方法的比较,最终确定用因子分析法来计算区域数字鸿沟测度指标体系的主因子得分及综合得分。

## 5.4 本章小结

本章通过区域数字鸿沟测度指标的设计和测度方法的选择,构建了区域数字鸿沟的测度模型。主要研究内容包括以下几点。

第一，数字鸿沟测度研究的梳理。从纵向和横向两个角度对数字鸿沟测度研究进行梳理与归纳，发现现有研究主要存在以下问题：①大部分测度指标体系都是从信息化角度构建，不能全面反映数字鸿沟；②各国、各机构测度指标体系相差较大，再加上统计口径差异大，通用性较低；③有些指标体系过于简单，不够全面，而有些又太烦琐；④测度结果大多采用算术平均得出指数，忽略了不同因子的贡献大小，同时测度结果往往是无量纲的相对量，随基准点选取的不同而不同，对于同一地区往往得出不同的结果。

第二，区域数字鸿沟测度指标的设计。根据本书的测度指标设计思路及指标选取原则，进行指标初选，经过对初选指标的修正，建立了区域数字鸿沟测度指标体系。该指标体系包括经济、技术、知识和社会层面的共 21 项指标。

（1）经济层面包含人均 GDP、第三产业占 GDP 比重、固定资产投资占 GDP 比重、社会消费品零售总额占 GDP 比重、交通运输、仓储和邮政业产值占 GDP 比重。

（2）技术层面包含网民占总人口比例、每百人拥有网站数、人均网页字节数、网络用户每百人域名数、信息技术科研开发支出额占全地区 GDP 的百分比。

（3）知识层面包含交通邮电通信业从业人员占总从业人员比重、每千人拥有大学毕业生人数、每千人拥有科技活动人员数、每万人年批准专利数、教育经费占 GDP 比重、每百万人拥有图书馆个数。

（4）社会层面包含每百人拥有移动电话数、电视人口覆盖率、广播人口覆盖率、网民 IPv4 拥有率、信息指数。

第三，区域数字鸿沟测度方法的选择。通过对因子分析法、指数法、综合评分法、数据包络分析法等测度方法进行分析与评估，认为因子分析法作为测度方法最为合适。

# 6 中国数字鸿沟评估

在全球数字化进程中,不同国家、地区之间网络技术的创新能力、应用程度的不同造成了数字鸿沟现象,其是导致人类社会贫与富、弱与强、落后与先进的重要因素。我国的数字鸿沟不仅表现在内部省际、区域之间,还表现在与发达国家之间。同时,正如经济发展的不平衡逐渐加大一样,我国信息化建设的不平衡也越发凸显,数字鸿沟问题及其带来的危害逐渐进入人们视野并引发关注,而数字鸿沟到底有多大,发展态势如何,各地区的优势、劣势是什么,如何准确判断区域间信息接入、信息利用等方面的差异程度,成为全球范围内迫切需要解决的问题。

## 6.1 样本选取

要对区域数字鸿沟测度模型进行应用,应选取具有实际意义的样本,这不仅对于测度模型的有效性是一个检验,而且可对具体的样本地区进行分析研究。由于本书所要建立的区域数字鸿沟测度模型,主要从测度的指标体系和测度方法入手,并运用相关数据,通过定量地刻画区域数字鸿沟的大小,来促进决策部门、企业和个人理解区域数字鸿沟的客观状况和实质,以缩小区域数字鸿沟、提升国际竞争力。从这一目的出发,本书选取的样本既要达到验证效果,又要反映区域数字鸿沟客观状况和实质。对此,本书选取四组样本进行测度模型应用,即中国31个省区市,中国东、中、西部,中国、美国、加拿大及陕西省。

(1)选择中国31个省区市为样本。我国各省区市之间的数字鸿沟测度是我国众多学者所关心的研究课题。之所以如此受关注,是因为区域数字鸿沟的存在将导致我国31个省区市的经济社会无法协调发展,从而阻碍构建和谐社会目标的顺利实现。因此,我们有必要对我国31个省区市的区域数字鸿沟进行测度,并开展深入研究,为努力弥合各省区市之间的数字鸿沟提供科学指导。

(2)选择中国东、中、西部为样本。由于地理位置差异及政府政策差异等因素,我国东、中、西部在经济发展、思想观念、社会发展等诸多方面都表现出不同的水平。那么,在现代信息社会的发展进程中,东、中、西部地区是否存在数字鸿沟现象,以及这三个区域的数字鸿沟到底有多大,这些问题的解决对于我国区域经济协调发展、人民共同富裕有着重要意义。

（3）选择中国、美国、加拿大为样本。在信息时代，中国作为世界上最大的发展中国家，与发达国家的差距明显存在。美国作为唯一的超级大国，其经济实力雄厚，高新科技发达，其社会信息化发展迅速，在21世纪初期已经成为信息大国。加拿大作为全球互联网普及水平较高的发达国家，在国际信息社会占有举足轻重的地位，其社会信息化发展水平遥遥领先。那么，中国的社会信息化要想在21世纪达到发达国家水平，就应当首先了解自身与美国、加拿大等发达国家的差距，做到知己知彼，才能更好地制定国家发展战略方针，更快、更好地弥合区域数字鸿沟，以实现国家发展目标。

（4）选择陕西省为样本。长期以来，我国东、西部的发展差距不断扩大已成为一个长期困扰中国经济和社会健康发展的全局性问题。2000年，中共中央提出西部大开发战略，使西部地区发展迅猛。2013年，习近平主席提出"丝绸之路经济带"的战略构想[①]，又为西部地区的发展带来了新机遇。但一带一路涉及国家众多，要克服地理时空距离、语言文化差异等方面的障碍，离不开信息技术的支持。而陕西省作为"丝绸之路经济带"的新起点，在信息化建设方面还处于发展阶段，其内部各市在信息资源配置上也存在较大的差距，这一方面影响了各市间的协调发展，另一方面也会阻碍陕西省与"一带一路"沿线城市、国家的交流合作。在此背景下，选择作为西部大省的陕西省为样本，对其区域数字鸿沟进行深入研究，可以为西部其余省区市的相关研究提供案例。另外，改革开放以来，虽然陕西省经济实力不断增强，人均GDP从2000年的4951元上升至2016年的47626元，在全国排名从25位上升至15位，但在总量上仍低于全国平均水平。在信息化建设的浪潮中，研究陕西省如何利用自己在科技和教育方面的优势，搭上信息化的快车，解决目前存在的数字鸿沟问题，意义重大。

## 6.2 中国31个省区市数字鸿沟测度

### 6.2.1 2007年数字鸿沟测度

#### 6.2.1.1 数据收集与处理

2007年中国31个省区市原始数据见表6-1。其中，人均GDP，第三产业占GDP比重，固定资产投资占GDP比重，社会消费品零售总额占GDP比重，交通运输、仓储和邮政业产值占GDP比重，交通邮电通信业从业人员占总从业人员比

---

① 弘扬人民友谊 共创美好未来——在纳扎尔巴耶夫大学的演讲. http://politics.people.com.cn/n/2013/0908/c1001-22842914.html[2019-07-08].

表 6-1 2007 年中国 31 个省区市的原始数据

| 省区市 | X1 | X2 | X3 | X4 | X5 | X6 | X7 | X8 | X9 | X10 | X11 |
|---|---|---|---|---|---|---|---|---|---|---|---|
| 北京 | 5.60 | 71.35 | 44.04 | 42.2 | 5.55 | 45.13 | 1.68 | 2237.70 | 28.47 | 5.13 | 9.64 |
| 天津 | 4.58 | 40.33 | 47.6 | 31.96 | 5.88 | 25.74 | 0.10 | 776.11 | 3.96 | 2.18 | 6.12 |
| 河北 | 2.00 | 33.50 | 49.6 | 28.75 | 8.21 | 10.97 | 0.04 | 65.32 | 2.83 | 0.65 | 5.98 |
| 山西 | 1.68 | 34.90 | 51.39 | 33.60 | 7.54 | 15.80 | 0.02 | 13.86 | 1.47 | 0.82 | 6.60 |
| 内蒙古 | 2.51 | 31.60 | 73.18 | 31.64 | 8.54 | 13.39 | 0.02 | 33.59 | 1.51 | 0.38 | 6.46 |
| 辽宁 | 2.57 | 36.40 | 67.46 | 36.56 | 5.83 | 18.22 | 0.09 | 204.20 | 3.58 | 1.48 | 7.42 |
| 吉林 | 1.92 | 37.50 | 69.09 | 38.25 | 5.32 | 15.90 | 0.04 | 37.19 | 2.00 | 0.96 | 6.58 |
| 黑龙江 | 1.85 | 31.30 | 40.47 | 32.94 | 5.25 | 12.45 | 0.03 | 34.34 | 2.35 | 0.93 | 5.44 |
| 上海 | 6.64 | 51.90 | 37.15 | 32.06 | 6.04 | 44.67 | 1.43 | 534.54 | 22.42 | 2.46 | 9.33 |
| 江苏 | 3.37 | 37.36 | 47.66 | 30.67 | 4.29 | 23.04 | 0.16 | 84.28 | 3.29 | 2.35 | 5.14 |
| 浙江 | 3.71 | 40.35 | 45.25 | 33.34 | 3.79 | 29.82 | 0.18 | 454.01 | 5.35 | 1.50 | 3.63 |
| 安徽 | 1.20 | 38.8 | 69.51 | 32.72 | 6.51 | 9.59 | 0.03 | 34.56 | 2.54 | 0.98 | 5.07 |
| 福建 | 2.57 | 39.50 | 47.18 | 34.80 | 7.06 | 24.18 | 0.21 | 257.97 | 9.56 | 1.29 | 3.78 |
| 江西 | 1.26 | 31.70 | 60.34 | 30.77 | 6.55 | 11.70 | 0.03 | 84.03 | 2.57 | 0.84 | 6.06 |
| 山东 | 2.76 | 33.20 | 48.43 | 32.60 | 5.49 | 13.41 | 0.07 | 111.03 | 4.76 | 1.21 | 3.70 |
| 河南 | 1.61 | 30.10 | 53.36 | 30.62 | 5.77 | 10.21 | 0.03 | 53.44 | 2.65 | 0.97 | 4.67 |
| 湖北 | 1.61 | 42.10 | 46.91 | 44.03 | 5.61 | 12.39 | 0.06 | 58.82 | 3.32 | 1.19 | 7.28 |
| 湖南 | 1.44 | 39.70 | 46.96 | 36.70 | 5.63 | 10.14 | 0.03 | 116.41 | 3.82 | 0.78 | 5.78 |
| 广东 | 3.27 | 42.35 | 31.28 | 34.55 | 4.12 | 35.39 | 0.26 | 204.00 | 4.25 | 2.19 | 5.58 |
| 广西 | 1.24 | 38.8 | 50.47 | 32.24 | 5.13 | 11.74 | 0.03 | 55.11 | 2.54 | 0.38 | 6.28 |
| 海南 | 1.46 | 39.28 | 40.85 | 29.44 | 6.97 | 17.04 | 0.05 | 137.04 | 2.66 | 0.21 | 5.37 |
| 重庆 | 1.46 | 42.5 | 76.89 | 40.40 | 6.46 | 12.64 | 0.04 | 274.63 | 3.78 | 1.00 | 6.32 |
| 四川 | 1.29 | 34.90 | 81.71 | 38.22 | 4.87 | 9.95 | 0.04 | 85.19 | 5.66 | 1.32 | 4.77 |
| 贵州 | 0.68 | 40.90 | 54.81 | 30.32 | 5.83 | 5.63 | 0.01 | 14.78 | 2.31 | 0.48 | 4.61 |
| 云南 | 1.05 | 38.40 | 59.28 | 29.53 | 4.30 | 6.71 | 0.02 | 76.41 | 2.90 | 0.54 | 4.21 |
| 西藏 | 1.21 | 55.60 | 79.25 | 32.73 | 5.98 | 12.67 | 0.02 | 2.77 | 3.12 | 0.20 | 4.25 |
| 陕西 | 1.43 | 34.60 | 62.48 | 33.54 | 5.71 | 13.79 | 0.03 | 80.16 | 2.27 | 2.11 | 5.80 |
| 甘肃 | 1.03 | 38.2 | 48.55 | 30.87 | 6.82 | 8.37 | 0.01 | 259.26 | 1.73 | 0.95 | 5.74 |
| 青海 | 1.38 | 36.3 | 61.62 | 27.38 | 5.32 | 10.88 | 0.02 | 100.40 | 1.59 | 0.48 | 5.28 |
| 宁夏 | 1.37 | 37.9 | 67.45 | 27.97 | 6.25 | 10.00 | 0.03 | 76.11 | 7.23 | 0.81 | 4.82 |
| 新疆 | 1.69 | 35.6 | 52.96 | 24.26 | 5.44 | 17.33 | 0.01 | 21.18 | 1.18 | 0.28 | 4.87 |

| 省区市 | X12 | X13 | X14 | X15 | X16 | X17 | X18 | X19 | X20 | X21 |
|---|---|---|---|---|---|---|---|---|---|---|
| 北京 | 8.70 | 24.59 | 9.16 | 3.75 | 1.53 | 97.88 | 100.00 | 100.00 | 3.56 | 40.38 |

续表

| 省区市 | X12 | X13 | X14 | X15 | X16 | X17 | X18 | X19 | X20 | X21 |
|---|---|---|---|---|---|---|---|---|---|---|
| 天津 | 8.28 | 10.10 | 5.01 | 2.85 | 2.87 | 66.21 | 99.83 | 100.00 | 1.04 | 34.33 |
| 河北 | 3.47 | 1.97 | 0.77 | 2.56 | 2.29 | 40.54 | 98.58 | 98.67 | 0.51 | 32.73 |
| 山西 | 4.02 | 3.77 | 0.59 | 3.86 | 3.6 | 41.87 | 96.50 | 92.20 | 0.33 | 34.61 |
| 内蒙古 | 2.79 | 0.56 | 0.55 | 2.46 | 4.57 | 43.53 | 91.44 | 92.98 | 0.50 | 36.91 |
| 辽宁 | 4.31 | 4.39 | 2.24 | 2.98 | 2.93 | 48.79 | 98.22 | 98.29 | 0.62 | 34.14 |
| 吉林 | 3.98 | 3.40 | 1.05 | 3.30 | 2.34 | 48.03 | 98.09 | 97.60 | 0.59 | 35.79 |
| 黑龙江 | 3.89 | 3.01 | 1.13 | 3.15 | 2.51 | 37.90 | 98.80 | 98.60 | 0.60 | 34.00 |
| 上海 | 6.38 | 12.26 | 13.2 | 3.09 | 1.62 | 95.64 | 100.00 | 100.00 | 1.04 | 36.00 |
| 江苏 | 5.36 | 7.74 | 4.17 | 2.68 | 1.38 | 43.45 | 99.87 | 99.86 | 0.85 | 35.54 |
| 浙江 | 3.78 | 6.87 | 8.31 | 3.39 | 1.84 | 69.74 | 99.10 | 98.70 | 0.61 | 36.79 |
| 安徽 | 3.07 | 1.85 | 0.56 | 3.78 | 1.39 | 23.05 | 95.44 | 96.07 | 0.48 | 31.15 |
| 福建 | 3.93 | 3.15 | 2.17 | 3.03 | 2.68 | 50.52 | 98.25 | 97.05 | 0.69 | 31.29 |
| 江西 | 5.08 | 1.66 | 0.47 | 4.05 | 2.38 | 26.44 | 96.40 | 94.90 | 0.48 | 27.95 |
| 山东 | 2.55 | 3.53 | 2.44 | 2.11 | 1.55 | 39.75 | 97.20 | 97.40 | 0.52 | 34.29 |
| 河南 | 3.85 | 2.85 | 0.75 | 2.78 | 1.45 | 31.14 | 96.90 | 96.90 | 0.65 | 30.79 |
| 湖北 | 5.29 | 3.04 | 1.16 | 3.17 | 1.79 | 34.05 | 96.96 | 96.31 | 0.56 | 29.65 |
| 湖南 | 3.22 | 2.15 | 0.84 | 3.65 | 1.76 | 27.79 | 94.69 | 89.03 | 0.45 | 31.13 |
| 广东 | 3.77 | 5.75 | 5.97 | 2.82 | 1.39 | 82.99 | 97.30 | 97.00 | 0.90 | 33.71 |
| 广西 | 2.24 | 0.38 | 0.40 | 3.63 | 2.10 | 28.75 | 94.00 | 90.00 | 0.53 | 28.39 |
| 海南 | 2.28 | 1.05 | 0.35 | 4.54 | 2.37 | 38.44 | 95.39 | 96.43 | 0.85 | 30.35 |
| 重庆 | 3.46 | 2.98 | 1.77 | 4.09 | 1.53 | 41.79 | 96.03 | 92.63 | 0.72 | 29.15 |
| 四川 | 2.81 | 2.57 | 1.22 | 3.48 | 1.83 | 29.53 | 97.10 | 95.90 | 0.59 | 28.50 |
| 贵州 | 1.61 | 1.04 | 0.46 | 5.72 | 2.29 | 22.17 | 91.06 | 84.12 | 0.42 | 27.24 |
| 云南 | 1.62 | 1.27 | 0.47 | 4.89 | 3.30 | 29.83 | 94.02 | 92.65 | 0.58 | 27.54 |
| 西藏 | 1.53 | 1.26 | 0.24 | 8.09 | 1.41 | 25.94 | 86.90 | 85.80 | 0.38 | 20.40 |
| 陕西 | 5.21 | 1.44 | 0.92 | 4.19 | 2.96 | 43.03 | 95.92 | 94.42 | 0.68 | 34.80 |
| 甘肃 | 2.42 | 2.04 | 0.39 | 4.90 | 3.52 | 26.23 | 91.50 | 91.23 | 0.37 | 32.25 |
| 青海 | 1.78 | 0.47 | 0.40 | 4.77 | 7.80 | 40.19 | 93.50 | 88.00 | 0.45 | 32.24 |
| 宁夏 | 2.31 | 2.37 | 0.49 | 4.78 | 3.28 | 43.94 | 96.67 | 91.42 | 0.67 | 32.21 |
| 新疆 | 2.04 | 1.44 | 0.73 | 4.39 | 4.49 | 38.58 | 93.50 | 93.50 | 0.30 | 31.23 |

重，每千人拥有大学毕业生人数，每万人年批准专利数，教育经费占 GDP 比重，每百万人拥有图书馆个数，每百人拥有移动电话数，电视人口覆盖率，广播人口覆盖率，信息指数来自 2008 年《中国统计年鉴》；网民占总人口比例、每百人拥有网站数、人均网页字节数、网络用户每百人域名数、网民 IPv4 拥有率来自 2008 年第 21 次《中国互联网络发展状况统计报告》；信息技术科研开发支出额占全地区 GDP 的百分比来自 2008 年《中国科技统计年鉴》；每千人拥有科技活动人员数来自国家统计局发布的 2007 年科技年度数据。

这里大部分原始数据不是直接获得，而是通过计算间接得到。如社会消费品零售总额占 GDP 比重是用分省区市社会消费品零售总额与相应 GDP 计算得到，每千人拥有大学毕业生人数是用分省区市大学毕业生人数与相应人口数计算得到；信息指数是个人消费支出中除去食品、衣着、家庭设备用品及服务、居住外的支出占总消费支出额的比重（王学锋，2001），根据城镇与农村的原始数据分别计算二者的信息指数，再取其均值即得。

### 6.2.1.2 测度结果及分析

1）2007 年中国 31 个省区市数字鸿沟数据的因子分析

首先要确定待分析的原始变量是否适合做因子分析，这里用 SPSS11.0 软件进行操作。做因子分析的前提是原有变量之间要具有比较强的相关性，否则就无法从中综合出能反映某些变量共同特性的少数公共因子，因此要对原有变量做相关分析。检验相关性的方法主要有巴特利特球形检验和 KMO 检验（表 6-2）。巴特利特球形检验值较大则适合做因子分析，较小则不宜于做因子分析；KMO 检验值越接近于 1 则越适合做因子分析。

表 6-2 KMO 检验和巴特利特球形检验测度值

| 检验 | | 测度值 |
| --- | --- | --- |
| KMO 检验 | | 0.739 |
| 巴特利特球形检验 | 卡方值 | 843.290 |
| | 自由度 | 210 |
| | 伴随概率 | 0 |

由表 6-2 可知，KMO 检验值为 0.739，根据 Kaiser 的标准（薛薇，2006），KMO 值大于 0.7 时，就认为适合做因子分析，故表明此处适合做因子分析；另外，巴特利特球形检验的伴随概率为 0，小于显著性水平 0.05，因此原始变量之间具有较强的相关性，相关系数矩阵不可能是单位矩阵，也表明此处适合做因

子分析。

在确定原始数据适合做因子分析之后,再选择主成分分析法来构造因子变量,以求解初始因子矩阵,并对其进行旋转而得到含义更为清晰的旋转因子载荷矩阵。这里得到四个主因子,其特征值都大于1,总共累计方差贡献率大于80%,可见提取的四个主因子反映了原变量的大部分信息(表6-3)。

表6-3 主因子特征值及累计方差贡献率(2007年中国31个省区市数字鸿沟测度)

| 因子 | 初始特征值 | | | 提取因子的载荷平方和 | | | 旋转后提取因子的载荷平方和 | | |
| --- | --- | --- | --- | --- | --- | --- | --- | --- | --- |
| | 特征值 | 方差贡献率 | 累计贡献率 | 特征值 | 方差贡献率 | 累计贡献率 | 特征值 | 方差贡献率 | 累计贡献率 |
| 1 | 11.683 | 55.633% | 55.633% | 11.683 | 55.633% | 55.633% | 9.336 | 44.456% | 44.456% |
| 2 | 2.753 | 13.109% | 68.742% | 2.753 | 13.109% | 68.742% | 4.710 | 22.429% | 66.885% |
| 3 | 1.544 | 7.351% | 76.093% | 1.544 | 7.351% | 76.093% | 1.833 | 8.728% | 75.613% |
| 4 | 1.456 | 6.935% | 83.028% | 1.456 | 6.935% | 83.028% | 1.557 | 7.414% | 83.028% |
| 5 | 0.820 | 3.905% | 86.933% | | | | | | |
| 6 | 0.607 | 2.889% | 89.822% | | | | | | |
| 7 | 0.560 | 2.666% | 92.488% | | | | | | |
| 8 | 0.379 | 1.806% | 94.294% | | | | | | |
| 9 | 0.312 | 1.484% | 95.778% | | | | | | |
| 10 | 0.229 | 1.091% | 96.869% | | | | | | |
| 11 | 0.174 | 0.826% | 97.695% | | | | | | |
| 12 | 0.146 | 0.695% | 98.390% | | | | | | |
| 13 | 0.098 | 0.467% | 98.857% | | | | | | |
| 14 | 0.092 | 0.436% | 99.292% | | | | | | |
| 15 | 0.047 | 0.225% | 99.518% | | | | | | |
| 16 | 0.032 | 0.152% | 99.670% | | | | | | |
| 17 | 0.026 | 0.126% | 99.796% | | | | | | |
| 18 | 0.018 | 0.085% | 99.881% | | | | | | |
| 19 | 0.014 | 0.065% | 99.946% | | | | | | |
| 20 | 0.008 | 0.039% | 99.986% | | | | | | |
| 21 | 0.003 | 0.014% | 100.000% | | | | | | |

注:本表数据因进行了约分,可能存在偏差

图6-1为2007年中国31个省区市数字鸿沟测度的公共因子碎石图,其横坐标为公共因子数,纵坐标为公共因子特征值,可见前面四个公共因子的特征值变化较大,到第五个特征值时,其变化趋势趋于平稳。这说明提取前面四个公共因子可以对原变量的信息描述有显著作用。

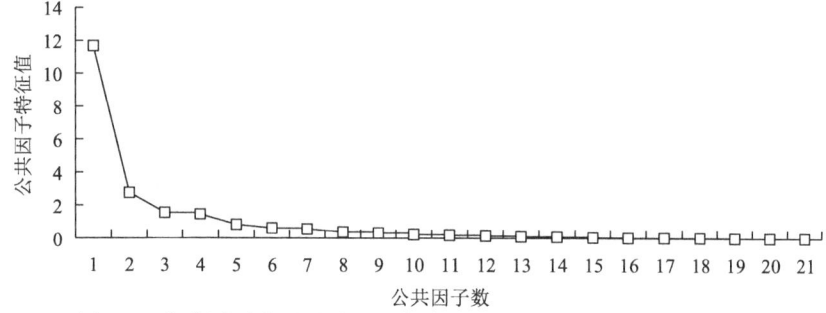

图 6-1 公共因子碎石图（2007 年中国 31 个省区市数字鸿沟测度）

为使因子变量含义更加清晰，按照方差极大法对因子载荷矩阵旋转（表 6-4）。第一主因子在人均 GDP（$X1$）、第三产业占 GDP 比重（$X2$）、每百人拥有网站数（$X7$）、人均网页字节数（$X8$）、网络用户每百人域名数（$X9$）、信息技术科研开发支出额占全地区 GDP 的百分比（$X10$）、交通邮电通信业从业人员占总从业人员比重（$X11$）、每千人拥有大学毕业生人数（$X12$）、每千人拥有科技活动人员数（$X13$）、每万人年批准专利数（$X14$）、每百人拥有移动电话数（$X17$）、网民 IPv4 拥有率（$X20$）上有较大载荷，其中每百人拥有网站数（$X7$）、网络用户每百人域名数（$X9$）及人均网页字节数（$X8$）的影响较大，主要反映了网络发展情况，可称为网络发展因子；第二主因子在教育经费占 GDP 比重（$X15$）、电视人口覆盖率（$X18$）、广播人口覆盖率（$X19$）、信息指数（$X21$）上有较大载荷，主要反映了信息普及情况，可称为信息普及因子；第三主因子在固定资产投资占 GDP 比重（$X3$）、社会消费品零售总额占 GDP 比重（$X4$）、每百万人拥有图书馆个数（$X16$）上有较大载荷，主要反映了信息支持的情况，可称为信息支持因子；第四主因子在交通运输、仓储和邮政业产值占 GDP 比重（$X5$）和网民占总人口比例（$X6$）上有较大载荷，其中网民占总人口比例的影响最大，主要反映了互联网渗透到普通民众生活的程度，即信息主体的规模，可称为信息主体因子。

表 6-4 旋转因子载荷矩阵（2007 年中国 31 个省区市数字鸿沟测度）

| 指标 | 因子 | | | |
| --- | --- | --- | --- | --- |
| | 第一主因子 | 第二主因子 | 第三主因子 | 第四主因子 |
| $X1$ | 0.775* | 0.516 | −0.069 | −0.162 |
| $X2$ | 0.884* | −0.324 | 0.238 | −0.104 |
| $X3$ | −0.303 | −0.450 | 0.473* | 0.399 |
| $X4$ | 0.284 | 0.119 | 0.824* | 0.123 |

续表

| 指标 | 因子 | | | |
| --- | --- | --- | --- | --- |
| | 第一主因子 | 第二主因子 | 第三主因子 | 第四主因子 |
| X5 | −0.088 | −0.021 | −0.141 | 0.204* |
| X6 | 0.322 | 0.402 | −0.050 | −0.552* |
| X7 | 0.941* | 0.165 | 0.051 | −0.025 |
| X8 | 0.897* | 0.135 | 0.164 | 0.056 |
| X9 | 0.912* | 0.125 | 0.123 | −0.027 |
| X10 | 0.797* | 0.387 | 0.282 | −0.098 |
| X11 | 0.645* | 0.233 | 0.184 | 0.468 |
| X12 | 0.615* | 0.561 | 0.304 | 0.101 |
| X13 | 0.900* | 0.310 | 0.183 | −0.082 |
| X14 | 0.777* | 0.398 | −0.027 | −0.348 |
| X15 | 0.051 | −0.932* | −0.094 | −0.060 |
| X16 | −0.127 | −0.124 | −0.720* | 0.415 |
| X17 | 0.802* | 0.454 | −0.103 | −0.161 |
| X18 | 0.269 | 0.854* | 0.213 | −0.145 |
| X19 | 0.253 | 0.853* | 0.200 | −0.119 |
| X20 | 0.867* | 0.147 | 0.240 | 0.048 |
| X21 | 0.426 | 0.747* | −0.176 | 0.164 |

*表示主因子中载荷较大的因子

估计因子得分的方法主要有回归分析法、Bartlette 法、Anderson-Rubin 法，其中回归分析法是由 Bayes 导出，是利用回归思想对因子得分函数进行估计；Bartlette 法则利用加权最小二乘法估计因子得分；Anderson-Rubin 法是修正的 Bartlette 法，此时被估计的因子得分与其他因子、因子与因子之间均是正交的，且均值为 1，标准差为 0。三种方法中，回归分析法的有效性最高，计算结果误差最小，采用该方法估计出的因子得分与相应的公共因子之间的相关性最高；而 Bartlette 法和 Anderson-Rubin 法二者最大的缺点在于如果公共因子正交，那么因子得分和其他公共因子的因子得分之间有可能不相关，计算结果误差较大。基于以上考量，这里选用回归分析法计算出因子得分矩阵（表 6-5），并由表 6-5 得到因子得分函数。

表 6-5 基于回归分析的因子得分矩阵（2007 年中国 31 个省区市数字鸿沟测度）

| 指标 | 因子 | | | |
|---|---|---|---|---|
| | 第一主因子 | 第二主因子 | 第三主因子 | 第四主因子 |
| $X1$ | 0.074 | 0.064 | −0.126 | −0.058 |
| $X2$ | 0.160 | −0.207 | 0.066 | −0.050 |
| $X3$ | −0.012 | −0.088 | 0.212 | 0.242 |
| $X4$ | −0.040 | 0.001 | 0.492 | 0.111 |
| $X5$ | 0.030 | 0.043 | −0.069 | 0.539 |
| $X6$ | 0.090 | 0.019 | −0.119 | −0.123 |
| $X7$ | 0.135 | −0.057 | −0.060 | 0.025 |
| $X8$ | 0.123 | −0.059 | 0.016 | 0.079 |
| $X9$ | 0.128 | −0.067 | −0.012 | 0.022 |
| $X10$ | 0.061 | 0.021 | 0.095 | −0.016 |
| $X11$ | 0.082 | 0.019 | 0.058 | 0.354 |
| $X12$ | 0.015 | 0.104 | 0.128 | 0.121 |
| $X13$ | 0.097 | −0.013 | 0.024 | −0.006 |
| $X14$ | 0.077 | 0.018 | −0.101 | −0.189 |
| $X15$ | 0.121 | −0.293 | −0.055 | −0.084 |
| $X16$ | 0.077 | 0.004 | −0.434 | 0.260 |
| $X17$ | 0.089 | 0.042 | −0.149 | −0.060 |
| $X18$ | −0.077 | 0.222 | 0.097 | −0.046 |
| $X19$ | −0.077 | 0.225 | 0.091 | −0.029 |
| $X20$ | 0.109 | −0.053 | 0.067 | 0.074 |
| $X21$ | 0.011 | 0.190 | −0.157 | 0.159 |

$$\begin{aligned}F_1 =\ & 0.074X1+0.160X2-0.012X3-0.040X4+0.030X5+0.090X6\\ & +0.135X7+0.123X8+0.128X9+0.061X10+0.082X11+0.015X12\\ & +0.097X13+0.077X14+0.121X15+0.077X16+0.089X17-0.077X18\\ & -0.077X19+0.109X20+0.011X21\end{aligned}$$

(6-1)

$$\begin{aligned}F_2 =\ & 0.064X1-0.207X2-0.088X3+0.001X4+0.043X5+0.019X6\\ & -0.057X7-0.059X8-0.067X9+0.021X10+0.019X11+0.104X12\\ & -0.013X13+0.018X14-0.293X15+0.004X16+0.042X17+0.222X18\\ & +0.225X19-0.053X20+0.190X21\end{aligned}$$

(6-2)

$$F_3 = -0.126X1 + 0.066X2 + 0.212X3 + 0.492X4 - 0.069X5 - 0.119X6$$
$$- 0.060X7 + 0.016X8 - 0.012X9 + 0.095X10 + 0.058X11 + 0.128X12 \quad (6\text{-}3)$$
$$+ 0.024X13 - 0.101X14 - 0.055X15 - 0.434X16 - 0.149X17 + 0.097X18$$
$$+ 0.091X19 + 0.067X20 - 0.157X21$$

$$F_4 = -0.058X1 - 0.050X2 + 0.242X3 + 0.111X4 + 0.539X5 - 0.123X6$$
$$+ 0.025X7 + 0.079X8 + 0.022X9 - 0.016X10 + 0.354X11 + 0.121X12 \quad (6\text{-}4)$$
$$- 0.006X13 - 0.189X14 - 0.084X15 + 0.260X16 - 0.060X17 - 0.046X18$$
$$- 0.029X19 + 0.074X20 + 0.159X21$$

最后以这四个因子的方差贡献率为权重计算得到综合得分,公式如下:

$$f(X) = 0.44456F_1 + 0.22429F_2 + 0.08728F_3 + 0.07414F_4 \quad (6\text{-}5)$$

2) 2007 年中国 31 个省区市数字鸿沟的大小

2007 年 31 个省区市原始数据具有不同的量纲,在综合得分计算前通过 SPSS11.0 软件用正规化方法(Z-score 法)对原始数据进行标准化处理以消除量纲影响,即令 $y_j = \dfrac{x_j - \overline{x_j}}{\sigma_j}$ ,其中,$\overline{x_j}$ 和 $\sigma_j$ 分别为原始指标 $x_j$ 的均值和标准差。选用这种方法,一方面是因为标准化后的数据较好地保持了原始数据的整体性和稳定性,另一方面是标准化后的数据均值为 0,方差为 1,其因子载荷矩阵为变量与公共因子的相关系数矩阵,这为因子载荷赋予了实际意义。之后将 2007 年 31 个省区市标准化后的数据代入式(6-1)~式(6-5),计算出综合得分和排序(表 6-6)。

表 6-6　2007 年中国 31 个省区市综合得分及排序

| 省区市 | 第一主因子 | 第二主因子 | 第三主因子 | 第四主因子 | 综合得分 | 排序 | 差距量 |
| --- | --- | --- | --- | --- | --- | --- | --- |
| 北京 | 4.343 07 | -0.115 46 | 1.224 64 | 0.831 08 | 2.073 36 | 1 | 0.000 00 |
| 天津 | 0.611 79 | 1.286 84 | -0.212 48 | 0.044 79 | 0.545 38 | 3 | 1.527 98 |
| 河北 | -0.609 75 | 1.025 62 | -0.425 22 | 1.144 48 | 0.006 70 | 14 | 2.066 66 |
| 山西 | -0.232 68 | 0.309 37 | -0.520 56 | 1.392 59 | 0.023 76 | 12 | 2.049 60 |
| 内蒙古 | -0.285 88 | 0.367 84 | -1.158 50 | 2.635 55 | 0.049 70 | 11 | 2.023 66 |
| 辽宁 | -0.147 73 | 0.756 24 | 0.601 11 | 0.876 72 | 0.221 41 | 4 | 1.851 95 |
| 吉林 | -0.439 12 | 0.622 83 | 0.972 15 | 0.490 41 | 0.065 69 | 10 | 2.007 67 |
| 黑龙江 | -0.684 62 | 0.973 90 | -0.019 79 | 0.549 34 | -0.046 92 | 16 | 2.120 28 |
| 上海 | 2.462 17 | 0.890 64 | -1.080 69 | -0.470 52 | 1.165 14 | 2 | 0.908 22 |
| 江苏 | -0.147 69 | 1.222 91 | 0.202 25 | -1.380 09 | 0.123 96 | 6 | 1.949 40 |

续表

| 省区市 | 第一主因子 | 第二主因子 | 第三主因子 | 第四主因子 | 综合得分 | 排序 | 差距量 |
| --- | --- | --- | --- | --- | --- | --- | --- |
| 浙江 | 0.264 26 | 0.835 08 | −0.494 16 | −2.368 26 | 0.086 07 | 8 | 1.987 29 |
| 安徽 | −0.613 93 | −0.159 44 | 0.848 18 | 0.329 04 | −0.210 27 | 21 | 2.283 63 |
| 福建 | −0.002 42 | 0.486 33 | −0.118 80 | −0.089 72 | 0.090 98 | 7 | 1.982 38 |
| 江西 | −0.541 06 | 0.005 26 | 0.330 85 | −0.571 47 | −0.252 85 | 24 | 2.326 21 |
| 山东 | −0.657 43 | 0.893 32 | 0.043 37 | −0.926 98 | −0.156 85 | 17 | 2.230 21 |
| 河南 | −0.812 46 | 0.584 16 | 0.374 33 | −0.382 19 | −0.225 83 | 23 | 2.299 19 |
| 湖北 | −0.395 10 | 0.266 37 | 1.970 55 | 0.366 74 | 0.083 28 | 9 | 1.990 08 |
| 湖南 | −0.351 78 | −0.442 53 | 0.649 65 | −0.133 22 | −0.208 82 | 20 | 2.282 18 |
| 广东 | 0.445 64 | 0.716 07 | −0.276 62 | −2.063 13 | 0.181 62 | 5 | 1.891 74 |
| 广西 | −0.409 72 | −0.638 85 | 0.140 75 | −0.390 30 | −0.342 08 | 26 | 2.415 44 |
| 海南 | −0.202 31 | −0.223 78 | −0.645 88 | −0.000 78 | −0.196 56 | 18 | 2.269 92 |
| 重庆 | −0.132 46 | −0.592 47 | 1.727 21 | 0.797 30 | 0.018 09 | 13 | 2.055 27 |
| 四川 | −0.673 13 | −0.195 53 | 1.706 12 | −0.239 87 | −0.211 98 | 22 | 2.285 34 |
| 贵州 | −0.171 71 | −1.887 42 | −0.306 36 | −0.478 35 | −0.561 87 | 30 | 2.635 23 |
| 云南 | −0.400 46 | −1.023 34 | −0.372 08 | −0.091 66 | −0.446 82 | 29 | 2.520 18 |
| 西藏 | 0.407 28 | −3.555 11 | 0.639 54 | −0.753 93 | −0.616 39 | 31 | 2.689 75 |
| 陕西 | −0.240 16 | 0.197 69 | 0.219 20 | 0.487 37 | −0.007 16 | 15 | 2.080 52 |
| 甘肃 | −0.103 61 | −0.995 11 | −0.770 35 | −0.691 04 | −0.387 72 | 27 | 2.461 08 |
| 青海 | 0.059 9 | −0.859 17 | −2.566 58 | 0.707 10 | −0.337 66 | 25 | 2.411 02 |
| 宁夏 | −0.087 22 | −0.559 48 | −0.733 68 | 0.269 23 | −0.208 34 | 19 | 2.281 70 |
| 新疆 | −0.251 68 | −0.392 78 | −1.948 16 | −0.406 57 | −0.400 16 | 28 | 2.473 52 |

根据综合得分结果，北京为2.073 36，排列全国第一，上海为1.165 14，排列第二，西藏为−0.616 39，排列最后。数字鸿沟体现的是一种差距现象，因此，这里以北京为参照对象来计算各省区市之间的差距量，得到2007年我国31个省区市数字鸿沟情况（图6-2），各省区市按照与北京的数字鸿沟差距量由小到大排列。由于测度结果在一定范围内，本书考虑将数字鸿沟分为三个层级，其中第一层级为数字鸿沟"不显著"（差距量在[0,1)范围内），第二层级为数字鸿沟"显著"（差距量在[1,2)范围内），第三层级为数字鸿沟"极显著"（差距量在[2,3]范围内）。根据层级划分可知，2007年上海与北京的数字鸿沟处于"不显著"层级；天津、辽宁、广东、江苏、福建、浙江、湖北与北京的数字鸿沟处于"显著"层

级；吉林、内蒙古、山西、重庆、河北、陕西、黑龙江、山东、海南、宁夏、湖南、安徽、四川、河南、江西、青海、广西、甘肃、新疆、云南、贵州、西藏与北京的数字鸿沟处于"极显著"层级。

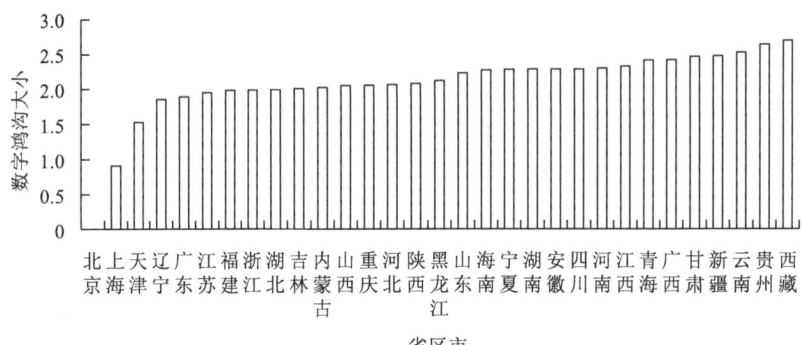

图 6-2 2007 年中国 31 个省区市数字鸿沟

3) 2007 年中国 31 个省区市数字鸿沟的聚类分析

为了更直观地表明 2007 年我国 31 个省区市数字鸿沟的区域分布，以表 6-6 中 2007 年 31 个省区市的第一主因子、第二主因子、第三主因子、第四主因子为样本数据来进行聚类分析，以明确各类省区市的特点。

按照聚类的过程，聚类分析分为快速聚类与层次聚类。快速聚类的思想是选择 $k$ 个观测量作为聚类的初始种子，然后把每个观测量分派到与这 $k$ 个中心距离最小的类中，得到第一次迭代形成的 $k$ 个类；接着计算每一类的均值，$k$ 个均值又形成 $k$ 个点，这是第二次迭代的类中心；按照这种方法一次次迭代下去，直至达到最终的迭代次数。层次聚类的思想是先将每个样本自成一类，然后计算类与类之间的距离，选择距离最小的一对合并成新的一类，计算新类与其他类之间的距离，再将距离最近的两类合并为一类，每次循环减少类别，直至最后所有的样本合为一类为止。快速聚类需要事先设定初始中心位置和聚类数，具有较大的随机性，因此快速聚类主要用于大样本数据，而此处分析样本数目较少，所以选用层次聚类法。层次聚类根据聚类对象不同，又分为 Q 型聚类和 R 型聚类。其中 Q 型聚类是把所有的样本作为分类对象，它把性质相近的样本归为一类，性质差异较大的样本分在不同类；R 型聚类是把所有的变量作为分类对象，这种聚类适用于变量数目比较多且相关性比较强的情形，目的是将性质相近的变量聚为一类，并从中找出代表变量，从而减少变量个数以达到降维的效果。此处分析我国 31 个省区市的区域数字鸿沟情况，需要对样本进行分类，所以最终采用层次聚类中的 Q 型聚类，并通过 SPSS11.0 软件实现。

在选择聚类数方面，如果分类数选择两类时，北京为一类，其余省区市为一类,则不能体现省域信息化水平的差距;当分类数选择三类时,北京为一类,西藏为一类,其余省区市为一类,同样有的省区市比较集中,不能反映差异性;当分类数选择四类时,仍会发生与上述相同的情况。所以综合以上情况,只有将31个省区市分为五类①时比较理想,既能体现出我国信息化发展的区域差异性,又能保证每一类别具有合适的样本数(聚类树形图见图6-3)。具体分类情况如下。第一类:北京(1)。第二类:天津(3)、河北(14)、山西(12)、辽宁(4)、

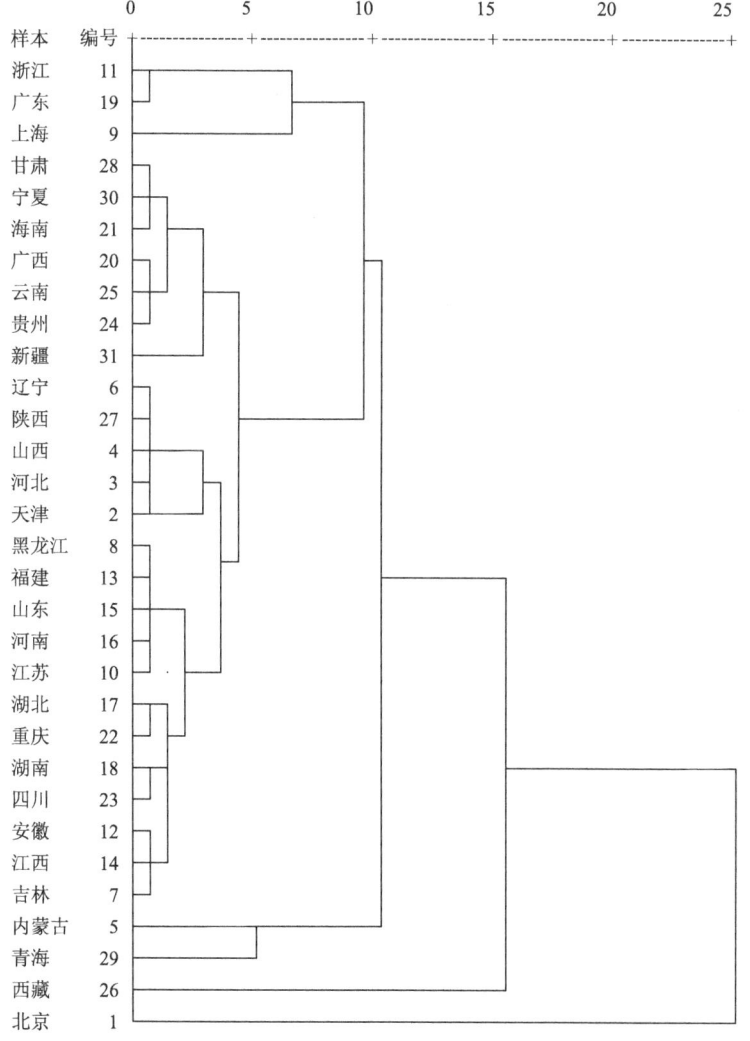

图6-3 2007年中国31个省区市数字鸿沟聚类结果

---

① 第一类到第五类只表示类别,不表示排序;括号中的数字为综合得分的排序。

吉林（10）、黑龙江（16）、江苏（6）、安徽（21）、福建（7）、江西（24）、山东（17）、河南（23）、湖北（9）、湖南（20）、广西（26）、海南（18）、重庆（13）、四川（22）、贵州（30）、云南（29）、陕西（15）、甘肃（27）、宁夏（19）、新疆（28）。第三类：内蒙古（11）、青海（25）。第四类：上海（2）、浙江（8）、广东（5）。第五类：西藏（31）。

从第一主因子、第二主因子、第三主因子、第四主因子的平均水平来看，五类地区的信息化发展状况存在明显差异（表6-7）。

表6-7 聚类后各类均值结果（2007年中国31个省区市数字鸿沟测度）

| 类别 | 指标 | 样本数量 | 平均值 | 名次 |
| --- | --- | --- | --- | --- |
| 1 | 第一主因子 | 1 | 4.343 07 | 1 |
|  | 第二主因子 | 1 | −0.115 46 | 3 |
|  | 第三主因子 | 1 | 1.224 64 | 1 |
|  | 第四主因子 | 1 | 0.831 08 | 2 |
| 2 | 第一主因子 | 24 | −0.320 69 | 5 |
|  | 第二主因子 | 24 | 0.063 34 | 2 |
|  | 第三主因子 | 24 | 0.154 68 | 3 |
|  | 第四主因子 | 24 | 0.040 24 | 3 |
| 3 | 第一主因子 | 2 | −0.112 99 | 4 |
|  | 第二主因子 | 2 | −0.245 67 | 4 |
|  | 第三主因子 | 2 | −1.862 54 | 5 |
|  | 第四主因子 | 2 | 1.671 33 | 1 |
| 4 | 第一主因子 | 3 | 1.057 36 | 2 |
|  | 第二主因子 | 3 | 0.813 93 | 1 |
|  | 第三主因子 | 3 | −0.617 16 | 4 |
|  | 第四主因子 | 3 | −1.633 97 | 5 |
| 5 | 第一主因子 | 1 | 0.407 28 | 3 |
|  | 第二主因子 | 1 | −3.555 11 | 5 |
|  | 第三主因子 | 1 | 0.639 54 | 2 |
|  | 第四主因子 | 1 | −0.753 93 | 4 |

第一类地区：第一主因子（网络发展因子）、第二主因子（信息普及因子）、第三主因子（信息支持因子）、第四主因子（信息主体因子）分别居五类中第一

位、第三位、第一位、第二位。这说明第一类地区（北京）的网络发展、信息支持、信息主体水平都较高，但信息普及水平相对稍微落后。

第二类地区：第一主因子、第二主因子、第三主因子、第四主因子分别居五类中第五位、第二位、第三位、第三位。这说明第二类地区（天津、河北等24个省区市）的信息普及、信息支持、信息主体水平处于全国中间层次，但网络发展水平却处于落后状态。

第三类地区：第一主因子、第二主因子、第三主因子、第四主因子分别居五类中第四位、第四位、第五位、第一位。这说明第三类地区（内蒙古和青海）的网络发展、信息普及、信息支持水平处于落后状态，但信息主体水平处于全国最高水平。

第四类地区：第一主因子、第二主因子、第三主因子、第四主因子分别居五类中第二位、第一位、第四位、第五位。这说明第四类地区（上海、浙江、广东）的网络发展、信息普及水平较高，但是信息支持、信息主体水平较落后。

第五类地区：第一主因子、第二主因子、第三主因子、第四主因子分别居五类中第三位、第五位、第二位、第四位。这说明第四类地区（西藏）的网络发展、信息普及、信息主体水平处于相对落后状态，但是信息支持水平较高。

在五个不同的大类中，北京排名第一，并且单独属一类。北京作为我国的首都，是中国的政治、经济和文化中心，无论在政治经济还是文化方面，都具有得天独厚的优越条件，所以在我国31个省区市中，它的发展与发达国家的城市最为接近。上海、浙江、广东聚为一类，这三个省市都是我国社会经济较为发达的地区，其中，上海是我国经济中心，被誉为"东方明珠"，经济的发达可以促进一个地区在信息技术等各方面的快速发展，保证其国内领先水平，它的发展与北京最为接近；浙江和广东的发展在各个方面都居全国前列，都是我国著名的工业聚集地，无论是经济发展还是技术创新都处于领先地位。西藏单独聚为一类，这主要是因为西藏的信息支持水平较高，而网络发展、信息普及、信息主体水平较低，这也可以看出中央政府对西藏的信息化建设支持力度较大。内蒙古和青海聚为一类，这两个地区的信息主体因子得分较高，表明随着网络环境的日益完善、移动互联网技术的发展等，网民规模扩张的速度较快，侧面反映以互联网为代表的数字技术正逐步成为改善民生、增进社会福祉的强力助推器。但两大地区在网络发展、信息普及、信息支持三个方面均排名靠后，未来时期需转变发展方向，在薄弱领域进一步提升。其余24个省区市聚为一类，其共同点在于网络发展水平普遍落后，但信息普及、信息支持、信息主体水平排名中等靠上，说明与迅速发展的信息基础设施相比，这些地区信息资源的建设明显滞后，存在重硬件、轻软件的现象。

## 6.2.2　2014 年数字鸿沟测度

### 6.2.2.1　数据收集与处理

2014 年中国 31 个省区市原始数据见表 6-8。其中，人均 GDP，第三产业占 GDP 比重，固定资产投资占 GDP 比重，社会消费品零售总额占 GDP 比重，交通运输、仓储和邮政业产值占 GDP 比重，交通邮电通信业从业人员占总从业人员比重，每千人拥有大学毕业生人数，每万人年批准专利数，教育经费占 GDP 比重，每百万人拥有图书馆个数，每百人拥有移动电话数，电视人口覆盖率，广播人口覆盖率，信息指数来自 2015 年《中国统计年鉴》；网民占总人口比例、每百人拥有网站数、人均网页字节数、网络用户每百人域名数、网民 IPv4 拥有率来自 2015 年第 35 次《中国互联网络发展状况统计报告》；信息技术科研开发支出额占全地区 GDP 的百分比来自 2015 年《中国科技统计年鉴》；每千人拥有科技活动人员数来自各省区市 2015 年统计年鉴。数据处理方法与 2007 年中国 31 个省区市原始数据处理方法一致。

表 6-8　2014 年中国 31 个省区市的原始数据

| 省区市 | X1 | X2 | X3 | X4 | X5 | X6 | X7 | X8 | X9 | X10 | X11 |
|---|---|---|---|---|---|---|---|---|---|---|---|
| 北京 | 10.00 | 77.95 | 32.46 | 45.18 | 4.44 | 74.04 | 2.12 | 156 925.15 | 16.67 | 5.95 | 7.97 |
| 天津 | 10.52 | 49.57 | 66.88 | 30.13 | 4.58 | 59.60 | 0.24 | 26 293.68 | 1.70 | 2.96 | 4.85 |
| 河北 | 4.00 | 37.25 | 90.66 | 40.18 | 8.15 | 48.80 | 0.13 | 3 596.72 | 1.00 | 1.06 | 4.41 |
| 山西 | 3.51 | 44.50 | 96.81 | 44.81 | 6.25 | 50.38 | 0.10 | 4 975.37 | 0.72 | 1.19 | 5.44 |
| 内蒙古 | 7.10 | 39.52 | 99.00 | 31.84 | 7.39 | 45.59 | 0.05 | 1 437.07 | 0.55 | 0.69 | 7.07 |
| 辽宁 | 6.52 | 41.77 | 86.39 | 41.42 | 5.20 | 58.76 | 0.22 | 1 991.27 | 1.17 | 1.52 | 5.65 |
| 吉林 | 5.02 | 36.17 | 82.15 | 44.05 | 3.75 | 45.16 | 0.08 | 1 459.03 | 0.86 | 0.95 | 4.91 |
| 黑龙江 | 3.92 | 45.77 | 65.36 | 46.65 | 4.54 | 41.72 | 0.07 | 580.71 | 4.95 | 1.07 | 6.15 |
| 上海 | 9.74 | 64.82 | 25.53 | 39.48 | 4.43 | 70.74 | 1.30 | 28 597.07 | 5.96 | 3.66 | 7.92 |
| 江苏 | 8.19 | 47.01 | 64.43 | 36.04 | 3.98 | 53.69 | 0.21 | 7 456.56 | 1.96 | 2.54 | 3.11 |
| 浙江 | 7.30 | 47.85 | 60.40 | 44.40 | 3.80 | 62.78 | 0.40 | 21 518.86 | 2.64 | 2.26 | 2.96 |
| 安徽 | 3.44 | 35.39 | 104.93 | 38.17 | 3.76 | 36.58 | 0.07 | 817.99 | 1.60 | 1.89 | 4.16 |
| 福建 | 6.35 | 39.60 | 75.57 | 38.85 | 5.49 | 64.92 | 0.59 | 1 937.67 | 3.65 | 1.48 | 3.67 |
| 江西 | 3.47 | 36.80 | 95.96 | 33.68 | 4.52 | 33.97 | 0.07 | 1 556.00 | 1.17 | 0.97 | 4.47 |

续表

| 省区市 | X1 | X2 | X3 | X4 | X5 | X6 | X7 | X8 | X9 | X10 | X11 |
|---|---|---|---|---|---|---|---|---|---|---|---|
| 山东 | 6.09 | 43.48 | 71.51 | 42.26 | 3.91 | 47.34 | 0.16 | 3 032.38 | 6.56 | 2.19 | 3.93 |
| 河南 | 3.71 | 37.10 | 88.10 | 40.08 | 4.80 | 36.82 | 0.13 | 2 309.93 | 1.82 | 1.14 | 4.01 |
| 湖北 | 4.71 | 41.45 | 83.70 | 45.47 | 4.32 | 45.13 | 0.12 | 1 244.97 | 1.35 | 1.87 | 4.87 |
| 湖南 | 4.03 | 42.19 | 78.57 | 39.66 | 4.65 | 38.28 | 0.07 | 384.44 | 1.26 | 1.36 | 4.21 |
| 广东 | 6.35 | 48.99 | 38.78 | 41.99 | 4.04 | 67.94 | 0.50 | 11 576.83 | 5.36 | 2.37 | 4.33 |
| 广西 | 3.31 | 37.86 | 88.33 | 36.83 | 4.68 | 38.87 | 0.05 | 2 011.78 | 1.43 | 0.71 | 5.21 |
| 海南 | 3.89 | 51.85 | 88.90 | 34.98 | 5.29 | 46.60 | 0.13 | 5 243.06 | 4.66 | 0.48 | 5.35 |
| 重庆 | 4.79 | 46.78 | 86.14 | 40.04 | 4.95 | 45.36 | 0.11 | 709.66 | 1.68 | 1.42 | 6.58 |
| 四川 | 3.51 | 38.70 | 81.71 | 43.43 | 3.74 | 37.12 | 0.15 | 516.08 | 2.22 | 1.57 | 5.11 |
| 贵州 | 2.64 | 44.55 | 97.40 | 31.69 | 8.94 | 34.83 | 0.03 | 18.14 | 0.70 | 0.60 | 3.64 |
| 云南 | 2.73 | 43.25 | 89.73 | 36.15 | 2.25 | 34.85 | 0.03 | 3 115.02 | 0.68 | 0.67 | 4.08 |
| 西藏 | 2.93 | 53.47 | 116.12 | 39.58 | 3.34 | 38.73 | 0.03 | 70.02 | 0.70 | 0.26 | 2.76 |
| 陕西 | 4.69 | 37.01 | 97.18 | 33.46 | 3.82 | 46.22 | 0.10 | 553.99 | 1.16 | 2.07 | 5.56 |
| 甘肃 | 2.64 | 44.02 | 115.32 | 39.03 | 4.11 | 36.71 | 0.03 | 101.86 | 0.51 | 1.12 | 4.70 |
| 青海 | 3.97 | 37.04 | 124.22 | 26.95 | 3.55 | 49.54 | 0.04 | 58.31 | 0.55 | 0.62 | 6.47 |
| 宁夏 | 4.18 | 43.38 | 115.32 | 26.79 | 7.23 | 44.59 | 0.06 | 93.13 | 0.78 | 0.87 | 5.38 |
| 新疆 | 4.06 | 40.83 | 101.88 | 26.27 | 5.18 | 49.55 | 0.03 | 105.45 | 0.50 | 0.53 | 5.49 |

| 省区市 | X12 | X13 | X14 | X15 | X16 | X17 | X18 | X19 | X20 | X21 |
|---|---|---|---|---|---|---|---|---|---|---|
| 北京 | 6.83 | 33.78 | 34.70 | 4.69 | 1.12 | 189.46 | 100.00 | 100.00 | 5.35 | 30.23 |
| 天津 | 8.14 | 14.99 | 17.37 | 3.62 | 2.04 | 89.12 | 100.00 | 100.00 | 0.39 | 31.22 |
| 河北 | 4.67 | 3.45 | 2.73 | 3.50 | 2.33 | 84.36 | 99.27 | 99.34 | 0.27 | 35.10 |
| 山西 | 4.77 | 4.99 | 2.29 | 5.42 | 3.45 | 91.35 | 98.95 | 98.04 | 0.23 | 36.95 |
| 内蒙古 | 4.46 | 3.14 | 1.61 | 3.44 | 4.63 | 105.18 | 98.57 | 98.42 | 0.23 | 38.36 |
| 辽宁 | 5.64 | 6.42 | 4.45 | 3.25 | 2.94 | 103.29 | 98.96 | 98.81 | 0.43 | 37.92 |
| 吉林 | 8.73 | 5.32 | 2.43 | 3.97 | 2.40 | 94.91 | 98.75 | 98.62 | 0.33 | 38.63 |
| 黑龙江 | 4.84 | 4.32 | 4.02 | 3.99 | 2.79 | 90.21 | 98.82 | 98.62 | 0.25 | 36.94 |
| 上海 | 5.46 | 18.59 | 20.81 | 3.85 | 1.03 | 135.74 | 100.00 | 100.00 | 0.87 | 29.92 |
| 江苏 | 6.54 | 14.45 | 25.13 | 3.05 | 1.43 | 101.39 | 99.88 | 99.99 | 0.37 | 35.91 |
| 浙江 | 4.91 | 16.11 | 34.23 | 3.61 | 1.78 | 133.82 | 99.65 | 99.57 | 0.52 | 34.14 |
| 安徽 | 4.93 | 6.00 | 7.95 | 4.99 | 1.86 | 69.31 | 98.72 | 98.55 | 0.25 | 30.89 |

续表

| 省区市 | X12 | X13 | X14 | X15 | X16 | X17 | X18 | X19 | X20 | X21 |
|---|---|---|---|---|---|---|---|---|---|---|
| 福建 | 4.99 | 6.83 | 9.95 | 3.42 | 2.31 | 112.37 | 98.70 | 98.31 | 0.26 | 28.56 |
| 江西 | 5.47 | 3.43 | 3.05 | 5.27 | 2.51 | 64.69 | 98.55 | 97.51 | 0.38 | 28.67 |
| 山东 | 4.98 | 4.42 | 7.44 | 2.99 | 1.56 | 88.50 | 98.49 | 98.72 | 0.36 | 34.21 |
| 河南 | 4.72 | 3.64 | 3.54 | 4.46 | 1.66 | 81.74 | 98.26 | 98.21 | 0.26 | 32.98 |
| 湖北 | 6.72 | 6.68 | 4.86 | 3.28 | 1.93 | 79.21 | 98.89 | 98.90 | 0.31 | 32.61 |
| 湖南 | 4.39 | 3.10 | 3.95 | 3.99 | 2.02 | 70.15 | 97.51 | 93.48 | 0.31 | 34.36 |
| 广东 | 4.11 | 6.58 | 16.78 | 3.65 | 1.29 | 139.35 | 99.90 | 99.90 | 0.44 | 30.91 |
| 广西 | 3.90 | 2.25 | 2.03 | 4.97 | 2.36 | 74.75 | 98.20 | 96.60 | 0.25 | 30.91 |
| 海南 | 4.96 | 2.86 | 1.77 | 6.35 | 2.32 | 100.44 | 95.47 | 96.49 | 0.38 | 29.73 |
| 重庆 | 6.04 | 3.97 | 8.13 | 4.60 | 1.44 | 86.58 | 98.95 | 98.44 | 0.42 | 29.47 |
| 四川 | 4.16 | 3.77 | 5.79 | 4.84 | 2.43 | 81.18 | 98.07 | 97.04 | 0.31 | 29.90 |
| 贵州 | 2.96 | 2.05 | 2.88 | 7.34 | 2.71 | 82.25 | 95.39 | 91.52 | 0.12 | 32.41 |
| 云南 | 3.01 | 2.01 | 1.72 | 7.03 | 3.20 | 79.52 | 97.48 | 96.48 | 0.20 | 35.41 |
| 西藏 | 2.96 | 2.51 | 0.46 | 13.10 | 24.56 | 91.90 | 95.91 | 94.78 | 0.35 | 20.56 |
| 陕西 | 7.35 | 6.60 | 6.04 | 5.05 | 3.02 | 95.55 | 98.49 | 97.77 | 0.31 | 36.47 |
| 甘肃 | 4.58 | 3.17 | 1.97 | 7.04 | 3.98 | 79.46 | 98.35 | 97.89 | 0.17 | 32.03 |
| 青海 | 3.04 | 3.94 | 1.06 | 6.81 | 8.40 | 93.24 | 97.51 | 97.03 | 0.21 | 36.07 |
| 宁夏 | 3.90 | 6.48 | 2.15 | 5.74 | 3.93 | 104.04 | 99.11 | 96.15 | 0.27 | 37.93 |
| 新疆 | 3.15 | 2.04 | 2.28 | 6.46 | 4.66 | 90.38 | 96.94 | 96.48 | 0.18 | 33.09 |

#### 6.2.2.2 测度结果及分析

1）2014年中国31个省区市数字鸿沟数据的因子分析

首先根据2014年中国31个省区市原始数据作相关性分析，得到相关性检验结果（表6-9）。

**表6-9 KMO检验和巴特利特球形检验测度值**

| 检验 | | 测度值 |
|---|---|---|
| KMO检验 | | 0.709 |
| 巴特利特球形检验 | 卡方值 | 802.370 |
| | 自由度 | 210 |
| | 伴随概率 | 0 |

由表 6-9 可知，KMO 检验值为 0.709，大于 0.7，故表明此处适合做因子分析；另外，巴特利特球形检验的伴随概率为 0，小于显著性水平 0.05，也表明此处适合做因子分析。

其次求解初始因子矩阵，并对其进行旋转得到旋转因子载荷矩阵。这里得到四个主因子，其特征值都大于 1，总共累计方差贡献率接近 80%（表 6-10），可见提取的四个主因子反映了原变量的大部分信息。

表 6-10  主因子特征值及累计方差贡献率（2014 年中国 31 个省区市数字鸿沟测度）

| 因子 | 初始特征值 | | | 提取因子的载荷平方和 | | | 旋转后提取因子的载荷平方和 | | |
| --- | --- | --- | --- | --- | --- | --- | --- | --- | --- |
| | 特征值 | 方差贡献率 | 累计贡献率 | 特征值 | 方差贡献率 | 累计贡献率 | 特征值 | 方差贡献率 | 累计贡献率 |
| 1 | 10.745 | 51.168% | 51.168% | 10.745 | 51.168% | 51.168% | 7.783 | 37.063% | 37.063% |
| 2 | 3.229 | 15.378% | 66.546% | 3.229 | 15.378% | 66.546% | 5.000 | 23.808% | 60.872% |
| 3 | 1.683 | 8.014% | 74.560% | 1.683 | 8.014% | 74.560% | 2.363 | 11.254% | 72.126% |
| 4 | 1.115 | 5.309% | 79.869% | 1.115 | 5.309% | 79.869% | 1.626 | 7.743% | 79.869% |
| 5 | 0.964 | 4.591% | 84.461% | | | | | | |
| 6 | 0.717 | 3.414% | 87.875% | | | | | | |
| 7 | 0.590 | 2.807% | 90.682% | | | | | | |
| 8 | 0.574 | 2.735% | 93.417% | | | | | | |
| 9 | 0.410 | 1.953% | 95.370% | | | | | | |
| 10 | 0.269 | 1.280% | 96.650% | | | | | | |
| 11 | 0.168 | 0.800% | 97.451% | | | | | | |
| 12 | 0.155 | 0.737% | 98.187% | | | | | | |
| 13 | 0.103 | 0.492% | 98.679% | | | | | | |
| 14 | 0.082 | 0.388% | 99.067% | | | | | | |
| 15 | 0.064 | 0.305% | 99.372% | | | | | | |
| 16 | 0.049 | 0.232% | 99.604% | | | | | | |
| 17 | 0.034 | 0.161% | 99.765% | | | | | | |
| 18 | 0.028 | 0.135% | 99.899% | | | | | | |
| 19 | 0.012 | 0.059% | 99.959% | | | | | | |
| 20 | 0.007 | 0.031% | 99.990% | | | | | | |
| 21 | 0.002 | 0.010% | 100.000% | | | | | | |

注：本表数据因进行了约分，可能存在偏差

图 6-4 为 2014 年中国 31 个省区市数字鸿沟测度的公共因子碎石图，与 2007 年类似，前面四个公共因子的特征值变化非常大，到第五个特征值时，其变化趋势趋于平稳。这说明提取前面四个公共因子可以对原变量的信息描述有显著作用。

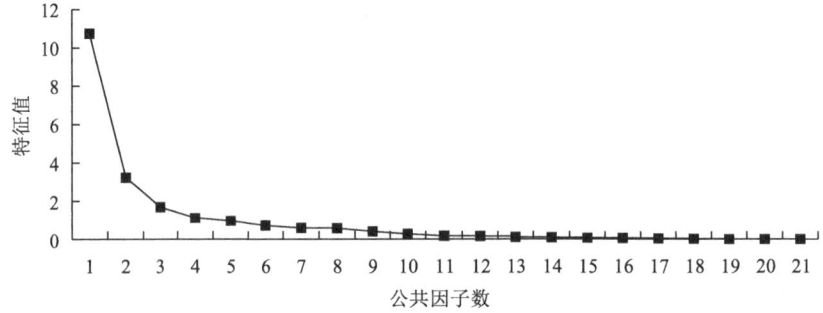

图 6-4　公共因子碎石图（2014年中国31个省区市数字鸿沟测度）

为使因子变量含义更加清晰，按照方差极大法对因子载荷矩阵旋转（表6-11）。第一主因子在第三产业占 GDP 比重（$X2$）、固定资产投资占 GDP 比重（$X3$）、每百人拥有网站数（$X7$）、人均网页字节数（$X8$）、网络用户每百人域名数（$X9$）、信息技术科研开发支出额占全地区 GDP 的百分比（$X10$）、交通邮电通信业从业人员占总从业人员比重（$X11$）、每千人拥有科技活动人员数（$X13$）、每百人拥有移动电话数（$X17$）、网民 IPv4 拥有率（$X20$）上有较大载荷，其中人均网页字节数（$X8$）、网民 IPv4 拥有率（$X20$）和每百人拥有网站数（$X7$）的影响较大，主要反映了网络发展情况，可称为网络发展因子；第二主因子在人均 GDP（$X1$）、网民占总人口比例（$X6$）、每千人拥有大学毕业生人数（$X12$）、每万人年批准专利数（$X14$）、电视人口覆盖率（$X18$）、广播人口覆盖率（$X19$）上有较大载荷，其中电视人口覆盖率（$X18$）和广播人口覆盖率（$X19$）的影响较大，主要反映了信息普及情况，可称为信息普及因子；第三主因子在教育经费占 GDP 比重（$X15$）、每百万人拥有图书馆个数（$X16$）、信息指数（$X21$）上有较大载荷，主要反映了地区主体对教育资源的支持和供给能力，这种能力进一步影响到网络主体的信息意识，可称为信息意识因子；第四主因子在社会消费品零售总额占 GDP 比重（$X4$），交通运输、仓储和邮政业产值占 GDP 比重（$X5$）上有较大载荷，主要反映了信息支持的情况，可称为信息支持因子。

表6-11　旋转因子载荷矩阵（2014年中国31个省区市数字鸿沟测度）

| 指标 | 因子 | | | |
| --- | --- | --- | --- | --- |
|  | 第一主因子 | 第二主因子 | 第三主因子 | 第四主因子 |
| $X1$ | 0.519 | 0.782* | 0.059 | −0.159 |
| $X2$ | 0.892* | 0.150 | −0.230 | 0.013 |
| $X3$ | −0.571* | −0.556 | −0.125 | −0.332 |
| $X4$ | 0.202 | 0.140 | 0.066 | 0.835* |
| $X5$ | 0.036 | −0.272 | 0.462 | −0.526* |

| 指标 | 因子 | | | |
|---|---|---|---|---|
| | 第一主因子 | 第二主因子 | 第三主因子 | 第四主因子 |
| X6 | 0.588 | 0.672* | 0.009 | −0.170 |
| X7 | 0.921* | 0.299 | 0.014 | 0.090 |
| X8 | 0.933* | 0.166 | 0.022 | 0.094 |
| X9 | 0.891* | 0.154 | 0.063 | 0.278 |
| X10 | 0.743* | 0.551 | 0.072 | 0.211 |
| X11 | 0.530* | −0.020 | 0.462 | −0.219 |
| X12 | 0.114 | 0.602* | 0.262 | 0.261 |
| X13 | 0.792* | 0.539 | −0.017 | 0.037 |
| X14 | 0.593 | 0.674* | −0.112 | 0.114 |
| X15 | 0.009 | −0.613 | −0.708* | −0.193 |
| X16 | −0.077 | −0.325 | −0.777* | −0.214 |
| X17 | 0.819* | 0.392 | −0.033 | −0.107 |
| X18 | 0.188 | 0.805* | 0.312 | 0.154 |
| X19 | 0.172 | 0.806* | 0.179 | 0.216 |
| X20 | 0.932* | 0.067 | 0.039 | 0.139 |
| X21 | −0.241 | 0.151 | 0.728* | −0.184 |

*表示主因子中载荷较大的因子

由回归分析法计算出因子得分矩阵（表6-12），并由表6-12得到因子得分函数。

表6-12 基于回归分析的因子得分矩阵（2014年中国31个省区市数字鸿沟测度）

| 指标 | 因子 | | | |
|---|---|---|---|---|
| | 第一主因子 | 第二主因子 | 第三主因子 | 第四主因子 |
| X1 | −0.025 | 0.255 | −0.100 | −0.249 |
| X2 | 0.147 | −0.053 | −0.083 | −0.035 |
| X3 | −0.030 | −0.051 | −0.016 | −0.152 |
| X4 | 0.019 | −0.135 | 0.075 | 0.589 |
| X5 | 0.094 | −0.126 | 0.266 | −0.307 |
| X6 | 0.006 | 0.208 | −0.099 | −0.242 |
| X7 | 0.144 | −0.057 | 0.021 | 0.011 |
| X8 | 0.171 | −0.119 | 0.054 | 0.038 |
| X9 | 0.167 | −0.156 | 0.087 | 0.176 |
| X10 | 0.064 | 0.050 | −0.005 | 0.060 |
| X11 | 0.153 | −0.161 | 0.271 | −0.129 |

| 指标 | 因子 | | | |
|---|---|---|---|---|
| | 第一主因子 | 第二主因子 | 第三主因子 | 第四主因子 |
| $X12$ | −0.066 | 0.138 | 0.039 | 0.103 |
| $X13$ | 0.071 | 0.084 | −0.057 | −0.071 |
| $X14$ | −0.003 | 0.184 | −0.144 | −0.043 |
| $X15$ | 0.060 | −0.085 | −0.257 | −0.081 |
| $X16$ | −0.015 | 0.071 | −0.359 | −0.150 |
| $X17$ | 0.103 | 0.045 | −0.043 | −0.152 |
| $X18$ | −0.082 | 0.219 | 0.023 | −0.007 |
| $X19$ | −0.096 | 0.239 | −0.044 | 0.029 |
| $X20$ | 0.190 | −0.172 | 0.086 | 0.089 |
| $X21$ | −0.024 | −0.009 | 0.320 | −0.113 |

$$F_1 = -0.025X1 + 0.147X2 - 0.030X3 + 0.019X4 + 0.094X5 + 0.006X6 \\ + 0.144X7 + 0.171X8 + 0.167X9 + 0.064X10 + 0.153X11 - 0.066X12 \\ + 0.071X13 - 0.003X14 + 0.060X15 - 0.015X16 + 0.103X17 - 0.082X18 \\ - 0.096X19 + 0.190X20 - 0.024X21 \tag{6-6}$$

$$F_2 = 0.255X1 - 0.053X2 - 0.051X3 - 0.135X4 - 0.126X5 + 0.208X6 \\ - 0.057X7 - 0.119X8 - 0.156X9 + 0.050X10 - 0.161X11 + 0.138X12 \\ + 0.084X13 + 0.184X14 - 0.085X15 + 0.071X16 + 0.045X17 + 0.219X18 \\ + 0.239X19 - 0.172X20 - 0.009X21 \tag{6-7}$$

$$F_3 = -0.100X1 - 0.083X2 - 0.016X3 + 0.075X4 + 0.266X5 - 0.099X6 \\ + 0.021X7 + 0.054X8 + 0.087X9 - 0.005X10 + 0.271X11 + 0.039X12 \\ - 0.057X13 - 0.144X14 - 0.257X15 - 0.359X16 - 0.043X17 + 0.023X18 \\ - 0.004X19 + 0.086X20 + 0.320X21 \tag{6-8}$$

$$F_4 = -0.249X1 - 0.035X2 - 0.152X3 + 0.589X4 - 0.307X5 - 0.242X6 \\ + 0.011X7 + 0.038X8 + 0.176X9 + 0.060X10 - 0.129X11 + 0.103X12 \\ - 0.071X13 - 0.043X14 - 0.081X15 - 0.150X16 - 0.152X17 - 0.007X18 \\ + 0.029X19 + 0.089X20 - 0.113X21 \tag{6-9}$$

最后以这四个因子的方差贡献率为权重计算得到综合得分,公式如下:

$$f(X) = 0.370\,63F_1 + 0.238\,08F_2 + 0.112\,54F_3 + 0.077\,43F_4 \tag{6-10}$$

2）2014年中国31个省区市数字鸿沟的大小

将 2014 年 31 个省区市标准化后的数据代入式（6-6）～式（6-10），计算得出综合得分和排序（表 6-13）。

表 6-13　2014 年中国 31 个省区市综合得分及排序

| 省区市 | 第一主因子 | 第二主因子 | 第三主因子 | 第四主因子 | 综合得分 | 排序 | 差距量 |
| --- | --- | --- | --- | --- | --- | --- | --- |
| 北京 | 4.858 45 | -0.095 94 | 0.333 15 | 0.686 06 | 1.868 46 | 1 | 0.000 00 |
| 天津 | -0.204 58 | 2.283 13 | -0.567 03 | -1.176 10 | 0.312 87 | 5 | 1.555 59 |
| 河北 | -0.431 43 | -0.037 39 | 1.103 08 | -0.325 37 | -0.069 86 | 17 | 1.938 32 |
| 山西 | -0.145 94 | -0.418 05 | 0.770 55 | 0.153 48 | -0.055 02 | 14 | 1.923 48 |
| 内蒙古 | -0.144 43 | -0.015 74 | 1.313 50 | -2.000 42 | -0.064 35 | 16 | 1.932 81 |
| 辽宁 | -0.238 93 | 0.561 03 | 0.774 92 | -0.320 40 | 0.107 42 | 8 | 1.761 04 |
| 吉林 | -0.753 32 | 0.485 10 | 0.760 43 | 1.038 23 | 0.002 26 | 13 | 1.866 20 |
| 黑龙江 | -0.004 01 | -0.522 33 | 1.013 38 | 1.301 02 | 0.088 94 | 10 | 1.779 52 |
| 上海 | 1.601 66 | 1.312 31 | -0.083 42 | -0.538 57 | 0.854 97 | 2 | 1.013 49 |
| 江苏 | -0.503 91 | 2.105 71 | -0.476 63 | -0.194 16 | 0.245 89 | 6 | 1.622 57 |
| 浙江 | 0.012 58 | 1.852 89 | -0.902 47 | 0.345 99 | 0.371 02 | 4 | 1.497 44 |
| 安徽 | -0.664 26 | 0.017 78 | -0.201 82 | 0.863 69 | -0.197 80 | 21 | 2.066 26 |
| 福建 | -0.085 92 | 0.792 90 | -0.425 21 | -0.201 28 | 0.093 49 | 9 | 1.774 97 |
| 江西 | -0.595 74 | -0.300 01 | -0.173 51 | 0.390 49 | -0.281 52 | 25 | 2.149 98 |
| 山东 | -0.179 18 | 0.253 18 | 0.257 07 | 1.143 58 | 0.111 35 | 7 | 1.757 11 |
| 河南 | -0.502 95 | -0.320 41 | 0.300 02 | 0.821 24 | -0.165 34 | 20 | 2.033 80 |
| 湖北 | -0.507 48 | 0.295 80 | 0.396 06 | 1.298 40 | 0.027 44 | 11 | 1.841 02 |
| 湖南 | -0.211 59 | -0.968 11 | 0.469 48 | 0.694 11 | -0.202 33 | 22 | 2.070 79 |
| 广东 | 0.300 39 | 1.212 13 | -0.465 14 | 0.390 44 | 0.377 80 | 3 | 1.490 66 |
| 广西 | -0.333 50 | -0.732 42 | 0.227 01 | 0.340 01 | -0.246 10 | 24 | 2.114 56 |
| 海南 | 0.479 05 | -1.262 68 | -0.109 28 | -0.190 10 | -0.150 09 | 19 | 2.018 55 |
| 重庆 | -0.077 91 | -0.046 43 | 0.324 52 | 0.360 78 | 0.024 53 | 12 | 1.843 93 |
| 四川 | -0.220 43 | -0.642 32 | -0.012 36 | 1.361 72 | -0.130 57 | 18 | 1.999 03 |
| 贵州 | 0.325 49 | -2.219 73 | 0.379 68 | -1.248 94 | -0.461 81 | 30 | 2.330 27 |
| 云南 | -0.445 12 | -0.809 71 | -0.479 53 | 0.641 21 | -0.362 07 | 28 | 2.230 53 |
| 西藏 | 0.025 81 | -0.936 02 | -3.503 08 | -0.108 86 | -0.615 95 | 31 | 2.484 41 |
| 陕西 | -0.450 36 | 0.407 85 | 0.295 48 | -0.287 73 | -0.058 84 | 15 | 1.927 30 |

续表

| 省区市 | 第一主因子 | 第二主因子 | 第三主因子 | 第四主因子 | 综合得分 | 排序 | 差距量 |
|---|---|---|---|---|---|---|---|
| 甘肃 | −0.437 89 | −0.588 57 | −0.359 11 | 0.472 12 | −0.306 28 | 26 | 2.174 74 |
| 青海 | −0.272 23 | −0.403 48 | −0.426 47 | −1.771 79 | −0.382 14 | 29 | 2.250 60 |
| 宁夏 | −0.063 01 | −0.388 61 | 0.706 71 | −2.226 25 | −0.208 72 | 23 | 2.077 18 |
| 新疆 | −0.158 32 | −0.571 83 | −0.239 98 | −1.712 58 | −0.354 43 | 27 | 2.222 89 |

根据综合得分结果，北京为 1.868 46，排列全国第一；上海为 0.854 97，排列第二；西藏为 −0.615 95，排列最后。由于数字鸿沟体现的是一种差距现象，此处仍以北京为参照对象来计算各省区市之间的差距量，得到 2014 年我国 31 个省区市数字鸿沟情况（图 6-5），各省区市按照与北京的数字鸿沟差距量由小到大排列。按照层级划分标准，2014 年上海、广东、浙江、天津、江苏、山东、辽宁、福建、黑龙江、湖北、重庆、吉林、山西、陕西、内蒙古、河北、四川与北京的数字鸿沟处于"显著"层级；海南、河南、安徽、湖南、宁夏、广西、江西、甘肃、新疆、云南、青海、贵州、西藏与北京的数字鸿沟处于"极显著"层级。可见，相较于 2007 年，2014 年我国区域数字鸿沟出现了一定程度的扩大，未出现"不显著"层级。

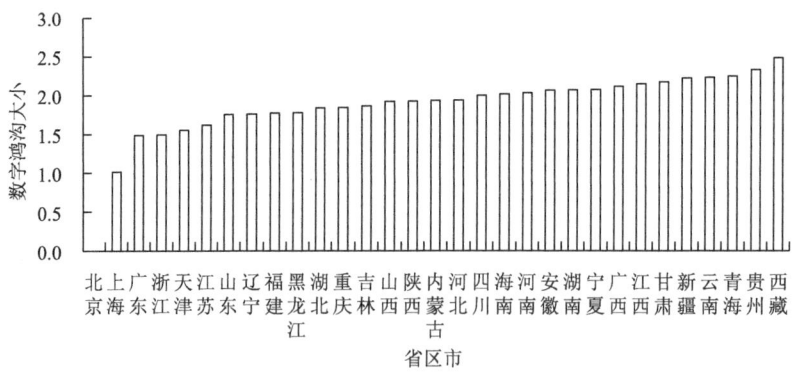

图 6-5 2014 年中国 31 个省区市数字鸿沟

3) 2014 年中国 31 个省区市数字鸿沟的聚类分析

为了更直观地表明 2014 年我国 31 个省区市数字鸿沟的区域分布，以表 6-13 中 2014 年 31 个省区市的第一主因子、第二主因子、第三主因子、第四主因子为样本数据来进行聚类分析，以明确各类省区市的特点。

根据聚类分析结果，将我国 31 个省区市分为五类，聚类树形图见图 6-6。第一类：北京（1）。第二类：天津（5）、上海（2）、江苏（6）、浙江（4）、福建（9）、广东（3）。第三类：河北（17）、山西（14）、辽宁（8）、吉林（13）、黑龙江（10）、安徽（21）、江西（25）、山东（7）、河南（20）、湖北（11）、湖南（22）、广西（24）、重庆（12）、四川（18）、云南（28）、陕西（15）、甘肃（26）。第四类：内蒙古（16）、海南（19）、贵州（30）、青海（29）、宁夏（23）、新疆（27）。第五类：西藏（31）。

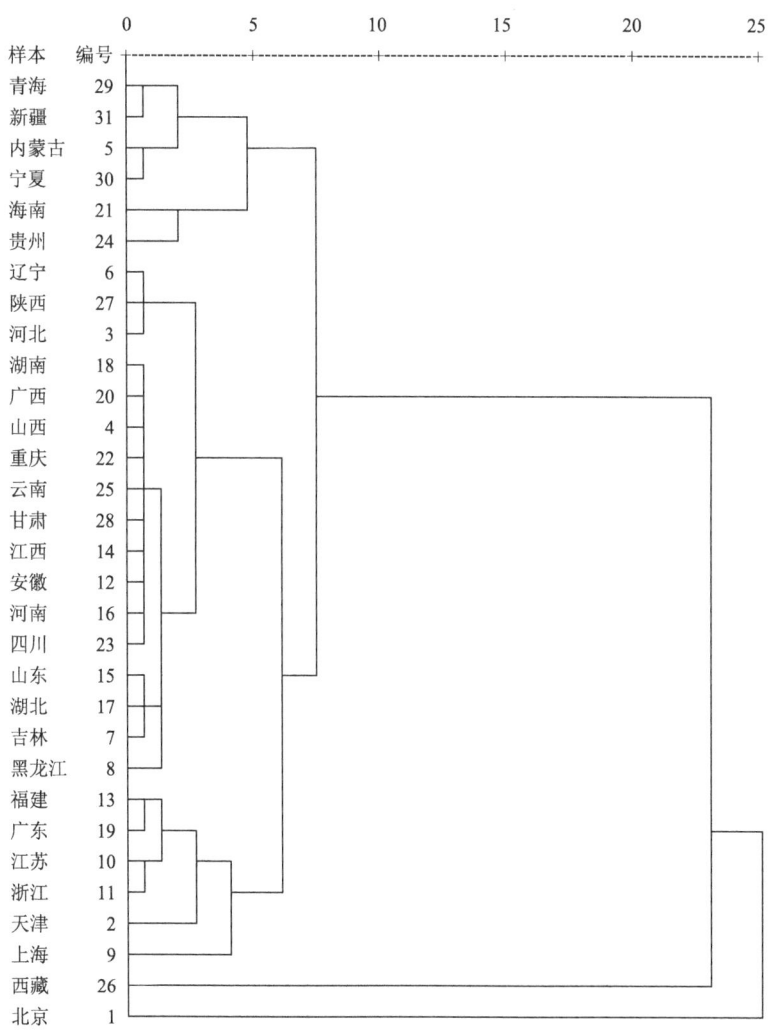

图 6-6　2014 年中国 31 个省区市数字鸿沟聚类结果

从第一主因子、第二主因子、第三主因子、第四主因子的平均水平来看，五类地区的信息化发展状况存在明显差异（表 6-14）。

表 6-14 聚类后各类均值结果（2014 年中国 31 个省区市数字鸿沟测度）

| 类别 | 指标 | 样本数量 | 平均值 | 名次 |
| --- | --- | --- | --- | --- |
| 1 | 第一主因子 | 1 | 4.858 45 | 1 |
|   | 第二主因子 | 1 | −0.095 94 | 2 |
|   | 第三主因子 | 1 | 0.333 15 | 1 |
|   | 第四主因子 | 1 | 0.686 06 | 1 |
| 2 | 第一主因子 | 6 | 0.186 70 | 2 |
|   | 第二主因子 | 6 | 1.593 18 | 1 |
|   | 第三主因子 | 6 | −0.486 65 | 4 |
|   | 第四主因子 | 6 | −0.228 95 | 4 |
| 3 | 第一主因子 | 17 | −0.364 71 | 5 |
|   | 第二主因子 | 17 | −0.197 94 | 3 |
|   | 第三主因子 | 17 | 0.321 51 | 2 |
|   | 第四主因子 | 17 | 0.585 09 | 2 |
| 4 | 第一主因子 | 6 | 0.027 76 | 3 |
|   | 第二主因子 | 6 | −0.810 35 | 4 |
|   | 第三主因子 | 6 | 0.270 69 | 3 |
|   | 第四主因子 | 6 | −1.525 01 | 5 |
| 5 | 第一主因子 | 1 | 0.025 81 | 4 |
|   | 第二主因子 | 1 | −0.936 02 | 5 |
|   | 第三主因子 | 1 | −3.503 08 | 5 |
|   | 第四主因子 | 1 | −0.108 86 | 3 |

第一类地区：第一主因子（网络发展因子）、第二主因子（信息普及因子）、第三主因子（信息意识因子）、第四主因子（信息支持因子）分别居五类中第一位、第二位、第一位、第一位。这说明第一类地区（北京）的网络发展、信息普及、信息意识、信息支持水平都较高。

第二类地区：第一主因子、第二主因子、第三主因子、第四主因子分别居五类中第二位、第一位、第四位、第四位。这说明第二类地区（天津、上海、江苏、浙江、福建、广东）的网络发展、信息普及水平相对较好，但是信息意识、信息支持水平较为一般。

第三类地区：第一主因子、第二主因子、第三主因子、第四主因子分别居五类中第五位、第三位、第二位、第二位。这说明第三类地区（河北、辽宁等 17

个省区市）的信息普及、信息意识、信息支持水平处于全国中间层次，而网络发展水平处于落后状态。

第四类地区：第一主因子、第二主因子、第三主因子、第四主因子分别居五类中第三位、第四位、第三位、第五位。这说明第四类地区（内蒙古、海南、贵州、青海、宁夏、新疆）的网络发展、信息普及、信息意识水平处于全国中下游层次，而信息支持水平则处于落后状态。

第五类地区：第一主因子、第二主因子、第三主因子、第四主因子分别居五类中第四位、第五位、第五位、第三位。这说明第五类地区（西藏）的网络发展、信息普及、信息意识水平处于相对落后状态，但信息支持水平相对较好，处于全国中下游水平。

与2007年相似，在五个不同的大类中，北京仍排名第一，并且单独属一类。北京作为我国首都，得益于政治、经济、人才等优势，其网络发展、信息普及、信息意识及信息支持水平均处于我国前列。天津、上海、江苏、浙江、福建、广东聚为一类，这几个省市作为我国东部沿海城市，优越的地理条件使其经济、科技、文化发展等位于我国前列，这些均为信息化发展提供了强有力的支撑。但从四个主因子聚类分析中可以看出，该类地区信息意识、信息支持水平较低，是因为这两个主因子主要由教育经费占GDP比重（$X15$），每百万人拥有图书馆个数（$X16$），信息指数（$X21$），社会消费品零售总额占GDP比重（$X4$），交通运输、仓储和邮政业产值占GDP比重（$X5$）这些指标构成，由于这些地区GDP较高、人口较多，所以排名靠后。内蒙古、海南、贵州、青海、宁夏、新疆聚为一类，这一类地区的四个主因子的平均水平均位于我国中等靠下位置，说明这类地区在每一领域均需大力推进。西藏单独聚为一类，这是因为西藏在网络发展、信息普及、信息意识方面水平偏低，但信息支持水平相对较高，可以看出中央政府一直以来对于西藏的信息化建设支持力度较大。其余17个省区市聚为一类，这一类地区的共同点在于网络发展水平普遍落后，尤其在信息资源方面。

进一步考察2007年与2014年综合得分的排序变化（表6-15），并据此将我国31个省区市的综合得分大致分为排位稳定、排位小幅变动、排位大幅上升、排位大幅下降四类。

表6-15 2007年和2014年中国31个省区市综合得分序位变化

| 省区市 | 2007年序位 | 2014年序位 | 序位变化 | 省区市 | 2007年序位 | 2014年序位 | 序位变化 |
| --- | --- | --- | --- | --- | --- | --- | --- |
| 北京 | 1 | 1 | 0 | 内蒙古 | 11 | 16 | −5 |
| 天津 | 3 | 5 | −2 | 辽宁 | 4 | 8 | −4 |
| 河北 | 14 | 17 | −3 | 吉林 | 10 | 13 | −3 |
| 山西 | 12 | 14 | −2 | 黑龙江 | 16 | 10 | 6 |

续表

| 省区市 | 2007年序位 | 2014年序位 | 序位变化 | 省区市 | 2007年序位 | 2014年序位 | 序位变化 |
|---|---|---|---|---|---|---|---|
| 上海 | 2 | 2 | 0 | 海南 | 18 | 19 | −1 |
| 江苏 | 6 | 6 | 0 | 重庆 | 13 | 12 | 1 |
| 浙江 | 8 | 4 | 4 | 四川 | 22 | 18 | 4 |
| 安徽 | 21 | 21 | 0 | 贵州 | 30 | 30 | 0 |
| 福建 | 7 | 9 | −2 | 云南 | 29 | 28 | 1 |
| 江西 | 24 | 25 | −1 | 西藏 | 31 | 31 | 0 |
| 山东 | 17 | 7 | 10 | 陕西 | 15 | 15 | 0 |
| 河南 | 23 | 20 | 3 | 甘肃 | 27 | 26 | 1 |
| 湖北 | 9 | 11 | −2 | 青海 | 25 | 29 | −4 |
| 湖南 | 20 | 22 | −2 | 宁夏 | 19 | 23 | −4 |
| 广东 | 5 | 3 | 2 | 新疆 | 28 | 27 | 1 |
| 广西 | 26 | 24 | 2 | — | — | — | — |

第一类：综合得分排位稳定的省区市。可分为三种：一是高水平稳定的省区市，包括北京、上海、江苏；二是中等水平稳定的省区市，包括海南、重庆、陕西；三是低水平稳定的省区市，包括安徽、江西、贵州、云南、西藏、新疆、甘肃。这13个省区市的排名变动都小于等于1个位次。

第二类：综合得分排位小幅变动的省区市。也可分为三种：一是中高水平小幅变动的省区市，包括天津、吉林、福建、湖北、广东；二是中等水平小幅变动的省区市，包括河北、山西；三是中低水平小幅变动的省区市，包括河南、湖南、广西。这10个省区市的排名变动都在2个位次到3个位次之间。

第三类：综合得分排位大幅上升的省区市。分别是黑龙江、山东、浙江、四川，这4个省份的排名上升都在4个位次及以上。2007～2014年，黑龙江经济结构不断优化，第三产业占GDP比重从31.3%增长至45.77%，排名从第30位上升至第10位；居民的消费需求增强，社会消费品零售总额占GDP比重从32.94%上升至46.65%，排名从第13位上升至第1位；互联网基础资源迅猛增长，网络用户每百人域名数从2.35个上升至4.95个，排名从第23位上升至第5位；信息化人才队伍壮大，交通邮电通信业从业人员占总从业人员的比重从5.44%上升至6.15%，排名从第17位上升至第6位。

山东与黑龙江相似，在经济结构、消费需求、互联网基础资源方面发展较快，2007～2014年第三产业占GDP比重从33.2%增长至43.48%，排名从第27位上升至第14位；社会消费品零售总额占GDP比重从32.60%上升至42.26%，排名从第 16 位上升至第 8 位；网络用户每百人域名数从 4.76 个上升至 6.56 个，排名从第 7 位上升至第 2 位。同时，山东的教育水平也实现了快速提升，每千人拥有大学生毕业人数从 2.55 人上升至 4.98 人，排名从第 22 位上升至第 12 位。

浙江与黑龙江、山东相似，2007~2014 年居民消费需求增强，社会消费品零售总额占 GDP 比重从 33.34% 上升至 44.40%，排名从第 12 位上升至第 5 位；同时其信息产业在全国总体下降的态势下，其规模保持不变，交通运输、仓储和邮政业产值占 GDP 比重维持在 3.80% 左右，排名从第 31 位上升至第 25 位。

四川 2007~2014 年加强了信息化人才的培养，交通邮电通信业从业人员占总从业人员比重从 4.77% 上升至 5.11%，排名从第 24 位上升至第 14 位；政府对知识资源的供给加强，每百人拥有图书馆个数从 1.83 个上升至 2.44 个，排名从第 20 位上升至第 14 位。

第四类：综合得分排位大幅下降的省区市。分别是内蒙古、辽宁、青海、宁夏，这 4 个省区的排名下降都在 4 个位次及以上。2007~2014 年内蒙古居民消费需求变化不大，社会消费品零售总额占 GDP 比重维持在 31.5% 左右，但在全国总体发展态势良好的情况下，其排名从第 20 位下降至第 26 位；科技创新能力虽然有所提高，但同样不及全国平均发展速度，每万人年批准专利数从 0.55 个上升至 1.61 个，但排名从第 22 位下降至 29 位；互联网基础资源发展滞后，网民 IPv4 拥有率从 0.5 个下降至 0.23 个，排名从第 22 位下降至第 27 位。

辽宁 2007~2014 年虽然在固定资产投资、互联网基础资源、科技创新等方面实现了一定程度的发展，但均不及全国平均的发展速度。固定资产投资占 GDP 比重从 67.46% 上升至 86.39%，但排名从第 7 位下降至第 17 位；人均网页字节数从 204.2 千比特上升至 1991.27 千比特，排名从第 8 位下降至第 14 位；网络用户每百人域名数从 3.58 个下降至 1.17 个，排名从第 12 位下降至第 18 位；每万人年批准专利数从 2.24 个上升至 4.45 个，但排名从第 8 位下降至第 14 位。

青海 2007~2014 年虽然经济结构有所优化，第三产业占 GDP 比重从 36.30% 上升至 37.04%，但在全国排序从第 21 位跌至第 27 位；信息产业发展后劲不足，交通运输、仓储和邮政业产值占 GDP 比重从 5.32% 下降至 3.55%，排序从第 23 位跌至第 29 位；互联网基础资源下降，人均网页字节数从 100.4 千比特下降至 58.31 千比特，排序从第 13 位跌至第 30 位。

宁夏 2007~2014 年在互联网基础资源方面的发展明显滞后，虽然在量上有所增加，同样没有追赶上全国的平均的发展速度，排名均出现了下跌。每百人拥有网站数从 0.03 个增加至 0.06 个，但排名从第 16 位下降至第 22 位；人均网页字节数从 76.11 千比特增加至 93.13 千比特，但排名从第 19 位下降至第 28 位；网络用户每百人域名数从 7.23 个下降至 0.78 个，排名从第 4 位下降至第 23 位；网民 IPv4 拥有率从 0.67 个下降至 0.27 个，排名从第 10 位下降至第 18 位。

## 6.3 中国东、中、西部数字鸿沟测度

### 6.3.1 2007年数字鸿沟测度

#### 6.3.1.1 数据收集

根据6.2.1小节中对2007年中国31个省区市21个指标原始数据的收集,将原始数据按照东、中、西部的分类进行加总平均,得出2007年中国东、中、西部原始数据(表6-16)。

**表 6-16 2007年中国东、中、西部原始数据**

| 地区 | $X1$ | $X2$ | $X3$ | $X4$ | $X5$ | $X6$ | $X7$ | $X8$ | $X9$ | $X10$ | $X11$ |
|---|---|---|---|---|---|---|---|---|---|---|---|
| 东部 | 3.50 | 42.32 | 46.05 | 33.36 | 5.75 | 26.15 | 0.39 | 460.56 | 8.28 | 1.88 | 5.97 |
| 中部 | 1.57 | 35.76 | 54.75 | 34.95 | 6.02 | 12.27 | 0.03 | 54.08 | 2.29 | 0.93 | 5.94 |
| 西部 | 1.36 | 38.78 | 64.05 | 31.59 | 5.89 | 11.09 | 0.02 | 89.97 | 2.99 | 0.74 | 5.28 |

| 地区 | $X12$ | $X13$ | $X14$ | $X15$ | $X16$ | $X17$ | $X18$ | $X19$ | $X20$ | $X21$ |
|---|---|---|---|---|---|---|---|---|---|---|
| 东部 | 4.80 | 7.40 | 4.89 | 3.07 | 2.04 | 61.27 | 98.52 | 98.49 | 1.02 | 34.50 |
| 中部 | 4.05 | 2.72 | 0.82 | 3.47 | 2.15 | 33.78 | 96.72 | 95.20 | 0.52 | 31.88 |
| 西部 | 2.49 | 1.49 | 0.67 | 4.62 | 3.26 | 34.36 | 93.47 | 91.05 | 0.52 | 30.07 |

#### 6.3.1.2 测度结果及分析

1)2007年中国东、中、西部数字鸿沟数据的因子分析

同理,求解初始因子矩阵,并对其进行旋转而得到使其含义更为清晰的旋转因子载荷矩阵。这里得到两个主因子,其特征值都大于1,总共累计方差贡献率接近100%(表6-17),可见提取的两个主因子反映了原变量的大部分信息。

**表 6-17 主因子特征值及累计方差贡献率(2007年中国东、中、西部数字鸿沟测度)**

| 因子 | 初始特征值 | | | 提取因子的载荷平方和 | | | 旋转后提取因子的载荷平方和 | | |
|---|---|---|---|---|---|---|---|---|---|
| | 特征值 | 方差贡献率 | 累计贡献率 | 特征值 | 方差贡献率 | 累计贡献率 | 特征值 | 方差贡献率 | 累计贡献率 |
| 1 | 16.888 | 80.418% | 80.418% | 16.888 | 80.418% | 80.418% | 12.140 | 57.809% | 57.809% |
| 2 | 4.112 | 19.582% | 100.000% | 4.112 | 19.582% | 100.000% | 8.860 | 42.191% | 100.000% |
| 3 | $1.01 \times 10^{-13}$ | $1.06 \times 10^{-13}$% | 100.000% | | | | | | |

续表

| 因子 | 初始特征值 | | | 提取因子的载荷平方和 | | | 旋转后提取因子的载荷平方和 | | |
|---|---|---|---|---|---|---|---|---|---|
| | 特征值 | 方差贡献率 | 累计贡献率 | 特征值 | 方差贡献率 | 累计贡献率 | 特征值 | 方差贡献率 | 累计贡献率 |
| 4 | $1.01 \times 10^{-13}$ | $1.03 \times 10^{-13}\%$ | 100.000% | | | | | | |
| 5 | $1.00 \times 10^{-13}$ | $1.02 \times 10^{-13}\%$ | 100.000% | | | | | | |
| 6 | $1.00 \times 10^{-13}$ | $1.01 \times 10^{-13}\%$ | 100.000% | | | | | | |
| 7 | $1.00 \times 10^{-13}$ | $1.01 \times 10^{-13}\%$ | 100.000% | | | | | | |
| 8 | $1.00 \times 10^{-13}$ | $1.01 \times 10^{-13}\%$ | 100.000% | | | | | | |
| 9 | $1.00 \times 10^{-13}$ | $1.01 \times 10^{-13}\%$ | 100.000% | | | | | | |
| 10 | $1.00 \times 10^{-13}$ | $1.00 \times 10^{-13}\%$ | 100.000% | | | | | | |
| 11 | $1.00 \times 10^{-13}$ | $1.00 \times 10^{-13}\%$ | 100.000% | | | | | | |
| 12 | $1.00 \times 10^{-13}$ | $1.00 \times 10^{-13}\%$ | 100.000% | | | | | | |
| 13 | $-1.00 \times 10^{-13}$ | $-1.00 \times 10^{-13}\%$ | 100.000% | | | | | | |
| 14 | $-1.00 \times 10^{-13}$ | $-1.00 \times 10^{-13}\%$ | 100.000% | | | | | | |
| 15 | $-1.00 \times 10^{-13}$ | $-1.01 \times 10^{-13}\%$ | 100.000% | | | | | | |
| 16 | $-1.00 \times 10^{-13}$ | $-1.01 \times 10^{-13}\%$ | 100.000% | | | | | | |
| 17 | $-1.00 \times 10^{-13}$ | $-1.01 \times 10^{-13}\%$ | 100.000% | | | | | | |
| 18 | $-1.00 \times 10^{-13}$ | $-1.02 \times 10^{-13}\%$ | 100.000% | | | | | | |
| 19 | $-1.00 \times 10^{-13}$ | $-1.02 \times 10^{-13}\%$ | 100.000% | | | | | | |
| 20 | $-1.00 \times 10^{-13}$ | $-1.02 \times 10^{-13}\%$ | 100.000% | | | | | | |
| 21 | $-1.01 \times 10^{-13}$ | $-1.04 \times 10^{-13}\%$ | 100.000% | | | | | | |

注：本表数据因进行了约分，可能存在偏差

为使因子变量含义更加清晰，按照方差极大法对因子载荷矩阵旋转（表6-18）。由表6-18可知，人均GDP（$X1$），第三产业占GDP比重（$X2$），交通运输、仓储和邮政业产值占GDP比重（$X5$），网民占总人口比例（$X6$），每百人拥有网站数（$X7$），人均网页字节数（$X8$），网络用户每百人域名数（$X9$），信息技术科研开发支出额占全地区GDP的百分比（$X10$），每千人拥有科技活动人员数（$X13$），每万人年批准专利数（$X14$），每百人拥有移动电话数（$X17$），网民IPv4拥有率（$X20$）在第一主因子上载荷较大；而固定资产投资占GDP比重（$X3$）、社会消费品零售总额占GDP比重（$X4$）、交通邮电通信业从业人员占总从业人员比重（$X11$）、每千人拥有大学毕业生人数（$X12$）、教育经费占GDP比重（$X15$）、每百万人拥有图书馆个数（$X16$）、电视人口覆盖率（$X18$）、广播人口覆盖率（$X19$）、信息指数（X21）在第二主因子上载荷较大。

表 6-18　旋转因子载荷矩阵（2007 年中国东、中、西部数字鸿沟测度）

| 指标 | 因子 | |
| --- | --- | --- |
| | 第一主因子 | 第二主因子 |
| X1 | 0.889* | 0.457 |
| X2 | 0.996* | −0.091 |
| X3 | −0.599 | −0.801* |
| X4 | −0.349 | 0.937* |
| X5 | −0.992* | 0.128 |
| X6 | 0.898* | 0.441 |
| X7 | 0.917* | 0.399 |
| X8 | 0.954* | 0.301 |
| X9 | 0.948* | 0.318 |
| X10 | 0.856* | 0.516 |
| X11 | 0.184 | 0.983* |
| X12 | 0.445 | 0.896* |
| X13 | 0.834* | 0.552 |
| X14 | 0.914* | 0.405 |
| X15 | −0.377 | −0.926* |
| X16 | −0.219 | −0.976* |
| X17 | 0.934* | 0.356 |
| X18 | 0.477 | 0.879* |
| X19 | 0.560 | 0.828* |
| X20 | 0.925* | 0.379 |
| X21 | 0.693 | 0.720* |

*表示主因子中载荷较大的因子

由回归分析法计算出因子得分矩阵（表 6-19），并由表 6-19 得到因子得分函数。

表 6-19　基于回归分析的因子得分矩阵（2007 年中国东、中、西部数字鸿沟测度）

| 指标 | 因子 | |
| --- | --- | --- |
| | 第一主因子 | 第二主因子 |
| X1 | 0.073 | 0.001 |
| X2 | 0.135 | −0.104 |
| X3 | −0.005 | −0.087 |

续表

| 指标 | 因子 | |
|---|---|---|
| | 第一主因子 | 第二主因子 |
| $X4$ | −0.128 | 0.195 |
| $X5$ | −0.138 | 0.111 |
| $X6$ | 0.075 | −0.003 |
| $X7$ | 0.081 | −0.012 |
| $X8$ | 0.095 | −0.032 |
| $X9$ | 0.093 | −0.029 |
| $X10$ | 0.063 | 0.014 |
| $X11$ | −0.064 | 0.155 |
| $X12$ | −0.023 | 0.117 |
| $X13$ | 0.057 | 0.022 |
| $X14$ | 0.081 | −0.010 |
| $X15$ | 0.034 | −0.128 |
| $X16$ | 0.059 | −0.151 |
| $X17$ | 0.088 | −0.021 |
| $X18$ | −0.017 | 0.111 |
| $X19$ | −0.002 | 0.095 |
| $X20$ | 0.084 | −0.016 |
| $X21$ | 0.024 | 0.064 |

$$\begin{aligned}F_1 =\ & 0.073X1 + 0.135X2 - 0.005X3 - 0.128X4 - 0.138X5 + 0.075X6 \\ & + 0.081X7 + 0.095X8 + 0.093X9 + 0.063X10 - 0.064X11 \\ & - 0.023X12 + 0.057X13 + 0.081X14 + 0.034X15 + 0.059X16 \\ & + 0.088X17 - 0.017X18 - 0.002X19 + 0.084X20 + 0.024X21\end{aligned}$$
(6-11)

$$\begin{aligned}F_2 =\ & 0.001X1 - 0.104X2 - 0.087X3 + 0.195X4 + 0.111X5 - 0.003X6 \\ & - 0.012X7 - 0.032X8 - 0.029X9 + 0.014X10 + 0.155X11 \\ & + 0.117X12 + 0.022X13 - 0.010X14 - 0.128X15 - 0.151X16 \\ & - 0.021X17 + 0.111X18 + 0.095X19 - 0.016X20 + 0.064X21\end{aligned}$$
(6-12)

最后以这两个因子的方差贡献率为权重计算得到综合得分，公式如下：

$$f(X) = 0.57809F_1 + 0.42191F_2 \tag{6-13}$$

## 2) 2007 年中国东、中、西部数字鸿沟的大小

将 2007 年东、中、西部三个地区标准化后的数据代入式(6-11)~式(6-13)，据此得出综合得分，并进行排序，排序结果为：东部第一位，中部第二位，西部第三位（表6-20）。

表 6-20 2007 年中国东、中、西部数字鸿沟综合得分及排序

| 地区 | 第一主因子 | 第二主因子 | 综合得分 | 排序 | 差距量 |
| --- | --- | --- | --- | --- | --- |
| 东部 | 1.069 80 | 0.434 57 | 0.801 79 | 1 | 0.000 00 |
| 中部 | −0.911 25 | 0.709 19 | −0.227 57 | 2 | 1.029 36 |
| 西部 | −0.158 55 | −1.143 76 | −0.574 22 | 3 | 1.376 01 |

这里以综合得分最高的东部为参照对象来计算东、中、西部之间的数字鸿沟，绘出 2007 年东、中、西部的数字鸿沟（图6-7）。按照层级划分标准，2007 年西部与东部的数字鸿沟处于"显著"层级；中部与东部的数字鸿沟处于"显著"层级；西部与中部的数字鸿沟处于"不显著"层级。

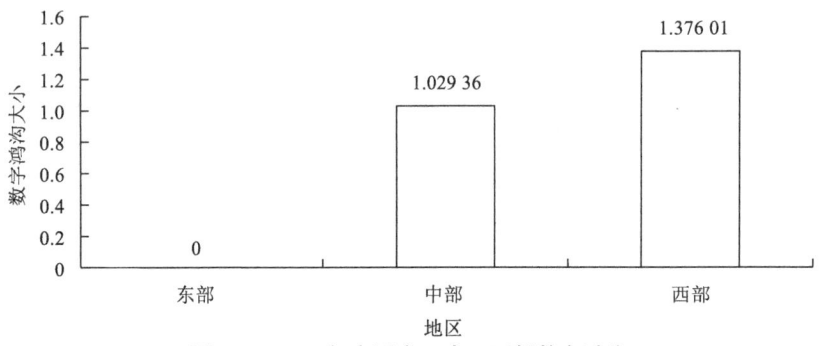

图 6-7 2007 年中国东、中、西部数字鸿沟

### 6.3.2 2014 年数字鸿沟测度

#### 6.3.2.1 数据收集

根据 6.2.2 小节中对 2014 年中国 31 个省区市 21 个指标原始数据的收集，将原始数据按照东、中、西部的分类进行加总平均，得出 2014 年中国东、中、西部原始数据（表6-21）。

表 6-21 2014 年中国东、中、西部原始数据

| 地区 | X1 | X2 | X3 | X4 | X5 | X6 | X7 | X8 | X9 | X10 | X11 |
| --- | --- | --- | --- | --- | --- | --- | --- | --- | --- | --- | --- |
| 东部 | 7.18 | 50.01 | 63.77 | 39.54 | 4.85 | 59.56 | 0.54 | 24379.02 | 4.67 | 2.41 | 4.92 |

续表

| 地区 | X1 | X2 | X3 | X4 | X5 | X6 | X7 | X8 | X9 | X10 | X11 |
|---|---|---|---|---|---|---|---|---|---|---|---|
| 中部 | 3.98 | 39.92 | 86.95 | 41.57 | 4.57 | 41.01 | 0.09 | 1666.06 | 1.72 | 1.31 | 4.78 |
| 西部 | 3.88 | 42.20 | 101.03 | 34.34 | 4.93 | 41.83 | 0.06 | 732.54 | 0.96 | 0.93 | 5.17 |

| 地区 | X12 | X13 | X14 | X15 | X16 | X17 | X18 | X19 | X20 | X21 |
|---|---|---|---|---|---|---|---|---|---|---|
| 东部 | 5.57 | 11.68 | 15.94 | 3.82 | 1.83 | 116.17 | 99.12 | 99.19 | 0.88 | 32.53 |
| 中部 | 5.57 | 4.68 | 4.01 | 4.42 | 2.33 | 80.20 | 98.56 | 97.74 | 0.29 | 34.01 |
| 西部 | 4.13 | 3.49 | 3.01 | 6.37 | 5.44 | 88.67 | 97.75 | 96.55 | 0.25 | 32.72 |

#### 6.3.2.2 测度结果及分析

1）2014年中国东、中、西部数字鸿沟数据的因子分析

同理，求解初始因子矩阵，并对其进行旋转而得到使其含义更为清晰的旋转因子载荷矩阵。这里得到两个主因子，其特征值都大于1，总共累计方差贡献率接近100%（表6-22），可见提取的两个主因子反映了原变量的大部分信息。

表6-22 主因子特征值及累计方差贡献率（2014年中国东、中、西部数字鸿沟测度）

| 因子 | 初始特征值 | | | 提取因子的载荷平方和 | | | 旋转后提取因子的载荷平方和 | | |
|---|---|---|---|---|---|---|---|---|---|
| | 特征值 | 方差贡献率 | 累计贡献率 | 特征值 | 方差贡献率 | 累计贡献率 | 特征值 | 方差贡献率 | 累计贡献率 |
| 1 | 15.428 | 73.467% | 73.467% | 15.428 | 73.467% | 73.467% | 14.162 | 67.437% | 67.437% |
| 2 | 5.572 | 26.533% | 100.000% | 5.572 | 26.533% | 100.000% | 6.838 | 32.563% | 100.000% |
| 3 | $1.008 \times 10^{-13}$ | $1.037 \times 10^{-13}$% | 100.000% | | | | | | |
| 4 | $1.007 \times 10^{-13}$ | $1.033 \times 10^{-13}$% | 100.000% | | | | | | |
| 5 | $1.005 \times 10^{-13}$ | $1.024 \times 10^{-13}$% | 100.000% | | | | | | |
| 6 | $1.004 \times 10^{-13}$ | $1.018 \times 10^{-13}$% | 100.000% | | | | | | |
| 7 | $1.003 \times 10^{-13}$ | $1.016 \times 10^{-13}$% | 100.000% | | | | | | |
| 8 | $1.002 \times 10^{-13}$ | $1.013 \times 10^{-13}$% | 100.000% | | | | | | |
| 9 | $1.003 \times 10^{-13}$ | $1.011 \times 10^{-13}$% | 100.000% | | | | | | |
| 10 | $1.002 \times 10^{-13}$ | $1.008 \times 10^{-13}$% | 100.000% | | | | | | |
| 11 | $1.001 \times 10^{-13}$ | $1.003 \times 10^{-13}$% | 100.000% | | | | | | |
| 12 | $1.000 \times 10^{-13}$ | $1.001 \times 10^{-13}$% | 100.000% | | | | | | |
| 13 | $1.000 \times 10^{-13}$ | $1.001 \times 10^{-13}$% | 100.000% | | | | | | |
| 14 | $-1.001 \times 10^{-13}$ | $-1.004 \times 10^{-13}$% | 100.000% | | | | | | |

续表

| 因子 | 初始特征值 | | | 提取因子的载荷平方和 | | | 旋转后提取因子的载荷平方和 | | |
|---|---|---|---|---|---|---|---|---|---|
| | 特征值 | 方差贡献率 | 累计贡献率 | 特征值 | 方差贡献率 | 累计贡献率 | 特征值 | 方差贡献率 | 累计贡献率 |
| 15 | $-1.001 \times 10^{-13}$ | $-1.007 \times 10^{-13}\%$ | 100.000% | | | | | | |
| 16 | $-1.002 \times 10^{-13}$ | $-1.008 \times 10^{-13}\%$ | 100.000% | | | | | | |
| 17 | $-1.002 \times 10^{-13}$ | $-1.011 \times 10^{-13}\%$ | 100.000% | | | | | | |
| 18 | $-1.004 \times 10^{-13}$ | $-1.017 \times 10^{-13}\%$ | 100.000% | | | | | | |
| 19 | $-1.004 \times 10^{-13}$ | $-1.020 \times 10^{-13}\%$ | 100.000% | | | | | | |
| 20 | $-1.005 \times 10^{-13}$ | $-1.025 \times 10^{-13}\%$ | 100.000% | | | | | | |
| 21 | $-1.009 \times 10^{-13}$ | $-1.042 \times 10^{-13}\%$ | 100.000% | | | | | | |

注：本表数据因进行了约分，可能存在偏差

为使因子变量含义更加清晰，按照方差极大法对因子载荷矩阵旋转（表6-23）。人均GDP（$X1$）、第三产业占GDP比重（$X2$）、固定资产投资占GDP比重（$X3$）、网民占总人口比例（$X6$）、每百人拥有网站数（$X7$）、人均网页字节数（$X8$）、网络用户每百人域名数（$X9$）、信息技术科研开发支出额占全地区GDP的百分比（$X10$）、每千人拥有科技活动人员数（$X13$）、每万人年批准专利数（$X14$）、每百人拥有移动电话数（$X17$）、电视人口覆盖率（$X18$）、广播人口覆盖率（$X19$）、网民IPv4拥有率（$X20$）在第一主因子上载荷较大；而社会消费品零售总额占GDP比重（$X4$），交通运输、仓储和邮政业产值占GDP比重（$X5$），交通邮电通信业从业人员占总从业人员比重（$X11$），每千人拥有大学毕业生人数（$X12$），教育经费占GDP比重（$X15$），每百万人拥有图书馆个数（$X16$），信息指数（$X21$）在第二主因子上载荷较大。

表6-23 旋转因子载荷矩阵（2014年中国东、中、西部数字鸿沟测度）

| 指标 | 因子 | |
|---|---|---|
| | 第一主因子 | 第二主因子 |
| $X1$ | 0.993* | 0.11 |
| $X2$ | 0.992* | −0.127 |
| $X3$ | −0.890* | −0.456 |
| $X4$ | 0.157 | 0.988* |
| $X5$ | 0.375 | −0.927* |
| $X6$ | 0.999* | 0.050 |
| $X7$ | 0.990* | 0.138 |
| $X8$ | 0.992* | 0.124 |

续表

| 指标 | 因子 | |
|---|---|---|
| | 第一主因子 | 第二主因子 |
| $X9$ | 0.960* | 0.281 |
| $X10$ | 0.943* | 0.332 |
| $X11$ | −0.063 | −0.998* |
| $X12$ | 0.418 | 0.909* |
| $X13$ | 0.975* | 0.223 |
| $X14$ | 0.987* | 0.159 |
| $X15$ | −0.615 | −0.788* |
| $X16$ | −0.532 | −0.847* |
| $X17$ | 0.991* | −0.137 |
| $X18$ | 0.754* | 0.657 |
| $X19$ | 0.850* | 0.528 |
| $X20$ | 0.990* | 0.143 |
| $X21$ | −0.666 | 0.746* |

*表示主因子中载荷较大的因子

由回归分析法计算出因子得分矩阵，见表6-24，并由表6-24得到因子得分函数。

表6-24 基于回归分析的因子得分矩阵（2014年中国东、中、西部数字鸿沟测度）

| 指标 | 因子 | |
|---|---|---|
| | 第一主因子 | 第二主因子 |
| $X1$ | 0.075 | −0.019 |
| $X2$ | 0.084 | −0.059 |
| $X3$ | −0.053 | −0.041 |
| $X4$ | −0.025 | 0.157 |
| $X5$ | 0.065 | −0.167 |
| $X6$ | 0.078 | −0.030 |
| $X7$ | 0.073 | −0.015 |
| $X8$ | 0.074 | −0.018 |
| $X9$ | 0.066 | 0.009 |
| $X10$ | 0.062 | 0.018 |
| $X11$ | 0.033 | −0.162 |
| $X12$ | −0.002 | 0.134 |
| $X13$ | 0.069 | −0.001 |
| $X14$ | 0.072 | −0.012 |

| 指标 | 因子 | |
|---|---|---|
| | 第一主因子 | 第二主因子 |
| X15 | −0.019 | −0.106 |
| X16 | −0.010 | −0.119 |
| X17 | 0.084 | −0.061 |
| X18 | 0.035 | 0.079 |
| X19 | 0.047 | 0.054 |
| X20 | 0.073 | −0.014 |
| X21 | −0.082 | 0.148 |

$$F_1 = 0.075X1 + 0.084X2 - 0.053X3 - 0.025X4 + 0.065X5 + 0.078X6 \\ + 0.073X7 + 0.074X8 + 0.066X9 + 0.062X10 + 0.033X11 - 0.002X12 \\ + 0.069X13 + 0.072X14 - 0.019X15 - 0.010X16 + 0.084X17 \\ + 0.035X18 + 0.047X19 + 0.073X20 - 0.082X21 \quad (6-14)$$

$$F_2 = -0.019X1 - 0.059X2 - 0.041X3 + 0.157X4 - 0.167X5 - 0.030X6 \\ - 0.015X7 - 0.018X8 + 0.009X9 + 0.018X10 - 0.162X11 + 0.134X12 \\ - 0.001X13 - 0.12X14 - 0.106X15 - 0.119X16 - 0.061X17 \\ + 0.079X18 + 0.054X19 - 0.014X20 + 0.148X21 \quad (6-15)$$

最后以这两个因子的方差贡献率为权重计算得到综合得分，公式如下：

$$f(X) = 0.67437F_1 + 0.32563F_2 \quad (6-16)$$

2）2014 年中国东、中、西部数字鸿沟的大小

将 2014 年东、中、西部三个地区标准化后的数据代入式（6-14）～式（6-16），据此得出综合得分，并进行排序，排序结果为：东部第一位，中部第二位，西部第三位（表 6-25）。

表 6-25　2014 年中国东、中、西部数字鸿沟综合得分及排序

| 地区 | 第一主因子 | 第二主因子 | 综合得分 | 排序 | 差距量 |
|---|---|---|---|---|---|
| 东部 | 1.150 06 | 0.103 37 | 0.809 23 | 1 | 0.000 00 |
| 中部 | −0.664 55 | 0.944 30 | −0.140 66 | 2 | 0.949 89 |
| 西部 | −0.485 51 | −1.047 67 | −0.668 57 | 3 | 1.477 80 |

这里仍以综合得分最高的东部为参照对象来计算东、中、西部之间的数字鸿沟，绘出2014年中国东、中、西部的数字鸿沟（图6-8）。按照层级划分标准，2014年西部与东部的数字鸿沟处于"显著"层级；中部与东部的数字鸿沟处于"不显著"层级；西部与中部的数字鸿沟处于"不显著"层级。

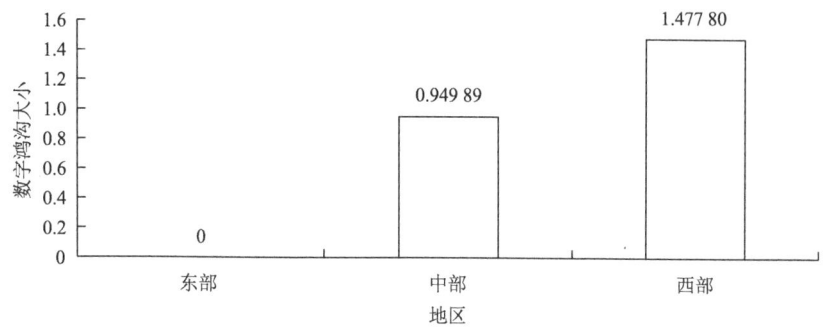

图6-8　2014年中国东、中、西部数字鸿沟

比较2007年与2014年我国东、中、西部的数字鸿沟，发现东、西部地区和东、中部地区的数字鸿沟要远远大于中、西部地区的数字鸿沟，这与前面我国31个省区市数字鸿沟的测度结果大体一致。造成这一现象的原因主要有以下三方面：第一，自然禀赋因素。中国各地区的自然地理环境具有明显的地域差异，中国自东向西，自北向南，自然禀赋梯状变化明显。中、西部地区尤其是西北、西南地区，深居内陆，交通闭塞，导致其无法与外部顺畅"链接"，而东部地区区位优势明显，对外开放程度高。同时，西部地区大多数地形或崎岖或广袤，铺设信息基础设施的投入成本大，资金回收困难，而市场经济条件下的资本总是向着收益大、效率高的方向运作，这更加加剧了东、西部地区信息基础设施方面的差距。第二，经济因素。由于20世纪80年代以来，我国一直采用非均衡发展战略进行产业布局，采取了由沿海向内地展开的梯度推进方式，在这种非均衡发展战略的引导下，无论是整体的经济发展还是信息产业的发展都呈现出由沿海向内地逐步推进，梯度化发展的态势。第三，科技创新因素。我国科技发展也呈现出显著的梯度差异及不均衡状态。东部地区得益于良好的区位条件，无论是在吸引高科技人才还是学习国外技术上都具有极大优势，而中、西部地区科技资源匮乏，科技创新能力不足。中、西部地区在自然禀赋、经济和科技创新能力方面与东部地区存在明显差距，限制了区域内信息产业的发展，造成了地区之间在经济、技术、知识和社会四个层面发展的不均衡，最终导致了区域间数字鸿沟的产生。

## 6.4 中国、美国、加拿大数字鸿沟测度

### 6.4.1 2007年数字鸿沟测度

#### 6.4.1.1 数据收集与处理

2007年中国、美国、加拿大原始数据见表6-26。其中,中国的数据与2007年31个省区市的数据来源一致,主要来自2008年《中国统计年鉴》、2008年第21次《中国互联网络发展状况统计报告》、2008年《中国科技统计年鉴》及国家统计局发布的科技统计年度数据(2007年);美国的数据主要来自《2008年美国邮政服务书》(United States Postal Service Annual Report 2008)、美国经济分析局(Bureau of Economic Analysis)及ITU;加拿大的数据主要来自《2008年加拿大邮政书》(Canada Post:2008 Annual Report)、加拿大统计局(Statistics Canada)及世界银行的官方网站。

大部分原始数据不是直接获得,而是通过计算间接得到。如固定资产投资占GDP的比重是用各国家固定资产投资额与相应GDP计算得到,社会消费品零售总额占GDP比重是用各国社会消费品零售总额与相应GDP计算得到;另外人均GDP这一指标需根据中国银行2007年的平均汇率将美元和加元折算成人民币。

表6-26 2007年中国、美国、加拿大原始数据

| 国家 | $X1$ | $X2$ | $X3$ | $X4$ | $X5$ | $X6$ | $X7$ | $X8$ | $X9$ | $X10$ | $X11$ |
|---|---|---|---|---|---|---|---|---|---|---|---|
| 中国 | 1.89 | 40.10 | 55.03 | 35.75 | 5.91 | 15.89 | 0.11 | 150.02 | 5.68 | 1.29 | 6.06 |
| 美国 | 34.73 | 78.50 | 15.50 | 9.95 | 6.20 | 73.43 | 6.60 | 3678.50 | 31.91 | 7.50 | 4.15 |
| 加拿大 | 26.38 | 78.82 | 22.60 | 5.94 | 5.26 | 72.89 | 2.43 | 2672.00 | 3.41 | 6.40 | 6.32 |

| 国家 | $X12$ | $X13$ | $X14$ | $X15$ | $X16$ | $X17$ | $X18$ | $X19$ | $X20$ | $X21$ |
|---|---|---|---|---|---|---|---|---|---|---|
| 中国 | 3.39 | 3.44 | 2.28 | 2.85 | 2.12 | 41.64 | 96.60 | 95.40 | 0.64 | 32.97 |
| 美国 | 8.95 | 24.67 | 6.06 | 5.04 | 389.01 | 86.00 | 95.00 | 93.30 | 6.35 | 49.41 |
| 加拿大 | 7.34 | 34.53 | 5.63 | 4.83 | 262 | 61.68 | 99.00 | 99.00 | 3.05 | 52.95 |

#### 6.4.1.2 测度结果及分析

1)2007年中国、美国、加拿大数字鸿沟数据的因子分析

同理,求解初始因子矩阵并对其进行旋转,得到旋转因子载荷矩阵。这里得

到两个主因子,其特征值都大于 1,总共累计方差贡献率大于 88%(表 6-27),可见提取的两个主因子反映了原变量的大部分信息。

表 6-27 主因子特征值及累计方差贡献率(2007 年中国、美国、加拿大数字鸿沟测度)

| 因子 | 初始特征值 | | | 提取因子的载荷平方和 | | | 旋转后提取因子的载荷平方和 | | |
|---|---|---|---|---|---|---|---|---|---|
| | 特征值 | 方差贡献率 | 累计贡献率 | 特征值 | 方差贡献率 | 累计贡献率 | 特征值 | 方差贡献率 | 累计贡献率 |
| 1 | 15.648 | 74.514% | 74.514% | 15.648 | 74.514% | 74.514% | 11.546 | 54.982% | 54.982% |
| 2 | 2.991 | 14.242% | 88.756% | 2.991 | 14.242% | 88.756% | 7.093 | 33.774% | 88.756% |
| 3 | 0.667 | 5.557% | 94.313% | | | | | | |
| 4 | 0.469 | 2.231% | 96.544% | | | | | | |
| 5 | 0.175 | 0.833% | 97.377% | | | | | | |
| 6 | $3.192 \times 10^{-6}$ | $1.520 \times 10^{-7}$% | 97.378% | | | | | | |
| 7 | $1.826 \times 10^{-6}$ | $9.697 \times 10^{-8}$% | 97.379% | | | | | | |
| 8 | $1.633 \times 10^{-6}$ | $7.778 \times 10^{-8}$% | 97.381% | | | | | | |
| 9 | $1.460 \times 10^{-6}$ | $6.953 \times 10^{-8}$% | 97.392% | | | | | | |
| 10 | $7.781 \times 10^{-7}$ | $3.705 \times 10^{-8}$% | 97.398% | | | | | | |
| 11 | $4.544 \times 10^{-7}$ | $2.164 \times 10^{-8}$% | 97.402% | | | | | | |
| 12 | $3.835 \times 10^{-7}$ | $1.826 \times 10^{-8}$% | 97.565% | | | | | | |
| 13 | $7.633 \times 10^{-8}$ | $3.635 \times 10^{-9}$% | 97.663% | | | | | | |
| 14 | $5.915 \times 10^{-8}$ | $2.817 \times 10^{-9}$% | 97.742% | | | | | | |
| 15 | $1.131 \times 10^{-8}$ | $5.385 \times 10^{-10}$% | 97.871% | | | | | | |
| 16 | $1.573 \times 10^{-9}$ | $7.492 \times 10^{-11}$% | 98.023% | | | | | | |
| 17 | $1.762 \times 10^{-10}$ | $8.390 \times 10^{-12}$% | 98.588% | | | | | | |
| 18 | $2.914 \times 10^{-11}$ | $1.388 \times 10^{-12}$% | 98.843% | | | | | | |
| 19 | $3.601 \times 10^{-12}$ | $1.715 \times 10^{-13}$% | 99.268% | | | | | | |
| 20 | $7.976 \times 10^{-13}$ | $3.798 \times 10^{-14}$% | 99.778% | | | | | | |
| 21 | $2.395 \times 10^{-13}$ | $1.141 \times 10^{-14}$% | 100.000% | | | | | | |

注:本表数据因进行了约分,可能存在偏差

为使因子变量含义更加清晰,按照方差极大法对因子载荷矩阵旋转(表 6-28)。由表 6-28 可知,人均 GDP($X1$),第三产业占 GDP 比重($X2$),交通运输、仓储和邮政业产值占 GDP 比重($X5$),网民占总人口比例($X6$),每百人拥有网站数($X7$),人均网页字节数($X8$),网络用户每百人域名数($X9$),信息技术科研开发支出额占全地区 GDP 的百分比（$X10$），每千人拥有科技活动人员数（$X13$），每万人年批准专利数（$X14$），每百人拥有移动电话数（$X17$），网民 IPv4 拥有率（$X20$），信息指数（$X21$）在第一主因子上载荷较大；而固定资产投资占 GDP 比重（$X3$）、社会消费品零售总额占 GDP 比重（$X4$）、交通邮电通信业从业人员占总从业人员比重（$X11$）、每千人拥有大学毕业生人数（$X12$）、教育事业费占 GDP 比重（$X15$）、每百万人拥有图书馆个数（$X16$）、电视人口覆盖率（$X18$）、广播人口覆盖率（$X19$）在第二主因子上载荷较大。

表 6-28　旋转因子载荷矩阵（2007 年中国、美国、加拿大数字鸿沟测度）

| 指标 | 因子 | |
| --- | --- | --- |
| | 第一主因子 | 第二主因子 |
| $X1$ | 0.959* | 0.282 |
| $X2$ | 0.910* | −0.415 |
| $X3$ | −0.647 | −0.762* |
| $X4$ | −0.252 | 0.968* |
| $X5$ | −0.985* | −0.873 |
| $X6$ | 0.855* | 0.519 |
| $X7$ | 0.979* | 0.204 |
| $X8$ | 0.975* | 0.223 |
| $X9$ | 0.995* | 0.101 |
| $X10$ | 0.971* | 0.240 |
| $X11$ | 0.584 | −0.812* |
| $X12$ | 0.699 | 0.715* |
| $X13$ | 0.957* | 0.290 |
| $X14$ | 0.972* | 0.235 |
| $X15$ | −0.490 | −0.872* |
| $X16$ | −0.415 | −0.910* |
| $X17$ | 0.981* | 0.195 |
| $X18$ | 0.614 | 0.789* |
| $X19$ | 0.690 | 0.724* |
| $X20$ | 0.925* | 0.380 |
| $X21$ | 0.824* | 0.566 |

\*表示主因子中载荷较大的因子

由回归分析法计算出因子得分矩阵（表 6-29）。并由表 6-29 得到因子得分函数。

表 6-29　基于回归分析的因子得分矩阵（2007 年中国、美国、加拿大数字鸿沟测度）

| 指标 | 因子 | |
| --- | --- | --- |
| | 第一主因子 | 第二主因子 |
| $X1$ | 0.070 | −0.003 |
| $X2$ | 0.112 | −0.117 |
| $X3$ | −0.010 | −0.064 |
| $X4$ | −0.088 | 0.199 |
| $X5$ | −0.080 | 0.106 |
| $X6$ | 0.045 | −0.007 |
| $X7$ | 0.077 | −0.016 |
| $X8$ | 0.076 | −0.037 |
| $X9$ | 0.086 | −0.009 |
| $X10$ | 0.074 | −0.141 |
| $X11$ | 0.108 | −0.106 |
| $X12$ | 0.018 | 0.205 |
| $X13$ | 0.070 | 0.032 |
| $X14$ | 0.075 | 0.045 |
| $X15$ | 0.012 | −0.025 |
| $X16$ | 0.022 | −0.021 |
| $X17$ | 0.078 | −0.046 |
| $X18$ | 0.005 | −0.018 |
| $X19$ | 0.016 | −0.197 |
| $X20$ | 0.061 | 0.093 |
| $X21$ | 0.039 | −0.007 |

$$\begin{aligned} F_1 = & 0.070X1 + 0.112X2 - 0.010X3 - 0.088X4 - 0.080X5 + 0.045X6 \\ & + 0.077X7 + 0.076X8 + 0.086X9 + 0.074X10 + 0.108X11 + 0.018X12 \\ & + 0.070X13 + 0.075X14 + 0.012X15 + 0.022X16 + 0.078X17 \\ & + 0.005X18 + 0.016X19 + 0.061X20 + 0.039X21 \end{aligned} \quad (6\text{-}17)$$

$$\begin{aligned} F_2 = & -0.0003X1 - 0.117X2 - 0.064X3 + 0.199X4 + 0.106X5 - 0.007X6 \\ & - 0.016X7 - 0.037X8 - 0.009X9 - 0.141X10 - 0.106X11 + 0.205X12 \\ & + 0.032X13 + 0.045X14 - 0.025X15 - 0.021X16 - 0.046X17 \\ & - 0.018X18 - 0.197X19 + 0.093X20 - 0.007X21 \end{aligned} \quad (6\text{-}18)$$

以这两个因子的方差贡献率为权重计算得到综合得分，公式如下：

$$f(X) = 0.54982F_1 + 0.33744F_2 \quad (6\text{-}19)$$

2）2007 年中国、美国、加拿大数字鸿沟的大小

将 2007 年中国、美国、加拿大标准化后的数据代入式（6-17）~式（6-19），得出综合得分，并进行排序。排序结果为：美国第一位，加拿大第二位，中国第三位（表 6-30）。

表 6-30　2007 年中国、美国、加拿大数字鸿沟综合得分及排序

| 国家 | 第一主因子 | 第二主因子 | 综合得分 | 排序 | 差距量 |
| --- | --- | --- | --- | --- | --- |
| 美国 | 3.101 26 | 2.093 48 | 2.411 56 | 1 | 0.000 00 |
| 加拿大 | 2.626 35 | 0.233 49 | 1.522 81 | 2 | 0.888 75 |
| 中国 | 0.017 42 | −0.091 13 | −0.021 17 | 3 | 2.432 73 |

这里以综合得分最高的美国为参照对象来计算中国、美国、加拿大之间的数字鸿沟，绘出 2007 年中国、美国、加拿大的数字鸿沟（图 6-9）。按照层级划分标准，2007 年中国与美国的数字鸿沟处于"极显著"层级；中国与加拿大的数字鸿沟处于"显著"层级；加拿大与美国的数字鸿沟处于"不显著"层级。

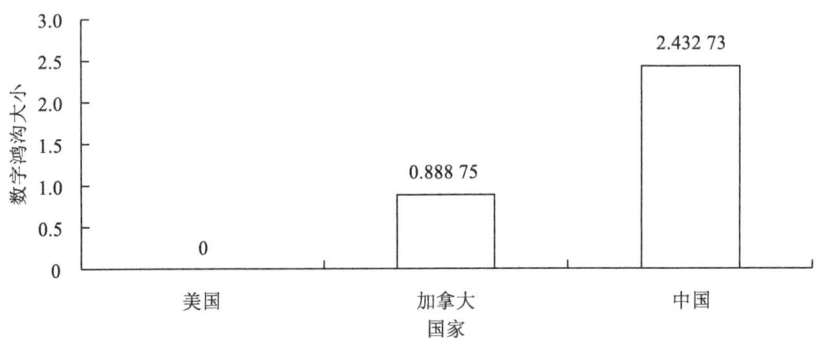

图 6-9　2007 年中国、美国、加拿大数字鸿沟

### 6.4.2　2013 年数字鸿沟测度

#### 6.4.2.1　数据收集与处理

在对 2013 年原始数据收集过程中考虑到各国相关数据的可得性与统计口径的一致性，首先将相关指标调整如下：第一，每万人年申请专利数来替代每万人年批准专利数（$X14$）；第二，高等教育入学率替代每千人拥有大学毕业生人数（$X12$）；第三，对于技术层面的每百人拥有网站数（$X7$）、人均网页字节数（$X8$），由于美国、加拿大数据不可得，这里重新选取宽带下载速度（单位：兆字节每秒）、

每百万人互联网服务商（单位：个）来反映数字鸿沟的技术层面；第四，各类统计年鉴及美国、加拿大官方网站没有直接统计电视人口覆盖率与广播人口覆盖率，因为电视与广播在美国、加拿大早已实现了全面普及，所以本书将美国、加拿大的广播人口覆盖率（$X18$）和电视人口覆盖率（$X19$）视为100%。

2013年中国、美国、加拿大的原始数据见表6-31。其中，中国的原始数据与2013年中国31个省区市的数据来源一致，主要来自《中国统计年鉴》（2014年）、《中国科技统计年鉴》（2014年）、2014年第33次《中国互联网络发展状况调查报告》。美国、加拿大的人均国内生产总值，交通运输、仓储和邮政业产值占GDP比重，每百万人互联网服务商，交通邮电通信业从业人员占总从业人员比重，每百人拥有移动电话数，信息指数均来自《国际统计年鉴》（2014年）；第三产业占GDP比重、网民占总人口比例、信息技术科研开发支出额占全地区GDP的百分比、高等教育入学率、每千人拥有科技活动人员数、每万人年申请专利数、教育经费占GDP比重均来自世界银行官方网站；固定资产总额分别来自美国经济分析局、加拿大统计局；社会消费品零售总额分别来自美国商务部官方网站和《世界统计年鉴》（2012~2013年）；IPv4地址总量均来自全球互联网数字分配机构；域名数均来自威瑞信公司（Verisign）发布的域名行业报告（2013年）；公共图书馆个数分别来自美国图书馆协会（American Library Association）和加拿大国家图书馆与档案馆（Library and Archives Canada）。数据处理方法与2007年原始数据处理方法一致。

表6-31　2013年中国、美国、加拿大原始数据

| 国家 | $X1$ | $X2$ | $X3$ | $X4$ | $X5$ | $X6$ | $X7$ | $X8$ | $X9$ | $X10$ | $X11$ |
|---|---|---|---|---|---|---|---|---|---|---|---|
| 中国 | 4.19 | 46.09 | 78.46 | 41.81 | 4.58 | 45.42 | 16.42 | 3.87 | 2.98 | 2.01 | 4.58 |
| 美国 | 32.95 | 77.99 | 17.84 | 30.25 | 5.13 | 84.20 | 20.77 | 1305.97 | 30.32 | 8.21 | 6.13 |
| 加拿大 | 32.18 | 71.60 | 25.30 | 32.48 | 7.50 | 85.80 | 18.91 | 1035.26 | 13.61 | 6.89 | 6.04 |

| 国家 | $X12$ | $X13$ | $X14$ | $X15$ | $X16$ | $X17$ | $X18$ | $X19$ | $X20$ | $X21$ |
|---|---|---|---|---|---|---|---|---|---|---|
| 中国 | 29.70 | 5.81 | 6.06 | 5.34 | 2.29 | 90.33 | 98.42 | 97.79 | 0.53 | 34.63 |
| 美国 | 89.08 | 40.19 | 18.08 | 5.22 | 386.24 | 95.53 | 100.00 | 100.00 | 5.98 | 58.43 |
| 加拿大 | 70.31 | 44.90 | 9.88 | 5.27 | 265.79 | 78.40 | 100.00 | 100.00 | 2.68 | 45.24 |

#### 6.4.2.2　测度结果及分析

1）2013年中国、美国、加拿大数字鸿沟数据的因子分析

同理，求解初始因子矩阵并对其进行旋转，得到旋转因子载荷矩阵。这里得

到两个主因子，其特征值都大于1，总共累计方差贡献率接近100%（表6-32），可见提取的两个主因子反映了原变量的大部分信息。

表6-32 主因子特征值及累计方差贡献率（2013年中国、美国、加拿大数字鸿沟测度）

| 因子 | 初始特征值 | | | 提取因子的载荷平方和 | | | 旋转后提取因子的载荷平方和 | | |
| --- | --- | --- | --- | --- | --- | --- | --- | --- | --- |
| | 特征值 | 方差贡献率 | 累计贡献率 | 特征值 | 方差贡献率 | 累计贡献率 | 特征值 | 方差贡献率 | 累计贡献率 |
| 1 | 18.052 | 85.963% | 85.963% | 18.052 | 85.963% | 85.963% | 17.279 | 82.282% | 82.282% |
| 2 | 2.948 | 14.037% | 100.000% | 2.948 | 14.037% | 100.000% | 3.721 | 17.718% | 100.000% |
| 3 | $1.01 \times 10^{-13}$ | $1.05 \times 10^{-13}$% | 100.000% | | | | | | |
| 4 | $1.01 \times 10^{-13}$ | $1.03 \times 10^{-13}$% | 100.000% | | | | | | |
| 5 | $1.01 \times 10^{-13}$ | $1.03 \times 10^{-13}$% | 100.000% | | | | | | |
| 6 | $1.00 \times 10^{-13}$ | $1.02 \times 10^{-13}$% | 100.000% | | | | | | |
| 7 | $1.00 \times 10^{-13}$ | $1.02 \times 10^{-13}$% | 100.000% | | | | | | |
| 8 | $1.00 \times 10^{-13}$ | $1.02 \times 10^{-13}$% | 100.000% | | | | | | |
| 9 | $1.00 \times 10^{-13}$ | $1.01 \times 10^{-13}$% | 100.000% | | | | | | |
| 10 | $1.00 \times 10^{-13}$ | $1.01 \times 10^{-13}$% | 100.000% | | | | | | |
| 11 | $1.00 \times 10^{-13}$ | $1.00 \times 10^{-13}$% | 100.000% | | | | | | |
| 12 | $1.00 \times 10^{-13}$ | $1.00 \times 10^{-13}$% | 100.000% | | | | | | |
| 13 | $-1.00 \times 10^{-13}$ | $-1.00 \times 10^{-13}$% | 100.000% | | | | | | |
| 14 | $-1.00 \times 10^{-13}$ | $-1.01 \times 10^{-13}$% | 100.000% | | | | | | |
| 15 | $-1.00 \times 10^{-13}$ | $-1.01 \times 10^{-13}$% | 100.000% | | | | | | |
| 16 | $-1.00 \times 10^{-13}$ | $-1.01 \times 10^{-13}$% | 100.000% | | | | | | |
| 17 | $-1.00 \times 10^{-13}$ | $-1.01 \times 10^{-13}$% | 100.000% | | | | | | |
| 18 | $-1.00 \times 10^{-13}$ | $-1.02 \times 10^{-13}$% | 100.000% | | | | | | |
| 19 | $-1.01 \times 10^{-13}$ | $-1.02 \times 10^{-13}$% | 100.000% | | | | | | |
| 20 | $-1.01 \times 10^{-13}$ | $-1.02 \times 10^{-13}$% | 100.000% | | | | | | |
| 21 | $-1.02 \times 10^{-13}$ | $-1.10 \times 10^{-13}$% | 100.000% | | | | | | |

注：本表数据因进行了约分，可能存在偏差

为使因子变量含义更加清晰，按照方差极大法对因子载荷矩阵旋转（表6-33）。由表6-33可知，人均GDP（$X1$）、第三产业占GDP比重（$X2$）、固定资产投资占GDP比重（$X3$）、社会消费品零售总额占GDP比重（$X4$）、网民占总人口比例（$X6$）、每百万人互联网服务商（$X7$）、宽带下载速度（$X8$）、网络用户每百人域名数（X9）、信息技术科研开发支出额占全地区 GDP 的百分比（X10）、交通邮电通信业从业人员占总从业人员比重（X11）、高等教育入学率（X12）、每千人拥有科技活动人员数（X13）、每万人年申请专利数（X14）、教育经费占 GDP 比重（X15）、每百万人拥有图书馆个数（X16）、电视人口覆盖率（X18）、广播人口覆盖率（X19）、网民 IPv4 拥有率（X20）、信息指数（X21）在第一主因子上载荷较大，而交通运输、仓储和邮政业产值占 GDP 比重（X5）、每百人拥有移动电话数（X17）在第二主因子上载荷较大。

表 6-33　旋转因子载荷矩阵（2013 年中国、美国、加拿大数字鸿沟测度）

| 指标 | 因子 | |
| --- | --- | --- |
| | 第一主因子 | 第二主因子 |
| X1 | 0.907* | 0.422 |
| X2 | 0.964* | 0.265 |
| X3 | −0.941* | −0.339 |
| X4 | −0.962* | −0.272 |
| X5 | 0.241 | 0.971* |
| X6 | 0.881* | 0.474 |
| X7 | 0.796* | 0.018 |
| X8 | 0.966* | 0.257 |
| X9 | 0.981* | −0.191 |
| X10 | 0.968* | 0.252 |
| X11 | 0.918* | 0.396 |
| X12 | 0.990* | 0.144 |
| X13 | 0.842* | 0.539 |
| X14 | 0.963* | −0.269 |
| X15 | −0.695* | −0.031 |
| X16 | 0.989* | 0.146 |
| X17 | 0.233 | −0.972* |
| X18 | 0.897* | 0.443 |
| X19 | 0.897* | 0.443 |
| X20 | 0.983* | −0.185 |
| X21 | 0.992* | −0.127 |

*表示主因子中载荷较大的因子

由回归分析法计算出因子得分矩阵，见表 6-34，并由表 6-34 得到因子得分函数。

表 6-34　基于回归分析的因子得分矩阵（2013 年中国、美国、加拿大数字鸿沟测度）

| 指标 | 因子 | |
|---|---|---|
|  | 第一主因子 | 第二主因子 |
| X1 | 0.037 | 0.080 |
| X2 | 0.051 | 0.026 |
| X3 | −0.045 | −0.051 |
| X4 | −0.050 | −0.028 |
| X5 | −0.044 | 0.300 |
| X6 | 0.032 | 0.099 |
| X7 | 0.069 | −0.057 |
| X8 | 0.051 | 0.023 |
| X9 | 0.081 | −0.124 |
| X10 | 0.052 | 0.021 |
| X11 | 0.039 | 0.071 |
| X12 | 0.060 | −0.015 |
| X13 | 0.025 | 0.122 |
| X14 | 0.084 | −0.148 |
| X15 | −0.068 | 0.052 |
| X16 | 0.060 | −0.014 |
| X17 | 0.077 | −0.330 |
| X18 | 0.035 | 0.088 |
| X19 | 0.035 | 0.088 |
| X20 | 0.080 | −0.122 |
| X21 | 0.077 | −0.103 |

$$\begin{aligned} F_1 = &\, 0.037X1 + 0.051X2 - 0.045X3 - 0.050X4 - 0.044X5 + 0.032X6 \\ &+ 0.069X7 + 0.051X8 + 0.081X9 + 0.052X10 + 0.039X11 + 0.060X12 \\ &+ 0.025X13 + 0.084X14 - 0.068X15 + 0.060X16 + 0.077X17 \\ &+ 0.035X18 + 0.035X19 + 0.080X20 + 0.077X21 \end{aligned} \quad (6\text{-}20)$$

$$\begin{aligned} F_2 = &\, 0.080X1 + 0.026X2 - 0.051X3 - 0.028X4 + 0.300X5 + 0.099X6 \\ &- 0.057X7 + 0.023X8 - 0.124X9 + 0.021X10 + 0.071X11 - 0.015X12 \\ &+ 0.122X13 - 0.148X14 + 0.052X15 - 0.014X16 - 0.330X17 \\ &+ 0.088X18 + 0.088X19 - 0.122X20 - 0.103X21 \end{aligned} \quad (6\text{-}21)$$

以这两个因子的方差贡献率为权重计算得到综合得分，公式如下：

$$f(X) = 0.82282F_1 + 0.17718F_2 \qquad (6\text{-}22)$$

2）2013年中国、美国、加拿大数字鸿沟的大小

将2013年中国、美国、加拿大标准化后的数据代入式（6-20）～式（6-22），得出综合得分，并进行排序。排序结果为：美国第一位，加拿大第二位，中国第三位（表6-35）。

表6-35 2013年中国、美国、加拿大数字鸿沟综合得分及排序

| 国家 | 第一主因子 | 第二主因子 | 综合得分 | 排序 | 差距量 |
| --- | --- | --- | --- | --- | --- |
| 美国 | 0.96041 | −0.64105 | 0.67666 | 1 | 0.00000 |
| 加拿大 | 0.07497 | 1.15226 | 0.26584 | 2 | 0.41082 |
| 中国 | −1.03537 | −0.51121 | −0.94250 | 3 | 1.61916 |

这里仍以综合得分最高的美国为参照对象来计算中国、美国、加拿大之间的数字鸿沟，绘出2013年中国、美国、加拿大的数字鸿沟（图6-10）。按照层级划分标准，2013年中国与美国的数字鸿沟处于"显著"层级；中国与加拿大的数字鸿沟处于"显著"层级；加拿大与美国的数字鸿沟处于"不显著"层级。

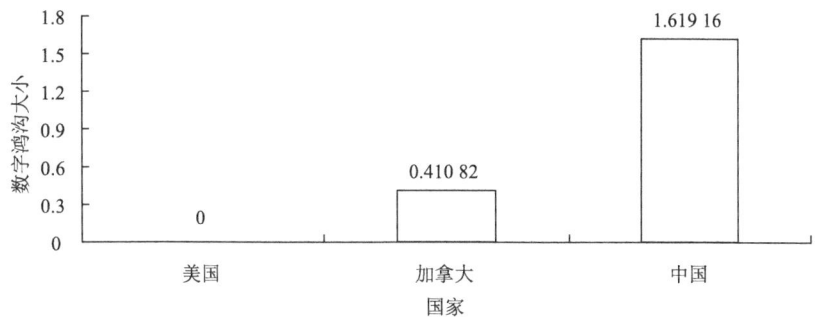

图6-10 2013年中国、美国、加拿大数字鸿沟

比较2007年与2013年中国、美国、加拿大的数字鸿沟，发现中国与美国、中国与加拿大的数字鸿沟较大，美国与加拿大的数字鸿沟较小。通过原始数据对比，可以发现我国在经济发展（人均GDP、第三产业占GDP比重）、互联网普及率（网民占总人口的比例）、信息资源（每百人拥有网站数、人均网页字节数、网络用户每百人域名数、网民IPv4拥有率）、信息研发投入（信息技术科研开发支出额占全地区GDP的百分比）、信息化人才（每千人拥有大学毕业生人数、每千人拥有科技活动人员数）、信息基础设施建设（每百万人拥有图书馆个数）方面与美国、加拿大差距较大。

造成这一现象的原因除了我国与发达国家在经济基础及科技创新方面存在差

距外，对信息化推进的政策实施力度不同，也是各个国家信息化发展差距的重要原因。美国、加拿大信息化发展较早，1982年美国"科学与工程中的大规模计算"专家小组即提出启动一个由政府、高等院校及企业参与的、全国性的、长期的发展大规模计算计划的建议；1993年美国政府颁布《国家信息基础设施行动计划：行动纲领》，并将"信息高速公路"建设作为其施政纲领，其为信息技术与信息产业的快速发展奠定了基础；1994年，加拿大政府首次公开宣布已经开始制定信息基础设施发展战略，同年加拿大工业部即提出建设"信息高速公路"的战略框架，并成立信息高速公路指导委员会，负责协助联邦政府发展和完善加拿大"信息高速公路"战略。而我国2002年10月才颁布第一个国家信息化规划，即《国民经济和社会发展第十个五年计划信息化重点专项规划》，信息化发展起步较晚。

## 6.5 陕西省数字鸿沟测度

### 6.5.1 2007年数字鸿沟测度

#### 6.5.1.1 数据收集与处理

考虑到地级市相关数据的可得性，首先将相关指标调整如下：第一，选取每百人互联网宽带用户数（单位：户）来替代网民占总人口比例（$X6$）；第二，技术层面，选取人均长途电话通话次数（单位：次）、电子商务交易额占社会消费品零售总额的比重、政府网站绩效评估总指数来替代每百人拥有网站数（$X7$）、人均网页字节数（$X8$）、网络用户每百人域名数（$X9$）；第三，每千人科学研究、技术服务从业人员替代每千人拥有科技活动人员数（$X13$）；第四，人均电话交换机总容量（单位：门）替代网民IPv4拥有率（$X20$）。

2007年陕西省原始数据见表6-36。其中人均GDP、第三产业占GDP比重、固定资产投资占GDP比重、社会消费品零售总额占GDP比重、每百万人拥有图书馆个数、每百人互联网宽带用户数、人均长途电话通话次数、每百人拥有移动电话数、电视人口覆盖率、广播人口覆盖率、人均电话交换机总容量来自《陕西统计年鉴》（2014年）；信息技术科研开发支出额占全地区GDP的百分比、交通邮电通信业从业人员占总从业人员比重、每千人科学研究、技术服务从业人员，教育经费占GDP比重来自《中国城市统计年鉴》（2014年）；每万人年批准专利数来自各地级市国民经济与社会发展统计公报（2015年）；交通运输、仓储及邮政业产值占GDP比重，每千人拥有大学毕业生人数，信息指数来自各地级市2014年统计年鉴；电子商务交易额占社会社会消费品零售总额的比重来自中国电子商务研究中心；政府网站绩效评估指数来自《第十二届（2013年）中国政府网站绩效评估报告》。

表 6-36 2007 年陕西省原始数据

| 地区 | X1 | X2 | X3 | X4 | X5 | X6 | X7 | X8 | X9 | X10 | X11 |
|---|---|---|---|---|---|---|---|---|---|---|---|
| 西安 | 2.13 | 51.52 | 81.38 | 52.25 | 4.74 | 9.64 | 60.09 | 22.10 | 56.39 | 0.13 | 7.50 |
| 铜川 | 1.23 | 35.17 | 55.48 | 29.01 | 2.87 | 4.06 | 30.35 | 1.32 | 23.03 | 0.09 | 3.53 |
| 宝鸡 | 1.55 | 30.33 | 54.35 | 32.31 | 4.04 | 4.21 | 24.00 | 12.64 | 25.99 | 0.11 | 5.66 |
| 咸阳 | 1.18 | 34.14 | 67.06 | 30.84 | 5.46 | 2.92 | 16.48 | 5.62 | 27.01 | 0.07 | 2.58 |
| 渭南 | 0.78 | 34.71 | 50.84 | 28.58 | 5.29 | 2.57 | 18.27 | 7.99 | 10.55 | 0.07 | 2.52 |
| 延安 | 2.87 | 12.14 | 51.69 | 9.84 | 3.58 | 3.78 | 24.49 | 4.24 | 26.17 | 0.16 | 3.08 |
| 汉中 | 0.84 | 37.47 | 41.05 | 29.75 | 4.88 | 2.90 | 14.76 | 4.88 | 28.88 | 0.11 | 3.92 |
| 榆林 | 2.03 | 18.48 | 67.15 | 14.17 | 2.48 | 2.97 | 23.35 | 1.78 | 18.55 | 0.16 | 3.20 |
| 安康 | 0.71 | 42.49 | 78.85 | 33.41 | 3.87 | 2.63 | 18.15 | 0.88 | 29.31 | 0.13 | 3.63 |
| 商洛 | 0.57 | 38.45 | 98.22 | 35.93 | 5.22 | 1.64 | 13.81 | 5.22 | 8.79 | 0.12 | 4.34 |
| 关中 | 1.37 | 37.17 | 61.82 | 34.60 | 4.48 | 4.68 | 29.84 | 9.93 | 28.59 | 0.09 | 4.36 |
| 陕南 | 0.71 | 39.47 | 72.71 | 33.03 | 4.66 | 2.39 | 15.57 | 3.66 | 22.33 | 0.12 | 3.96 |
| 陕北 | 2.45 | 15.31 | 59.42 | 7.13 | 3.03 | 3.38 | 23.92 | 3.01 | 22.36 | 0.16 | 3.14 |

| 地区 | X12 | X13 | X14 | X15 | X16 | X17 | X18 | X19 | X20 | X21 |
|---|---|---|---|---|---|---|---|---|---|---|
| 西安 | 18.25 | 9.78 | 3.05 | 1.46 | 1.69 | 80.02 | 98.33 | 99.37 | 0.61 | 32.64 |
| 铜川 | 0.67 | 1.20 | 0.34 | 3.25 | 5.98 | 45.31 | 98.89 | 94.29 | 0.40 | 30.78 |
| 宝鸡 | 1.54 | 0.96 | 0.50 | 2.31 | 3.19 | 33.24 | 99.05 | 99.13 | 0.37 | 31.56 |
| 咸阳 | 4.26 | 1.30 | 0.66 | 2.75 | 2.40 | 36.15 | 99.04 | 99.03 | 0.26 | 31.78 |
| 渭南 | 1.81 | 1.31 | 0.25 | 3.71 | 2.03 | 36.98 | 92.67 | 88.32 | 0.28 | 34.56 |
| 延安 | 1.78 | 1.22 | 0.14 | 2.78 | 6.09 | 70.05 | 96.87 | 94.71 | 0.35 | 34.58 |
| 汉中 | 1.34 | 1.40 | 0.25 | 4.08 | 3.14 | 31.36 | 96.19 | 95.59 | 0.31 | 29.59 |
| 榆林 | 1.37 | 1.05 | 0.09 | 3.40 | 3.61 | 55.53 | 90.27 | 89.67 | 0.31 | 30.69 |
| 安康 | 0.58 | 0.98 | 0.09 | 5.13 | 4.15 | 30.14 | 90.84 | 86.43 | 0.30 | 22.56 |
| 商洛 | 0.58 | 0.71 | 0.08 | 7.20 | 3.36 | 23.49 | 96.20 | 90.12 | 0.25 | 30.59 |
| 关中 | 5.31 | 2.91 | 0.96 | 2.70 | 3.06 | 46.34 | 97.60 | 96.03 | 0.38 | 32.26 |
| 陕南 | 0.83 | 1.03 | 0.14 | 5.47 | 3.55 | 28.33 | 94.41 | 90.71 | 0.29 | 27.58 |
| 陕北 | 1.58 | 1.14 | 0.12 | 3.09 | 4.85 | 62.79 | 93.57 | 92.19 | 0.33 | 32.64 |

根据地理环境和人文民俗,陕西省分为三大地区,其中,关中地区包括铜川、

渭南、咸阳、宝鸡、西安五个地级市；陕南地区包括商洛、安康、汉中三个地级市；陕北地区包括榆林、延安两个地级市。根据对 2007 年陕西省 10 个地级市原始数据的收集，将原始数据按照关中、陕南、陕北的分类进行加总平均，可进一步得到三大地区的原始数据（表 6-36）。数据的处理方法与我国 31 个省区市原始数据处理方法一致。

#### 6.5.1.2 测度结果及分析

1）2007 年陕西省数字鸿沟数据的因子分析

同理，求解初始因子矩阵并对其进行旋转，得到旋转因子载荷矩阵。这里得到四个主因子，其特征值都大于 1，总共累计方差贡献率接近 90%（表 6-37），可见提取的四个主因子反映了原变量的大部分信息。

表 6-37 主因子特征值及累计方差贡献率（2007 年陕西省数字鸿沟测度）

| 因子 | 初始特征值 | | | 提取因子的载荷平方和 | | | 旋转后提取因子的载荷平方和 | | |
|---|---|---|---|---|---|---|---|---|---|
| | 特征值 | 方差贡献率 | 累计贡献率 | 特征值 | 方差贡献率 | 累计贡献率 | 特征值 | 方差贡献率 | 累计贡献率 |
| 1 | 10.249 | 48.806% | 48.806% | 10.249 | 48.806% | 48.806% | 9.610 | 45.764% | 45.764% |
| 2 | 4.939 | 23.520% | 72.326% | 4.939 | 23.520% | 72.326% | 4.053 | 19.299% | 65.063% |
| 3 | 2.449 | 11.663% | 83.989% | 2.449 | 11.663% | 83.989% | 2.872 | 13.674% | 78.738% |
| 4 | 1.178 | 5.609% | 89.598% | 1.178 | 5.609% | 89.598% | 2.281 | 10.860% | 89.598% |
| 5 | 0.866 | 4.122% | 93.720% | | | | | | |
| 6 | 0.540 | 2.570% | 96.291% | | | | | | |
| 7 | 0.419 | 1.994% | 98.285% | | | | | | |
| 8 | 0.275 | 1.310% | 99.595% | | | | | | |
| 9 | 0.078 | 0.370% | 99.965% | | | | | | |
| 10 | 0.007 | 0.035% | 100.000% | | | | | | |
| 11 | $1.01 \times 10^{-13}$ | $1.04 \times 10^{-13}$% | 100.000% | | | | | | |
| 12 | $1.01 \times 10^{-13}$ | $1.03 \times 10^{-13}$% | 100.000% | | | | | | |
| 13 | $1.01 \times 10^{-13}$ | $1.02 \times 10^{-13}$% | 100.000% | | | | | | |
| 14 | $1.00 \times 10^{-13}$ | $1.02 \times 10^{-13}$% | 100.000% | | | | | | |
| 15 | $1.00 \times 10^{-13}$ | $1.01 \times 10^{-13}$% | 100.000% | | | | | | |
| 16 | $-1.00 \times 10^{-13}$ | $-1.00 \times 10^{-13}$% | 100.000% | | | | | | |
| 17 | $-1.00 \times 10^{-13}$ | $-1.00 \times 10^{-13}$% | 100.000% | | | | | | |
| 18 | $-1.00 \times 10^{-13}$ | $-1.01 \times 10^{-13}$% | 100.000% | | | | | | |
| 19 | $-1.00 \times 10^{-13}$ | $-1.02 \times 10^{-13}$% | 100.000% | | | | | | |
| 20 | $-1.00 \times 10^{-13}$ | $-1.02 \times 10^{-13}$% | 100.000% | | | | | | |
| 21 | $-1.01 \times 10^{-13}$ | $-1.04 \times 10^{-13}$% | 100.000% | | | | | | |

注：本表数据因进行了约分，可能存在偏差

为使因子变量含义更加清晰,按照方差极大法对因子载荷矩阵旋转(表6-38)。由表6-38可知,每百人互联网宽带用户数($X6$)、人均长途电话通话次数($X7$)、电子商务交易额占社会销售品零售总额的比重($X8$)、政府网站绩效评估总指数($X9$)、交通邮电通信业从业人员占总从业人员比重($X11$)、每千人拥有大学毕业生人数($X12$)、每千人科学研究、技术服务从业人员($X13$)、每万人年批准专利数($X14$)、教育经费占GDP比重($X15$)、每百人拥有移动电话数($X17$)、人均电话交换机总容量($X20$)在第一主因子上载荷较大,其中,每百人互联网宽带用户数($X6$)、人均长途电话通话次数($X7$)、人均电话交换机总容量($X20$)这些指标影响较大,主要反映了网络发展情况,可称为网络发展因子;社会消费品零售总额占GDP比重($X4$),交通运输、仓储和邮政业产值占GDP比重($X5$),信息技术科研开发支出额占全地区GDP的百分比($X10$),每百万人拥有图书馆个数($X16$)在第二主因子上载荷较大,其中,交通运输、仓储和邮政业产值占GDP比重影响较大,主要反映了信息产业的发展情况,可称为信息产业因子;人均GDP($X1$)、第三产业占GDP比重($X2$)、信息指数($X21$)在第三主因子上载荷较大,其中信息指数影响较大,主要反映了信息消费情况,可称为信息消费因子;固定资产投资占GDP比重($X3$)、电视人口覆盖率($X18$)、广播人口覆盖率($X19$)在第四主因子上载荷较大,其中电视人口覆盖率、广播人口覆盖率的影响较大,主要反映了信息普及情况,可称为信息普及因子。

表6-38 旋转因子载荷矩阵(2007年陕西省数字鸿沟测度)

| 指标 | 因子 | | | |
| --- | --- | --- | --- | --- |
| | 第一主因子 | 第二主因子 | 第三主因子 | 第四主因子 |
| $X1$ | 0.402 | −0.630 | 0.631* | 0.024 |
| $X2$ | 0.425 | 0.622 | −0.623* | 0.048 |
| $X3$ | 0.272 | 0.205 | −0.458 | −0.548* |
| $X4$ | 0.543 | 0.640* | −0.514 | 0.126 |
| $X5$ | 0.010 | 0.917* | −0.062 | 0.077 |
| $X6$ | 0.970* | −0.024 | 0.127 | 0.180 |
| $X7$ | 0.955* | −0.106 | 0.127 | 0.077 |
| $X8$ | 0.816* | 0.432 | 0.191 | 0.154 |
| $X9$ | 0.888* | −0.079 | −0.102 | 0.216 |
| $X10$ | 0.195 | −0.734* | 0.094 | −0.490 |
| $X11$ | 0.842* | 0.132 | −0.260 | 0.099 |
| $X12$ | 0.945* | 0.247 | 0.140 | 0.001 |
| $X13$ | 0.967* | 0.187 | 0.066 | −0.036 |

续表

| 指标 | 因子 | | | |
|---|---|---|---|---|
| | 第一主因子 | 第二主因子 | 第三主因子 | 第四主因子 |
| $X14$ | 0.951* | 0.265 | 0.063 | 0.105 |
| $X15$ | −0.548* | 0.177 | −0.547 | −0.460 |
| $X16$ | −0.317 | −0.852* | −0.075 | 0.166 |
| $X17$ | 0.669* | −0.457 | 0.546 | −0.071 |
| $X18$ | 0.318 | 0.193 | 0.024 | 0.830* |
| $X19$ | 0.496 | 0.112 | 0.232 | 0.745* |
| $X20$ | 0.946* | −0.140 | 0.045 | 0.194 |
| $X21$ | 0.147 | 0.121 | 0.875* | 0.245 |

*表示主因子中载荷较大的因子

由回归分析法计算出因子得分矩阵（表6-39），并由表6-39得到因子得分函数。

表6-39 基于回归分析的因子得分矩阵（2007年陕西省数字鸿沟测度）

| 指标 | 因子 | | | |
|---|---|---|---|---|
| | 第一主因子 | 第二主因子 | 第三主因子 | 第四主因子 |
| $X1$ | 0.046 | −0.103 | 0.169 | −0.053 |
| $X2$ | 0.051 | 0.061 | −0.215 | 0.043 |
| $X3$ | 0.078 | 0.032 | −0.099 | −0.269 |
| $X4$ | 0.056 | 0.075 | −0.176 | 0.057 |
| $X5$ | −0.037 | 0.294 | 0.147 | −0.059 |
| $X6$ | 0.104 | −0.042 | −0.016 | 0.022 |
| $X7$ | 0.111 | −0.057 | −0.013 | −0.025 |
| $X8$ | 0.066 | 0.139 | 0.126 | −0.053 |
| $X9$ | 0.103 | −0.111 | −0.148 | 0.099 |
| $X10$ | 0.079 | −0.180 | −0.022 | −0.219 |
| $X11$ | 0.103 | −0.055 | −0.161 | 0.039 |
| $X12$ | 0.100 | 0.078 | 0.084 | −0.115 |
| $X13$ | 0.111 | 0.045 | 0.039 | −0.116 |
| $X14$ | 0.097 | 0.055 | 0.028 | −0.043 |
| $X15$ | −0.023 | 0.024 | −0.132 | −0.148 |
| $X16$ | −0.012 | −0.319 | −0.238 | 0.236 |
| $X17$ | 0.081 | −0.060 | 0.169 | −0.129 |
| $X18$ | −0.020 | −0.045 | −0.119 | 0.428 |

续表

| 指标 | 因子 | | | |
|---|---|---|---|---|
| | 第一主因子 | 第二主因子 | 第三主因子 | 第四主因子 |
| $X19$ | 0.001 | −0.025 | −0.021 | 0.339 |
| $X20$ | 0.108 | −0.100 | −0.084 | 0.062 |
| $X21$ | −0.039 | 0.191 | 0.423 | −0.051 |

$$\begin{aligned}F_1 =\ & 0.046X1+0.051X2+0.078X3+0.056X4-0.037X5+0.104X6 \\ & +0.111X7+0.066X8+0.103X9+0.079X10+0.103X11+0.100X12 \\ & +0.111X13+0.097X14-0.023X15-0.012X16+0.081X17 \\ & -0.020X18+0.001X19+0.108X20-0.039X21\end{aligned} \quad (6-23)$$

$$\begin{aligned}F_2 =\ & -0.103X1+0.061X2+0.032X3+0.075X4+0.294X5-0.042X6 \\ & -0.057X7+0.139X8-0.111X9-0.180X10-0.055X11+0.078X12 \\ & +0.045X13+0.055X14+0.024X15-0.319X16-0.060X17 \\ & -0.045X18-0.025X19-0.100X20+0.191X21\end{aligned} \quad (6-24)$$

$$\begin{aligned}F_3 =\ & 0.169X1-0.215X2-0.099X3-0.176X4+0.147X5-0.016X6 \\ & -0.013X7+0.126X8-0.148X9-0.022X10-0.161X11+0.084X12 \\ & +0.039X13+0.028X14-0.132X15-0.238X16+0.169X17 \\ & -0.119X18-0.021X19-0.084X20+0.423X21\end{aligned} \quad (6-25)$$

$$\begin{aligned}F_4 =\ & -0.053X1+0.043X2-0.269X3+0.057X4-0.059X5+0.022X6 \\ & -0.025X7-0.053X8+0.099X9-0.219X10+0.039X11-0.115X12 \\ & -0.116X13-0.043X14-0.148X15+0.236X16-0.129X17 \\ & +0.428X18+0.339X19+0.062X20-0.051X21\end{aligned} \quad (6-26)$$

最后以这四个因子的方差贡献率为权重计算得到综合得分，公式如下：

$$f(X) = 0.457\,64F_1 + 0.192\,99F_2 + 0.136\,74F_3 + 0.108\,60F_4 \quad (6-27)$$

2）2007年陕西省数字鸿沟的大小

将2007年陕西省的数据标准化后代入式（6-23）～式（6-27），得出综合得分并进行排序（表6-40）。

表 6-40　2007 年陕西省综合得分及排序

| 地区 | 第一主因子 | 第二主因子 | 第三主因子 | 第四主因子 | 综合得分 | 排序 | 差距 |
| --- | --- | --- | --- | --- | --- | --- | --- |
| 西安 | 3.176 89 | 0.520 91 | 0.066 60 | -0.343 99 | 1.526 15 | 1 | 0.000 00 |
| 铜川 | -0.164 21 | -1.091 62 | -0.888 61 | 1.556 13 | -0.238 33 | 7 | 1.764 48 |
| 宝鸡 | 0.081 24 | 0.028 98 | -0.066 66 | 1.384 63 | 0.184 03 | 2 | 1.342 12 |
| 咸阳 | -0.485 29 | 1.164 53 | 0.493 17 | 0.997 14 | 0.178 38 | 3 | 1.347 77 |
| 渭南 | -0.801 14 | 1.675 44 | 1.362 18 | -0.706 37 | 0.066 26 | 4 | 1.459 89 |
| 延安 | -0.139 61 | -1.471 5 | 1.277 53 | 0.313 47 | -0.139 14 | 6 | 1.665 29 |
| 汉中 | -0.463 92 | 0.344 69 | -0.345 72 | 0.827 21 | -0.103 23 | 5 | 1.629 38 |
| 榆林 | -0.193 24 | -0.998 46 | 0.697 47 | -1.477 69 | -0.346 23 | 9 | 1.872 38 |
| 安康 | -0.172 54 | -0.562 07 | -1.986 32 | -1.076 22 | -0.575 92 | 10 | 2.102 07 |
| 商洛 | -0.598 89 | 0.950 54 | -0.813 32 | -1.022 61 | -0.312 90 | 8 | 1.839 05 |
| 关中 | 0.361 50 | 0.459 65 | 0.193 34 | 0.577 51 | 0.343 30 | 1 | 0.000 00 |
| 陕南 | -0.411 78 | 0.244 39 | -1.048 46 | -0.423 88 | -0.330 68 | 3 | 0.673 98 |
| 陕北 | -0.189 01 | -1.265 49 | 1.058 8 | -0.605 32 | -0.251 68 | 2 | 0.594 98 |

以综合得分最高的西安为参照对象，计算 10 个地级市之间的数字鸿沟（图 6-11）。从得分情况来看，西安综合得分为 1.526 15，处于遥遥领先的地位；其次是宝鸡和咸阳，得分为 0.184 03 和 0.178 38；然后是渭南、汉中、延安、铜川，得分分别为 0.066 26、-0.103 23、-0.139 14、-0.238 33，属于中等水平；接下来商洛和榆林的得分分别为 -0.312 90 和 -0.346 23；排在最后一位的安康是 -0.575 92。按照层级划分标准，2007 年宝鸡、咸阳、渭南、汉中、延安、铜川、商洛、榆林与西安的数字鸿沟处于"显著"层级，安康与西安的数字鸿沟处于"极显著"层级。

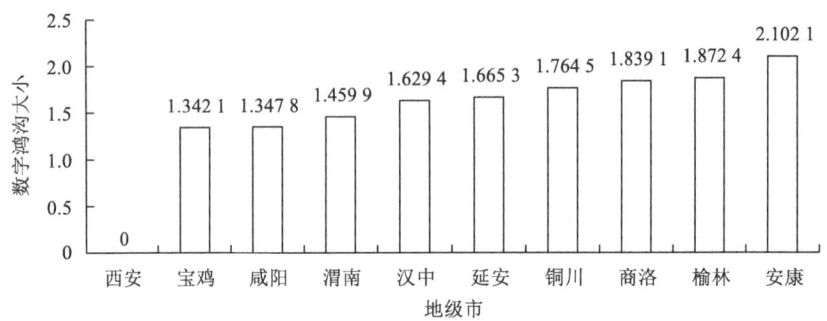

图 6-11　2007 年陕西省 10 个地级市数字鸿沟

从地区来看,以综合得分最高的关中为参照对象,计算三大地区之间的数字鸿沟(图 6-12)。从得分情况来看,陕南、陕北与关中的差距量比较大,其中,陕南与关中的差距量为 0.673 98,陕北与关中的差距量为 0.594 98,而陕南、陕北之间的差距量相对较小,仅为 0.079 00。按照层级划分标准,陕南与关中、陕北与关中、陕南与陕北之间的数字鸿沟均处于"不显著"层级。

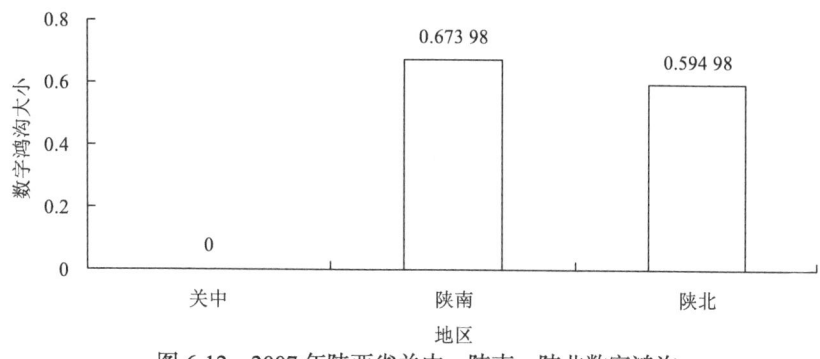

图 6-12　2007 年陕西省关中、陕南、陕北数字鸿沟

### 6.5.2　2013 年数字鸿沟测度

#### 6.5.2.1　数据收集与处理

2013 年陕西省原始数据见表 6-41。其中人均 GDP、第三产业占 GDP 比重、固定资产投资占 GDP 比重、社会消费品零售总额占 GDP 比重、每百万人拥有图书馆个数、每百人拥有移动电话数、电视人口覆盖率、广播人口覆盖率来自《陕西统计年鉴》(2014 年),信息技术科研开发支出额占全地区 GDP 的百分比、交通邮电通信业从业人员占总从业人员比重,每千人科学研究、技术服务从业人员,教育经费占 GDP 比重来自《中国城市统计年鉴》(2014 年);每万人年批准专利数来自各地级市 2015 年国民经济与社会发展统计公报;交通运输、仓储和邮政业产值占 GDP 比重、人均长途电话通话次数、每千人拥有大学毕业生人数、人均电话交换机总容量、信息指数来自各地级市 2014 年统计年鉴;电子商务交易额占社会消费品零售总额的比重来自中国电子商务研究中心;政府网站绩效评估指数来自《第十二届(2013 年)中国政府网站绩效评估报告》。将 10 个地级市的原始数据按照地区进行分类,得到 2013 年关中、陕南、陕北的原始数据。

数据的处理方法与我国 31 个省区市原始数据的处理方法一致。

表 6-41　2013 年陕西省原始数据

| 地区 | X1 | X2 | X3 | X4 | X5 | X6 | X7 | X8 | X9 | X10 | X11 |
|---|---|---|---|---|---|---|---|---|---|---|---|
| 西安 | 5.70 | 52.18 | 105.13 | 52.83 | 4.40 | 25.72 | 53.34 | 38.79 | 66.40 | 0.16 | 6.16 |

续表

| 地区 | X1 | X2 | X3 | X4 | X5 | X6 | X7 | X8 | X9 | X10 | X11 |
|---|---|---|---|---|---|---|---|---|---|---|---|
| 铜川 | 3.82 | 26.45 | 80.76 | 22.99 | 3.29 | 10.19 | 21.03 | 2.07 | 36.60 | 0.13 | 2.33 |
| 宝鸡 | 4.13 | 23.99 | 108.01 | 30.62 | 4.51 | 10.85 | 19.06 | 25.94 | 39.00 | 0.13 | 4.63 |
| 咸阳 | 3.77 | 25.20 | 110.44 | 24.87 | 3.04 | 9.45 | 8.44 | 11.35 | 64.10 | 0.08 | 1.65 |
| 渭南 | 2.53 | 29.90 | 108.79 | 27.88 | 4.84 | 11.42 | 15.20 | 11.31 | 50.80 | 0.13 | 2.46 |
| 延安 | 6.15 | 19.84 | 97.56 | 12.66 | 3.67 | 9.72 | 16.76 | 6.87 | 36.00 | 0.15 | 3.33 |
| 汉中 | 2.58 | 34.74 | 77.04 | 28.14 | 5.99 | 9.51 | 12.75 | 7.84 | 28.90 | 0.15 | 3.30 |
| 榆林 | 8.46 | 25.35 | 64.21 | 10.83 | 2.76 | 10.27 | 13.25 | 2.76 | 44.80 | 0.17 | 4.94 |
| 安康 | 2.29 | 31.86 | 79.82 | 28.40 | 4.92 | 9.63 | 13.09 | 1.49 | 37.10 | 0.10 | 2.62 |
| 商洛 | 2.18 | 32.38 | 97.12 | 23.84 | 6.45 | 6.89 | 12.09 | 10.96 | 27.40 | 0.14 | 3.70 |
| 关中 | 3.99 | 31.54 | 102.63 | 31.84 | 4.02 | 13.53 | 23.41 | 17.89 | 51.38 | 0.13 | 3.45 |
| 陕南 | 2.35 | 32.99 | 84.66 | 26.79 | 5.79 | 8.68 | 12.64 | 6.76 | 31.13 | 0.13 | 3.21 |
| 陕北 | 7.31 | 22.60 | 80.89 | 11.75 | 3.22 | 10.00 | 15.01 | 4.82 | 40.40 | 0.16 | 4.14 |

| 地区 | X12 | X13 | X14 | X15 | X16 | X17 | X18 | X19 | X20 | X21 |
|---|---|---|---|---|---|---|---|---|---|---|
| 西安 | 21.81 | 14.17 | 18.65 | 2.32 | 1.64 | 176.67 | 98.84 | 99.47 | 2.56 | 35.76 |
| 铜川 | 0.99 | 1.31 | 0.98 | 5.13 | 5.95 | 74.66 | 99.93 | 99.58 | 1.79 | 31.56 |
| 宝鸡 | 2.47 | 1.45 | 3.43 | 3.49 | 3.48 | 66.97 | 99.95 | 99.92 | 1.39 | 32.77 |
| 咸阳 | 6.09 | 1.62 | 1.78 | 3.29 | 2.43 | 68.52 | 99.31 | 98.97 | 1.28 | 32.06 |
| 渭南 | 0.80 | 1.56 | 0.99 | 4.93 | 2.07 | 63.45 | 96.75 | 94.95 | 1.17 | 32.44 |
| 延安 | 3.02 | 1.73 | 1.57 | 4.21 | 6.37 | 91.88 | 99.86 | 99.40 | 2.10 | 36.61 |
| 汉中 | 3.15 | 1.81 | 2.54 | 5.15 | 3.51 | 62.96 | 98.95 | 97.64 | 1.19 | 30.28 |
| 榆林 | 1.19 | 1.88 | 0.71 | 3.45 | 3.57 | 96.38 | 96.41 | 96.47 | 1.85 | 31.50 |
| 安康 | 1.91 | 1.06 | 0.49 | 8.05 | 4.18 | 60.47 | 94.50 | 89.81 | 1.15 | 24.73 |
| 商洛 | 1.75 | 1.49 | 0.56 | 7.55 | 3.42 | 48.30 | 98.59 | 95.20 | 0.86 | 34.92 |
| 关中 | 6.43 | 4.02 | 5.17 | 3.83 | 3.11 | 90.05 | 98.96 | 98.58 | 1.64 | 32.92 |
| 陕南 | 2.27 | 1.45 | 1.20 | 6.92 | 3.70 | 57.24 | 97.35 | 94.22 | 1.07 | 29.98 |
| 陕北 | 2.11 | 1.81 | 1.14 | 3.83 | 4.97 | 94.13 | 98.14 | 97.94 | 1.98 | 34.06 |

#### 6.5.2.2 测度结果及分析

1) 2013年陕西省数字鸿沟数据的因子分析

同理,求解初始因子矩阵并对其进行旋转,得到旋转因子载荷矩阵。这里得到四个主因子,其特征值都大于1,总共累计方差贡献率超过了90%(表6-42),可见提取的四个主因子反映了原变量的大部分信息。

表6-42  主因子特征值及累计方差贡献率(2013年陕西省数字鸿沟测度)

| 因子 | 初始特征值 | | | 提取因子的载荷平方和 | | | 旋转后提取因子的载荷平方和 | | |
|---|---|---|---|---|---|---|---|---|---|
| | 特征值 | 方差贡献率 | 累计贡献率 | 特征值 | 方差贡献率 | 累计贡献率 | 特征值 | 方差贡献率 | 累计贡献率 |
| 1 | 10.348 | 49.276% | 49.276% | 10.348 | 49.276% | 49.276% | 8.820 | 42.001% | 42.001% |
| 2 | 4.373 | 20.823% | 70.098% | 4.373 | 20.823% | 70.098% | 3.856 | 18.363% | 60.364% |
| 3 | 2.559 | 12.188% | 82.286% | 2.559 | 12.188% | 82.286% | 3.431 | 16.339% | 76.703% |
| 4 | 1.803 | 8.587% | 90.873% | 1.803 | 8.587% | 90.873% | 2.976 | 14.170% | 90.873% |
| 5 | 0.893 | 4.254% | 95.127% | | | | | | |
| 6 | 0.475 | 2.263% | 97.390% | | | | | | |
| 7 | 0.324 | 1.542% | 98.932% | | | | | | |
| 8 | 0.159 | 0.758% | 99.690% | | | | | | |
| 9 | 0.065 | 0.310% | 100.000% | | | | | | |
| 10 | $1.01 \times 10^{-13}$ | $1.03 \times 10^{-13}$% | 100.000% | | | | | | |
| 11 | $1.00 \times 10^{-13}$ | $1.02 \times 10^{-13}$% | 100.000% | | | | | | |
| 12 | $1.00 \times 10^{-13}$ | $1.01 \times 10^{-13}$% | 100.000% | | | | | | |
| 13 | $1.00 \times 10^{-13}$ | $1.01 \times 10^{-13}$% | 100.000% | | | | | | |
| 14 | $1.00 \times 10^{-13}$ | $1.00 \times 10^{-13}$% | 100.000% | | | | | | |
| 15 | $-1.00 \times 10^{-13}$ | $-1.00 \times 10^{-13}$% | 100.000% | | | | | | |
| 16 | $-1.00 \times 10^{-13}$ | $-1.00 \times 10^{-13}$% | 100.000% | | | | | | |
| 17 | $-1.00 \times 10^{-13}$ | $-1.01 \times 10^{-13}$% | 100.000% | | | | | | |
| 18 | $-1.00 \times 10^{-13}$ | $-1.01 \times 10^{-13}$% | 100.000% | | | | | | |
| 19 | $-1.00 \times 10^{-13}$ | $-1.02 \times 10^{-13}$% | 100.000% | | | | | | |
| 20 | $-1.01 \times 10^{-13}$ | $-1.02 \times 10^{-13}$% | 100.000% | | | | | | |
| 21 | $-1.01 \times 10^{-13}$ | $-1.05 \times 10^{-13}$% | 100.000% | | | | | | |

注:本表数据因进行了约分,可能存在偏差

为使因子变量含义更加清晰,按照方差极大法对因子载荷矩阵旋转(表6-43)。由表6-43可知,第三产业占GDP比重($X2$)、社会消费品零售总额占GDP比重($X4$)、网民占总人口比例($X6$)、人均长途电话通话次数($X7$)、电子商务交易额占社会消费品零售总额的比重($X8$)、每千人拥有大学毕业生人数($X12$)、每千人科学研究、技术服务从业人员($X13$)、每万人年申请专利数($X14$)、每百万人拥有图书馆个数($X16$)、每百人拥有移动电话数($X17$)在第一主因子上载荷较大，其中，每千人拥有大学毕业生人数、每千人科学研究、技术服务从业人员、网民占总人口比例影响较大，主要反映信息主体情况，可称为信息主体因子；人均GDP（$X1$），交通运输、仓储和邮政业产值占GDP比重（$X5$），政府网站绩效评估总指数（$X9$），教育经费占GDP比重（$X15$），人均电话交换机总容量（$X20$）在第二主因子上载荷较大，其中，交通运输、仓储和邮政业产值占GDP比重影响较大，主要反映信息产业的发展情况，可称为信息产业因子；电视人口覆盖率（$X18$）、广播人口覆盖率（$X19$）、信息指数（$X21$）在第三主因子上载荷较大，其中电视人口覆盖率、广播人口覆盖率的影响较大，主要反映信息普及情况，可称为信息普及因子。固定资产投资占GDP比重（$X3$）、信息技术科研开发支出额占全地区GDP的百分比（$X10$）、交通邮电通信业从业人员占总从业人员比重（$X11$）在第四主因子上载荷较大，其中，信息技术科研开发支出额占全地区GDP的百分比影响较大，主要反映信息技术的研发情况，可称为信息技术因子。

表6-43 旋转因子载荷矩阵（2013年陕西省数字鸿沟测度）

| 指标 | 因子 | | | |
| --- | --- | --- | --- | --- |
| | 第一主因子 | 第二主因子 | 第三主因子 | 第四主因子 |
| $X1$ | −0.028 | 0.796* | 0.126 | 0.545 |
| $X2$ | 0.914* | −0.266 | −0.170 | 0.091 |
| $X3$ | 0.384 | −0.062 | 0.559 | −0.618* |
| $X4$ | 0.909* | −0.246 | 0.049 | −0.240 |
| $X5$ | 0.183 | −0.963* | −0.096 | 0.026 |
| $X6$ | 0.924* | 0.302 | 0.110 | 0.132 |
| $X7$ | 0.880* | 0.189 | 0.211 | 0.255 |
| $X8$ | 0.843* | 0.004 | 0.441 | −0.072 |
| $X9$ | 0.603 | 0.642* | 0.077 | −0.433 |
| $X10$ | 0.126 | 0.087 | 0.165 | 0.916* |
| $X11$ | 0.566 | 0.138 | 0.135 | 0.670* |
| $X12$ | 0.924* | 0.214 | 0.179 | 0.040 |
| $X13$ | 0.940* | 0.198 | 0.135 | 0.198 |
| $X14$ | 0.946* | 0.162 | 0.211 | 0.143 |
| $X15$ | −0.324 | −0.726* | −0.504 | −0.037 |
| $X16$ | −0.678* | 0.085 | 0.121 | 0.413 |
| $X17$ | 0.739* | 0.529 | 0.149 | 0.364 |
| $X18$ | −0.001 | 0.033 | 0.951* | −0.007 |
| $X19$ | 0.106 | 0.395 | 0.862* | 0.088 |
| $X20$ | 0.390 | 0.692* | 0.265 | 0.471 |
| $X21$ | 0.183 | 0.185 | 0.811* | 0.271 |

*表示主因子中载荷较大的因子

由回归分析法计算出因子得分矩阵（表 6-44）。并由表 6-44 得到因子得分函数。

表 6-44　基于回归分析的因子得分矩阵（2013 年陕西省数字鸿沟测度）

| 指标 | 因子 | | | |
| --- | --- | --- | --- | --- |
|  | 第一主因子 | 第二主因子 | 第三主因子 | 第四主因子 |
| $X1$ | −0.041 | 0.212 | −0.058 | 0.118 |
| $X2$ | 0.138 | −0.113 | −0.083 | 0.057 |
| $X3$ | 0.027 | −0.040 | 0.203 | −0.235 |
| $X4$ | 0.128 | −0.097 | 0.001 | −0.073 |
| $X5$ | 0.059 | −0.347 | 0.083 | 0.119 |
| $X6$ | 0.106 | 0.052 | −0.052 | 0.007 |
| $X7$ | 0.096 | −0.016 | 0.005 | 0.067 |
| $X8$ | 0.087 | −0.076 | 0.121 | −0.037 |
| $X9$ | 0.060 | 0.255 | −0.092 | −0.247 |
| $X10$ | −0.005 | −0.100 | 0.044 | 0.341 |
| $X11$ | 0.056 | −0.062 | 0.001 | 0.236 |
| $X12$ | 0.105 | 0.021 | −0.013 | −0.019 |
| $X13$ | 0.109 | 0.003 | −0.029 | 0.044 |
| $X14$ | 0.107 | −0.015 | 0.005 | 0.027 |
| $X15$ | 0.009 | −0.183 | −0.078 | 0.073 |
| $X16$ | −0.104 | −0.012 | 0.074 | 0.156 |
| $X17$ | 0.069 | 0.108 | −0.057 | 0.072 |
| $X18$ | −0.056 | −0.116 | 0.364 | −0.007 |
| $X19$ | −0.049 | 0.014 | 0.274 | −0.014 |
| $X20$ | 0.010 | 0.151 | −0.014 | 0.098 |
| $X21$ | −0.031 | −0.079 | 0.278 | 0.081 |

$$F_1 = -0.041X1 + 0.138X2 + 0.027X3 + 0.128X4 + 0.059X5 + 0.106X6 \\ + 0.096X7 + 0.087X8 + 0.060X9 - 0.005X10 + 0.056X11 + 0.105X12 \\ + 0.109X13 + 0.107X14 + 0.009X15 - 0.104X16 + 0.069X17 \\ - 0.056X18 - 0.049X19 + 0.010X20 - 0.031X21 \quad (6\text{-}28)$$

$$F_2 = 0.212X1 - 0.113X2 - 0.040X3 - 0.097X4 - 0.347X5 + 0.052X6 \\ - 0.016X7 - 0.076X8 + 0.255X9 - 0.100X10 - 0.062X11 + 0.021X12 \\ + 0.003X13 - 0.015X14 - 0.183X15 - 0.012X16 + 0.108X17 \\ - 0.116X18 + 0.014X19 + 0.151X20 - 0.079X21 \quad (6\text{-}29)$$

$$F_3 = -0.058X1 - 0.083X2 + 0.203X3 - 0.001X4 + 0.083X5 - 0.052X6 \\ + 0.005X7 + 0.121X8 - 0.092X9 + 0.044X10 + 0.001X11 - 0.0013X12 \\ - 0.029X13 + 0.005X14 - 0.078X15 + 0.074X16 - 0.057X17 \\ + 0.364X18 + 0.274X19 - 0.014X20 + 0.278X21 \quad (6-30)$$

$$F_4 = 0.118X1 + 0.057X2 - 0.235X3 - 0.073X4 + 0.119X5 + 0.007X6 \\ + 0.067X7 - 0.037X8 - 0.247X9 + 0.341X10 + 0.236X11 - 0.019X12 \\ + 0.044X13 + 0.027X14 + 0.073X15 + 0.156X16 + 0.072X17 \\ - 0.007X18 - 0.014X19 + 0.098X20 + 0.081X21 \quad (6-31)$$

最后以这四个因子的方差贡献率为权重计算得到综合得分，公式如下：

$$f(X) = 0.42001F_1 + 0.18363F_2 + 0.16339F_3 + 0.14170F_4 \quad (6-32)$$

2）2013年陕西省数字鸿沟的大小

将陕西省的数据标准化后代入式（6-28）～式（6-32），得出综合得分并进行排序（表6-45）。

表6-45　2013年陕西省综合得分及排序

| 地区 | 第一主因子 | 第二主因子 | 第三主因子 | 第四主因子 | 综合得分 | 排序 | 差距量 |
|---|---|---|---|---|---|---|---|
| 西安 | 3.08342 | 0.53276 | 0.29609 | 0.69571 | 1.53986 | 1 | 0.00000 |
| 铜川 | −0.72835 | 0.28971 | 0.42482 | 0.14695 | −0.16248 | 7 | 1.70234 |
| 宝鸡 | −0.04748 | −0.35928 | 1.25627 | −0.30659 | 0.07590 | 2 | 1.46396 |
| 咸阳 | −0.24319 | 1.81423 | 0.39752 | −2.42150 | −0.04717 | 5 | 1.58703 |
| 渭南 | 0.10529 | −0.00960 | −0.23178 | −1.07348 | −0.14752 | 6 | 1.68738 |
| 延安 | −0.90386 | 0.50138 | 1.22972 | 0.76288 | 0.02146 | 3 | 1.51840 |
| 汉中 | −0.09371 | −1.20757 | 0.05330 | 0.54239 | −0.17554 | 8 | 1.71540 |
| 榆林 | −0.53652 | 0.99727 | −1.13236 | 1.29965 | −0.04307 | 4 | 1.58293 |
| 安康 | −0.00046 | −0.34017 | −2.49979 | −0.53136 | −0.54639 | 10 | 2.08625 |
| 商洛 | −0.23812 | −1.93179 | 0.49832 | 0.33164 | −0.32633 | 9 | 1.86619 |
| 关中 | 0.43394 | 0.39357 | 0.40858 | −0.50178 | 0.25019 | 1 | 0.00000 |
| 陕南 | −0.11076 | −1.15985 | −0.64939 | 0.11422 | −0.34942 | 3 | 0.59961 |
| 陕北 | −0.72019 | 0.79103 | 0.04868 | 0.98127 | −0.01023 | 2 | 0.26042 |

仍以综合得分最高的西安为参照对象，计算陕西省10个地级市之间的数字鸿沟（图6-13）。从得分情况来看，西安综合得分为1.53986，仍处于遥遥领先的

地位；接下来是宝鸡，得分为 0.075 90；然后是延安、榆林、咸阳，得分分别为 0.021 46、–0.043 07、–0.047 17，属于中等水平；渭南、铜川、汉中的综合得分为 –0.147 52、–0.162 48、–0.175 54，排在最后两位的商洛和安康得分分别是–0.326 33、–0.546 39。按照层级划分标准，2013 年宝鸡、咸阳、渭南、汉中、延安、铜川、商洛、榆林与西安的数字鸿沟处于"显著"层级，安康与西安的数字鸿沟处于"极显著"层级，层级结构与 2007 年一致。

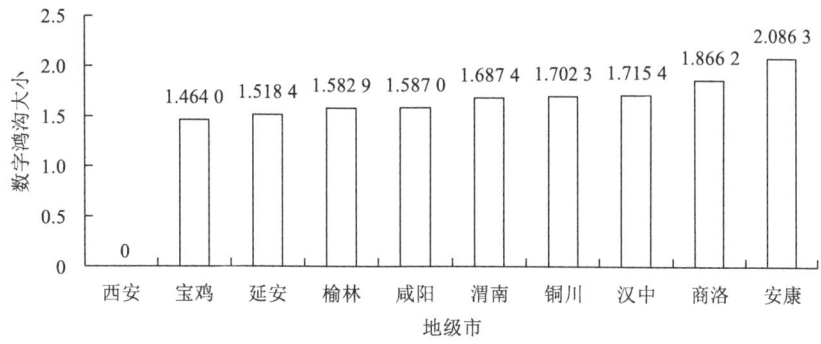

图 6-13　2013 年陕西省 10 个地级市数字鸿沟

从地区来看，仍以综合得分最高的关中为参照对象来计算三大地区间的数字鸿沟（图 6-14）。从得分情况来看，陕南与关中的差距量最大，为 0.599 61；其次陕南与陕北的差距量为 0.339 19；陕北与关中的差距量最小，为 0.260 42。对比 2007 年与 2013 年关中、陕南、陕北数字鸿沟测度结果发现，近年来陕北地区信息化发展较快，与关中地区的差距不断缩小，而陕南地区信息化发展停滞不前，与关中地区的差距基本保持不变，与陕北的地区的差距则呈不断扩大的态势。按照层级划分标准，2013 年陕南与关中、陕北与关中、陕南与陕北之间的数字鸿沟均处于"不显著"层级，与 2007 年的层级结构一致。

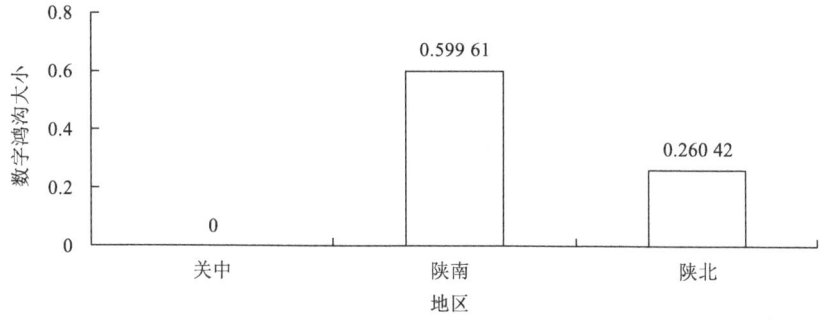

图 6-14　2013 年陕西省关中、陕南、陕北数字鸿沟

进一步考察2007年与2013年陕西省10个地级市综合得分的排序变化（表6-46），

将陕西省10个地级市大致分为排位稳定、排位小幅变动、排位大幅上升三类城市。

表6-46 2007~2013年陕西省10个地级市综合得分排序变化

| 年份 | 西安 | 铜川 | 宝鸡 | 咸阳 | 渭南 | 延安 | 汉中 | 榆林 | 安康 | 商洛 |
| --- | --- | --- | --- | --- | --- | --- | --- | --- | --- | --- |
| 2007 | 1 | 7 | 2 | 3 | 4 | 6 | 5 | 9 | 10 | 8 |
| 2013 | 1 | 7 | 2 | 5 | 6 | 3 | 8 | 4 | 10 | 9 |
| 序位变化 | 0 | 0 | 0 | −2 | −2 | 3 | −3 | 5 | 0 | −1 |

第一类：排位稳定的城市（排名变动小于等于1个名次），主要有西安、铜川、宝鸡、安康、商洛。其中，西安、宝鸡的综合得分一直排在陕西省前两名，西安是陕西省省会城市，"丝绸之路经济带"的经济、文化、商贸中心，西部高等院校和科研院所较为集中的城市之一，这些优势均带动了西安市的信息化发展。宝鸡作为老工业基地、西部唯一的中国品牌经济城市、国家首批技术创新城市和知识产权示范市，其雄厚的经济基础和科技创新氛围为信息化的推进奠定了基础。安康、商洛一直排在陕西省最后，主要是因为这两个地区经济发展水平低，同时很多人不具备基本的信息技能，网络意识较差。铜川在陕西省的排名一直位于中下等水平，主要因为铜川在信息产业、信息研发投入、信息人才培养等方面发展缓慢，但在互联网普及、互联网基础设施建设方面工作力度一直较大。

第二类：综合得分排位小幅变动的城市（排名变动为2~3个名次）。可分为两类，一类是排位小幅下降的城市，有咸阳、渭南、汉中；另一类是排位小幅上升的城市，仅有延安。其中咸阳市从第3位下降到第5位，主要原因在于其近年来信息产业发展滞后，交通运输、仓储和邮政业产值占GDP比重从5.46%下降至3.04%，其排序从第1位跌至第9位。渭南市从第4位下降至第6位，主要原因在于其近年来在科技人才的培养上发展滞后，每千人科学研究、技术服务从业人员虽然在量上有所增加，从1.31人上升至1.56人，但没有追赶上陕西省平均增长速度，排序从第3位下降至第8位。汉中市从第5位下降至第8位，主要原因在于其近年来信息化应用水平不高，政府网站绩效评估指数虽然没有下降，一直保持至28.90左右，但在陕西省整体的信息化应用水平不断提高的情况下，其排序从第3位下降至第9位。延安市从第6位上升至第3位，主要原因在于其近年来社会投资规模增加、信息化人才队伍壮大，固定资产投资占GDP比重从51.69%增长至97.56%，排序从第8位上升至第5位，交通邮电通信业从业人员占总从业人员比重从3.08%增长至3.33%，排序从第8位上升至第3位。

第三类：综合得分排位大幅变动的城市（排名变动在3个名次及以上），仅有榆林市，其排名从第9位上升至第4位。原因主要在于榆林市近年来经济实力增强，人均GDP从2.03万元增长到8.46万元，排名从第3位上升到第1位；信息化应用加强，政府网站绩效评估指数从 18.55 增长至 44.80，排名从第 8 位上升至第 4 位；信息化人才队伍壮大，交通邮电通信业从业人员占总从业人员比重从 3.20%增长至 4.94%，排名从第 7 位上升至第 2 位；科研人才队伍壮大，每千人科学研究、技术服务从业人员从 1.05 人增长至 1.88 人，排名从第 7 位上升至第 2 位。

## 6.6 我国区域数字鸿沟演变趋势分析

为了科学制定适合我国实际情况的战略目标以弥合我国区域数字鸿沟，基于数字鸿沟评估结果，这里运用战略与政策分析中一种常用方法——情景分析法对区域数字鸿沟的演变趋势加以考察。

情景分析法（scenario analysis）是在对经济、产业或技术的重大演变提出各种关键假设的基础上，通过详细、严密的推理和描述，构想未来各种可能的方案。情景是对一些有合理性和不确定性的事件在未来一段时间内可能呈现的态势的一种假定（Pearman，1988），情景分析则是预测这些态势的产生并比较分析可能产生影响的整个过程（Ratcliffe，2000）。情景分析的结果可以对发展态势进行确认，对各态势的特性及发生的可能性加以描述，并对其发展路径进行分析。情景分析不是预测，而是一种虚拟的探索。与传统的趋势外推法相比，它在对随机因素的影响和决策者意愿的处理上具有更大的灵活性和实用性（孙知明，2002）。

我国区域数字鸿沟是一个包含许许多多不同层面因素的问题，具有复杂性和系统性特点。而情景分析法能够将定性和定量结合起来，对研究对象从不同层面、综合性、多角度地进行描述和分析，以发现所有可能与研究对象有关的内在的、相互联系的问题和因素，为进一步研究和计划、决策提供依据。

从政府是否采取新政策缩小区域数字鸿沟的态度出发，这里拟设定两种情景，一是按当前我国区域数字鸿沟的发展态势，其继续向前推演的惯性演变情景；二是政府采取干预政策使区域数字鸿沟逐年缩小的受调控演变情景。对这两种情景进行比较分析可以准确把握不同政策方案下的区域数字鸿沟演变态势，是制定弥合我国区域数字鸿沟战略目标及对策的关键点。

（1）我国区域数字鸿沟的惯性演变情景。政府保持以往政策不变，我国区域数字鸿沟仍延续 2014 年之前的演变趋势，即无控方案演变。

（2）我国区域数字鸿沟的受调控演变情景。基于区域间经济、技术、教育、文化协调发展及构建和谐社会的思想，对影响我国区域数字鸿沟的关键性经济社会指标进行合理的设置，以调控我国区域数字鸿沟的演变过程。

### 6.6.1　我国区域数字鸿沟的惯性演变趋势

前面研究中，将区域数字鸿沟分为三个层级，第一层级为区域数字鸿沟"不显著"（差距量在[0,1]范围内），第二层级为区域数字鸿沟"显著"（差距量在[1,2]范围内），第三层级为区域数字鸿沟"极显著"（差距量在[2,3]范围内）。中国 31 个省区市数字鸿沟的最大差距量 2007 年为 2.689 75（西藏与北京的差距量），2014 年为 2.484 41（西藏与北京的差距量），均处于"极显著"层级。中国东、中、西部数字鸿沟的最大差距量 2007 年为 1.376 01（西部与东部的差距量），2014 年为 1.477 80（西部与东部的差距量），均处于"显著"层级。中国、美国、加拿大数字鸿沟的最大差距量 2007 年为 2.432 73（中国与美国的差距量），处于"极显著"层级，2013 年为 1.619 16（中国与美国的差距量），处于"显著"层级。

从以上的测度结果可知，只有我国与发达国家之间的数字鸿沟出现明显下降，其余地区的数字鸿沟基本变化不大，表明在我国政府不采取任何新调控措施的情景下，按照区域数字鸿沟的惯性演变趋势，其未来的状态将不会有大的改变。也就是说，在未来一段时间，我国 31 个省区市的数字鸿沟仍将处于"极显著"层级，我国东、中、西部的数字鸿沟仍将处于"显著"层级，我国与发达国家的数字鸿沟仍将处于"显著"层级。

### 6.6.2　我国区域数字鸿沟的受调控演变趋势

如果我国政府基于区域间经济、技术、教育、文化协调发展及构建和谐社会的思想，采取正确合理的调控措施，可以推测，从现在起到 21 世纪中叶，我国国内的区域数字鸿沟及我国与发达国家的数字鸿沟将会不断缩小。也就是说，我国 31 个省区市数字鸿沟的最大差距量将由"极显著"层级缩小至"不显著"层级，我国东、中、西部数字鸿沟的最大差距量将缩小到 0.5 以内，我国与发达国家数字鸿沟的最大差距量将缩小至 0.8 以内。

通过以上两种情景的分析可以看出，要想更快、更好地弥合我国国内的区域数字鸿沟及我国与发达国家的数字鸿沟，就不应该对区域数字鸿沟采取顺其自然、放任不管的策略，而应当采取强有力的合理的措施对其进行调控，对其演变趋势进行政策干预，以使其朝着不断缩小的方向发展。

## 6.7　本 章 小 结

本章应用第 5 章构建的区域数字鸿沟测度模型，选取我国 31 个省区市，我国东、中、西部及陕西省为样本进行测度，以研究我国国内的区域数字鸿沟；选取中国、美国、加拿大为样本进行测度,以研究我国与发达国家间的数字鸿沟。然后在定量刻画的基础上,采用情景分析法对区域数字鸿沟的演变趋势进行探讨,以明确未来时期弥合我国区域数字鸿沟的目标和定位。主要研究内容包括以下几点。

第一,2007年、2014年中国31个省区市的数字鸿沟测度。结果显示,①2007年,上海与北京的数字鸿沟处于"不显著"层级;天津、辽宁、广东、江苏、福建、浙江、湖北与北京的数字鸿沟处于"显著"层级;吉林、内蒙古、山西、重庆、河北、陕西、黑龙江、山东、海南、宁夏、湖南、安徽、四川、河南、江西、青海、广西、甘肃、新疆、云南、贵州、西藏与北京的数字鸿沟处于"极显著"层级。另外,对2007年四个主因子进行聚类分析,将我国31个省区市分为五类。第一类:北京。第二类:天津、河北、山西、辽宁、吉林、黑龙江、江苏、安徽、福建、江西、山东、河南、湖北、湖南、广西、海南、重庆、四川、贵州、云南、陕西、甘肃、宁夏、新疆。第三类:内蒙古、青海。第四类:上海、浙江、广东。第五类:西藏。②2014年,上海、广东、浙江、天津、江苏、山东、辽宁、福建、黑龙江、湖北、重庆、吉林、山西、陕西、内蒙古、河北、四川与北京的数字鸿沟处于"显著"层级;海南、河南、安徽、湖南、宁夏、广西、江西、甘肃、新疆、云南、青海、贵州、西藏与北京的数字鸿沟处于"极显著"层级。另外,对2014年四个主因子进行聚类分析,将我国31个省区市分为五类。第一类:北京。第二类:天津、上海、江苏、浙江、福建、广东。第三类:河北、山西、辽宁、吉林、黑龙江、安徽、江西、山东、河南、湖北、湖南、广西、重庆、四川、云南、陕西、甘肃。第四类:内蒙古、海南、贵州、青海、宁夏、新疆。第五类:西藏。

第二,2007年、2014年中国东、中、西部的数字鸿沟测度。结果表明,①2007年西部与东部的数字鸿沟处于"显著"层级;中部与东部的数字鸿沟处于"显著"层级;西部与中部的数字鸿沟处于"不显著"层级。②2014年西部与东部的数字鸿沟处于"显著"层级;中部与东部的数字鸿沟处于"不显著"层级;西部与中部的数字鸿沟处于"不显著"层级。

第三,2007年、2013年中国、美国、加拿大的数字鸿沟测度。结果表明,①2007年中国与美国的数字鸿沟处于"极显著"层级;中国与加拿大的数字鸿沟处于"显著"层级;加拿大与美国的数字鸿沟处于"不显著"层级。②2013年中国与美国的数字鸿沟处于"显著"层级;中国与加拿大的数字鸿沟处于"显著"层级;加拿大与美国的数字鸿沟处于"不显著"层级。

第四,2007年、2013年陕西省的数字鸿沟测度。结果表明,①2007年宝鸡、咸阳、渭南、汉中、延安、铜川、商洛、榆林与西安的数字鸿沟处于"显著"层级,安康与西安的数字鸿沟处于"极显著"层级;陕南与关中、陕北与关中、陕南与陕北之间的数字鸿沟均处于"不显著"层级。②2013 年测度结果与 2007 年一致。

第五，我国区域数字鸿沟的演变趋势分析。设定惯性演变和受调控演变两种情景模式对我国区域数字鸿沟的演变趋势进行分析，结果表明，如果政府不进一步采取调控措施，区域数字鸿沟将不断扩大，这势必对社会的就业结构、经济的均衡发展等产生负面影响，不利于社会的全面可持续发展；如果政府采取科学的调控措施，到 21 世纪中叶，我国 31 个省区市，我国东、中、西部，我国与发达国家数字鸿沟的最大差距量将分别减少 60%、46%、69%，区域数字鸿沟的不断缩小有利于各地区共享信息资源，推动欠发达地区利用信息技术实现跨越式发展。

经过本章实证研究发现，虽然四个样本的测度结果以不同的国家、地区或城市作为参照对象，但由于在因子分析中采用了主成分分析法构造因子变量，原始数据均经过无量纲化处理，因此四个样本测度结果的差距量具有可比性。例如，2007 年贵州与北京的数字鸿沟为 2.635 23，中部与东部的数字鸿沟为 1.029 36，中国与美国的数字鸿沟为 2.432 73，那么可以说中国与美国的数字鸿沟小于贵州与北京的数字鸿沟，同时大于中部与东部的数字鸿沟。另外，测度结果显示四组样本的区域数字鸿沟均在[0, 3]，处于一定范围内。基于测度结果的可比较性及有一定的取值范围，可认为本书所构建的区域数字鸿沟测度模型具有一定的普遍适用性，该模型可以用来测度不同国家、省际、城市间的数字鸿沟。

# 7 弥合我国区域数字鸿沟的战略及路径

区域数字鸿沟已经在很大程度上影响了我国社会主义和谐社会的构建,弥合区域数字鸿沟刻不容缓。我国区域数字鸿沟的弥合不但需要全体国民的积极参与和行动,更需要政府部门采取科学的战略和对策。

## 7.1 弥合我国区域数字鸿沟的战略目标

根据第 6 章中国 31 个省区市,中国东、中、西部,中国、美国、加拿大数字鸿沟的测度结果并结合上述情景设定,可将战略目标进一步细分为近期目标、中期目标和远期目标。

### 7.1.1 近期目标

(1)到 2020 年,我国 31 个省区市之间的数字鸿沟差距量不断缩小,力争部分省区市之间的差距量由"极显著"层级转变到"显著"层级。各省区市的社会信息化水平在不断进步的基础上得以协调发展,不但北京、上海等发达省区市的水平有所提高,新疆、贵州等落后省区市的水平也要有大幅提高。各省区市经济、教育得以协调发展,数字鸿沟不断缩小,社会更加和谐。

(2)到 2020 年,我国东、西部之间的数字鸿沟差距量由"显著"层级转变到"不显著"层级。随着"西部大开发"战略的进一步落实,在西部地区要重点培育一批高新信息技术企业,以信息化带动西部地区的工业化,不断增强西部地区的经济实力,通过优惠政策吸引东部地区的企业和人才到中、西部进行建设,促进经济协调发展。

(3)到 2020 年,我国与部分发达国家之间数字鸿沟的差距量由"显著"层级转变到"不显著"层级。基本建成完善的信息产业体系,信息产品的国际竞争力大幅提高,经济实力进一步提升,教育发展水平不断提高,信息人才资源日益丰富,有关信息技术和社会信息化的法律法规体系更加完善,社会信息化水平有很大进步,与美国等发达国家的数字鸿沟不断缩小。

### 7.1.2 中期目标

2016 年,中共中央办公厅、国务院办公厅印发的《国家信息化发展战略纲要》

指出,到 2025 年,新一代信息通信技术得到及时应用,固定宽带家庭普及率接近国际先进水平,建成国际领先的移动通信网络,实现宽带网络无缝覆盖。具体来讲,在促进区域协调发展方面,提出分级分类推进新型智慧城市建设,实施以信息化推动京津冀协同发展、信息化带动长江经济带发展行动计划;在拓展国际发展空间方面,提出推进"一带一路"建设信息化发展,统筹规划海底光缆和跨境陆地光缆建设,提高国际互联互通水平,打造网上丝绸之路。在规范未来国家信息化发展的纲领性文件指引下,区域数字鸿沟必将进一步缩小,力争到 2030 年 31 个省区市之间的最大差距量由"极显著"层级缩小至"显著"层级;我国东、中、西部之间的数字鸿沟保持"不显著"层级,但东、中、西部的数字鸿沟最大差距量缩小至 0.8 以内;我国与发达国家之间的数字鸿沟最大差距量由"显著"层级缩小至"不显著"层级。争取使我国的现代信息通信技术普及率大幅提高,区域经济协调发展,教育和知识水平普遍提高,信息社会更加公正和谐。

### 7.1.3 远期目标

2014 年 2 月,中央网络安全和信息化领导小组第一次会议上,习近平强调,"建设网络强国的战略部署要与'两个一百年'奋斗目标同步推进,向着网络基础设施基本普及、自主创新能力显著增强、信息经济全面发展、网络安全保障有力的目标不断前进"[①]。2017 年 12 月 3 日,第四届世界互联网大会在浙江乌镇举办,习近平发来贺信,指出"中国数字经济发展将进入快车道。中国希望通过自己的努力,推动世界各国共同搭乘互联网和数字经济发展的快车"[②]。可见网络强国、数字经济作为党和国家的重大目标,其重要性已与"两个一百年"目标相融。伴随政府对信息化发展的大力宣传及有效引导,未来时期,我国区域数字鸿沟将大幅度缩小,到 21 世纪中叶争取使我国 31 个省区市之间数字鸿沟的最大差距量缩小至"不显著"层级;我国东、中、西部数字鸿沟最大差距量缩小至 0.5 以内;我国与发达国家数字鸿沟的最大差距量缩小至 0.8 以内。

## 7.2 弥合我国区域数字鸿沟的战略环境

战略环境作为战略管理分析的基础,其目的是评价各种宏观因素对战略目标的影响,为战略制定提供方向性指引。

---

① 习近平:把我国从网络大国建设成网络强国. http://www.xinhuanet.com//politics/2014-02/27/c_119538788.htm[2019-07-08].
② 习近平致第四届世界互联网大会的贺信. http://www.xinhuanet.com//politics/leaders/2017-12/03/c_1122050306.htm[2019-07-08].

## 7.2.1 政治法律环境：国际社会普遍关注数字鸿沟问题

数字鸿沟问题已受到世界各国的普遍关注。国际上相关议题交流活动的频繁召开及各国政府和学术界的关注加强了人们对数字鸿沟的认识及缩小鸿沟的迫切愿望。面对世界不同国家、不同地区间的数字鸿沟，很多国际组织或机构，如联合国、WEF、APEC、ITU 等都针对数字鸿沟问题召开过多次国际会议，分析数字鸿沟并讨论弥合方案。

2000 年 7 月，WEF 向八国集团首脑会议提交专题报告《从全球数字鸿沟到全球数字机遇》。

2001 年 5 月，联合国在布鲁塞尔召开以"援助最不发达国家"为主题的会议，对 49 个最不发达国家如何"脱贫"开出的"良方"就是"缩小数字技术差距"。

2001 年 10 月，上海 APEC 年会的部长级会议通过《数字 APEC 战略》，明确提出各成员方要采取具体和联合的行动实施数字战略，并充分利用信息与通信技术革命，缩小数字鸿沟，迎接新经济带来的机遇。

2001 年 11 月，在联合国秘书长安南的组织下联合国成立了解决数字鸿沟的顾问委员会。

2002 年 3 月 18~27 日，ITU 召开第三届世界电信发展大会，以数字鸿沟为主要议题，共同制订了一个旨在填平数字鸿沟的战略计划。

2005 年电信日，ITU 呼吁"行动起来，创建公平的信息社会"，认为数字鸿沟已经成为实现全球信息化均衡发展的最大障碍之一。

2005 年联合国贸易和发展会议发表了《2005 年信息经济报告》，呼吁各国共同努力实现全球信息社会，发达国家要帮助发展中国家提高互联网普及率，真正缩小数字鸿沟。

2007 年 2 月 28 日，中欧信息社会项目论坛会议在我国云南省昆明市召开。会议主题是"缩小数字鸿沟，促进区域与城乡协调发展"。

2008 年 11 月 18 日，联合国亚洲及太平洋经济社会委员会在泰国曼谷召开，探讨如何解决亚太地区日益加深的数字鸿沟问题。

2012 年 5 月 ITU 发布的 2012 年版《电信改革趋势》显示，2007~2011 年，全球固定宽带用户数量翻了一番多，但发达国家和发展中国家之间仍存在着巨大的差异；2011 年，发展中国家中只有约 8.5%的人可以接入移动宽带业务，近一半的移动宽带电话用户集中在为数不多的几个高收入国家，低收入国家的使用量只占全球总量的 5%。借此呼吁全球各国要重视数字鸿沟问题。

2012 年 6 月 15 日，国际电联宽带数字发展委员会发布致 G20 峰会领导人的公开信，指出 2012 年全球互联网用户已达 24 亿人，移动宽带用户超过 10 亿人，但全球仍有一半以上的人口与网络无缘，倡导"让宽带走向全球"的思想，敦促各国采取措施推动宽带网络、应用和服务发展,使之成为未来社会和经济发展的催化剂。

2015年12月,信息社会世界首脑会议成果文件执行情况全面审查大会在纽约召开,会议提出应特别注意处理所有国家,尤其是发展中国家面临的独特的和正在出现的信息和通信技术挑战,包括非洲国家、最不发达国家、内陆发展中国家、小岛屿发展中国家和中等收入国家等。

2016年6月13日,第三届亚太互联网基础资源能力建设合作项目在北京举行。该项目致力于通过由点及面的方式帮助经济欠发达地区逐步实现互联网基础技术和资本的供需平衡,在亚太地区互联网资源能力建设、知识共享和行业技术交流方面达成实质性合作,并且为互联网域名社群和亚太地区其他相关方的互联网资源能力建设构建长期合作框架。

另外,国际上有关信息通信技术和社会信息化的法律体系不断完善,许多发达国家已经建立了一整套电子信息通信及社会信息化的相关法律体系(表7-1)。

表7-1 一些发达国家中电子信息通信及社会信息化的相关法律

| 国家 | 电子政务法 | 电子商务法 | 电子通信法 | 电子签名法 | 数据保护或隐私法 |
| --- | --- | --- | --- | --- | --- |
| 奥地利 | E-Government Act(2004年) | E-Commerce Act(2002年) | Telecommunications Act(2003年) | Electronic Signature Act(2000年) | Data Protection Act 2000(2005年) |
| 法国 | Teleservices Ordinance(2005年) | Law for Trust in Digital Economy(2004年) | Law on Electronic Communications and Audiovisual Communication Services(2004年) | Law on Electronic Signature(2000年) | Law on 'Informatics and Liberty'(2002年) |
| 芬兰 | Act on Electronic Services and Communication in the Public Sector(2003年) | Act on the Provision of Information Society Services(2002年) | Communications Market Act(2003年) | Act on Electronic Signatures(2003年) | The Act on the Protection of Privacy in Electronic Communications(2004年) |
| 冰岛 | Amendment to Act on Public Administration(2003年) | Act on Electronic Commerce(2002年) | Act on Communications(2002年) | Act on Electronic Signature No. 28/2001(2001年) | Act on the Protection of Privacy as regards the Processing of Personal Data, No. 77/2000, as amended(2001年) |

资料来源:《中国信息年鉴》(2008年)

同时,西方发达国家纷纷制定国家层面的信息化战略规划,建立由国家元首或政府首脑亲自挂帅的国家信息化推进委员会或相关机构,以不断推进本国的信息化发展。

1991年,新加坡政府制订"信息技术2000年"计划(IT2000),目的是用大约15年时间把新加坡建设成为一个智能岛。2003年，制定"连接新加坡总体规划"，该规划准备发展一个充满活力的信息通信部门，使其成为新加坡的信息通信公司。2006年，新加坡政府公布一项新的十年期信息化总体规划——"智能城市2015计划"，旨在通过一系列有益于公众、企业和全球社会的行动，到2015年将新加坡建设成为一个信息技术支撑的智能化国家和全球化城市。2014年，新加坡政府推出"智慧国家2025"10年计划，该计划提出建设覆盖全岛数据收集、连接和分析的基础设施与操作系统，根据所获数据预测公民需求，提供更好的公共服务，把新加坡打造成智慧国。

2001年，日本推出的"e-Japan战略"主要致力于宽带建设，让日本成功发展成为通信基础设施发达国家。2004年，日本信息通信产业的主管机关总务省提出"u-Japan战略"，目标是到2010年使所有的日本人，包括儿童和残疾人，都能积极地参与日本社会的活动，通过无所不在的物联网，创建一个新的信息社会。2009年，日本政府信息技术战略本部制定的《i-Japan战略2015》旨在到2015年实现以人为本，实现安心且充满活力的数字化社会，让数字信息技术如同空气和水一般融入每一个角落，并由此改革整个经济社会，催生出新的活力，实现积极自主的创新。

2003年，韩国政府制定详尽的"IT839战略规划"，计划逐步发展光纤接入（fiber to the x，FTTx）替代原有的数字用户线路（digital subscriber line，DSL），重点支持泛在网络（ubiquitous network），以最终实现下一步国家信息化战略"U-Korea战略"目标。2004年，韩国正式提出的"U-Korea战略"旨在建立由智能网络、最先进的计算技术及其他领先的数字技术基础设施武装而成的技术社会形态，在这样一个无所不在的网络社会中，所有人可以在任何地点、任何时刻享受现代信息技术带来的便利。2009年，韩国出台《IT韩国未来战略》，确定未来五年内投资189.3万亿韩元，用于发展信息技术核心战略产业，以实现信息技术与其他产业的高度融合，为韩国经济发展创造新的动力。2010年，韩国政府推出新信息技术战略，即"Smart Korea"（智慧韩国），其由三大体系构成，分别是Smart Life（普及未来网络、智能服务等）、Smart Economy（软件、广播通信、信息技术主力产品、培育信息技术综合产业等）、Smart Planet（绿色增长、绿色信息技术）等，即实施综合信息技术战略，以改善社会基础设施、经济、产业、国民生活等方面。

2009年，英国政府出台"数字英国"计划，旨在通过改善基础设施，推广全民数字应用，提供更好的数字保护，从而将英国打造成世界的"数字之都"。2011年，英国政府公布信息通信技术战略实施计划，详述了其在云计算、绿色信息技术、终端用户设备和信息通信技术能力等方面的愿景。2015年，英国技术战略委员会发布《英国2015—2018年数字经济战略》，倡导通过数字化创新来驱动经济社会发展,为把英国建设成为未来的数字强国做出战略部署。

2009年,德国政府推出"宽带战略",预计到2010年,德国家庭宽带覆盖率提高到100%,到2014年,将速率达50兆字节每秒的宽带覆盖到德国75%的家庭,2018年再将这一比例提高到100%。2010年,德国联邦经济和技术部发布"德国ICT战略:数字德国2015",作为指导德国信息通信技术发展的纲领性文件,该战略对德国2010~2015年信息通信技术领域的工作重点、任务和重点项目进行了详细介绍。2014年,德国联邦政府出台"数字议程(2014—2017)",确定了以宽带扩建、劳动世界数字化、信息技术安全问题为主要内容的跨部委数字化战略。2016年3月,德联邦经济部与能源部发布的"数字化战略2025"聚焦千兆光纤网络、新创业时代、智能互联、数据主权、新商业模式、政策框架、数字教育等关键词,重点提出了十大行动步骤。

国际社会对数字鸿沟问题普遍重视,这样的国际政治形势有利于我国及时掌握最先进的解决方案及各方面相关趋势,并且在信息技术的掌握与普及方面得到国际社会必要的支持,许多国际组织对中国弥合数字鸿沟已经给予了大量帮助。发达国家纷纷建立和完善与社会信息化相关的法律体系,这些法律法规都有利于信息通信技术在全世界范围的创新与扩散,也有利于我国对此加以借鉴,不断完善我国相关的法律体系。同时,信息化作为发达国家发展规划中一项重要的战略课题,其随着全球化和网络化程度的加深,不断发生着转变。我国可以通过发达国家信息化战略的变革,认清网络发展趋势,与时俱进,适时调整信息化战略布局。

### 7.2.2 经济环境:经济全球化背景下南北经济差距不断拉大

20世纪90年代以来,在经济全球化及信息技术革命突飞猛进的推动下,世界经济得到了有目共睹的快速发展。然而,在世界经济的快速发展中,得到好处较多的是西方发达国家,发展中国家不是没有得到一点好处,而是在不均衡的发展中使南北经济差距进一步拉大了(朱燕岚,2002)。

世界银行2016年的统计数据显示,人口占世界总人口15.99%的高收入国家的GDP所占比例达到64.02%,而占世界总人口8.86%的低收入国家的GDP所占比例仅为0.53%,高收入国家与低收入国家的经济差距巨大。虽然中国、印度、巴西等发展中大国经济有较大发展,但是从整体规模来看,南北经济差距并未发生质的变化,穷国越穷、富国越富的现象仍在继续。世界上"最不发达国家"由1998年的42个增至2015年的47个,占发展中国家总数的近1/3。1998年,南北人均GDP分别为1099.86美元和24336.70美元,差距为23236.84美元。到了2016年,南北人均GDP分别增长到4366.43美元和40803.58美元,差距扩大到 36 437.15 美元。在经济发展缓慢和滞后的撒哈拉以南非洲地区，南北经济差距更大。从 1998 年到 2016 年，虽然该地区的人均 GDP 由 535.1 美元上升到 1462.9 美元，但同发达国家如美国之间的差距量由 32 949.2 美元扩大到 57 638.2 美元，差距扩大了 0.75 倍。

经济全球化背景下的南北经济差距拉大，不仅使世界经济发展失衡、矛盾增加、变数增多，还会造成南北经济相互波动增大。在这样的经济环境下，我国弥合数字鸿沟面临着很大挑战。尤其是 2008 年以来的世界金融危机，造成国际经济形势日益严峻，各国的经济发展处于缓慢恢复的疲弱复苏状态。世界经济新常态下的总体持续低迷状态，直接降低了外需对我国经济增长的拉动能力。同时受我国内部资源配置效率低下、要素供应率下降、科技创新能力不足、资源环境约束等因素的影响，我国经济发展也迈入新常态，正从高速增长转向中高速增长。这些都不利于我国追赶发达国家，缩小与发达国家的数字鸿沟。

### 7.2.3 社会文化环境：发达国家与发展中国家的教育水平差距不断扩大

社会文化是人类在创造物质财富过程中所积累的精神财富的总和，它体现着一个国家或地区的社会文明程度。而教育作为遵照一定目的要求，对受教育者施以影响的一种有计划的活动，它直接或间接地传授价值观和行为规范，具有传播、创造、延续、更新、整合文化的功能，其水平的高低通常作为衡量一国文化发达程度的标志。然而各国日益扩大的教育水平差距使各国居民的文化水平不同，进一步阻碍信息通信技术的传播。2015 年世界银行宣布，将在未来五年把年教育融资额增加一倍至 50 亿美元，新增的资金将用于提升教育质量与公平性，同时呼吁全球各国要增加教育投入，提升教育水平。诚然，世界各国这些年对教育的投入力度在不断加大，但发达国家与发展中国家仍存在巨大差距。一个重要原因就是发达国家在长期的市场经济进程中已经形成了一套成熟的公共财政制度，保持公共教育经费占 GNP 及财政支出的比例相对固定，而发展中国家地方政府的财政投入意识还不够强，特别是在教育投入和经济投入发生冲突的时候，还更看重经济，而忽略教育投入，从而导致各国之间的教育水平存在较大差距。

世界银行数据显示，发达国家与发展中国家的高等教育毛入学率差距较大（图 7-1）。2000~2015 年，发达国家高等教育入学率远高于世界平均水平，尤其是美国、澳大利亚、芬兰，这三个国家 2015 年的高等教育毛入学率均达到 87%以上，高出世界平均水平 51%左右。发展中国家中的大国，如中国、印度，高等教育毛入学率虽然增速较快，但仅接近世界平均水平。而发展缓慢的国家，如老挝的高等教育毛入学率低于 20%，卢旺达、坦桑尼亚更低，不及 10%。

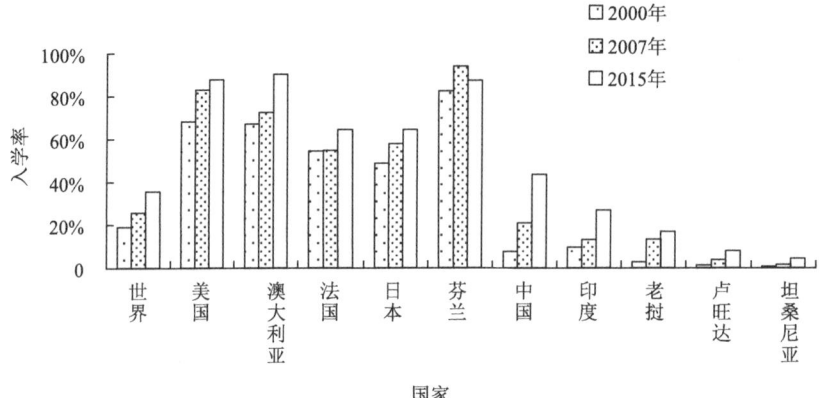

图 7-1　不同国家高等教育毛入学率比较
资料来源：世界银行数据库

信息技术的使用不仅需要软、硬件的接入，还需要具备一定的教育水平和信息素养。具备良好教育水平的人往往都有较高的信息使用技能，他们可以利用计算机等信息硬件资源，通过网站等信息软件资源，获取并使用信息，可见，国民受教育程度将直接影响到其互联网应用的广度和深度，因此世界各国教育水平的差距将直接影响区域数字鸿沟的弥合。

### 7.2.4　技术环境：发展中国家的信息通信技术远远落后于发达国家

虽然以国际互联网为代表的信息通信技术正呈现爆炸式发展，国际光缆等信息通信基础设施也日渐完善，但从全球范围来看，高新信息通信技术大都掌握在发达国家手中，包括中国在内的广大发展中国家要远远落于其后。

从总体上说，发达国家处于信息革命潮流的中心，而发展中国家则处于边缘地带。就目前而言，全世界的电脑数、主机数、移动电话数等均在快速增加，但绝大部分集中在发达国家。目前计算机中央处理器（central processing unit, CPU）等核心技术仍然掌握在美国、德国等发达国家手中，美国微软公司的 Windows 操作系统等系列软件更是独霸全球软件市场，其他一些信息技术核心产品如解码芯片、新型元器件等都只能依靠美国生产。大多数发展中国家根本没有制造信息技术产品的核心技术，有一些仅能制造外围的附加产品。这样就造成了发展中国家在追赶发达国家信息通信技术时面临诸多挑战。

综上所述，我国弥合区域数字鸿沟的战略环境包括：国际社会普遍关注数字鸿沟问题，经济全球化背景下南北经济差距不断拉大，发达国家与发展中国家的教育水平差距不断扩大，发展中国家的信息通信技术远远落后于发达国家。其 PEST 象限分析如图 7-2 所示。因此，我国弥合区域数字鸿沟的战略环境既充满机遇，又面临挑战。

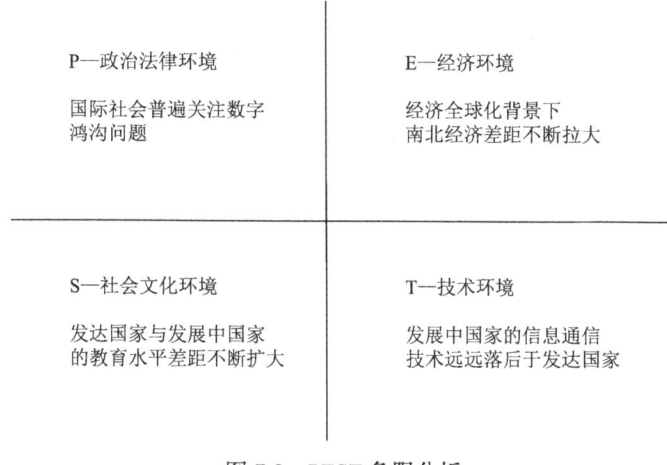

图 7-2 PEST 象限分析

## 7.3 弥合我国区域数字鸿沟的战略选择

区域数字鸿沟虽然是反映不同地区之间在信息接入和利用方面的差距，但缩小区域数字鸿沟不能简单采取加速落后地区信息化基础设施建设这种看似一步到位的方式，而应从全局出发，统筹规划，做出正确的战略选择。考虑到区域数字鸿沟的根本是反映地区之间的信息化差距，因此，第一，应从信息化着手，提高全民的信息普及程度；第二，对于落后地区，要推动经济发展，让居民想消费并且消费得起信息产品；第三，缩小区域数字鸿沟最重要的是以人为本，实现各地区居民之间的融合，这就需要尽快提升落后地区居民的信息意识及科学文化素质；第四，市场机制下，政府国有或民营企业对公共信息服务的提供往往倾向于经济发展条件好、有着较高信息服务需求的发达地区，这使区域数字鸿沟不断扩大，因此政府在缩小区域数字鸿沟发展的顶层设计中要注意区域发展在政策上的公平性，对较为落后的地区在政策上进行适当的倾斜，营造公平公正的社会氛围；第五，需要通过信息化立法确保信息市场保持竞争性，保障居民充分享受数字化成果，进而达到缩小数字鸿沟的目标。综上所述，可供选择的战略有信息化全面建设战略、区域经济协调发展战略、教育均衡发展战略、社会公平化战略、法律法规同步推进战略。

### 7.3.1 信息化全面建设战略

信息化全面建设战略就是要以信息化为中心，提高信息软件、硬件设施水平，加强信息技术的自主创新能力，推进现代信息通信技术在全国各地区的普及以缩小我国区域数字鸿沟。信息化全面建设作为弥合我国区域数字鸿沟的战略之一，具有基础性的作用，主要内容有以下几点。

1）提高信息软件、硬件设施水平

信息软件和信息硬件是实现社会信息化的两大基础性支柱，建立和完善信息软件、硬件基础设施是我国跨越数字鸿沟的必要条件。社会信息化的发展依赖于信息软件、硬件建设，信息软件、硬件承担着信息的传输、处理和储存等重要工作，所以说，信息软件、硬件建设具有战略性地位，应优先安排，加快建设，提升水平。政府应有计划地为边远地区建立起最基本的信息软件、硬件设施，包括传输光缆、移动通信基站、互联网、数据库等，为信息接入创造基本条件。

2）加强信息技术的自主创新能力

长期以来，由于我国信息技术起步晚、底子薄且与信息技术相关的贸易存在对发达国家的高度依赖，我国信息技术的发展长期受制于人，无法真正赶超欧美等发达国家。要想真正消除数字鸿沟的负面影响，需要我国独立自主，加强对信息技术的研发，增加研发经费投入，鼓励信息技术应用的创新。在引进消化吸收的基础上，实施自主创新，在关键领域掌握核心技术和拥有一批自主知识产权。只有这样，才能促进我国信息技术的迅速发展，推动社会的信息化进程，实现模仿跨越和自主跨越相结合的模式，为缩小数字鸿沟做好铺垫。

3）推进现代信息通信技术在全国各地区的普及

近年来，我国信息化建设突飞猛进，中国 31 个省区市及港澳台地区的信息技术普及程度都在不断提高。但是，可以明显地看到，我国各地区尤其是东、西部地区的普及程度差距还很大。因此，我国政府应站在战略的高度，统筹规划，采取有效的措施实现全国范围内普及率的均衡性提高，而不至于出现信息技术普及程度的两极分化。各级政府要重视移动电话、互联网等信息通信技术在全国各省区市、各区县甚至各乡镇的普及工作。

信息化全面建设战略是弥合我国区域数字鸿沟的基础性战略，应当受到政府的高度重视，切实将其落到实处，这样才能更快、更好地弥合我国与发达国家的数字鸿沟及我国国内的数字鸿沟。

## 7.3.2 区域经济协调发展战略

要弥合我国区域数字鸿沟，关键是要缩小区域之间的巨大经济差距。因此，区域经济协调发展战略势在必行。在弥合我国区域数字鸿沟的战略体系中，区域经济协调发展战略主要内容有以下几点。

1）以信息产业为主导，保持我国区域经济协调发展

以信息产业为主导，通过信息产业的发展将数字鸿沟转变为"数字机遇"，

是我国实施区域经济协调发展战略的一个重要方面。信息产业的开放性特点要求实行区域经济的协调发展战略。地区间的合作和交流是信息产业发展的必然要求，同时也是我国提高整体经济发展水平的重要途径。因此，各级政府应抓住信息产业发展的契机，实施以信息产业为主导的经济发展策略。国家和地方政府应坚持以信息技术产业为中心的发展方针，为科研投资和产业发展投资提供保障，建立和完善信息产品市场运作的良好机制，使信息产业成为国民经济的支柱产业。利用信息产业加快传统产业结构升级，优化国家的产业地区布局，调整各省区市的产业结构，优势互补，通过信息产业的发展带动东、中、西部乃至整个国民经济的全面协调发展。

2）加大中、西部地区信息产业的投资力度，实现中、西部地区经济跨越式发展

信息产业与传统产业相比具有增值快、回报率高、发展前景好的特点。近年来，我国信息产业一直以高于国民经济发展速度两倍左右的速度增长，大大拉动了国民经济的发展。信息产业不仅给中、西部落后省区市的政府和企业提供了新的技术条件和跨越式发展的重要机遇，而且对政府和企业有效利用丰富的信息资源提高决策水平和管理绩效有着重要的现实指导意义。由于信息产业的发展是通过高强度的投入和配套扶植政策的支持得以实现的，我国应加大对中、西部地区信息产业的投资力度。高投入才能保证中、西部信息产业和网络经济的高速发展，保证关键技术的开发、创新能力和装备成套能力的提高，从而直接影响技术水平和产业结构的升级，实现中、西部地区经济的跨越式发展，这样才能不断缩小与东部发达地区的经济差距。

## 7.3.3 教育均衡发展战略

在现代社会，即使人们接触和使用信息技术的机会相同，它所带来的社会结果也可能会完全不同。因此，除了信息技术使用本身的差距外，还必须考虑教育与知识层面的因素。我国各地区的教育发展水平很不均衡，信息知识普及水平呈现东高西低的趋势。因此，只有实施教育均衡发展战略，注重各地区基础教育的均衡发展，利用信息化教育缩小地区间的教育水平差距，进而提高全体国民的信息素养，才能更快、更好地弥合我国的区域数字鸿沟。教育均衡发展战略的主要内容有以下几点。

1）注重东、中、西部地区基础教育的均衡发展

信息技术的使用者想要通过现代通信技术获得所需的信息和知识，需要一定程度的学习能力和理解能力。而这些学习能力和理解能力的培养大都来自基础教育。我国东、中、西部地区之间的基础教育长期存在巨大差距，造成了知识方面的差距，加剧了我国的区域数字鸿沟。因此，我国应加强中、西部落后地区的基

础教育，加大对中、西部地区基础教育投资的力度，建立健全多元化的基础教育模式，多渠道筹集资金，不断改善基础教育的办学条件，促进东、中、西部之间基础教育的协调发展。

2）利用信息化教育缩小地区间的教育水平差距

信息化教育是推进教育均衡发展，促进教育公平的重要支撑和有效途径。只有让更多的人接受现代信息化教育，让他们有更多的机会接触信息技术、掌握信息技术，并把这些技术加以应用，才能使"信息贫瘠者"越来越少。在推进信息化教育的过程中，应注重发展的均衡性，让这种新的教育形式不至于引起新的地区间教育发展不平衡。要充分发挥信息化教育共享师资、信息交流的特点，利用这一新的教育形式缩小地区间的教育水平差距，进而弥合我国区域数字鸿沟。

### 7.3.4 社会公平化战略

数字鸿沟反映了信息社会不均衡发展导致的"社会鸿沟"，它是信息社会的分化现象。因此，我国应制定社会公平化战略，倡导社会公平，减少社会贫富分化，为社会信息化提供一个公平、公正、公开的良好市场环境。社会公平化战略主要内容有以下几点。

1）减少社会贫富分化

数字鸿沟本质上反映了社会贫富分化，因此，缩小社会贫富分化成为社会公平化战略的关键一环。要减少社会贫富分化，需发挥政府的主导作用。首先，要坚持和完善基本分配制度，规范各种收入。国际经验表明，收入分配不均和两极分化问题，是一种典型的市场体制失灵现象。这就需要政府通过制度建设，积极加以纠正。我国由传统的计划经济道路走上社会主义市场经济体制道路，也就不可避免地出现贫富差距不断扩大的问题。应当看到，伴随我国经济的高速增长，一定程度的贫富差距并不可怕。关键是我们要积极改进和完善制度，既大力调动劳动者的积极性，促进经济增长，又使这种贫富差距保持在可容忍的范围内，使全体社会成员最基本的生活得到保障。

其次，要发挥政府对收入分配的有效调节作用。缓解贫富差距过大的一个重要前提就是要实现机会平等，在这种机会平等的前提下，收入的流动性越强，就说明每个人都有机会改变目前的收入状况，至少那些最低收入群体不会永远被"锁定"，而最高收入群体也不可能永远处于高收入者的位置。但是收入分配的机会平等要通过政府实施的公共政策（包括税收、财政、社会保险等）来提供制度和社会环境，这就要求政府适时地制定和修改各种公共政策来有效调节收入分配。

2）为社会信息化提供一个公平、公正、公开的良好市场环境

一般而言，上网接入费用、网络使用费用相对越低，网民上网的比例就会越高。而网民规模的扩大，也有利于信息产品经营部门形成规模经济效益，从而能更好地提供低价的信息产品。我国电信费用严重偏高，一些经济相对落后地区的人们视网络产品为一种奢侈品，这与我国电信行业长期以来形成的垄断局面有极大的关系，也是形成我国严重数字鸿沟的一个重要环节。此外，政府采用的非均衡发展战略，也对当地的网络发展造成重要甚至关键性影响。我国目前缺乏商业信用和支付制度的商业环境不利于企业开展电子商务，这也会导致国内数字鸿沟的进一步扩大。故应从制度方面着手，完善电信规制与相关信息产业政策立法，为信息化提供一个公平、公正、公开的良好市场环境。

## 7.3.5 法律法规同步推进战略

要从战略层面弥合我国区域数字鸿沟，就应当从立法高度予以有力支持和配合，实施法律法规同步推进战略。对此，我国必须从全局出发，从长远考虑，统筹规划，建立起一整套专门针对区域数字鸿沟弥合的法律法规，为跨越数字鸿沟、构建和谐社会打下坚实的法律基础。法律法规同步推进战略主要内容有以下几点。

1）约束电信市场

目前我国在信息通信领域垄断经营的现象十分严重，电信运营商之间缺乏竞争，开放程度远远不够，信息产品和通信资费水平明显偏高，这已成为弥合我国区域数字鸿沟的一大障碍。因此，我国必须实行普遍服务政策，保证任何人在任何地点都能以承担得起的价格享受电信业务，而且业务质量和资费标准一视同仁，帮助在网络获取和使用方面存在困难的地区和人群普遍地、不受限制地接入网络和使用网络服务。对此政府需要出台相关的法律法规对电信市场加以约束，从法律上保证普遍服务政策得以顺利实施，大力推进信息通信技术在全国范围的普及，切实保证我国与发达国家的数字鸿沟，我国东、中、西部数字鸿沟，以及各省区市数字鸿沟逐步缩小，保障我国社会信息化进程的顺利推进。

2）提高信息公开度

信息公开是公民实现知情权、参与权和监督权的重要条件，也是营造良性的政府与公众关系的重要保障。不同地区信息公开也缺乏统一标准，没有针对各种公开方式规定不同的格式、内容、图文比例等，即使通过网络公布也缺乏统一的格式，造成公众查阅不便、监督不畅。因此，有必要从立法高度对信息的公开予以重视和保障，完善政府信息公开条例，从公开的范围、方式、标准等方面进行详细规定，加强政府信息公开的系统性、针对性，防止行政权的滥用。

## 7.4 弥合我国区域数字鸿沟的路径

### 7.4.1 弥合我国区域数字鸿沟的路径设计

战略内容是管理者面对内、外部环境进行综合判断，形成有针对性、计划性、全局性和方向性的规划，是弥合区域数字鸿沟的后续保障，可以说各地区对弥合战略的响应程度和政策措施力度的不同影响着区域信息化建设整体效益的发挥。区域数字鸿沟的大小可以客观地反映信息化发展的现状，是衡量信息化建设效果、提出正确应对策略的前提和基础。综上所述，区域数字鸿沟弥合路径的设计应由两个条件来决定：第一，战略水平的高低，其代表着弥合数字鸿沟的方向和定位；第二，区域数字鸿沟的大小，其代表着信息化的发展状态。本书借鉴波士顿矩阵思想，从战略水平的高低、数字鸿沟的大小两个维度出发构建二维象限矩阵，其中，纵轴代表战略水平，由下至上逐步提高，得分低于平均值的为低，高于平均值的为高；横轴代表数字鸿沟，由左至右依次上升，得分高于平均值的为大，低于平均值的为小。两种指数将矩阵划分为四个象限，分别代表四种不同的组合情景（图7-3）。数字鸿沟小、战略水平高的地区表明其各领域发展较为完善，未来应依据自身特色，立足优势，创立新高，走探索发展型路径；数字鸿沟小、战略水平低的地区表明其受到邻近地区的辐射和带动，但其自身对弥合数字鸿沟的力度不够，应夯实基础，自我挖掘，走自主带动型路径；数字鸿沟大、战略水平高的地区表明其对区域数字鸿沟的弥合较为重视，但各个领域实施强度不均，存在薄弱环节，对此应积极调动资源，弥补不足，走均衡调整型路径；数字鸿沟大、战略水平低的地区表明其各领域的战略实施力度均较弱，对此应多元发展，寻求突破，走全面扶植型路径。

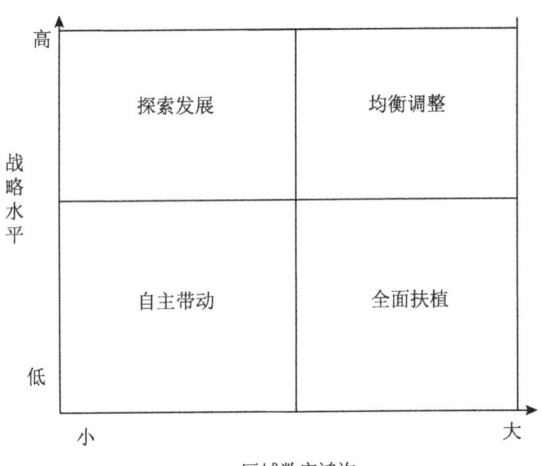

图 7-3 区域数字鸿沟的弥合路径设计矩阵

### 7.4.1.1 探索发展型路径

探索发展型路径即在对自身优势深刻把握的基础上，将有利的一面不断扩大，重新组合利用现有资源，挖掘发展潜力，实现新的突破。一个地区要保持信息化发展的领先地位，必须找准优势，全方位利用优势，才能保持永不枯竭的动力源。

走探索发展型路径需在未来的发展中明大势、看大局，坚持立足优势、趋利避害、积极作为，为信息化发展提供新的增长点。每个地区都有独特的社会形态、经济基础、文化沉淀、人才智库及资源禀赋等特性，不同的地区特性决定了其具有独特的发展动力，信息化建设应围绕区域特性做出顶层设计，建立长远发展的制度保障。具体而言，首先，选择项目应契合地区的比较优势，强化居民对本地区的认同感和归属感；其次，选择项目应保障区域间形成专业化的分工和协作关系，确保相邻地区经济结构转换的有序性和互补性（辜胜阻等，2013）。目前，国内外信息化建设较好的城市都以发挥本地传统优势为切入点，以点连线、以线带面推动城市经济的发展，如新加坡作为国际航运中心，大力发展物联网在内的信息技术，致力于成为国际上四通八达的"连城"；瑞典的斯德哥尔摩作为世界旅游名城，将发展重点放在智慧交通方面，不仅解决了交通拥堵问题，使城市承载力增强，还减少了能源消耗。

### 7.4.1.2 自主带动型路径

自主带动型路径即在接受周边地区辐射带动的基础上，利用本区域的自然资源、人力资源和社会资源等，通过有价值活动而提升其信息化建设的自主能力。内因作为事物发展的内在根据，是事物运动的源泉和动力，只有增强地区的内生动力，由"输血"转变为"造血"，才能够实现可持续发展。

自我发展能力的提升意味着一个国家或地区对所需各类要素的集聚和优化能力的提高，进而带动区域内要素的自主生长和自主造血功能提升，强调的是自我基础的夯实，另外，它并不排斥外部力量对其的推动作用，相反它是外部力量发挥作用的基础。但一个地区如果过度依靠外围地区的扶持和帮助，会增加自身发展的风险性和不确定性，也不会吸引资金、人才等集聚，并且一旦外部推动力量消失，其发展速度将会放缓或者停滞不前。对此，应调动本土潜能，诱使萌发自我发展的内在冲动，形成源自地方内部的"自家生长型"发展模式（张环宙等，2007），将本地潜在的资源优势转化为现实的信息化建设优势，为缩小数字鸿沟提供更多可能。本土化的发展方式使其信息化建设根植于本地资源，更能够对地区发展做出持久和可持续的贡献，并且不会对外源性资源产生依赖性。

#### 7.4.1.3 均衡调整型路径

均衡调整型路径即从全局出发，统筹规划，协调推进，保障五大战略的实施在时间上同步发展，在空间上相互渗透，在内容上互为融合，在动力上互相推动，在结果上互相联系，实现共同发展。由于五大战略相互关联、不可分割，靠单一加快落后地区信息化基础设施建设等不可能解决区域数字鸿沟问题，必须坚持融合协调、取长补短、联动发展。

促进战略同步的各项政策需配套协调、联动推进，避免出现短板。战略同步是一个整体性、全局性的发展体系，发展目标具有联动性，发展路径具有嵌套性，发展机制具有耦合性，发展手段具有互补性，只有各项政策重点突出且相互配套，才能真正实现协调发展的目标。大部分地区在弥合区域数字鸿沟政策的实施过程中多遵循着循序渐进原则，但这种情况下，往往出现"不协调成本"，即出现薄弱环节，这将制约整个战略内容的实施成效，不利于改革创新的高效与可持续发展。因此，在弥合区域数字鸿沟过程中，战略的实施不在于"顺序"，而在于"协调"，厘清不足，补齐短板，加强制度创新的协调推进是提升战略绩效的根本保证。

#### 7.4.1.4 全面扶植型路径

全面扶植型路径即立足实情，快速推进信息化全面建设、区域经济协调发展、教育均衡发展、社会公平化、法律法规同步推进五大战略的实施，形成多元化的发展格局。针对数字鸿沟大、战略水平低的地区，由于其薄弱环节较多，政府应提高对信息化建设的推进力度，采取多种政策相结合的方式，全面推进各领域发展。

具体来讲，如在信息化建设过程中，参与主体要多元化，一方面可通过国家政策引导、支持及内、外环境建设与保障，吸引社会力量，尤其是吸引大中型企业参与到信息化建设中来，整合社会各类优势资源，聚力实现信息化的共建、共享、共赢；另一方面针对具有纯公共产品、准公共产品、俱乐部产品和私人产品等不同特性的信息产品，分别采用政府主导和投资、准市场机制、俱乐部形式、市场机制及与之相匹配的丰富的、个性化的服务措施和多样化的服务形式来实现。

### 7.4.2 弥合我国区域数字鸿沟的路径选择

#### 7.4.2.1 战略水平的评价

弥合区域数字鸿沟的战略评价，是以战略的制定、实施全过程及其结果为对象，通过对影响并反映弥合区域数字鸿沟绩效的各要素进行总结和分析，以此判断政府制定的主要策略和计划是否合适。

1）指标体系设计

基于前面对弥合区域数字鸿沟战略内容的考察,从信息化建设、经济发展、教育推进、社会公平、法律法规五大层面出发,选取 10 项指标构建弥合区域数字鸿沟的战略评价指标体系(表 7-2)。

表 7-2　弥合区域数字鸿沟的战略水平评价指标体系及权重

| 一级指标 | 二级指标/权重 | 指标含义 | 单位 |
| --- | --- | --- | --- |
| 信息化建设（$B1$） | 每平方千米光缆线路长度（$B11$）/0.079 26 | 反映信息硬件设施水平 | 千米 |
| | 信息行业新产品开发经费支出额（$B12$）/0.080 52 | 反映信息技术自主创新能力 | 亿元 |
| | 宽带普及指数（$B13$）/0.104 38 | 反映信息通信技术的普及情况 | — |
| 经济发展（$B2$） | 电子商务销售额（$B21$）/0.089 99 | 反映信息产业发展状况 | 亿元 |
| | 信息行业的固定资产投资额（$B22$）/0.098 55 | 反映信息产业的投资力度 | 亿元 |
| 教育推进（$B3$） | 地方普通中学生均教育经费支出（$B31$）/0.085 53 | 反映政府对基础教育的支持力度 | 元 |
| | 普通教室全部配备多媒体教学设备的中小学比例（$B32$）/0.111 17 | 反映教育的信息化程度 | |
| 社会公平（$B4$） | 人均可支配收入（$B41$）/0.091 57 | 反映社会贫富状况 | 元 |
| | 网络资费（$B42$）/0.139 17 | 反映市场环境的开放性 | 元/月 |
| 法律法规（$B5$） | 政府网站信息公开指数（$B51$）/0.119 86 | 反映政府信息公开水平 | — |

2）数据收集

本书选取我国 31 个省区市为样本,基于数据的可获得性,收集数据时间设定为 2014 年。其中,每平方千米光缆线路长度、电子商务销售额、信息行业的固定资产投资额、人均可支配收入来自《中国统计年鉴》(2015 年);信息行业新产品开发经费支出额来自《中国科技统计年鉴》(2015 年);地方普通中学生均教育经费支出来自《中国教育经费统计年鉴》(2015 年);普通教室全部配备多媒体教学设备的中小学比例来自教育部发布的《2016 年全国教育信息化工作专项督导报告》;宽带普及指数来自中国电子信息产业发展研究院发布的《2014 年中国信息化发展水平评估报告》;网络资费以省会城市主营 2 兆字节每秒宽带(包月不限时)为统计标准,由于该指标 2014 年数据缺失,此处以 2015 年 3 月的统计值代替,具体数据来自中国价格信息网;政府网站信息公开指数来自第十三届中国政府网站绩效评估结果。具体数据见表 7-3。

表 7-3　2014 年 31 个省区市的原始数据

| 省区市 | $B11$ | $B12$ | $B13$ | $B21$ | $B22$ | $B31$ | $B32$ | $B41$ | $B42$ | $B51$ |
| --- | --- | --- | --- | --- | --- | --- | --- | --- | --- | --- |
| 北京 | 14.38 | 156.44 | 85.63 | 9 012.4 | 13.66 | 60 406.68 | 80.97 | 44 488.6 | 110 | 0.71 |

续表

| 省区市 | B11 | B12 | B13 | B21 | B22 | B31 | B32 | B41 | B42 | B51 |
|---|---|---|---|---|---|---|---|---|---|---|
| 天津 | 13.17 | 43.72 | 67.28 | 1 946.5 | 8.34 | 34 631.34 | 51.80 | 28 832.3 | 120 | 0.56 |
| 河北 | 4.68 | 29.38 | 70.76 | 1 629.7 | 8.17 | 9 910.35 | 58.47 | 16 647.4 | 52 | 0.51 |
| 山西 | 4.33 | 5.50 | 68.23 | 506.9 | 7.40 | 11 108.27 | 68.35 | 16 538.3 | 80 | 0.51 |
| 内蒙古 | 0.34 | 1.74 | 58.92 | 392.0 | 9.03 | 15 780.66 | 61.57 | 20 559.3 | 100 | 0.60 |
| 辽宁 | 4.35 | 48.78 | 69.61 | 1 720.2 | 8.17 | 13 986.19 | 50.04 | 22 820.2 | 75 | 0.59 |
| 吉林 | 1.60 | 13.33 | 61.58 | 545.2 | 7.87 | 13 316.95 | 27.74 | 17 520.4 | 75 | 0.48 |
| 黑龙江 | 1.10 | 23.88 | 60.19 | 210.8 | 9.18 | 13 106.69 | 50.76 | 17 404.4 | 100 | 0.57 |
| 上海 | 64.71 | 174.98 | 75.13 | 12 437.0 | 9.46 | 38 028.78 | 100.00 | 45 965.8 | 150 | 0.70 |
| 江苏 | 20.28 | 424.67 | 76.81 | 6 234.6 | 6.38 | 21 466.60 | 88.67 | 27 172.8 | 90 | 0.60 |
| 浙江 | 16.24 | 169.79 | 77.81 | 4 764.1 | 8.02 | 19 933.40 | 100.00 | 32 657.6 | 100 | 0.58 |
| 安徽 | 5.85 | 52.50 | 62.39 | 2 108.4 | 5.88 | 11 696.61 | 82.37 | 16 795.5 | 80 | 0.61 |
| 福建 | 6.08 | 76.75 | 76.28 | 2 098.9 | 10.59 | 14 543.97 | 77.64 | 23 330.9 | 98 | 0.66 |
| 江西 | 3.50 | 29.49 | 63.90 | 983.3 | 5.15 | 10 966.64 | 59.39 | 16 734.2 | 80 | 0.48 |
| 山东 | 6.50 | 172.22 | 67.92 | 5 029.2 | 5.57 | 13 134.46 | 85.52 | 20 864.2 | 60 | 0.63 |
| 河南 | 6.15 | 30.86 | 64.62 | 2 830.4 | 4.98 | 9 249.88 | 43.68 | 15 695.2 | 60 | 0.43 |
| 湖北 | 4.07 | 86.45 | 70.01 | 2 276.0 | 8.57 | 13 378.29 | 81.76 | 18 283.2 | 128 | 0.63 |
| 湖南 | 4.42 | 57.20 | 65.88 | 1 918.8 | 7.29 | 11 420.46 | 29.63 | 17 621.7 | 128 | 0.64 |
| 广东 | 7.47 | 929.35 | 77.06 | 12 992.6 | 11.49 | 12 446.86 | 60.90 | 25 685.0 | 189 | 0.72 |
| 广西 | 2.35 | 7.98 | 67.22 | 701.5 | 10.37 | 9 167.23 | 32.35 | 15 557.1 | 60 | 0.65 |
| 海南 | 3.53 | 4.09 | 72.29 | 364.4 | 12.17 | 14 992.54 | 10.72 | 17 476.5 | 50 | 0.67 |
| 重庆 | 6.54 | 21.56 | 69.93 | 2 302.1 | 10.26 | 13 004.79 | 97.38 | 18 351.9 | 98 | 0.55 |
| 四川 | 2.79 | 90.34 | 59.78 | 1 562.9 | 13.17 | 10 546.14 | 65.23 | 15 749.0 | 98 | 0.73 |
| 贵州 | 2.62 | 19.48 | 56.45 | 860.5 | 14.78 | 8 363.16 | 75.07 | 12 371.1 | 129 | 0.60 |
| 云南 | 1.54 | 7.90 | 60.52 | 2 461.1 | 14.04 | 9 711.25 | 18.82 | 13 772.2 | 50 | 0.59 |
| 西藏 | 0.08 | 0.15 | 60.97 | 40.2 | 20.21 | 22 461.07 | 29.17 | 10 730.2 | 75 | 0.32 |
| 陕西 | 2.87 | 79.16 | 71.67 | 824.5 | 6.70 | 13 178.96 | 72.64 | 15 836.7 | 120 | 0.61 |
| 甘肃 | 0.95 | 5.49 | 57.78 | 340.2 | 10.77 | 10 119.95 | 25.09 | 12 184.7 | 88 | 0.44 |
| 青海 | 0.18 | 1.13 | 64.15 | 60.4 | 16.14 | 19 474.83 | 80.24 | 14 374.0 | 78 | 0.40 |
| 宁夏 | 1.34 | 1.43 | 66.35 | 127.8 | 7.81 | 12 749.18 | 45.27 | 15 906.8 | 68 | 0.32 |
| 新疆 | 0.32 | 0.87 | 69.77 | 375.4 | 9.04 | 16 391.49 | 30.60 | 15 096.6 | 88 | 0.42 |

3）权重确定

熵最初来源于物理学中的热力学概念，主要反映系统的混乱程度，现已广泛应用于可持续发展评价及社会经济等研究。在信息论中，熵是系统混乱程度的度量，而信息则是有序程度的度量，二者绝对值相等，符号相反。在由 $n$ 个待评方案、$m$ 个评价指标所构成的指标数据矩阵 $X=\{x_{ij}\}_{n\times m}$ 中，数据的离散程度越大，信息熵越小，其提供的信息量越大，该指标对综合评价的影响越大，其权重也应越大；反之，各指标值差异越小，信息熵就越大，其提供的信息量则越小，该指标对评价结果的影响也越小，其权重亦应越小。用熵值法确定指标权重，既可以克服主观赋权法无法避免的随机性、臆断性问题，还可以有效解决多指标变量间信息的重叠问题。所以，本书尝试根据各样本数据的离散程度，用信息熵来确定指标权重，对我国 31 个省区市弥合区域数字鸿沟的战略水平进行评价，具体权重大小见表 7-2。

熵值法计算步骤如下。

首先，原始数据标准化。正向指标，$x'_{ij}=\dfrac{x_{ij}-\overline{x}}{s_j}$；逆向指标，$x'_{ij}=\dfrac{\overline{x}-x_{ij}}{s_j}$。其中，$x_{ij}$ 为第 $i$ 个样本、$j$ 项指标的原始数值；$x'_{ij}$ 为标准化后的指标值；$\overline{x}$ 和 $s_j$ 分别为第 $j$ 项指标的平均值和标准差。

由于数据标准化后出现了负数，其数值不能直接使用。为了合理解决负数造成的影响，对标准化后的数值进行平移：$Z_{ij}=x'_{ij}+A$。其中，$Z_{ij}$ 为平移后数值；$A$ 为平移幅度。这里选取的平移幅度为 $x'_{ij}$ 最小值的绝对值，即 3.1。

其次，将各指标同度量化，计算第 $j$ 项指标下第 $i$ 省区市占该指标比重：$p_{ij}=\dfrac{z_{ij}}{\sum\limits_{i=1}^{n}z_{ij}}$（$i=1,2,\cdots,n;j=1,2,\cdots,m$），其中，$n$ 为样本（省区市）个数，$m$ 为指标个数。

再次，计算第 $j$ 项指标熵值：$e_j=-k\sum\limits_{i=1}^{n}p_{ij}\ln p_{ij}$，其中，$k=\dfrac{1}{\ln n}$，$e_j\geqslant 0$。

接着，计算第 $j$ 项指标的差异系数：$g_j=1-e_j$。

最后，对差异系数归一化，计算第 $j$ 项指标的权重：$w_j=\dfrac{g_j}{\sum\limits_{j=1}^{n}g_j}$（$j=1,2,\cdots,m$）。

4）评价结果

指标权重计算结果见表 7-2，将平移后的数值与指标权重相乘得出综合得分（表 7-4）。

表 7-4  2014 年中国 31 个省区市弥合区域数字鸿沟的战略水平

| 省区市 | B1 | B2 | B3 | B4 | B5 | 综合得分 |
| --- | --- | --- | --- | --- | --- | --- |
| 北京 | 1.173 20 | 0.869 20 | 1.060 00 | 0.906 79 | 0.529 53 | 4.538 72 |
| 天津 | 0.831 94 | 0.519 19 | 0.683 76 | 0.680 08 | 0.366 30 | 3.081 27 |
| 河北 | 0.825 34 | 0.535 89 | 0.553 11 | 0.861 35 | 0.324 83 | 3.100 52 |
| 山西 | 0.772 70 | 0.464 00 | 0.606 09 | 0.733 15 | 0.311 90 | 2.887 84 |
| 内蒙古 | 0.602 52 | 0.507 22 | 0.614 16 | 0.688 24 | 0.409 83 | 2.821 97 |
| 辽宁 | 0.813 38 | 0.518 31 | 0.519 12 | 0.824 50 | 0.398 95 | 3.074 26 |
| 吉林 | 0.656 70 | 0.478 37 | 0.445 99 | 0.766 23 | 0.279 25 | 2.626 54 |
| 黑龙江 | 0.636 96 | 0.506 63 | 0.545 17 | 0.653 55 | 0.377 18 | 2.719 49 |
| 上海 | 1.360 16 | 0.841 48 | 0.962 45 | 0.744 79 | 0.518 64 | 4.427 52 |
| 江苏 | 1.199 82 | 0.588 17 | 0.778 88 | 0.805 52 | 0.409 83 | 3.782 22 |
| 浙江 | 1.072 75 | 0.595 43 | 0.816 13 | 0.821 27 | 0.388 07 | 3.693 65 |
| 安徽 | 0.715 29 | 0.463 65 | 0.672 28 | 0.735 98 | 0.420 71 | 3.007 91 |
| 福建 | 0.939 14 | 0.597 16 | 0.674 57 | 0.727 63 | 0.475 12 | 3.413 62 |
| 江西 | 0.712 08 | 0.412 83 | 0.565 68 | 0.735 30 | 0.279 25 | 2.705 14 |
| 山东 | 0.857 88 | 0.532 94 | 0.697 71 | 0.869 84 | 0.442 47 | 3.400 84 |
| 河南 | 0.741 46 | 0.457 39 | 0.482 96 | 0.813 01 | 0.224 84 | 2.719 66 |
| 湖北 | 0.834 60 | 0.564 53 | 0.683 20 | 0.588 43 | 0.442 47 | 3.113 23 |
| 湖南 | 0.876 90 | 0.670 32 | 0.580 98 | 0.531 16 | 0.453 36 | 3.112 72 |
| 广东 | 1.345 47 | 0.913 99 | 0.584 26 | 0.347 99 | 0.540 41 | 3.732 12 |
| 广西 | 0.745 14 | 0.553 55 | 0.432 64 | 0.811 49 | 0.464 24 | 3.007 06 |
| 海南 | 0.828 46 | 0.595 66 | 0.384 96 | 0.877 15 | 0.486 00 | 3.172 23 |
| 重庆 | 0.820 68 | 0.593 22 | 0.748 63 | 0.672 88 | 0.355 42 | 3.190 83 |
| 四川 | 0.672 10 | 0.656 10 | 0.587 87 | 0.644 26 | 0.551 29 | 3.111 62 |
| 贵州 | 0.588 28 | 0.683 05 | 0.613 34 | 0.468 97 | 0.409 83 | 2.763 47 |
| 云南 | 0.637 72 | 0.704 83 | 0.377 75 | 0.836 42 | 0.398 95 | 2.955 67 |
| 西藏 | 0.631 25 | 0.815 33 | 0.526 20 | 0.691 57 | 0.105 15 | 2.769 50 |
| 陕西 | 0.858 50 | 0.616 33 | 0.661 63 | 0.547 18 | 0.420 71 | 3.104 35 |
| 甘肃 | 0.590 97 | 0.555 25 | 0.408 53 | 0.649 63 | 0.235 73 | 2.440 11 |
| 青海 | 0.700 75 | 0.742 58 | 0.725 84 | 0.718 26 | 0.222 20 | 3.109 63 |
| 宁夏 | 0.722 16 | 0.465 51 | 0.518 22 | 0.779 68 | 0.105 15 | 2.590 72 |
| 新疆 | 0.767 09 | 0.507 06 | 0.483 39 | 0.681 65 | 0.213 96 | 2.653 15 |

#### 7.4.2.2 弥合路径确定

依据测度的区域数字鸿沟大小及战略水平高低,我国 31 个省区市弥合路径的确定结果如图 7-4 所示。

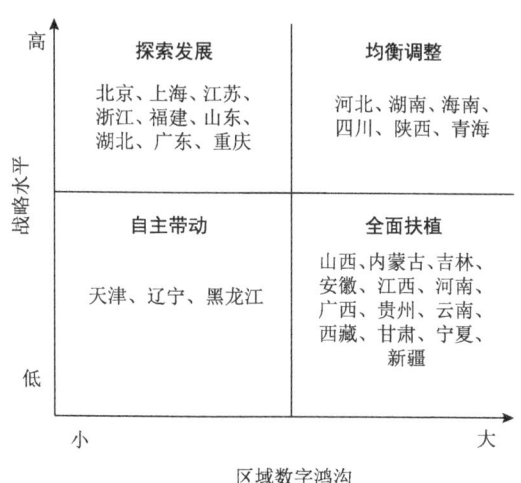

图 7-4 区域数字鸿沟弥合路径确定

(1)走探索发展路径的省市有 9 个,仅重庆位于西部地区,其余全部位于东、中部地区,这些省市所具有的双重优势使其在信息化建设过程中拥有强劲动力,未来有望立足自身优势,实现重点突破。

北京作为国内信息产业最为发达的区域之一,截至 2016 年底拥有 40 多所高等院校、140 多家科研院所、29 个国家工程研究中心、31 个国家工程技术研究中心、20 多所国家大型园区和 2 万多家高新技术企业。同时作为中国信息化创新基地的中关村也坐落于此,基于这些优势,北京市应通过不断推进信息技术创新为城市发展注入持续动力。

上海作为国际化大都市,2014 年蝉联信息化发展水平评估综合排名全国第一,其中网络就绪度优势明显,体现了上海大力推动以宽带和无线城市为重点的下一代信息基础设施建设的成效。未来时期,上海应将其优势纵向延伸,加强以市民需求为导向的信息化应用,如积极开展电子政务、加快智慧社区建设等。

江苏在 21 世纪初,为了能够更好地承接信息产业的国际转移,先后批准 7 个开发园区为江苏省电子信息产业基地,基地所具有的集聚优势促进了产业集群的产生。未来时期,江苏可凭借集聚优势进一步培育竞争优势,如鼓励区域内企业优势互补,兼并重组,在尊重市场规律的前提下,推动产业联盟建设,促进专业化分工,提升产业价值链。

浙江拥有货物吞吐量全球领先的国际大港和众多植根本地的中小企业,2015

年浙江港口整合正式提出，2016年宁波港和舟山港进入实质性合并，2017年作为双方整合后第一个完整运营年，货物吞吐量就首破10亿吨，同时浙江作为中小企业的集聚地，销售收入和利润几乎占到全省的70%左右。基于这些优势，浙江信息化版图应围绕港口物流和企业电子商务继续推进。

福建作为海峡两岸经济区的主体，与台湾具有"地缘、血缘、文缘、商缘、法缘"的五缘优势，而台湾作为世界信息化发展最先进的地区之一，在水资源节能管理、电梯安全、物联网远程监控、绿色建筑等领域具有先进成熟的项目和技术，福建若能与之相互合作，将有效提升其信息外包服务的承接交付能力和国际市场开拓能力。

山东濒临黄海和渤海，与日本、韩国隔海相望，海岸线长3000多千米，航线通达世界上140个国家和地区，优越的地理位置为信息化发展所依托的物流、资金流和信息流提供了基础条件，为此，山东可通过积极承接信息产业的国家转移或通过组成合资企业、特许经营等与国外技术先进的中小公司合作。

湖北依托其人才、科研优势，抢抓国家大力发展大数据产业的历史机遇，以大数据为引擎推动城市转型，初步形成了以武汉市为龙头、宜昌市和襄阳市为两翼的"三足鼎立"格局。立足其发展基础，湖北需进一步拓宽大数据应用领域，如选择制造、医疗、教育等优势行业，以大数据引领产业结构调整，让更多人民群众享受看得见的"云服务"。

广东电子信息产业在全国举足轻重，集聚了创维集团有限公司、康佳集团股份有限公司、TCL集团股份有限公司、华为技术有限公司、中兴通讯股份有限公司、美的集团股份有限公司、广州七喜集团有限公司等一大批品牌企业，行业规模连续20年位居全国首位，在保持国内市场的基础上，可将外向带动战略与信息化带动战略相结合，坚持引进来，走出去，积极拓展国际市场。

重庆作为西部内陆城市，属于互联网发展的次发达地区，但是从整体上来说，重庆的互联网发展水平并不低，这主要得益于以互联网为核心的现代传播体系。重庆有6万多家网站，且各具特色，如华龙网作为地方重点新闻网站，坚持"世界小点、重庆大点"的奋斗目标，在全国省级重点新闻网站中保持排名前三、被转载指数第一，且日均影响受众超过3000万人次，手机报集群用户超过1030万人，APP集群用户超过400万人；同时，我国最大的威客网站猪八戒网也在重庆，2016年其融资额达26亿元，已成为我国最大的众包服务交易平台。进一步将新媒体平台运用到政务服务、民生服务等领域，让市民充分了解政策、获取资讯，是重庆市下一时期的努力方向。

（2）走自主带动路径的省市有3个，其中天津位于东部地区，辽宁、黑龙江位于东北地区，这些省市多依靠周边地区的辐射效应拉动其信息化水平的提升，但政府部门对弥合区域数字鸿沟的重视力度不足，若不适时调整，信息化发展将后劲不足并逐步丧失优势。

天津作为北京转出企业的重要承接方，且信息技术外包（information technology outsourcing，ITO）、业务流程外包（business process outsourcing，BPO）和云计算大型企业的分支机构是天津承接的重点领域，转移企业带来的人才、资金等为天津信息化发展提供了契机，但其不能过度依赖外部投资，否则将被外来企业牵着走，最终腐蚀区域内创新环境的质量和绩效。因此，在积极承接外来企业转移的同时，需实施信息产业"生根"战略，推动转移公司产业链与本地区融合，同时，加快制造业向两端延伸，提高本地配套能力，避免"飞地"和"空心化"现象。

辽宁、黑龙江两省作为重要的工业基地，曾在新中国的经济社会建设过程中发挥过"领头羊"作用，其背后强大的制造能力和经济实力为其信息化的快速发展奠定了基础，然而随着资源的枯竭、城市转型等问题越来越突出，如果依然沿袭传统的工业发展模式，其对信息化的带动作用必然减弱。同时伴随着"互联网+"时代的到来，急需扭转观念，走信息化带动工业化道路，对此，应坚持引进集成与自主创新相结合，以应用技术开发为突破口，发挥地区优势，整合科研力量，建立和完善以企业为主体、市场为导向、产学研相结合的信息技术创新体系，促进新技术在传统产业中的应用，提高生产制造水平和产品附加值。

（3）走均衡调整路径的省份有6个，其中河北、海南位于东部地区，湖南位于中部地区，四川、陕西、青海位于西部地区，这些省份的战略实施情况总体较好，但反观其信息化建设水平在全国依然处于中下等，究其原因在于在战略的实践过程中出现短板，严重制约整体效益的提升。

河北省委办公厅、省政府办公厅2017年3月印发的《关于加快发展"大智移云"的指导意见》提出，到2020年，全省信息化发展指数从全国第17位跃升至前10位，并实现"四个大幅提升"。然而受到知识结构、技术创新能力和投入资金等条件的影响，河北省的信息产业在产品研发、经营管理和营销环节等竞争力较低，总体规模较小，对此，河北省政府应积极争取国家和省政府的资金支持，鼓励引导社会上有实力和积极性的企业集团对信息产业中高技术企业进行兼并、收购、股份制改造等，实现资产优化重组。

2015年6月，《海南省人民政府关于加快发展互联网产业的若干意见》正式印发实施，标志着海南正式发出实施"互联网+"战略、发展互联网产业的冲锋号。但是海南在教育信息化发展方面明显落后于其他地区，虽然78%的海南中小学已接入互联网，但10兆字节每秒以上带宽的接入学校只有702所，在4兆字节每秒至8兆字节每秒之间的有219所，还有859所为2兆字节每秒ADSL（asymmetric digital subscriber line，非对称数字用户线路）线路拨号接入，可见在未来，海南省政府需进一步加强校园网络的基础设施投入，如省教育厅可利用全省推进光网智能岛的契机，积极协调省工业和信息化厅及三大运营商，推动宽带网络接入学校"扩面、提速、降费"等。

2017年11月,四川省经济和信息化委员会印发了《四川省"十三五"信息化和工业化融合发展指导意见》,表明政府部门对信息化发展尤为重视。但是四川地处我国西部地区,地广人稀,信息基础设施建设的投资大,回收周期长,对电信企业的吸引力较小,建设规模与全国相比有较大差距,下一时期需寻求提升空间。

2016年,青海省委网络安全和信息化领导小组、信息化和宽带青海建设办公室召开了两次讨论会议暨"互联网+"工业现场会,目的是全面贯彻习近平总书记关于互联网系列重要讲话精神和视察青海时提出的"四个扎扎实实"重大要求。对国家信息化战略的积极响应,表明青海政府部门将信息化发展放在了重要位置,但在具体的实施中,政府网站的建设成效明显落后。2014年中国政府网站绩效评估中,青海总得分为35.3分,在31个省区市总排名中为第23名,其中信息公开指数仅为0.40,表明其信息发布工作要进一步加强,做到决策公开、执行公开、管理公开、服务公开、结果公开,使政府网站成为公众获取政府信息的第一来源。

2016年8月5日,湖南省委互联网信息办公室组织召开学习贯彻《国家信息化发展战略纲要》专家座谈会,聚焦全省"十三五"信息化发展,探讨加快网络强省建设举措。同年《陕西省人民政府关于积极推进"互联网+"行动的实施意见》提出加快推动互联网与各领域的深入融合和创新发展,构筑经济社会发展新优势和新动能。虽然2014年来两个省份均在大力推进信息化发展,但建设水平仍较为落后,主要原因在于二者电信市场的开放性不足。据中国价格信息网统计,2015年3月,长沙市、西安市当地主营2兆字节每秒宽带(包月不限时)的价格分别为128元/月、120元/月,在绝对价位上远高于我国平均水平,如石家庄市仅为51.5元/月,郑州市仅为60元/月,对此湖南、陕西两省可通过积极吸引民资进入通信市场,以此给用户提供选择余地,形成竞争,促进降价。

(4)走全面扶植路径的省区有13个,其中山西、安徽、江西、河南位于中部地区,吉林位于东北地区,其余均位于西部地区,这些省区在信息化建设的过程中既欠先机又乏后劲,存在多重劣势,未来需全方位发展。

我国超过三分之一的省区市的战略实施水平及信息化发展水平均低于平均值,从侧面反映出我国在弥合区域数字鸿沟方面明显滞后。信息化建设涉及经济、社会、文化、教育、医疗、卫生等一系列领域,需形成统一领导、协调一致、执行有力的信息化管理体制,广泛动员社会各种力量,充分发挥各方面积极性,形成合力,全面推进信息化建设。首先在建设主体上,根据各省区市建设现状,着力形成"政府主导,企业参与,多方合作"的建设格局。其中政府在信息化建设过程中起主导作用,通过加强统筹规划,健全政策法规与标准体系,引导和激励各方参与建设;事业单位是服务于信息化建设的重要力量,主要作用在于研发与推广信息技术、多措并举促进服务水平提高、放开搞活以发挥人才优势等；各类企业要积极参与和主动布局信息化建设，通过推行信息项目与服务的共建共享、加强对信息用户的教育培训等在建设过程中实现业务运营与社会责任的双赢；明确公众在信息化建设中的主体地位，充分调动广大群众的积极性、主动性和创造性，发挥他们的主体作用，提高其信息意识和信息技术应用能力。其次，在建设内容上，以经济和社会发展的需求为导向，在加快信息基础设施建设、强化信息技术推广应用、壮大信息产业规模、提高人员信息素质、构造良好信息市场环境、完善信息服务体系方面协调推进。这些中、西部欠发达地区宏观上应将信息化建设与经济、社会的发展协调起来，并依托武汉、西安、成都、重庆、兰州等大型城市的知识、信息优势，分阶段、分步骤地进行有地方特色的信息化建设，改变重硬轻软的投入方式，加强横向联系，发挥后发优势。

## 7.5 弥合我国区域数字鸿沟的对策

为了将弥合我国区域数字鸿沟的战略落到实处，本书依据上述战略选择及具体的弥合路径，制定了相应的对策，从具体对策措施出发实现战略目标。

### 7.5.1 加强落后地区的信息软件、硬件建设

现代信息通信技术对于我国的社会经济发展和人民生活水平提高起着巨大的推动作用，但是并不是所有人都在享受着信息通信技术带来的好处，许多经济欠发达地区成了被遗忘的角落，处在数字鸿沟的另一端。相对于发达地区而言，这些经济欠发达地区的信息仍然十分闭塞，而制约这些经济欠发达地区社会信息化发展的瓶颈正是信息基础设施的落后与信息资源的匮乏。因此，要弥合我国区域数字鸿沟，首先应当加大对中、西部省区和农村地区的信息软件、硬件投入，以提高我国整体的信息技术普及率。

（1）加强中西部省区市的信息软件、硬件建设。我国东部沿海发达省市与中、西部内陆欠发达省区市之间在信息的获取、掌握和利用方面长期存在巨大差距，如果我们不解决好中、西部欠发达省区市的信息软件、硬件建设问题，势必会影响信息化全面建设战略的实施，并最终影响弥合我国区域数字鸿沟战略目标的实现。

"要致富，先修路"，要在社会信息化与经济发展进程中追赶上东部发达省市，中、西部省区市应当先修好"信息高速公路"。政府应当向中、西部落后省区市投入大量政策性资金，充分保障中、西部省区市的信息软件、硬件设施建设。我国中、西部地区地广人稀，信息软件、硬件设施建设成本巨大。西部大开发和中

部地区崛起战略实施以来，国家重点支持了中、西部基础设施建设，但基本没有信息通信建设项目，加上中、西部地方各级政府财政困难，使其在信息基础设施建设上资金投入不足，导致中、西部信息通信的发展后劲明显不足。因此，各级政府应从战略的高度出发，在政策上对中、西部省区市的信息软件、硬件建设予以倾斜。在政府投入大量人力、财力、物力的同时，还要发动企业积极参与，鼓励民间资本投入。

要加强中、西部省区市的信息软硬件设施建设，政府应从以下几个方面入手：一是要通过政府直接投资或安排国债，对中、西部信息软件、硬件设施建设予以资金上的支持；二是要完善民间资本参与中、西部信息软件、硬件建设的投资环境，建立健全相应的法规，正确引导，加强管理，吸引更多企业到中、西部省区市投资兴建移动通信网络、互联网等设施，为加速改善中、西部省区市的信息软件、硬件设施贡献力量；三是要在中、西部各城市建立门户网站，对当地信息资源进行有效组织和整合，以便于当地人民群众的使用；四是要推进西部企业的信息化，以企业为单位，逐个进行信息化改革，大力推行企业上网工程，实现企业从生产、加工到销售、宣传一条龙的信息服务。

（2）加强农村地区的信息软件、硬件建设。从目前来看，我国农村地区的信息软件、硬件设施十分薄弱，要缩小我国区域数字鸿沟，实施信息化全面建设战略，就应当将农村地区的信息软件、硬件建设摆在重要位置。政府必须加大对农村地区的移动通信网络、计算机互联网络等信息软件、硬件设施建设的投入。在互联网、移动电话网等现代信息基础设施难以普及的偏远农村地区，应当由中央和地方政府拨款，以村为单位配备计算机并连入互联网，实现村村通网络，同时采取政策性金融服务为农村居民提供配套资金购买信息设备。要充分发挥互联网和移动通信网的优势，使它们成为信息沟通、交流的主要渠道，交互式的双向信息交流，不仅能够带动贫困地区经济的发展，而且能提高信息资源的开发和利用水平，促进信息产业的发展，更好地实现信息本身的价值。

我国各级政府应从以下几个方面着手加强农村地区的信息软件、硬件建设：第一，为农村地区的信息软件、硬件建设制定专门政策。给予适当优惠，积极引导电信运营商向农村进军，如对农村信息基础设施建设所涉及的征地、道路开挖、青苗赔偿等各种税费给予减免。只要政策得当，引导得法，农村信息基础设施的建设是可以迎头赶上的。第二，采取多元化融资渠道，在资金上予以扶持。农村居民居住较分散，通信基础建设成本巨大，仅靠通信运营商的力量远远不够，特别是加入 WTO 以后，随着市场的逐渐放开，运营商面临更大的竞争压力，投入到农村地区的资金将进一步减少。只有发动全社会、各行业的共同力量，采取多元化融资渠道，在资金上予以扶持，才能从根本上加强农村地区的信息软件、硬件建设。第三，要建设大型农业门户网站和农村信息数据库，为广大农村居民提供农业技术知识和生产经验，为农民构建农产品交易平台等。这方面我国可借鉴国外经验，如美国建有全国作物品种资源信息管理系统，在该系统的数据库中，保存有几万种作物资源样品信息和相关数据，美国农民可以在家通过计算机网络或电话网络对该系统进行查询、搜索、咨询等操作。法国农业部植物保护总局建立了全国范围的病虫害监测与预报计算机网络系统，可实时提供病虫害情况、药残毒预报和农药评价等信息。日本政府也建立了全国性的农业信息数据库，将重要的农业信息录入数据库中，并进行全国联网，这一数据库的成功建立，大大提高了日本农村的互联网普及率，许多农户都利用该数据库学习栽培和生产管理技术，收集农产品行情及推销农产品。

## 7.5.2 推进信息技术自主创新

改革开放以来，我国通过引进国外先进技术，促进了电子信息产业的迅速发展。但是，由于我国信息技术起步晚、研发能力弱，我国信息技术的发展长期落后于发达国家。要想真正落实信息化全面建设战略，弥合区域数字鸿沟尤其是我国与发达国家的数字鸿沟，我们就不得不走信息技术的自主创新之路。

（1）引导企业成为技术创新主体。在市场经济条件下，由于技术创新是高投入与高风险并存的活动，这就要求承担技术创新的主体首先具有技术创新的需求，即希望通过对技术发明的商业应用来获得可观的利润；其次具有一定的资金实力或一定的融资能力，这样才能保证技术创新的高投入；最后需能够承担风险，具有应付技术创新活动风险的承受能力。而企业作为自主经营、自负盈亏的经济实体，其为了在激烈的市场竞争中，谋求最大化利润，必须进行技术创新。并且企业在追求利润最大化而进行的技术创新过程中，不断积累财富，使其不仅拥有投入资金也可以承担一定的创新风险。可见企业成为技术创新主体是技术创新的内在要求和企业在市场经济中地位所决定的。对此，首先应建立现代企业制度。建立健全科学规范的管理体制和经营机制，解决政企不分的弊端，使企业在决策时拥有充分的自主权。其次加强产学研联合。通过内部组织或是以课题形式支持科研机构进行面向市场的应用技术研究与开发，加强企业与科研院所、高等院校的联合协作，使游离于企业外的科研机构直接服务于企业。

（2）加快信息技术关键领域的创新能力建设。信息技术关键领域的创新成为信息产业和社会信息化的核心动力，创新产生的新技术不仅给产业部门带来成本的降低和产量的增长，而且会导致原来并不存在的新产业出现，使整个社会信息化加速发展。我国必须把比较优势与创新优势结合起来，在一部分有相对优势的关键领域重点突破，跟踪并力争自主发展网络信息的关键技术，加强核心技术及其应用的开发与研究，积极开发生产新的具有发展潜力的信息产品，争取在集成电路、高速路由器、光交换技术、第三代移动通信技术及市场规模大的消费类数字产品、操作系统、数据库管理和核心应用软件等关键领域的自主开发上取得较大进展。

（3）加强信息产业主体的创新。目前我国企业的自主创新能力较弱，较适合于有效地组织物质产品的生产，但难以适应信息产业发展的需求。因此，需要一种全新的适应信息产品生产的企业形式，这种企业的组织结构将是由规模小但自主能力较强的单位组成的网络结构，并且能够根据市场的需求而不断重组，企业管理的主要任务将是为组织知识创造必要条件，提高其创造性和灵活性。同时，也要全力以赴地为人力资本创造性的发挥建立起必要的组织制度和其他外部条件。

### 7.5.3 实施以信息产业为中心的经济发展政策

在当今社会信息化不断深入的背景下，信息产业的发展与区域经济协调发展、弥合区域数字鸿沟存在着相当密切的关系。只有实施以信息产业为中心的经济发展政策，保持国民经济的持续、快速、协调发展，才能更好地解决我国的区域数字鸿沟问题。

20年来，信息产业的重要性在我国政府的经济发展政策中不断体现。"十五"计划中有史以来第一次将"加快国民经济和社会信息化"列为一个单独题目加以论述，提出"要在全社会广泛应用信息技术，提高计算机和网络的普及应用程度，加强信息资源的开发利用""加速发展信息产业"[1]。"十二五"规划提出"要加快建设宽带、融合、安全、泛在的下一代国家信息基础设施，推动信息化和工业化深度融合，推进经济社会各领域信息化"[2]。"十三五"规划单列"拓展网络经济空间"一个篇章，要求"实施网络强国战略，加快建设数字中国，推动信息技术与经济社会发展深度融合，加快推动信息经济发展壮大"，且明确提出"加快构建高速、移动、安全、泛在的新一代信息基础设施，推进信息网络技术广泛应用，形成万物互联、人机交互、天地一体的网络空间"[3]。因此，实施以信息产业为中心的经济发展政策不但符合我国政府的发展方针，也是解决我国的区域数字鸿沟问题的重要策略。

（1）使信息产业成为国民经济的支柱产业。首先，调整信息产业优先发展领域，加强软件产业等新兴产业发展。按照比较优势原则选择优先发展领域，才能

---

[1] 中共中央关于制定国民经济和社会发展第十个五年计划的建议. http://www.gov.cn/gongbao/content/2000/content_60538.htm[2019-09-14].

[2] 中国国民经济和社会发展十二五规划纲要. http://zxjxqk.paperopen.com/docs/xwdt/details.aspx?documentid=35[2019-09-14].

[3] 中国国民经济和社会发展第十三个五年规划纲要. http://www.china.com.cn/lianghui/news/2016-03/17/content_38053101_7.htm[2019-09-14].

进一步提高我国信息产业的竞争力和后劲。软件产业、内容产业及信息服务产业相比于信息硬件在更大的程度上依赖的是人的大脑思考和对知识的获取和加工，只要下功夫去抓，认真研究市场的动向和需求，在某些领域取得突破是完全可能的。而且这些产业很符合中国人的特点，投资也不大，相对风险也小。因此，政府要把这些新兴产业列为战略产业，加以重点扶持，优先发展，尽快制定符合国情的产业政策。其次，鼓励企业积极开拓国外市场，扩大国外企业市场占有率。对此政府应加大资金方面的投入，通过外贸政策刺激产品出口，由政策性保险机构提供国家信用保险，加大出口信贷对作为出口主力军的中小型电子信息企业的支持力度，并由中国进出口银行提供相应贷款。最后，在重点技术发展领域，加强国际合作。对此一方面可以引进世界著名技术企业作为战略合作伙伴，另一方面在人才方面也应加强国际交流，如鼓励海外人才回国创业，派出技术后备人才赴海外培训等。

（2）在国民经济发展中大力推进信息化与工业化融合。如今我国处于工业化的中期阶段，农业经济和工业经济结构矛盾突出，农业现代化水平低，高端制造业技术水平不高。在此困境下，大力推进信息化与工业化融合是加快经济结构调整，提升国家核心竞争力的必然选择。在完成工业化的过程中注重运用信息技术提高工业化水准，在推进信息化过程中注重运用信息技术改造传统产业，以信息化带动工业化，发挥后发优势，努力实现国民经济的跨越式发展。对此，首先要坚持政府引导、市场驱动的原则。政府要制定相应的鼓励政策和保障措施，加大信息化与工业化（以下简称两化）融合上的资金投入，设立对重点、试点和有潜力项目与企业扶持的专项资金并且加大对企业信息化建设的宣传与普及，引导企业走上信息化道路。同时，要尊重价值规律，充分发挥市场机制在两化融合中的推进作用。其次要因地制宜制订两化融合规划。各级主管部门应结合本地区信息化、工业化发展的实际情况，按照信息产业政策和信息产品发展重点，从信息产业如何发挥新经济增长点的作用方面，找准发展的突破口。最后要提升人力资本。由于培养两化融合人才的主体是高等院校和职业技术院校，所以应鼓励这些院校根据市场需求，与信息技术企业合作办学，调整学科专业设置。此外还可以鼓励相关中介机构、企事业单位举办各种类型的两化融合培训班，最终形成一个专业与结构合理的两化融合队伍。

### 7.5.4 缩小东、中、西部经济差距

移动通信网络和互联网的接入需要建设骨干网、通信基站等信息硬件设施，这离不开一定的物质条件，此外建成丰富的信息软件资源也需要大量的财力、物力投入。因此，应着力推进区域经济协调发展战略，不断缩小区域间的经济差距，

为弥合东、中、西部及各省区市间的数字鸿沟打下坚实的基础。

改革开放后,在"效率优先"的非均衡发展战略指导下,我国东、西部的经济差距不断扩大。进入21世纪,针对此种现状,政府开始调整战略,将重点转向"东西部经济协调发展"。1999年9月,中共十五届四中全会正式做出"实施西部大开发战略"的决定①。在西部大开发取得阶段性成果后,2002年,中共十六大又提出要"支持东北地区等老工业基地加快调整和改造"等问题②,同时针对中部地区的山西、安徽、江西、河南、湖北、湖南六省发展相对缓慢的状况,党中央、国务院又适时推出了促进中部地区崛起的战略,并于2006年4月,将"中部崛起"正式上升为国家战略。2010年10月,十七届五中全会通过《中共中央关于制定国民经济和社会发展第十二个五年规划的建议》将区域协调发展列为"十二五"期间的战略性目标之一。2017年10月18日,习近平同志在十九大报告中指出,"实施区域协调发展战略",具体来讲,要"加大力度支持革命老区、民族地区、边疆地区、贫困地区快速发展,强化举措推进西部大开发形成新格局,深化改革加快东北等老工业基地振兴,发挥优势推动中部地区崛起,创新引领率先实现东部地区优化发展,建立更加有效的区域协调发展新机制"③。因此,采取具体措施推进区域经济协调发展是对我党战略内容的落实,也是弥合我国区域数字鸿沟的重要途径。

(1) 加大对中、西部地区信息产业的投资力度。信息产业作为知识经济、信息经济的重要组成部分,具有技术含量高、利润率高、发展前景好的特点,因此,大力发展信息产业可以助推中西部地区实现跨越式发展,是中、西部地区赶超东部地区的有效途径。各级政府应当牢牢抓住这一重要机遇,加大中、西部地区信息产业的投资力度,建立和完善配套扶持政策,为中、西部地区的经济腾飞插上翅膀。在具体措施方面,一是要在国家财政政策上有意识地对中、西部倾斜。国家应通过调整中央财政投资的力度和空间配置来缓解中、西部欠发达地区信息产业投资紧张的问题,并且力求使其具有长期性和稳定性,使其在促进信息产业发展的问题上发挥作用和功能。二是要建立用于中、西部信息产业建设的专项资金。国家可通过中央财政拨款、发行国债等手段建立中、西部信息产业投资基金,增加对中、西部欠发达地区的投资,中、西部地区的地方政府可以相对灵活地使用专项建设资金。此外,还可以考虑采取参股或资金投入、财政周转金、投资补助、贷款贴息等形式,扶植中、西部地区进行信息产业建设。

---

① 中共中央关于国有企业改革和发展若干重大问题的决定. http://www.people.com.cn/GB/shizheng/252/5089/5093/5175/20010428/454976.html[2019-09-14].
② http://www.china.com.cn/guoqing/2012-10/17/content_26821180_5.htm[2019-09-14].
③ 习近平. 决胜全面建成小康社会 夺取新时代中国特色社会主义伟大胜利——在中国共产党第十九次全国代表大会上的报告. 人民日报, 2017-10-28(1).

（2）在中、西部地区施行税收优惠政策。在分税制度框架内，可通过采取减税、免税、退税、抵税等措施来支持中西部地区经济发展，实现中央对地方的税收调控和平衡，从而达到调节宏观经济的目标。

（3）考虑在中、西部设立特殊开发区。正如20世纪80年代设立的一些经济特区一样，开发中、西部地区也需要特殊的政策，国家可根据资源分布、地理位置等因素设立一定的经济开发圈、城市群、产业带，集中资金进行产业结构整合与优化，为经济发展提速。

（4）加强东部企业与中、西部企业的合作。中、西部地区自然资源丰富，但是亟须先进的生产技术和管理模式，而东部地区需要低成本的生产资源和广阔的销售市场，因此，可以在政府的指导下，由东部沿海地区的企业向中、西部内陆企业转移高新技术、注入新的管理模式、提供商标使用与营销网络等。这样既满足了东部企业低成本扩张的需求，又解决了中、西部经济发展中受到的资金、技术、管理等方面的约束，达到双赢的效果。

### 7.5.5 提高国民教育水平和信息素养

在信息时代，不掌握信息技术就会成为新的文盲。许多居民有上网需求，但是迫于自身受教育程度不高，信息素养不够，只好放弃上网的想法。政府和社会应该加强这方面的改善，注重提高全体国民的教育水平和信息素养，以缩小区域数字鸿沟。

（1）深入普及基础教育。基础教育对于提高全体国民的教育水平和信息素养起着尤为重要的作用。虽然我国早已普及了九年制义务教育，但是由于各地区之间、城乡之间教育设施、师资力量等存在巨大差距，我国在普及基础教育方面仍然存在很多问题。东部沿海地区与中、西部地区，以及城市与农村之间在教育软硬件方面有着很大区别，像英语这样的基础教育科目在中、西部和农村地区尤其需要加大普及力度。深入普及基础教育对于实施教育均衡发展战略有着重要而深远的意义。

（2）大力发展信息化教育。因为信息化教育不但可以使知识传播成本不断下降，而且可以使人的文化素质和信息素养不断提高。只有让更多的人接受信息化教育，才能使"信息穷人"越来越少，才能逐渐填补数字鸿沟。信息化教育归根结底是要发展在数字环境中的大众教育和全民教育。在实施上，应充分发挥高等学府的优势，逐步建立以校园网为基础，以远程教育和信息资源共享为手段的三位一体数字化教育体系。

（3）加强贫困地区居民的信息培训服务。要为贫困地区居民提供一定的资金支持和社会支持，使他们能够负担得起接受信息技术培训的费用。政府应设立专门机构长期持续性地开展免费或半免费的信息培训服务，鼓励高等学校和其他社会机构为贫困地区居民学习信息技术提供帮助。政府应清醒地认识到，只有普及信息化教育，扩大信息知识应用范围，让所有人都能平等地享有信息，提高"信息穷人"的数字化生存能力，才能跨越区域数字鸿沟。

### 7.5.6 大力推进社会公平

大力推进社会公平，就是要倡导社会的公平公正，公平与效率兼顾、防止贫富差距扩大、关注弱势群体的信息需求，这是落实社会公平化战略的三条有效途径。

（1）公平与效率兼顾。消除数字鸿沟的根本问题在于如何实现信息社会资源分配的公平性。在解决数字鸿沟问题时首先应该强调机会平等原则，要让不同地区、不同人群的公民和企业都享有平等接入网络、获取信息与知识的权利。政府应通过一系列政策和措施创造平等的接入机会，实现信息技术在不同地区、年龄、性别、经济收入和教育程度的人群中充分普及，保证社会公平和公正，并为缩小数字鸿沟创造各种机会，提高网络接入程度和网络使用技能，增加网络信息资源，加强公众的网络意识，扩大公众的网络参与度，为融合网络世界和进入网络社会创造条件。

我国人口基数大、建设资金有限，在这样的基本国情下，实现公平与效率是一对矛盾的统一体。一味地追求公平不讲求效率会影响经济的整体发展水平，而过分追求效率不讲公平往往会导致数字鸿沟的拉大。效率是公平的基础，公平是提高效率的前提，因此，跨越数字鸿沟的首要问题是如何在政府政策中兼顾效率与公平。事实上，信息与知识的非耗减性和累积性，信息技术的报酬递增效应等经济特征说明，促进信息技术公平普遍接入不仅不会损害效率，还会提高效率。例如，帮助贫困地区建设信息基础设施，帮助当地人学会使用信息通信技术获取信息，这在一定程度上缓解了贫困地区人们获取信息的不平等问题，又大大提高了人们利用信息寻求致富之路的积极性。因此，信息扶贫可能要比单纯的向贫困地区提供粮食、财物更有价值。

（2）防止贫富差距扩大。在信息时代，要通过国家立法和宏观调控等途径来防止贫富差距的进一步扩大。发达信息社会防止贫富差距扩大最重要的方法就是通过法治化和税收来实现。通过法治化来防止贫富差距的进一步扩大，它要求防止贫富差距扩大的相关法律制度的建设，都要通过法定的条件和程序加以制定和实施，直接负有管理社会责任的行政机关也不得违反，否则也要承担法律责任。发达信息社会正是通过法制化的程序和手段，建立了一整套逐步调节收入分配，抑制贫富两极分化的法律制度，为这些国家的社会稳定以及社会经济持续发展奠定了良好基础。

因为数字鸿沟和贫富差距是互为因果的，我国要想更快更好地弥合数字鸿沟就必须减小贫富差距。首先，要坚持和完善按劳分配为主体，多种分配方式并存的社会制度，在经济发展的基础之上，更加注重社会公平，合理调整国民收入分配格局。其次，应在一次分配与二次分配的过程中按照社会公平与公正的原则，加强收入分配政策的实施力度，缩小收入差距，同时实现公平与效率两大目标，努力防止贫富差距扩大。同时，通过税收、社会保障和社会福利、转移支付等调节手段，重点调节地区之间、城乡之间、部门之间、不同群体之间、在职与退休人员之间的收入关系，防止收入差距过大，保障低收入者基本生活，尤其要着力提高低收入者的收入水平，使他们的收入增长速度高于其他群体的收入增长速度，有效地实现低收入者的收入增加。

（3）关注弱势群体的信息需求。网络技术的普及为社会公众带来了大量可获取的信息，但对于弱势人群，他们由于缺少利用网络的经济基础与技术能力，无法自由地利用网络搜索信息。所以，要不断采取措施和创造条件，通过一系列法律制度和政策保护弱势群体的利益，使他们生产、获取与利用信息的机会均等，让残疾人、下岗工人、农民工、无业或失业人员等弱势群体从起点上实现信息公平，平等地参与信息社会的竞争。

应对弱势群体进行相应的特殊信息服务，为其提供全方位的"无障碍信息通道"。例如，为残疾人开发专门的计算机硬件设备和应用软件，为下岗工人提供再就业信息，为农民工提供低价甚至是免费的上网设备。为弱势群体提供针对性的在线内容服务是促使他们上网的一个好办法。在这方面，我国应该积极开发适用残疾人上网的信息技术，设计与弱势人群相关的在线内容服务，提高弱势人群的上网热情，扩大互联网在弱势人群中的普及。例如，农民工关心的是相关招聘信息、国家相关医疗政策以及工作信息的真假等问题，如果能让他们方便地获取这些信息，为农民工的生产生活提供便利，就大大激发了农民工上网的热情。残疾人关心的是政府对残疾人的政策以及如何申请残疾救助等，如果能够开发便于残疾人上网的技术及针对残疾人的网上内容，也会增加他们上网的积极性。

### 7.5.7 建立健全相关法律法规

要弥合我国区域数字鸿沟，就必须根据法律法规同步推进战略，建立健全与弥合区域数字鸿沟相关的法律法规，从法律上予以保障和配合。具体而言，可以从如下几个方面制定政策和措施。

（1）建立以数字鸿沟法为核心的一系列配套法律法规。建立与数字鸿沟法及相关实施细则相配套的弥合区域数字鸿沟的法律法规体系，从而形成两个层次的法律法规。首先是弥合区域数字鸿沟的法律，包括数字鸿沟法、信息基础设施信贷法、信息公开法、公共部门电子服务和通信法、公共信息自由使用法、信息再利用法等具体的法律；其次是弥合区域数字鸿沟的法规，包括信息公开法实施细则、信息再利用管理规定等相关具体法规。

（2）通过立法保障普遍服务的实施。首先，确立合理的电信普遍服务法律制度框架。目前许多国家对电信市场及用户权利进行了明确规定，如英国的《电子通信法》规定，英国的电信市场是完全自由的，不允许存在垄断经营行为，其政策制定、管理部门和运行部门必须是分离的。瑞典的《电信法》也规定了关于网络和电子通信服务相关的普遍服务和用户权利。我国应借鉴发达国家的经验，出台电信法并制定电信普遍服务实施细则、电信市场管理规定等相关实施细则，从法律层面来建立普遍服务机制，平衡消费者和电信经营者之间的利益，保证电信产业的有效竞争和健康发展。其次，确立合理的电信普遍服务目标。我国的地区差异造成普遍服务目标存在多层次性，东部等一些发达地区已经以互联网等信息普遍服务作为下一步的目标，而对于一些不发达地区，固定电话的普及才是其目前最重要的目标。基于此，普遍服务的目标应该是动态的，所以不宜在电信法中对普遍服务的目标做出明确的规定，需要结合各地实际，采用制定行政性法规等其他规范性法律文件的方式将目标更加细化和具体化。最后，建立完善的电信普遍服务补偿机制与融资方式。在补偿方面，在电信法中应确定以收入补偿与成本补偿相结合的方式对承担普遍服务的运营商进行合理补偿，鼓励各个电信运营公司向网络未达到的区域扩张，解决普遍服务与市场机制的矛盾。在融资方面，鉴于我国电信行业的竞争格局已经形成，从公平、利于竞争的角度出发，应采取向市场上的所有电信公司征收普遍服务金的方式进行融资。同时，在电信法中应对普遍服务金征收和使用原则、征收的标准等方面详细规定。

（3）完善相关法律法规以确保信息获取与使用的公平。首先，构建系统的信息公开法律制度体系。我国现阶段沿用的仍是2007年国务院颁布的《中华人民共和国政府信息公开条例》，并没有出台专门的法律。并且关于信息公开的规定与《中华人民共和国保守国家秘密法》《中华人民共和国档案法》《中华人民共和国统计法》《中华人民共和国国家安全法》等法律之间存在诸多不协调，信息公开与保密的边界比较模糊，在法律适用中可能会发生冲突。因此，为保证政府信息公开法律体系的统一性，我国应尽快出台政府信息公开法，并对《中华人民共和国保守国家秘密法》《中华人民共和国档案法》等相关法律进行修订，以正确处理政府信息公开法律体系内部诸法律之间的关系，形成以政府信息公开法、《中华人民共和国保守国家秘密法》《中华人民共和国档案法》、隐私权法为主体的信息公开法律框架。其次，对政府的信息公开方式进行明确规定。政府作为信息占有者应主动公开相关的社会公共利益信息，这是政府应尽的义务。同时公民作为国家的主人，作为社会信息的需求者，可以申请政府公开其没有公开的信息。但我国目前仅强调政府公开的主动性，忽略了公民的监督权，因此在未来的政府信息公开法中，应从政府主动公开、公民申请公开两个角度加以规定，使二者相互制约，以公民权利监督政府，以政府信息公开保障公民知情权。最后，对信息分类进行细化。当前我国立法既规定了应当公开的政府信息，又规定了国家秘密即不公开的信息，这二者之间从结构和内容上看，既有交叉又存在空白，要解决这一问题关键需要对信息分类进行细化。英国《信息自由法》对可公开的信息范围是通过排除例外不公开信息的种类来确定的，此类例外信息共25类，此项下还分为绝对例外信息和一般例外信息。对绝对例外信息，政府或涉及的部门团体可以不做任何答复；对一般例外信息，相关部门或团体也仅有回答存在与否的义务而不涉及任何其他内容。对此，我们国家可以加以借鉴，在"公开为原则，不公开为例外"的基础上，对属于国家秘密范围不予公开的信息，进行具体、明确的列举，制定公开与不公开判断的审查标准，建立更加开放、明晰的制度规范，合理平衡公民知情权与保守国家秘密的需要。

## 7.6 本章小结

本章针对我国的实际情况，以战略管理理论为指导，分析弥合我国区域数字鸿沟的战略目标、战略环境和战略内容，在此基础上设计弥合路径并制定相应的保障对策。主要研究内容包括以下几点。

第一，弥合我国区域数字鸿沟的战略管理。结合我国区域数字鸿沟的客观实际情况，确立弥合我国区域数字鸿沟的战略目标，然后采用 PEST 分析法对战略环境进行分析，在此基础上选择战略内容。结果表明，①提出弥合区域数字鸿沟的分阶段战略目标。近期目标为：到 2020 年，我国 31 个省区市之间的数字鸿沟差距量不断缩小，力争部分省区市之间的差距量由"极显著"层级转变到"显著"层级；我国东、西部之间的数字鸿沟差距量由"显著"层级转变到"不显著"层级；我国与部分发达国家之间的数字鸿沟差距量由"显著"层级转变到"不显著"层级。中期目标为：到 2030 年力争 31 个省区市之间的差距量全部由"极显著"层级缩小至"显著"层级；我国东、中、西部之间的数字鸿沟保持"不显著"层级，东、中、西部的数字鸿沟最大差距量要缩小至 0.8 以内；我国与发达国家之间的数字鸿沟最大差距量由"显著"层级缩小至"不显著"层级。远期目标为：到 21 世纪中叶争取使我国 31 个省区市之间的数字鸿沟最大差距量缩小至"不显著"层级；我国与发达国家数字鸿沟的最大差距量缩小至 0.8 以内；我国东、中、西部数字鸿沟的最大差距量缩小至 0.5 以内。②弥合区域数字鸿沟的战略环境包括：国际社会普遍关注数字鸿沟问题、经济全球化背景下南北经济差距不断拉大、发达国家与发展中国家的教育水平差距不断扩大、发展中国家的信息通信技术远远落后于发达国家。③在弥合区域数字鸿沟的顶层设计中，政府应充分考虑五个方面内容，即信息化全面建设、区域经济协调发展、教育均衡发展、社会公平化和法律法规同步推进。

第二，提出弥合我国区域数字鸿沟的路径。借鉴波士顿矩阵思想，从数字鸿沟的大小、战略水平的高低两个维度出发构建二维象限矩阵，根据划分的四种情景设计对应的弥合路径，然后以我国31个省区市为样本，采用熵值法对各省区市的战略水平进行评价，结合各省区市的数字鸿沟大小对其情景模式进行判定，据此确定各省区市的弥合路径。结果表明：①探索发展路径（立足优势，创立新高）对应数字鸿沟小、战略水平高的情景，自主带动路径（夯实基础，自我挖掘）对应数字鸿沟小、战略水平低的情景；均衡调整路径（调动资源，弥补不足）对应数字鸿沟大、战略水平高的情景，全面扶植路径（多元发展，寻求突破）对应数字鸿沟大、战略水平低的情景；②北京、上海、江苏、浙江、福建、山东、湖北、广东、重庆应走探索发展路径，天津、辽宁、黑龙江应走自主带动路径，河北、湖南、海南、四川、陕西、青海走均衡调整路径，山西、内蒙古、吉林、安徽、江西、河南、广西、贵州、云南、西藏、甘肃、宁夏、新疆应走全面扶植路径。

第三，制定弥合我国区域数字鸿沟的对策。具体包括加强落后地区的信息软件、硬件建设，推进信息技术自主创新，实施以信息产业为中心的经济发展政策，缩小东、中、西部经济差距，提高国民教育水平和信息素养，大力推进社会公平，建立健全相关法律法规。

# 参考文献

北京师范大学经济与资源管理研究所课题组. 2001. 信息技术产业对国民经济影响程度的分析. 经济研究, (12): 17-26.
北京市信息化工作办公室. 2005. 北京市数字鸿沟研究报告. 北京: 中国发展出版社.
蔡跃洲, 张钧南. 2015. 信息通信技术对中国经济增长的替代效应与渗透效应. 经济研究, (12): 100-114.
曹荣湘. 2001. 数字鸿沟引论: 信息不平等与数字机遇. 马克思主义与现实, (6): 20-25.
茶洪旺, 左鹏飞. 2016. 中国区域信息化发展水平研究——基于动态多指标评价体系实证分析. 财经科学, (9): 53-63.
陈爱娟, 姜福强, 薛伟贤. 2005. 陕西城市间"数字鸿沟"测度研究. 情报杂志, 24(11): 108-109, 112.
陈昆玉. 2001. 社会信息化水平测度模型及其应用. 情报科学, 19(1): 14-17.
陈南华. 2010. 美国政府应对数字鸿沟的经验及其对我国的启示. 电子政务, 6(10): 115-121.
陈晓华. 2014. 我国城乡二元经济结构转换中的数字鸿沟效应与对策. 农业现代化研究, 35(1): 38-42.
陈艳红. 2006. 基于信息素质差异性视角的数字鸿沟成因分析. 湘潭大学学报: 哲学社会科学版, 30(6): 102-106.
陈艳红. 2007. 我国数字鸿沟问题的理论分析与应对策略: 基于信息资源管理的研究. 长沙: 湖南人民出版社: 27-30.
陈艺妮, 金晓彤. 2013. 中国消费者网络购物中信任与不信任的形成机制. 科学决策, (10): 1-14.
程士强. 2017. 中国网络社会的"倒丁字形"结构及其形成机制. 兰州大学学报(社会科学版), 45(6): 88-98.
程云行, 李毅彩, 石功雨. 2010. 市场营销学. 北京: 化学工业出版社: 3.
程竹汝. 2007. 完善和创新公民监督权行使的条件和机制. 政治与法律, 26(3): 45-49.
戴维民. 2002. 从"知识沟"到"数字鸿沟"——网络社会的信息差距. 信息管理导刊, (6): 1-6, 18.
董祺. 2013. 中国企业信息化创新之路有多远?——基于电子信息企业面板数据的实证研究. 管理世界, (7): 123-129, 171.
董雅丽, 杜振涛, 唐洁文. 2010. 消费文化观念对消费意向的影响研究. 经济问题探索, (9): 73-77.
杜媛, 刘美凤, 钟名扬. 2006. 美国信息技术教育应用中存在的问题及对策分析. 比较教育研究, (8): 83-87.
杜振华. 2007. 构建和谐社会必须解决数字鸿沟问题. 毛泽东邓小平理论研究, (6): 46-49.
樊纲, 张晓晶. 2003. 全球视野下的中国信息经济: 发展与挑战. 北京: 中国人民大学出版社.
樊明成. 2011. 当前我国大学生选择专业的性别差异分析. 现代教育科学(高教研究), (2): 56-60.
方兴东, 张笑容, 胡怀亮. 2014. 棱镜门事件与全球网络空间安全战略研究. 现代传播(中国传媒大学学报),21(1):115-122.
冯迪. 2004. 信息技术与语文课程整合培养学生创新思维能力的研究. 中国电化教育,(1): 27-30.
付立宏. 2003. 关于数字鸿沟的几个问题. 图书情报知识,(2):7-11.
高国士. 2008. 拓扑空间论. 2版. 北京:科学出版社:147-156.
葛兰西 A. 1983. 狱中札记. 葆煦译. 北京:人民出版社:188.
龚岚. 2006. 数字鸿沟的测度方法及评价. 南京理工大学学报(社会科学版),19(1):39-42.
辜胜阻,杨建武,刘江日. 2013. 当前我国智慧城市建设中的问题与对策. 中国软科学,(1): 6-12.
郭亚军,杨耀东,张瑞华. 2003. 区域产业结构的合理性及其评价方法. 工业技术经济,22(3): 76,77.
国家统计局统计科学研究所信息化统计评价研究组. 2014. 2013年中国信息化发展指数(Ⅱ)研究报告. 调研世界,(4):3-7.
国家信息中心"中国数字鸿沟研究"课题组. 2006. 2006中国数字鸿沟报告. 北京:国家信息中心.
哈贝马斯. 2003. 在事实与规范之间:关于法律和民主法治国的商谈理论. 童世骏译. 北京:生活·读书·新知三联书店.
韩路宾,江娜. 2012. 浅析我国城乡数字鸿沟的成因、影响及对策. 中国集体经济,(21):41-43.
韩圣龙,魏琴,张艺山,等. 2017. 贵州省城乡数字鸿沟及其对城市化进程影响研究. 图书情报工作,61(16):90-97.
何光国. 1994. 文献计量学导论. 台北:三民书局:8,9.
何明升. 2002. 网络消费方式的内在结构及其形成机理. 哈尔滨工业大学学报(社会科学版), 4(1):34-37.
赫大海,王磊. 2014. 地区差异还是社会结构性差异?——我国居民数字鸿沟现象的多层次模型分析. 学术论坛,37(12):88-95.
亨廷顿 S P. 2008. 变化社会中的政治秩序. 王冠华,等译. 上海:上海人民出版社.
侯景新,尹卫红. 2004. 区域经济分析方法. 北京:商务印书馆:225.
侯艳辉,郝敏. 2013. 基于DEMATEL的数字鸿沟影响因素辨识. 统计与决策,(14):15-17.
胡鞍钢,王蔚,周绍杰,等. 2016. 中国开创"新经济"——从缩小"数字鸿沟"到收获"数字红利". 国家行政学院学报,(3):4-13.
胡鞍钢,周绍杰. 2000. 网络经济:21世纪中国发展战略的重大选择. 中国工业经济,(6):5-10.
胡鞍钢,周绍杰. 2002a. 中国如何应对日益扩大的"数字鸿沟". 中国工业经济,(3):5-12.
胡鞍钢,周绍杰. 2002b. 新的全球贫富差距:日益扩大的"数字鸿沟". 中国社会科学,(3): 34-48,205.
胡米宁,曾正军,万念驹. 2005. 欠发达地区信息技术教育发展的若干思考. 中国电化教育,(6): 23-25.
胡小明. 2004. 为什么"信息"有那么多定义?——信息化知识对话录(一). 中国信息界,(5):25,26.
胡延平. 2002a. 跨越数字鸿沟——面对第二次现代化的危机与挑战. 北京:社会科学文献出版社:2-17.
胡延平. 2002b. 第四种力量. 北京:社科文献出版社:11.
黄金,赵冬梅. 2011. 基于ISM模型的数字鸿沟影响因素分析. 统计与决策,(8):41-43.

黄京华, 张露, 李扬帆. 2013. ERP 投资与企业绩效关系的调节因素研究. 科学学与科学技术管理, 34(10): 130-141.

黄曼慧. 2006. 企业信息化的数字鸿沟现状及形成原因分析. 电子商务, (11): 138, 139.

黄曼慧, 黄小彪. 2004. 中国国内"数字鸿沟"的形成原因分析. 重庆大学学报(社会科学版), 10(6): 22-24.

惠志斌. 2012. 我国国家网络空间安全战略的理论构建与实现路径. 中国软科学, 27(5): 22-27.

江峰. 2013. 新数字鸿沟研究. 图书馆杂志, 32(1): 8-12.

姜红波, 韩洁平. 2013. 电子商务概论. 2 版. 北京: 清华大学出版社.

姜奇平. 2001. 缩小数字鸿沟的纲领性主张——社会资本·可持续发展·礼品经济. 互联网周刊, (6): 82-85.

蒋鸣和, 肖玉敏, 朱益明. 2014. 信息技术助推学校转型——英特尔教育变革及技术整合研究项目上海项目研究报告. 中国电化教育, (5): 44-57.

蒋耀平. 2005. 我国网络空间安全评价指标体系的研究. 管理世界, 21(4): 1-4, 11.

焦勇, 杨蕙馨. 2017. 政府干预、两化融合与产业结构变迁——基于 2003-2014 年省际面板数据的分析. 经济管理, 39(6): 6-19.

金兼斌. 2003. 数字鸿沟的概念辨析. 新闻与传播研究, (1): 75-79, 95.

金吾伦. 1997. 信息高速公路与文化发展. 中国社会科学, (1): 4-15.

卡特 C, 斯泰纳 L. 2008. 批判性读本: 媒介与性别. 北京: 北京大学出版社.

柯惠新, 王锡苓. 2005. 亚太五国/地区数字鸿沟及其影响因素分析. 现代传播, (4): 88-94.

李葆萍. 2012. 我国义务教育信息化建设均衡性研究——基于 2001-2010 年中国教育统计年鉴数据分析. 中国电化教育, (3): 37-42.

李春雷, 刘颖洁. 2012. 刻板印象与消费主义文化下的媒介女性形象——基于京、沪、赣等地问卷调查分析. 江西师范大学学报(哲学社会科学版), 45(4): 94-101.

李国杰, 徐志伟. 2017. 从信息技术的发展态势看新经济. 中国科学院院刊, 32(3): 233-238.

李升. 2006. "数字鸿沟": 当代社会阶层分析的新视角. 社会, 26(6): 81-94, 210.

李星. 2008. 积分方程. 北京: 科学出版社: 3-5.

联合国教科文组织统计研究所. 2016. 文化贸易全球化: 文化消费的转变——2004—2013 年文化产品与服务的国际流动. 巴黎: 联合国教科文组织统计研究所.

联合国科学和技术促进发展委员会. 2008. 制定注重发展的政策, 促进社会和经济包容性强的信息社会, 包括增加获得信息的机会、基础设施并建立有利的环境. 日内瓦: 联合国科学和技术促进发展委员会第 11 届会议.

林金坤. 2005. 拓扑学基础. 北京: 科学出版社: 15-22.

林敏. 2007. 政府信息公开中知情权和隐私权的冲突与协调原则. 图书情报工作, 51(2): 48-50, 103.

刘丹, 陶文依美, 陶长琪. 2013. 信息产业对区域产业结构升级的促进效应——基于三螺旋理论的实证分析. 南昌工程学院学报, 32(3): 29-35.

刘骏. 2017. 城乡数字鸿沟持续拉大城乡收入差距的实证研究. 统计与决策, (10): 119-121.

刘骏, 薛伟贤. 2012. 城乡数字鸿沟测度指标体系及其实证研究. 预测, 30(5): 68-73.

刘骏, 薛伟贤. 2013. 中国城乡数字鸿沟对城市化的阻尼效应及其形成途径. 图书情报知识, (6): 32-38.

刘立. 2002. 信息技术条件下的消费者行为特征. 情报学报, 21(2): 237-241.

刘勤学, 陈武, 周宗奎. 2015. 大学生网络使用与网络利他行为: 网络使用自我效能和性别的作用. 心理发展与教育, 31(6): 685-693.

刘文富. 2002. 网络政治: 网络社会与国家治理. 北京: 商务印书馆: 123.

刘学民. 2010. 网络公民社会的崛起——中国公民社会发展的新生力量. 政治学研究, (4): 83-90.

刘芸. 2006. 基于经济视角的国际数字鸿沟研究. 厦门: 厦门大学.

刘芸. 2007. 关于国际数字鸿沟影响因素的实证分析. 统计与决策, (9): 87-89.

龙飞. 2016. 信息化、转变经济增长方式与经济增长——基于全国31省域面板数据的实证分析. 现代管理科学, (5): 33-35.

陆学艺. 2002. 当代中国社会阶层研究报告. 北京: 社会科学文献出版社, 1, 2.

罗小茗. 2013. 信息技术与课程改革——以上海"二期课改"为例. 北京大学教育评论, 11(4): 63-76, 186-187.

马克思 K H, 恩格斯 F. 1995. 马克思恩格斯选集(第1卷). 中共中央翻译局译. 北京: 人民出版社: 157.

马莉萍, 由由, 熊煜, 等. 2016. 大学生专业选择的性别差异——基于全国85所高校的调查研究. 高等教育研究, 37(5): 36-42.

马士华, 林勇, 陈志祥. 2000. 供应链管理. 北京: 机械工业出版社.

麦肯锡全球研究院. 2016. 印度崛起: 经济增长和转型的五大机遇. 纽约: 麦肯锡研究院.

牟春波. 2014. 加快移动无线宽带建设 助力国家战略普惠农村. 北京: 工信部电信研究院规划设计研究所.

彭爱东, 姚娟. 2014. 基于有序 Probit 模型的农村信息资源配置满意度影响因素研究——以江苏省为例. 图书情报工作, 58(6): 58-63.

彭赓, 赵天博, 陈明洋, 等. 2008. 企业信息化水平与竞争力关系的实证研究. 中国软科学, (7): 95-101.

皮埃尔 B, 华康德. 1998. 实践与反思: 反思社会学导论. 李猛, 李康译. 北京: 中央编译出版社.

齐亚伟, 刘丹. 2014. 信息产业发展对区域产业结构高度化的作用机制. 数学的实践与认识, 44(6): 113-120.

邱娟, 汪明峰. 2010. 进入21世纪以来中国互联网发展的时空差异及其影响因素分析. 地域研究与开发, 28(5): 28-32, 38.

任贵生. 2006. 韩国缩小数字鸿沟的举措及启示. 管理世界, (7): 157, 158.

邵艳丽, 黄奇, 朱庆华. 2003. 国外数字鸿沟问题研究述略. 情报资料工作, (4): 77-80.

盛亚. 2002. 技术创新扩散与新产品营销. 北京: 中国发展出版社: 83-85.

石培华. 1998. 书生打天下. 北京: 经济管理出版社.

石智雷, 彭慧. 2015. 工作时间、业余生活与农民工的市民化意愿. 中南财经政法大学学报, 58(4): 12-21.

史振郭. 2003. 网络犯罪刑事立法探析. 东南学术, (5): 127-132.

宋周莺, 刘卫东. 2013. 中国信息化发展进程及其时空格局分析. 地理科学, 33(3): 257-265.

苏东水. 2010. 产业经济学. 北京: 高等教育出版社.

孙克宽, 郭驼英, 梁肇军. 2002. 拓扑学. 武汉: 华中师范大学出版社: 58-71.

孙知明. 2002. 情景分析的战略贡献. 企业研究, (3): 22, 23.

谭东华. 2012. 论信息社会阶层变化对社会稳定和谐产生的消极影响. 电子政务, (7): 57-62.
檀有志. 2013. 网络空间全球治理: 国际情势与中国路径. 世界经济与政治, 35(12): 25-42, 156, 157.
唐斯斯. 2012. 跨越城乡数字鸿沟加快发展方式转变. 中国经贸导刊, (22): 34-37.
陶文昭. 2005. 电子政府研究. 北京: 商务印书馆.
托夫勒 A. 1996. 力量的转移——临近21世纪的知识、财富与暴力. 刘炳章译. 北京: 新华出版社: 348.
汪明峰. 2005. 互联网使用与中国城市化——"数字鸿沟"的空间层面. 社会学研究, (6): 112-135.
汪应洛. 1993. 企业管理系统工程. 北京: 中央广播电视大学出版社: 16-21.
汪应洛. 1998. 系统工程理论、方法与应用. 北京: 高等教育出版社: 35-57.
王海燕, 戚利宝. 2009. 政治民主与网络政治参与. 法制与社会, 10(25): 225.
王鸿生. 1986. 论劳动工具与劳动方式的变革及其社会历史后果. 中国社会科学, (2): 83-96.
王俊松, 李诚. 2006. 我国数字鸿沟的空间表现及原因分析. 情报科学, 24(11): 1620-1625.
王美, 徐光涛, 任友群. 2014. 信息技术促进教育公平: 一剂良药抑或一把双刃剑. 全球教育展望, 43(2): 39-49.
王浦劬, 李锋. 2016. 公务员对公民政治参与方式的评价问题研究. 中国行政管理, 31(3): 6-13.
王其藩. 1994. 系统动力学. 北京: 清华大学出版社: 204-211.
王其藩. 2009. 系统动力学. 上海: 上海财经大学出版社: 147-167.
王世伟. 2015. 论信息安全、网络安全、网络空间安全. 中国图书馆学报, 41(2): 72-84.
王守宁, 冯严. 2008. 信息分化与数字鸿沟的比较分析. 东北师大学报(自然科学版), 40(2): 43-46.
王文举, 向其凤. 2014. 中国产业结构调整及其节能减排潜力评估. 中国工业经济, (1): 44-56.
王学锋. 2001-07-30. 国家信息化新指标"新恩格尔系数"发布. 北京晚报, 2.
王云生. 2007. 数字鸿沟的内涵、成因及其对策探讨. 河南图书馆学刊, 27(4): 16-18.
王则柯, 左再思, 李志强. 2002. 经济学拓扑方法. 北京: 北京大学出版社: 85-101.
邬思源. 2011. 论网络监督与数字鸿沟. 云南行政学院学报, 12(6): 89-92.
邬晓鸥, 李健, 韩毅, 等. 2014. 我国城乡数字鸿沟测度指标的构建. 图书情报工作, 58(19): 53-60.
吴蓉, 桑琳, 陈洁. 2007. 信息获取差异对消费者品牌选择的影响——在线渠道与传统渠道的比较研究. 情报科学, 25(4): 485-489.
吴素萍. 2008. 网络游戏中女性意识缺失的反思. 浙江社会科学, (4): 72-77.
武星, 张同斌, 李耀伟. 2009. 信息化提升企业竞争力的经济学分析与验证. 商业时代, (24): 49, 50.
谢俊贵. 2003. 社会信息化过程中的信息分化与信息扶贫. 情报科学, 21(11): 1138-1141.
谢阳群, 汪传雷. 2001. 数字鸿沟与信息扶贫. 理论与探索, 24(6): 426-430.
熊才平, 丁继红, 葛军, 等. 2016. 信息技术促进教育公平整体推进策略的转移逻辑. 教育研究, 37(11): 39-46.
徐济益, 许诺. 2015. 中国外出农民工社会保险的进路: 如何可为. 学习与实践, (1): 94-102.
徐洁怡, 马威. 2005. 消费者行为学. 北京: 中国农业大学出版社.

徐瑾. 2010. 地区信息化对经济增长的影响分析. 统计研究, 27(5): 74-80.
徐黎明, 姜艳艳. 2008. 论网络时代的公民政治参与的意义. 理论探讨, 24(4): 20-23.
徐小立, 秦志希. 2007. 虚拟世界中的现实秩序——中国中部一个地区的网络经验. 新闻与传播研究, (3): 63-68, 96-97.
薛薇. 2006. 基于SPSS的数据分析. 北京: 中国人民大学出版社: 327-350.
薛伟贤. 2004. 网络经济效应及测度研究. 北京: 经济科学出版社, 210, 211.
薛伟贤, 董维维. 2008. 我国数字鸿沟的社会效应分析. 情报科学, 26(10): 1464-1470.
薛伟贤, 冯宗宪. 2005. 网络经济效应分析. 系统工程, 23(3): 80-83
薛伟贤, 刘骏. 2008a. 区域"数字鸿沟"形成过程研究//覃正, 韩景倜. 2008中国发展进程中的管理科学与工程(卷Ⅱ). 上海: 上海财经大学出版社: 1637-1641.
薛伟贤, 刘骏. 2008b. 数字鸿沟主要影响因素的关系结构分析. 系统工程理论与实践, 28(5): 85-91.
薛伟贤, 刘骏. 2010. 数字鸿沟的本质解析. 情报理论与实践, (12): 41-46.
薛伟贤, 刘骏. 2011a. 区域"数字鸿沟"形成原因分析. 图书馆建设, (1): 6-10.
薛伟贤, 刘骏. 2011b. 陕西城乡数字鸿沟的表现及成因分析. 经济视角(下), 33(11): 4, 5.
薛伟贤, 王涛峰. 2006a. 我国"数字鸿沟"的影响因素分析. 情报杂志, 25(5): 108-111.
薛伟贤, 王涛峰. 2006b. 我国区域"数字鸿沟"的实证研究. 情报科学, 24(10): 1461-1465.
燕金武. 2004. 我国"数字鸿沟"问题研究. 图书馆建设, (4): 1-4.
严峰, 卜卫. 1997. 生活在网络中. 北京: 中国人民大学出版社.
严炜, 毛莉莉. 2013. 网络民主发展探析. 社会主义研究, 36(2): 71-77.
闫海洲. 2012. 要素投入、技术外溢与信息化的生产率效应. 上海经济研究, (4): 74-82, 104.
闫奕文. 2012. 我国地区数字鸿沟形成的原因及对策. 黑龙江科技信息, (36): 146.
杨剑. 2013. 新兴大国与国际数字鸿沟的消弭——以中非信息技术合作为例. 世界经济研究, (4): 24-29, 87, 88.
杨琳, 李明志. 2002. 中国地区间数字鸿沟的现状与对策. 软科学, 16(4): 22-26.
杨宜音, 王甘, 陈午晴, 等. 2004. 性别认同与构建的心理空间: 性别社会心理学视角下的互联网//孟宪范. 转型社会中的中国妇女. 北京: 中国社会科学出版社: 149-181.
杨宗凯, 吴砥. 2014. 信息技术推动教育创新发展. 中国教育科学, (2): 57-91.
尹翔硕, 刘能华. 2008. 经济全球化进程中的数字鸿沟——基于跨国面板数据的分析. 世界经济文汇, (2): 84-99.
游星源, 熊肃利. 2008. 论信息产业在产业结构升级中的作用. 湖北经济学院学报(人文社会科学版), (2): 44-46.
俞立平. 2006. 我国互联网数字鸿沟分析. 情报科学, (1): 29-34.
俞立平. 2008. 我国地区间信息鸿沟的实证研究——基于邮政、电信、互联网的动态分析. 情报科学, 25(2): 257-262.
袁勤俭. 2007. 数字鸿沟的危害性及其跨越策略. 中国图书馆学报, 33(4): 27-31.
袁勤俭, 黄奇, 朱庆华. 2005. 影响美国数字鸿沟的因素分析. 情报科学, 23(3): 349-354.
曾祥正. 2002. 信息网络社会的权力分配趋向. 中共浙江省委党校学报, (3): 51-56.
张彬. 2009. 我国区域信息鸿沟测度的实证研究. 北京邮电大学学报(社会科学版), 32(2): 8-13.
张彬, 陈双, 马雯. 2010. 我国区域数字鸿沟静态与动态综合测度. 中国通信, 7(1): 124-130.

张博颖, 苗伟. 2010. 文化软实力与社会主义意识形态安全. 天津社会科学, 3(3): 40-44.
张超. 2006. 我国中东西部数字鸿沟问题分析. 西安邮电学院学报, 11(2): 16-19, 35.
张红历, 周勤, 王成璋. 2010. 信息技术、网络效应与区域经济增长: 基于空间视角的实证分析. 中国软科学, (10): 112-123, 179.
张环宙, 黄超超, 周永广. 2007. 内生式发展模式研究综述. 浙江大学学报(人文社会科学版), 37(2): 61-68
张康之, 向玉琼. 2015. 网络空间中的政策问题建构. 中国社会科学, 35(2): 123-138, 205.
张立彬, 杨军花. 2006. 信息分化问题的社会学思考. 情报科学, 24(11): 1611-1614, 1619.
张维迎. 2001. 跨越数字鸿沟必先填平制度鸿沟. 网际商务, (7): 8, 9.
张勇. 2012. 数字鸿沟与社会结构分化: 一个理论模型. 石家庄经济学院学报, 35(1): 71-75.
赵红军. 2005. 交易效率: 衡量一国交易成本的新视角-来自中国数据的检验. 上海经济研究, (11): 3-14.
赵玉林. 2008. 产业经济学. 武汉: 武汉理工大学出版社.
赵云泽, 付冰清. 2010. 当下中国网络话语权的社会阶层结构分析. 国际新闻界, 49(5): 63-70.
郑英隆. 2001. 信息产业加速发展与产业结构升级的交互关系研究. 经济评论, (1): 48-53.
钟瑛. 2014. 中国新媒体社会责任研究报告. 北京: 社会科学文献出版社.
钟瑛, 李亚玲. 2012. 我国网络媒体从业者基本状况调查分析. 中国地质大学学报(社会科学版), 12(4): 110-115, 140.
周静怡. 2002. 企业信息化与企业竞争力. 情报资料工作, (s1): 360, 361.
周振华. 2003. 产业融合: 新产业革命的历史性标志——兼析电信、广播电视和出版三大产业融合案例. 产业经济研究, (1): 1-10.
朱莉, 朱庆华. 2003. 从我国互联网络宏观状况看数字鸿沟问题——对CNNIC最近6次互联网信息资源调查报告的分析. 中国图书馆学报, 29(5): 35-39.
朱燕岚. 2002. 全球化过程中不断拉大的南北差距. 中国特色社会主义研究, (1): 78, 79.
祝建华. 2001. 数码沟指数之操作定义和初步检验. 汕头: 汕头大学出版社: 204-206.
庄家炽, 刘爱玉, 孙超. 2016. 网络空间性别不平等的再生产: 互联网工资溢价效应的性别差异以第三期妇女地位调查为例. 社会, 36(5): 88-106.
ITU. 2002. 世界电信发展报告 2002. 伊斯坦布尔: ITU.
Abu-Shanab E, Al-Jamal N. 2015. Exploring the gender digital divide in Jordan. Gender, Technology and Development, 19(1): 91-113.
Alba J, Lynch J, Weitz B, et al. 1997. Interactive home shopping: consumer, retailer, and manufacturer incentives to participate in electronic marketplaces. Journal of Marketing, 61(3): 38-53.
Andres L, Cuberes D, Diouf M, et al. 2010. The diffusion of the Internet: a cross-country analysis. Telecommunications Policy, 34(5): 323-340.
Arquette T J. 2001. Assessing the digital divide: empirical analysis of a meta-analytic framework for assessing the current state of information and communication system development. Chicago: International Communication Association Symposium on the Digital Divide.
Asian Productity Organization. 2014. APO Productivity Databook 2014. Tokyo: Keio University Press Inc.

Ayanso A, Cho D I, Lertwachara K. 2014. Information and communications technology development and the digital divide: a global and regional assessment. Information Technology for Development, 20(1): 60-77.

Barzilai-Nahon K, Rafaeli S, Ahituv N. 2004. Measuring gaps in cyberspace: constructing a comprehensive digital divide index. Brighton: Workshop on Measuring the Information Society, the Conference of Internet Research.

Bauer R A, Bauer A H. 1960. America, 'mass society' and mass media. Journal of Social Issues, 16(3): 3-66.

Blank G. 2016. The digital divide among Twitter users and its implications for social research. Social Science Computer Review, 35(6): 1-19.

Brandtzag P B, Heim J, Karahasanovic A. 2011. Understanding the new digital divide—a typology of Internet users in Europe. International Journal of Human-Computer Studies, 69(3): 123-138.

Bridges Network. 2001. Spanning the digital divide: understanding and tackling the issues. Cape town: Bridges Network.

Broos A, Roe K. 2005. Marginality in the information age: is the gender gap really diminishing?. Communications, 30(2): 251-260.

Cartier C, Castells M, Qiu J L. 2005. The information have-less: inequality, mobility, and translocal networks in Chinese cities. Studies in Comparative International Development, 40(2): 9-34.

Castells M. 2000. Toward a sociology of the network society. Contemporary Sociology, 29: 693-699.

Chaffee S, Frank S. 1996. How Americans get political information: print versus broadcast news. The Annals of the American Academy of Political and Social Science, 546(1): 48-58.

Chakraborty J, Bosman M M. 2005. Measuring the digital divide in the United States: race, income, and personal computer ownership. The Professional Geographer, 57(3): 395-410.

Charneas A, Neralic L. 1990. Sensitivity analysis of the additive model in data envelopment analysis European. Journal of Operational Research, 48(3): 332-341.

Chen W, Wellman B. 2004. The global digital divide—within and between countries. IT & Society, (1): 39-45.

Cheneau-Loquay A. 2007. From networks to uses patterns: the digital divide as seen from Africa. GeoJournal, 68(1): 55-70.

Childers T, Post J A. 1975. The Information-Poor in America. New York: Sarecrow Press: 23-26.

Choi H C, Becker S L. 1987. Media use, issue/image discriminations, and voting. Communication Research, 14(3): 267-290.

Choudrie J, Adel A. 2016. Older adults in households and e-government services in Saudi Arabia, Hail city: a digital divide study of adoption, use and diffusion. The Pacific Asia Conference on Information Systems.

Clarke P, Fredin E. 1978. Newspapers, television and political reasoning. Public Opinion Quarterly, 42: 143-160.

Conhaim W. 2000. The Internet: the digital divide. Link-Up, 17(4): 10, 11.

Cooper M. 2002. Does the digital divide still exist? Bush administration shrugs, but evidence says "Yes". Washington D C: Consumer Federation of America.

Corrocher N, Ordanini A. 2002. Measuring the digital divide: a framework for the analysis of cross-country differences. Journal of Information Technology, 17(1): 9-19.

Crenshaw E M, Robison K K. 2006. Globalization and the digital divide: the roles of structural conduciveness and global connection in internet diffusion. Social Science Quarterly, 87(1): 190-207.

Dasgupta S, Lall S, Wheeler D. 2005. Policy reform, economic growth and the digital divide. Oxford Development Studies, 33(2): 229-243.

Dewan S, Ganley D, Kraemer K L. 2005. Across the digital divide: a cross-country multi-technology analysis of the determinants of IT penetration. Journal of the Association for Information Systems, 6(12): 409-432.

Dewan S, Riggins F J. 2005. The digital divide: current and future research directions. Journal of the Association for Information Systems, 6 (12): 298-337.

Dimaggio P, Hargittai E, Celeste C. 2004. From unequal access to differentiated use: a literature review and agenda for research on digital inequality. Social Inequality, 5(8): 355-400.

Donnermeyer J F, Hollifield C A, Hollifield D. 2003. Digital divide evidence in four rural towns. IT & Society, 1(4): 107-117.

DOT Force. 2001. Digital opportunities for all: meeting the challenge.

Dutta-Bergman M J. 2005. Access to the Internet in the context of community participation and community satisfaction. New Media & Society, 7(1): 89-109.

Dwivedi Y K, Lal B. 2007. Socio-economic determinants of broadband adoption. Industrial Management & Data Systems, 107(5): 654-671.

European Commission. 2015. Digital economy and society index. Bruxelle: European Commission.

Fallis D. 2004. Epistemic value theory and information ethics. Minds & Machines, 14(1): 101-117.

Fallows J. 1996. Breaking the news: how the media undermine American democracy. National Civic Review, 85(1): 43, 44.

Forman C. 2005. The corporate digital divide: determinants of internet adoption. Management Science, 51 (4): 641-654.

Foucault M. 2001. The Order of Things: An Archaeology of the Human Sciences. 2nd ed. London: Routledge.

Fraser N. 1990. Rethinking the public sphere: a contribution to the critique of actually existing democracy. Social Text, 14(25/26): 56-80.

Freeman C. 1991. Networks of innovators: a synthesis of research issues. Research policy, 20(5): 499-514.

Friemel T N. 2016. The digital divide has grown old: determinants of a digital divide among seniors. New Media & Society, 18(02): 313-331.

Gabe T M, Abel J R. 2002. Deployment of advanced telecommunications infrastructure in rural America: measureing the digital divide. Social Science Electronic Publishing, 84(5): 1246-1252.

Gamage P, Halpin E F. 2007. E-Sri Lanka: bridging the digital divide. The Electronic Library, 25 (6): 693-710.

Garramone G M, Atkin C K. 1986. Mass communication and political socialization: specifying the effects. Public Opinion Quarterly, 50(1): 76-86.

Gonzales A. 2016. The contemporary US digital divide: from initial access to technology maintenance. Information Communication & Society, 19(2): 234-248.

Gorman G E. 2006. For whom is the new information millennium? Online Information Review, 30(1): 5-7.

Graber D A. 1986. Processing the News: How People Tame the Information Tide. New York: Longman.

Guillen M F, Suarez S L. 2005. Explaining the global digital divide: economic, political and sociological drivers of cross-national internet use. Social Force, 84: 681-708.

Haan J D. 2004. A multifaceted dynamic model of the digital divide. IT& Society, 1(7): 66-88.

Hargittai E. 2002. Second-level digital divide: differences in people's online skills. First Monday, 7(4): 267-283.

Hendriks P. 1999. Why share knowledge? The influence of ICT on the motivation for knowledge sharing. Knowledge & Process Management, 6(2): 91-100.

Herring S, Johnson D A, Dibenedetto T. 1995. "This discussion is going too far!": male resistance to female participation on the internet//Hall K, Bucholtz M. Gender Articulated: Language and the Socially Constructed Self. New York: Routlege: 67-96.

Higon D A. 2012. The impact of ICT on innovation activities: evidence for UK SMEs. International Small Business Journal, 30(6): 684-699.

Hoffman D L, Novak T P, Schlosse A E. 1999. The evolution of the digital divide: how gaps in Internet access may impact electronic commerce. Collab-U CMC Play E-Commerce Symposium.

Hoffman D L, Novak T P. 2000. The growing digital divide: implications for an open research agenda//Kahin B, Brynjolffson E. The Proceedings of Conference on Understanding the Digital Economy. Cambridge: MIT Press: 12-27.

Hohlfeld T N, Ritzhaupt A D, Barron A E. et al. 2008. Examining the digital divide in K-12 public schools: four-year trends for supporting ICT literacy in Florida. Computers & Education, 51(4): 1648-1663.

Hongladarom S. 2004. Making information transparent as a means to close the global digital divide. Minds and Machines, 14(1): 85-99.

Huang J, Russell S. 2006. The digital divide and academic achievement. The Electronic Library, 24(2): 160-173.

Huang S C, Cox J L. 2016. Establishing a social entrepreneurial system to bridge the digital divide for the poor: a case study for Taiwan. Universal Access in the Information Society, 15(2): 219-236.

Husen T. 1975. Social Influences on Educational Attainment: research perspectives on educational equality. Washington D C: OECD Publications Center: 182-186.

Husing T, Selhofer H. 2002. The digital divide index—a measure of social inequalities in the adoption of ICT. The 10th European Conference on Information Systems: Information Systems and the Future of the Digital Economy.

Husing T, Selhofer H. 2004. DIDIX: a digital divide index for measuring inequality in IT diffusion. IT&Society, 1(7): 21-38.

James J. 2007. From origins to implications: key aspects in the debate over the digital divide. Journal of Information Technology, 22(3): 284-295.

James J. 2008a. Digital divide complacency: misconceptions and dangers. The Information Society, 24(1): 54-61.

James J. 2008b. The digital divide across all citizens of the world: a new concept. Social Indicators Research, 89(2): 275-282.

Jin J, Xiong C. 2002. Digital divide in terms of national informatization quotient: the perspective of mainland China. International conference on The Digital Divide: Technology and Politics in the Information Age: 22, 23.

Joseph K. 1961. The effects of the mass media. Social Forces, 40(1): 98.

Jung J Y, Qiu J L, Kim Y C. 2001. Internet connectedness and inequality: beyond the divide. Communication Research, 28(4): 507-535.

Katz V S, Gonzalez C. 2016. Toward meaningful connectivity: using multilevel communication research to reframe digital inequality. Journal of Communication, 66(2): 236-249.

Kim H S, Lee E Y. 2010. Narrowing the digital infrastructure divide among cities and rural areas// ICACT. Proceedings of the 12th International Conference on Advanced Communication Technology. Seoul: IEEE Communications Society Press: 71-74.

Kim Y C, Jung J Y, Ball-Rokeach S J. 2007. Ethnicity, place, and communication technology: effects of ethnicity on multi-dimensional internet connectedness. Information Technology & People, 20 (3): 282-303.

Klecun E. 2008. Bringing lost sheep into the fold: questioning the discourse of the digital divide. Information Technology & People, 21(3): 267-282.

Korea Agency for Digital Opportunity & Promotion. 2004. Measuring digital divide with Korea Personal Informatization Indices (KPII). Seoul: Korea University.

Krueger A B. 1993. How computers have changed the wage structure: evidence from microdata, 1984-1989. Quarterly Journal of Economics, 108: 33-60.

Kubicek H. 2004. Fighting a moving target: hard lessons from Germany's digital divide programs. IT&Society, 1(6). 1-19.

Kvasny L, Keil M. 2006. The challenges of redressing the digital divide: a tale of two US cities. Information Systems Journal, 16(1): 23-53.

Kwak N. 1999. Revisiting the knowledge gap hypothesis education, motivation, and media use. Communication Research, 26(4): 385-413.

Kyem P A K, Lemaire P K. 2006. Transforming recent gains in the digital divide into digital opportunities: Africa and the boom in mobile phone subscription. The Electronic Journal of Information Systems in Developing Countries, 28(5): 1-16.

Kyriakidou V, Michalakelis C, Sphicopoulos T. 2011. Digital divide gap convergence in Europe. Technology in Society, 33(3/4): 265-270.

Labrianidis L, Kalogeressis T. 2006. The digital divide in Europe's rural enterprises. European Planning Studies, 14 (1): 23-39.

Lang J P. 1998. Unequal access to information resources: problems and needs of the worlds information poor//Williams R V. Proceedings of the Congress for Librarian. Ann Arbor: Prerian Press: 249.

Lenhart A, Horrigan J B. 2003. Re-visualizing the digital divide as a digital spectrum. IT&Society, 1(5): 23-39.

Lewin K. 1947. Frontiers in group dynamics: II. Channels of group life; social planning and action research. Human Relations, 1(2): 143-153.

Liu Y Q, Martin C, Roehl E, et al. 2006. Digital information access in urban/suburban communities. OCLC Systems & Services, 22(2): 132-144.

Losh S C. 2003. Gender and educational digital gaps: 1983-2000. IT & Society, 1(5): 56-71.

Lu X, Pas E I. 1999. Socio-demographics, activity participation and travel behavior. Transportation Research Part A Policy & Practice, 33(1): 1-18.

Martin S P, Robinson J P. 2004. The income digital divide: an international perspective. IT&Society, 1(7): 1-20.

Martin S P. 2003. Is the digital divide really closing? A critique of inequality measurement in a nation online. IT& Society, 1 (4): 1-13.

Mason S M, Hacker K L. 2003. Applying communication theory to digital divide research. IT&Society, 1(5): 40-55.

Mitrovic D. 2015. Broadband adoption, digital divide, and the global economic competitiveness of Western Balkan countries. Ekonomski Anali, 60(207): 95-115.

Mossberger K L, Tolbert C J, Stansbury M. 2003. Virtual inequality: beyond the digital divide. Online Information Review, 28(4): 4-7.

Mutula S M. 2008. Comparison of sub-Saharan Africa's e-government status with developed and transitional nations. Information Management & Computer Security, 16 (3): 235-250.

Norris D T, Conceicao S. 2004. Narrowing the digital divide in low-income, urban communities. New Directions for Adult and Continuing Education, 101 (4): 69-81.

Norris P. 1996. Does television erode social capital? A reply to Putnam. PS: Political Science & Politics, 29: 474-480.

Norris P. 2001. Digital Divide: Civic Engagement, Information Poverty, and the Internet Worldwide. Cambridge: Cambridge University Press: 320-321.

NTIA. 1995. Falling through the net: a survey of the"have nots" in rural and urban America. Washington D C: NTIA.

NTIA. 1998. Falling through the net: new data on the digital divide. Washington D C: NTIA.

NTIA. 1999. Falling through the net: defining the digital divide. Washington D C: NTIA.

NTIA. 2000. Falling through the net: toward digital inclusion. Washington D C: NTIA.

Nurmela J, Vihera M L. 2004. Patterns of IT diffusion in finland: 1996-2002. IT&Society, 1(6): 20-35.

OECD. 2001. Understanding the digital divide. Paris: OECD.

OECD. 2002. Bridging the digital divide: issue and policies in OECD countries. Paris: OECD.

Omahony M, Vecchi M. 2005. Quantifying the impact of ICT capital on output growth: a heterogeneous dynamic panel approach. Economica, 72(288): 615-633.

Pearman A. 1988. Scenario construction for transportation planning. Transportation Planning and Technology, 12(1): 73-85.

Peters T. 2001. Spanning the digital divide: understanding and tackling the issues. Washington: Bridges.org. White Press.

Pick J B, Azari R. 2008. Global digital divide: influence of socioeconomic, governmental, and accessibility factors on information technology. Information Technology for Development, 14(2): 91-115.

Pick J B, Nishida T. 2015. Digital divides in the world and its regions: a spatial and multivariate analysis of technological utilization. Technological Forecasting and Social Change, 91: 1-17.

Pick J B, Sarkar A, Johnson J. 2015. United States digital divide: state level analysis of spatial clustering and multivariate determinants of ICT utilization. Socio-Economic Planning Sciences, 49: 16-32.

Pinkett R. 2000. Bridging the digital divide: sociocultural constructionism and an asset-based approach to community technology and community building. New Orleans: 81st Annual Meeting of the American Educational Research Association.

Rao C R. 1964. The use and interpretation of principal component analysis in applied research. Sankhyā: The Indian Journal of Statistics, Series A (1961-2002), 26: 329-358.

Ratcliffe J. 2000. Scenario building: a suitable method for strategic property planning? Property Management, 18:127-144.

Rogers E M. 1995. Diffusion of innovations. New York: Free Press, 866-879.

Romer P M. 1990. Endogenous technological change. Journal of Political Economy, 98: 71-102.

Ryder G. 2007. Debunking the optimists: an evaluation of conventional wisdom about the digital divide and e-government in the British Isles. Transforming Government, People, Process and Policy, 1(2): 112-130.

Sabherwal R, King W R. 1991. Towards a theory of strategic use of information resources: an inductive approach. Information & Management, 20(3): 191-212.

Savicki V, Lingenfelter D, Kelley M. 1996. Gender language style and group composition in Internet discussion groups. Journal of Computer-Mediated Communication, 2(3): 17-29.

Scheufele D A, Nisbet M C. 2002. Being a citizen online: new opportunities and dead ends. Harvard International Journal of Press and Politics, 7(3): 55-75.

Sciadas G. 2005. Infostates across countries and over time: conceptualization, modeling, and measurements of the digital divide. Information Technology for Development, 11(3): 299-304.

Sen A K. 1999. Development as freedom. Journal of Public Health Policy, 22(4): 484-486.

Seo H J, Lee Y S, Oh J H. 2009. Does ICT investment widen the growth gap? Telecommunications Policy, 33(8): 422-431.

Servon L J. 2002. Bridging the Digital Divide: Technology, Community and Public Policy. Malden: Blackwell Publishers: 45-76.

Shelley M C, Thrane L E, Shulman S W. 2006. Lost in cyberspace: barriers to bridging the digital divide in e-politics. International Journal of Internet and Enterprise Management, 4: 228-243.

Souter D. 2007. Internet governance and development: another digital divide?. Information Polity, 12:

29-38.

Straubhaar J, Spence J, Tufekci Z, et al. 2014. Inequity in the technopolis-race, class, gender, and the digital divide in Austin. Telecommunications Policy, 38(2): 218-219.

Tambe P, Hitt L M. 2012. The productivity of information technology investments: new evidence from IT labor data. Information Systems Research, 23(3-part-1): 599-617.

Tewksbury D, Althaus S L. 2000. Differences in knowledge acquisition among readers of the paper and online versions of a national newspaper. Journalism & Mass Communication Quarterly, 77(3): 457-479.

Thomas J, Barraket J, Ewing S, et al. 2016. Measuring Australia's digital divide: the Australian digital inclusion index 2016. Melbourne: Roy Morgan Research.

Tichenor P J, Donohue G A, Olien C N. 1970. Mass media flow and differential growth in knowledge. Public Opinion Quarterly, 34: 159-170.

Turpin T, Cooper R. 2005. Technology, adaptation, and public policy in developing countries: the "ins and outs" of the Digital Divide. Essay Review, 43(4): 419-427.

U.S. Department of Commerce. 2002. A nation online: how Americans are expanding their use of the Internet. Washington D C: U.S. Department of Commerce.

U.S. Department of Commerce. 2004. A nation online: entering the broadband age. Washington D C: U.S. Department of Commerce.

Valadez J R, Duran R. 2007. Redefining the digital divide: beyond access to computers and the internet. High School Journal, 90: 31-44.

van Dijk J A G M. 2003. The deepening divide: inequality in the information society. Mass Communication & Society, 11(2): 221-234.

van Dijk J A G M. 2006. Digital divide research, achievements and shortcomings. Poetics, 34(4): 221-235.

van Dijk J A G M, Hacker K. 2003. The digital divide as a complex and dynamic phenomenon. The Information Society, 19(4): 315-326.

Vicente M, Rosal A, Pez A J. 2011. Assessing the regional digital divide across the European Union-27. Telecommunications Policy, 35(3): 220-237.

Wagner J. 1983. Media do make a difference: the differential impact of mass media in the 1976 presidential race. American Journal of Political Science, 27(3): 407-430.

Warren M. 2007. The Digital vicious cycle: links between social disadvantage and digital exclusion in rural areas. Telecommunications Policy, 31(6): 374-388.

Warschauer M. 2002. Reconceptualizing the digital divide. First Monday, 7(7): 96-111.

White B L. 2006. The requirements of justice arising from the digital divide. Oakland: The Strategic Technology Institute.

Winter S G, Nelson R R. 1982. An Evolutionary Theory of Economic Change. Cambridge: Belknap Press of Harvard University Press.

Xue W, Wang T. 2006. A study of measurement models for digital divide of China. 2006 International Conference on Management Science & Engineering (13th).

Zheng Y, Walsham G. 2008. Inequality of what? Social exclusion in the e-society as capability deprivation. Information Technology & People, 21 (3): 222-243.

Zhou Y. 2017. Internet censorship in the digital divide: why ICT does not effectively increase Chinese worker activism publicity. Asian Journal of Social Science, 45 (3): 340-361.

# 后 记

本书是作者在主持完成国家自然科学基金项目"区域'数字鸿沟'测度模型构建及其应用研究"（项目编号：70673080）、中国博士后科学基金资助项目"中国区域数字鸿沟实证研究"（项目编号：20040350681）、陕西省教育厅科研计划项目（人文社科专项）"数字鸿沟测度模型构建及其在陕西的应用"（项目编号：04JK264）等相关课题研究报告的基础上，进一步修改完善而形成的。在十余年的研究过程中，从资料查询、数据处理、图表制作、会议研讨到初稿写作，我的历届研究生做了大量工作。其中，孙姝羽参与"数字鸿沟的表现"的研究，刘骏、孙姝羽参与"数字鸿沟的本质解析"的研究，王韫鹏、董维维、康进、李晨参与"数字鸿沟的效应分析"的研究，刘骏、刘冰参与"区域数字鸿沟形成机理分析"的研究，王涛峰、张飞燕参与"区域数字鸿沟测度模型构建"的研究，王亚文、张飞燕、王涛峰、刘涛参与"中国数字鸿沟评估"的研究，王亚文、顾菁参与"弥合我国区域数字鸿沟的战略及路径"的研究。他们的研究工作对本书的完成有很大的帮助。

本书作者及其研究团队长期从事数字鸿沟问题研究，但数字鸿沟是一个内涵丰富、外延广阔、具有普遍联系的概念，已广泛渗透到社会生活的各个领域和方面，并与其他活动相互交叉融合，因而构建区域数字鸿沟测度模型的难度较大；同时，与区域数字鸿沟测度密切相关的区域数字鸿沟效应、形成机理等问题具有复杂社会经济系统的特点，往往难以从表面现象看到其本质；再者，可供借鉴的研究经验和研究成果有限，受时间和条件制约，本书难免存在不足之处，敬请读者批评指正。

在本书出版之际，感谢西安理工大学及经济与管理学院的支持，感谢科学出版社和责任编辑魏如萍的帮助。

在完成本书期间，我的父亲、岳父和弟弟先后去世，谨以此书纪念他们。

薛伟贤
2018年6月于西安理工大学曲江校区